ଚାପମୁକ୍ତ ଜୀବନ କିପରି ବଞ୍ଚିବେ?

(ଓଶୋଙ୍କ ପ୍ରବଚନ ଉପରେ ଆଧାରିତ)

ସ୍ୱାମୀ ଆନନ୍ଦ ସତ୍ୟାର୍ଥୀ
(ପିଏଚ୍.ଡି., ରେକି ଗ୍ରାଣ୍ଡମାଷ୍ଟର)

ଡାଇମଣ୍ଡ ବୁକ୍ସ
www.diamondbooks.in

ପ୍ରକାଶକ	:	ଡାଇମଣ୍ଡ ପକେଟ ବୁକ୍ସ (ପ୍ରାଇଭେଟ୍) ଲିମିଟେଡ୍ X-୩୦ ଓଖଲା ଶିଳ୍ପ କ୍ଷେତ୍ର, ପର୍ଯ୍ୟାୟ-II
ନୂଆଦିଲ୍ଲୀ	:	୧୧୦୦୨୦
ଫୋନ୍	:	୦୧୧-୪୦୭୧୨୨୦୦
ଇ-ମେଲ୍	:	wecare@diamondbooks.in
ୱେବସାଇଟ୍	:	www.diamondbooks.in
ସଂସ୍କରଣ	:	୨୦୨୪
ମୁଦ୍ରକ	:	ରେପ୍ରୋ (ଭାରତ)

ଚାପମୁକ୍ତ ଜୀବନ କିପରି ବଞ୍ଚିବେ? – Oriya

(Tanav Mukt Jeevan Kaise Jiyen)

By-Swami Anand Satyarthi

ଚାପମୁକ୍ତ କିପରି ବଞ୍ଚିବେ?

ଚାପ ଅଛି, ଏଥିରୁ ମୁକ୍ତି ପାଇବାର ଉପାୟ କ'ଣ?

ବଜାରରେ ଏହି ବିଷୟରେ ଆପଣଙ୍କୁ ବହୁତ ସାହିତ୍ୟ ମିଳିବ, କିନ୍ତୁ ଏହି ପୁସ୍ତକଟି ଓଶୋଙ୍କ ପ୍ରବଚନ ଉପରେ ଆଧାରିତ, ଯାହାର ମୁଖ୍ୟ ବିନ୍ଦୁ ହେଉଛି "ଧ୍ୟାନ"। ଓଶୋ କୁହନ୍ତି, ଆପଣ ଯେତେ ପ୍ରଶ୍ନ ଉଠାନ୍ତୁ ନା କାହିଁକି, ସମସ୍ତ ପ୍ରଶ୍ନର ଉତ୍ତର ହେଉଛି "ଧ୍ୟାନ"।

ପଦ୍ଧତି କ'ଣ?

ଚାପ କାହିଁକି ହୁଏ, ଏହାକୁ କିପରି ଦୂର କରିବେ? ଏହା ଜାଣିବା ପାଇଁ, ଏହି ପୁସ୍ତକ ଭିତରକୁ ପ୍ରବେଶ କରନ୍ତୁ। ପୃଷ୍ଠାଗୁଡ଼ିକୁ ଓଲଟାଇ ଚାଲିବା, ଆପଣ ଉତ୍ତର ପାଇବେ। ମୁଁ ଆଶା କରୁଛି ଯେ ଏହି ପୁସ୍ତକ ଆପଣଙ୍କୁ ଚାପମୁକ୍ତ ରଖିବାରେ ଉପଯୁକ୍ତ ମାର୍ଗଦର୍ଶନ ପ୍ରଦାନ କରିବ।

ପରିଚୟ

ଜୀବନରେ ଚାପ ଥାଏ। ଶିଶୁ ମାତୃ ଗର୍ଭରେ କିଛି କରେ ନାହିଁ, ଏହା ଚାପମୁକ୍ତ। ଶିଶୁ ଜନ୍ମ ହୁଏ, ଏବଂ ସଂସାରରେ ଆସିବା ମାତ୍ରେ, ପ୍ରଥମ ନିଶ୍ୱାସ ସହିତ ସମସ୍ୟା ଆରମ୍ଭ ହୁଏ। ଶିଶୁର ପିତାମାତା ଶିଶୁର ଜୀବନରେ ଚାପ ଆଣିବାକୁ ଚେଷ୍ଟା କରନ୍ତି। ସେମାନେ ପରିବାରରେ କିପରି ରୁହନ୍ତି? ଶିଶୁ ସବୁକିଛି ଗ୍ରହଣ କରେ। ସ୍ୱାମୀ ଏବଂ ସ୍ତ୍ରୀ ଲଢୁଥିବେ କିମ୍ବା ପ୍ରେମର ସହିତ ଏକାଠି ରହୁଥିବେ, ଶିଶୁ ପରିବାରରେ ସବୁକିଛି ଶିଖେ ଏବଂ ବାକି ଆମର ବିଷାକ୍ତ ମହତ୍ତ୍ୱାକାଂକ୍ଷୀ, ଅହଂକାର-ପୋଷଣ ଶିକ୍ଷା, ଅର୍ଥାତ୍ ପ୍ରଥମେ ଆସିବା ପାଇଁ ପ୍ରତିଯୋଗିତା ଦ୍ୱାରା ସମାପ୍ତ ହୁଏ।

ଚାପ ଅଛି, ଏଥିରୁ ମୁକ୍ତି ପାଇବାର ଉପାୟ କ'ଣ?

ବଜାରରେ ଏହି ବିଷୟ ଉପରେ ଆପଣଙ୍କୁ ବହୁତ ସାହିତ୍ୟ ମିଳିବ, କିନ୍ତୁ ଏହି ପୁସ୍ତକଟି ଓଶୋଙ୍କ ପ୍ରବଚନ ଉପରେ ଆଧାରିତ, ଯାହାର ମୁଖ୍ୟ ବିନ୍ଦୁ ହେଉଛି 'ଧ୍ୟାନ'। ଓଶୋ କୁହନ୍ତି, ଆପଣ ଯେତେ ପ୍ରଶ୍ନ ଉଠାନ୍ତୁ ନା କାହିଁକି, ସମସ୍ତ ପ୍ରଶ୍ନର ଉତ୍ତର କେବଳ 'ଧ୍ୟାନ'। ଧ୍ୟାନ କରି ଚାଲନ୍ତୁ, ଆପଣ ପ୍ରଶ୍ନର ଉତ୍ତର ପାଇବେ, ଏହା ଘଟିବ ନାହିଁ। ଧ୍ୟାନ କରିବା ସମୟରେ, ଆମର ଅନ୍ତର୍ଦୃଷ୍ଟି ବିକଶିତ ହେବ, ତା' ପରେ ଆମର ମନ ସ୍ୱଷ୍ଟ ଭାବରେ ଦେଖିପାରିବ, ପ୍ରକୃତ ସତ୍ୟ ଏବଂ ମାୟା ମଧ୍ୟରେ ପାର୍ଥକ୍ୟ ଜାଣିପାରିବ,' ତପରେ ଏହା ପ୍ରଶ୍ନର ନିରର୍ଥକତାକୁ ଅନୁଭବ କରିବ। ସମସ୍ତ ପ୍ରଶ୍ନ ଠିକ୍ ସେହିପରି ପଡ଼ିଯାଏ ଯେପରି ଏକ ପିଲା ପଥର ଖେଳେ, ଜିତିବା ଏବଂ ହାରିବାରେ ଦୁଃଖୀ ଏବଂ ଖୁସି ହୁଏ, ସେଗୁଡ଼ିକୁ ନିଜର ସମ୍ପତ୍ତି ବୋଲି ମନେ କରେ, କିନ୍ତୁ ପିଲାଟି ବଡ଼ ହେବା ସହିତ, ସେ ପଥରଗୁଡ଼ିକୁ ଛାଡ଼ି ଦିଏ ନାହିଁ, ସେଗୁଡ଼ିକ ଖସିଯାଏ। ତା' ପରେ ସେ ଟଙ୍କାକୁ ଧରି ରଖେ, କେତେବେଳେ କେହି ପରିପକ୍ୱତା ହାସଲ କରେ। ତା' ପରେ ସେ ଟଙ୍କାର ଅସାରତାକୁ ବୁଝେ। ସେ ମଧ୍ୟ ଏହାକୁ ଧରି ରଖେ, ସେହିପରି ପ୍ରଶ୍ନଗୁଡ଼ିକ ଖସି ପଡ଼େ। ପ୍ରଶ୍ନ ପଡ଼ିଗଲେ, ଚାପ କମିଯାଏ। **ପଦ୍ଧତି କ'ଣ? ଚାପ କାହିଁକି ଆସେ,**

କିପରି ମୁକ୍ତ ହେବେ? ଜାଣିବା ପାଇଁ, ପୁସ୍ତକରେ ପ୍ରବେଶ କରନ୍ତୁ। ପୃଷ୍ଠା ଓଲଟାଇ ଚାଲିଥାଅ, ଓଲଟାଇ ଚାଲିଥାଅ, ତୁମେ ଉତ୍ତର ପାଇବ, ମୁଁ ଇଚ୍ଛା କରେ।

ଯଦି କିଛି ଦୋଷ କିମ୍ବା ତ୍ରୁଟି ଥାଏ, ତେବେ ପାଠକ ଏବଂ ବିଶେଷଜ୍ଞଙ୍କୁ ଆମର ହୃଦୟସ୍ପର୍ଶୀ ନିମନ୍ତ୍ରଣ ହେଉଛି ପରାମର୍ଶ ପଠାଇବା।

ସ୍ୱାମୀ ଆନନ୍ଦ ସତ୍ୟାର୍ଥୀ

ସୂଚୀପତ୍ର

୧

ଚାପପୂର୍ଣ୍ଣ ଜୀବନରେ ଧ୍ୟାନର ଉପଯୋଗୀତା

ଲୋକେ ଯାହା କରନ୍ତି, ସେ ତାହା ସୁଖ ପାଇଁ କରନ୍ତି। କିନ୍ତୁ ସେ କେବେ ସୁଖ ପାଆନ୍ତି କି? ସେ ତାହା ପାଆନ୍ତି ନାହିଁ, ସେ କେବଳ ନିଜକୁ ଖୁସି ମନେ କରନ୍ତି। କିଛି ସମୟ ପରେ, ସେ ଶୀଘ୍ର ଦୁଃଖରେ ଫେରିଯାଆନ୍ତି। ସୁଖ ପାଇବାର ସମସ୍ତ ପ୍ରୟାସ ନିରର୍ଥକ ପ୍ରମାଣିତ ହୁଏ। ଜଣେ ଗରିବ ଲୋକ ଆଶା କରେ ଯେ ଯଦି ସେ ଟଙ୍କା ପାଏ, ତେବେ ସେ ଖୁସି ହୋଇଯିବ। କିନ୍ତୁ ସୁଖ ଏବଂ ଧନ ସର୍ବଦା ଏକ ଦୂରତା ବଜାୟ ରଖେ। ଯେପରି ଜଣେ ଲୋକ ଗଧ ଉପରେ ବସି ବାଡ଼ିରେ ଘାସ ବାନ୍ଧି, ଘାସ ପାଟିରୁ ଗୋଟିଏ ପାଦ ଦୂରରେ ରହିଥାଏ। ଗଧ ତାଙ୍କ ସମ୍ମୁଖରେ ଦେଖାଯାଉଥିବା ଘାସ ଖାଇବା ପାଇଁ ସାରା ଦିନ ଚାଲିଥାଏ, କିନ୍ତୁ ତଥାପି ସେ ତାହା ଖାଇବାକୁ ଅସମର୍ଥ ହୁଏ। ମଣିଷ ସହିତ ମଧ୍ୟ ଠିକ୍ ଏହିପରି ଘଟିଥାଏ। ସୁଖ ବହୁତ ନିକଟତର ଦେଖାଯାଏ। ସେ ଭାବନ୍ତି ଯେ ସେ କାଲି ପାଇବ, କିନ୍ତୁ ସେ କାଲି ପାଏ ନାହିଁ ଏବଂ ମୃତ୍ୟୁ ଆସେ।

ଦୁଃଖ ଅଛି, ଚାପ ଅଛି, ଏହା ସତ୍ୟ। ଏହା କାହିଁକି? ଅହଂକାର, ଇଚ୍ଛା, ଲୋଭ, ଈର୍ଷା, କ୍ରୋଧ ଯୋଗୁଁ ଆମେ ଦୁଃଖୀ। ଦୁଃଖ ବଢ଼ିବା ସହିତ ନିରାଶା ବୃଦ୍ଧି ପାଏ, ତା' ପରେ ଚାପ ଆସେ। ଶରୀର ଏବଂ ମନରେ ଚାପ ଜମା ହୁଏ। ଶରୀରରେ ଚାପ ଅଛି। ଆମେ କିପରି ଜାଣିପାରିବା?

ଜଣେ ପୁରୁଷ ସିଗାରେଟ୍ ଟାଣୁଛି, ଆଉ ଜଣେ ପୁରୁଷ କଥା ହେଉଛି, କାରଣ ଜଣେ ନିଷ୍କ୍ରିୟ ବସିପାରିବ ନାହିଁ, ଓଠ ଚାଲୁ ରହିବା ଆବଶ୍ୟକ। ଯେଉଁଠାରେ ମହିଳାମାନେ ମଧ୍ୟ ସିଗାରେଟ୍ ପିଇବା ଆରମ୍ଭ କରିଛନ୍ତି, ସେମାନେ ସେମାନଙ୍କର କଥାବାର୍ତ୍ତା କମ କରିଛନ୍ତି ଏବଂ ଯେଉଁଠାରେ ସେମାନେ ଧୂମପାନ କରନ୍ତି ନାହିଁ, ସେମାନେ ପୁରୁଷମାନଙ୍କ ସହିତ ଅଧିକ କଥା ହୁଅନ୍ତି। ଓଠର ଏତେ ଗତି ଅନ୍ତର ମନ ଅସ୍ଥିର ହେବାର ପ୍ରମାଣ। ମନ କଥାବାର୍ତ୍ତା ସହିତ ବହୁତ ଗଭୀର ଭାବରେ ଜଡିତ, କାରଣ ମନ କେବଳ କଥାବାର୍ତ୍ତା ମାଧ୍ୟମରେ ପ୍ରକାଶିତ ହୁଏ। ଯେହେତୁ ମନ ବହୁତ ଅସ୍ଥିର ଏବଂ ଅଶାନ୍ତ, ତେଣୁ ଓଠ ଦିନରାତି ଥରୁଛି, କହିବାକୁ ଚାହୁଁଛି, କିଛି କହିବାକୁ

ଚାହୁଁଛି। ଯେତେବେଳେ ଅସୁବିଧା ବଢ଼ିଯାଏ, ଶରୀରର ଅନ୍ୟ ଅଂଶଗୁଡ଼ିକ ମଧ୍ୟ ଚାଲିବାକୁ ଲାଗେ। ଜଣେ ବ୍ୟକ୍ତି ଚେୟାରରେ ବସି କେବଳ ତାଙ୍କ ଗୋଡ଼ ହଲାଉଛି, ଯଦି କେହି ତାଙ୍କୁ ପଚାରନ୍ତି, ଭାଇ ସାହେବ, କଣ ହୋଇଛି, ତୁମର ଗୋଡ଼ କାହିଁକି ହଲାଉଛ? ଗୋଡ଼ ତୁରନ୍ତ ବନ୍ଦ ହୋଇଯିବ ଏବଂ ସେହି ବ୍ୟକ୍ତି ତୁମକୁ ବହୁତ କ୍ରୋଧରେ ଦେଖିବ। ଟେନସନ ଯୋଗୁଁ, ହାତ, ଗୋଡ଼ ଏବଂ ଓଠ ସହିତ ଅନ୍ୟାନ୍ୟ ଅଂଶ ହଲାଇବା ଆବଶ୍ୟକ।

ଯଦି ଆମେ ଚାପ ଏବଂ ଦୁଃଖରୁ ମୁକ୍ତ ହେବାକୁ ଏବଂ ଏକ ଶାନ୍ତିପୂର୍ଣ୍ଣ ଏବଂ ସୁଖୀ ଜୀବନ ବଞ୍ଚିବାକୁ ଚାହୁଁ, ତେବେ ଆମକୁ କିଛି କଥା ବୁଝିବାକୁ ପଡିବ। ପ୍ରଥମେ, ଆମେ ଦୁଃଖକୁ ଧରି ରଖୁ। କିପରି ଏବଂ କାହିଁକି?

ଯେତେବେଳେ ଜଣେ ବନ୍ଧୁ ତୁମକୁ ଭେଟିଥାଏ, ସେ ପଚାରେ, ତୁମେ କିପରି ଅଛ? ଥରେ ଆମେ କହିଥାଉ, ମୁଁ ଭଲ ଅଛି। କିନ୍ତୁ ଶୀଘ୍ର ଆମେ ଦୁହେଁ କାନ୍ଦିବା ଆରମ୍ଭ କରିଥାଉ ଏବଂ ଅନ୍ୟ ଜଣଙ୍କ ଆମ ଦୁଃଖ ପ୍ରତି ସହାନୁଭୂତି ପାଇଁ ଅପେକ୍ଷା କରିଥାଉ। ଯଦି ସେ ସହାନୁଭୂତି ନ ଦିଏ, ତେବେ ସେ ବନ୍ଧୁ ପରି ଦେଖାଯାଉ ନାହିଁ। ଦୁଃଖ ବିନା ଜୀବନ ଶୂନ୍ୟ ମନେହୁଏ। ଯଦି ଦୁଃଖ ଅଛି, ତେବେ କଥା ହେବା ପାଇଁ କିଛି ଅଛି। ଯଦି ଦୁଃଖ ନାହିଁ, ତେବେ ତୁମେ କ'ଣ ବିଷୟରେ କଥା ହେବ? ଥରେ ଜଣେ ମହିଳା ଓକିଲ ମୋ ପାଖକୁ ଆସି କହିଲେ, ମୁଁ ଗତ ଚାରି ବର୍ଷ ଧରି ଅଣ୍ଟାରେ ପୀଡିତ, ମୁଁ ସମସ୍ତ ଚିକିତ୍ସା ଚେଷ୍ଟା କରିଛି। ମୁଁ ପରାମର୍ଶ ଦେଇଥିବା ସମସ୍ତ ପ୍ରତିକାର ଚେଷ୍ଟା କରିଛି। ସେ କାହିଁକି ସୁସ୍ଥ ହେଉନାହାଁନ୍ତି? ସେ ଅଣ୍ଟାରୁ ମୁକ୍ତି ପାଇବାକୁ ଚାହାଁନ୍ତି ନାହିଁ। କାହିଁକି? କାରଣ ଯଦି ଅଣ୍ଟା ନାହିଁ, ତେବେ କଥା ହେବା ପାଇଁ କିଛି ରହିବ ନାହିଁ ଏବଂ କାମ ନ କରିବା ପାଇଁ କୌଣସି ବାହାନା ମଧ୍ୟ ରହିବ ନାହିଁ। ଦୁଃଖକୁ ଧରି ରଖିବା ପାଇଁ ମନର କୌଶଳଗୁଡ଼ିକୁ ବୁଝିବା ପାଇଁ, ସଚେତନ ହେବା ଉଚିତ।

ସଚେତନତାର ଅର୍ଥ କ'ଣ?

ଭଗବାନ ଶ୍ରୀକୃଷ୍ଣ ଗୀତାରେ କହିଛନ୍ତି ଯେ ଜଣେ ଯୋଗୀ ହେଉଛନ୍ତି ଯିଏ ଜାଗ୍ରତ ଅବସ୍ଥାରେ ବଞ୍ଚୁଛନ୍ତି। ଭଗବାନ ମହାବୀର କହିଛନ୍ତି ଯେ ଅସୁପ୍ତ ମୁନିଙ୍କ ଅର୍ଥ ହେଉଛି ଯିଏ ଜାଗ୍ରତ ଅବସ୍ଥାରେ ରହୁଛି ସେ ଜଣେ ମୁନି। ସେ ଏହା କହି ନାହାଁନ୍ତି ଯେ ଯିଏ ଉଲଗ୍ନ ଠିଆ ହୋଇଛି କିମ୍ବା ମୁହଁରେ ପଟି ବାନ୍ଧିଛି ସେ ଜଣେ ମୁନି।

ଯେପରି ଆମେ ଜାଗ୍ରତ ରହିଲେ ଚୋର ଚୋରି କରିପାରିବ ନାହିଁ, ସେହିପରି ଯଦି ଆମେ ଜାଗ୍ରତ ରହିଲୁ ତେବେ ଅହଂକାର, ଲୋଭ, କାମନା, ଇଚ୍ଛା ଇତ୍ୟାଦି ଆମ

ଉପରେ ପ୍ରଭାବ ପକାଇ ପାରିବ ନାହିଁ। ଯାହା ଯୋଗୁଁ ଆମେ ଦୁଃଖ ଏବଂ ଚାପରେ ରହୁ।

ପ୍ରଥମ କଥା ହେଉଛି ସଚେତନ ହେବା, ଅର୍ଥାତ୍ ଜାଗ୍ରତ ଅବସ୍ଥାରେ ରହିବା। କୌଣସି ଦୁଃଖ ଏବଂ ଚାପ ରହିବ ନାହିଁ। ଭଗବାନ ଶ୍ରୀକୃଷ୍ଣ ଗୀତାରେ କହିଛନ୍ତି ଯେ ତୁମର କର୍ମ କର, ଫଳ ଆଶା କର ନାହିଁ। ଅର୍ଥାତ୍, କର୍ତ୍ତା ହେବାର ଭାବନା ରଖ ନାହିଁ, ଅର୍ଥାତ୍ ସାକ୍ଷୀ ହୋଇ ତୁମର କାମ କର। ଆମେ ବହୁତ କଥା କହୁଛୁ, ଶତାବ୍ଦୀ ଧରି କହୁଛୁ ଯେ ଗୀତାରେ ଏହା କୁହାଯାଇଛି, ତାହା କୁହାଯାଇଛି, କିନ୍ତୁ କର୍ତ୍ତା ହେବାର ଭାବନା ଚାଲିଯାଇଛି? ତୁମେ କେବେ ଜାଣିଛ ଯେ ମୁଁ ମରିବି ନାହିଁ? ଶରୀର ମରିଯିବ? ଫଳ ଆଶା ନକରି ତୁମେ କୌଣସି କାମ କରିଥିଲ କି? ବିର୍ଲା ଏତେ ମନ୍ଦିର ନିର୍ମାଣ କରିଥିଲେ, ସେଗୁଡିକୁ ଭଗବାନଙ୍କ ମନ୍ଦିର କୁହାଯାଏ ନାହିଁ ବରଂ ବିର୍ଲା ମନ୍ଦିର କୁହାଯାଏ। ଏକ ମାରୱାଡି କଥା ଅଛି - **"ଐସେ କି ଚୋରି କରେ, କରେ ସୁଇ କା ଦାନ, ଛାଡ଼ ଚୌବାରେ ଦେଖେ, କଡ଼ ଆସି ବିମାନ"** ଅର୍ଥାତ୍ ଛୁଞ୍ଚି ଦାନ କରିବା ପରେ, ସେ ଛାତ ଉପରେ ଚଢ଼ି ଦେଖନ୍ତି ଯେ ବିମାନ କେବେ ସ୍ୱର୍ଗକୁ ଯିବା ପାଇଁ ଆସିବ। ଦାନ କରିବା ପରେ, ସବୁବେଳେ ଏକ ଭାବନା ରହିଥାଏ ଯେ ମୁଁ ଦାନ କରିଛି। ଦ୍ୱିତୀୟ କଥା ହେଉଛି ସାକ୍ଷୀ ଭାବରେ କାମ କରିବା। ତା'ପରେ କୌଣସି ଦୁଃଖ ଏବଂ ଚାପ ରହିବ ନାହିଁ। ଆମେ ଯେଉଁ ପରିସ୍ଥିତି ଯୋଗୁଁ ଦୁଃଖିତ ଏବଂ ଚାପଗ୍ରସ୍ତ ହେଉଛୁ ତାହାକୁ ପରିବର୍ତ୍ତନ କରିପାରିବୁ ନାହିଁ। ତେବେ କ'ଣ କରିବା? ଆମେ ଆମର ମନର ଅବସ୍ଥାକୁ ପରିବର୍ତ୍ତନ କରିପାରିବା ଅର୍ଥାତ୍ ଆମେ ଆମର ଦେଖିବାର ଶୈଳୀକୁ ପରିବର୍ତ୍ତନ କରିପାରିବା।

ଏବେ ପ୍ରଶ୍ନ ଉଠେ ଯେ କିପରି ସଚେତନ ଭାବରେ ବଞ୍ଚିବା? ସାକ୍ଷୀ ଭାବରେ କାମ କିପରି କରିବା? ମନର ଅବସ୍ଥାକୁ କିପରି ପରିବର୍ତ୍ତନ କରିବା? ଓଶୋ କୁହନ୍ତି, ଏସବୁ ସମ୍ଭବ, ଯଦି ଜଣେ ପ୍ରତିଦିନ ଧର୍ଯ୍ୟର ସହିତ ଧ୍ୟାନ କରେ।

୨

ଓଶୋଙ୍କ ଦ୍ୱାରା ରଚିତ ଧ୍ୟାନ ବିଧିଗୁଡ଼ିକ କିପରି ଚାପରୁ ମୁକ୍ତି ପ୍ରଦାନ କରେ?

ଆଜିକାଲି, ତଥାକଥିତ ସନ୍ଥ ଏବଂ ମହାତ୍ମାମାନେ କୁହନ୍ତି ଯେ ଏହା କଳିଯୁଗ, ଅର୍ଥାତ୍ ସହାରା ନାମ ଯଦି ତୁମେ ଜପ କର, ତେବେ ତୁମେ ରକ୍ଷା ପାଇବ। ଓଶୋ କୁହନ୍ତି, ଅସ୍ଥିର ମନ ନାମ ଜପ କରିପାରିବ ନାହିଁ। ମୋର ଜଣେ ବନ୍ଧୁ ସବୁବେଳେ ତାଙ୍କ ନୋଟବୁକରେ ରାମ-ରାମ ଲେଖିଥିଲେ। ସେ ମୋ ଭାଇ ସହିତ ବ୍ୟବସାୟ କରୁଥିଲେ, ଯେତେବେଳେ ମୋ ଭାଇ ତାଙ୍କ କାମ ଅଲଗା କରୁଥିଲେ, ସେ ରାମ-ରାମ ଲେଖିଥିଲେ। ମୁଁ ଯେତେବେଳେ ଯାଉଥିଲି, ସେ କେବଳ ରାମ-ରାମ ଲେଖିଥିଲେ, ମୋତେ ଦେଖିବା ମାତ୍ରେ ସେ ରେଜିଷ୍ଟର ବନ୍ଦ କରି ଦେଉଥିଲେ, ଗୋଟିଏ ଦିନ ମୁଁ ତାଙ୍କୁ ରାମ-ରାମ ଲେଖିବାର ଦେଖିଲି, ତେଣୁ ମୁଁ କହିଲି ଯେ ଟଙ୍କା-ଟଙ୍କା ଲେଖି ତୁମେ ଟଙ୍କା ପାଇବ ନାହିଁ। ଯଦି ତୁମେ ଟଙ୍କା ରୋଜଗାର କରିବାକୁ ଚାହୁଁଛ, କିଛି ବ୍ୟବସାୟ କର, କିଛି ବାଣିଜ୍ୟ କର। ସେ କିଛି ଦିନ ପାଇଁ ବିରକ୍ତ ହେଉଥିଲେ। ଗୋଟିଏ ଦିନ ମୁଁ କହିଲି ବନ୍ଧୁ, ଟିକେ ଚିନ୍ତା କର। ଯେତେବେଳେ ତୁମେ ମୋ ଭାଇ ସହିତ ବ୍ୟବସାୟ କରୁଥିଲ, ସେତେବେଳେ ମଧ୍ୟ ତୁମେ କେବେ ରାମ-ରାମ ଲେଖିବା କଥା ଭାବିଥିଲ, ନା? କାରଣ ସେତେବେଳେ ତୁମେ ଟଙ୍କା ଗଣୁଥିଲ, ଏବେ ତୁମେ ରାମ-ରାମ ଗଣୁଛ, ତୁମେ କେବଳ ଟଙ୍କା ଗଣିବାକୁ ଚାହୁଁଛ। ତୁମେ ଚିନ୍ତାଶୀଳ ଥିଲ, ତେଣୁ ତୁମେ ରାମ-ରାମ ଲେଖିବା ବନ୍ଦ କରିଦେଲ। ତା' ପରେ ଗୋଟିଏ ଦିନ ସେ ନିଜେ କୁହନ୍ତି, ତୁମେ ଠିକ୍ କହୁଥିଲ, ମୁଁ ରାମ-ରାମ ଲେଖୁଥିଲି କିନ୍ତୁ ମୁଁ ଟଙ୍କା ଗଣିବାକୁ ଚାହୁଁଥିଲି। ଏବେ ପୁଣି ବ୍ୟବସାୟ ଆରମ୍ଭ ହୋଇଗଲାଣି, ରାମ-ରାମ ଲେଖିବା ସ୍ୱୟଂଚାଳିତ ଭାବରେ ବନ୍ଦ ହୋଇଗଲା।

ଅଶାନ୍ତ ମନ କିପରି ନାମ ଜପ କରିପାରିବ? ଯଦି ମନ ଅଶାନ୍ତ, ଧ୍ୟାନ ହୋଇପାରିବ ନାହିଁ। ସର୍ବପ୍ରଥମେ, ଶରୀର ଏବଂ ମନ ସ୍ତରରେ ବ୍ୟାପିଥିବା ଅଶାନ୍ତିକୁ ଦୂର କରିବା ଆବଶ୍ୟକ ଏବଂ ଓଶୋ ଶରୀର ଏବଂ ମନର ଅଶାନ୍ତିକୁ ଦୂର କରିବା ପାଇଁ ପଦ୍ଧତି ବିକଶିତ କରିଛନ୍ତି।

ଆମେ ଖାଦ୍ୟ ଖାଉ, ପାଣି ପିଉ, ତା' ପରେ ପେଟ ସଫା କରିବା ମଧ୍ୟ ଖାଦ୍ୟ ପରି ଗୁରୁତ୍ୱପୂର୍ଣ୍ଣ। ପ୍ରତିଦିନ ଖାଦ୍ୟ ଏବଂ ପ୍ରତିଦିନ ସଫାସୁତୁରା। ଆମେ ସାରା ଦିନ ଚିନ୍ତା, ଜ୍ଞାନ ସଂଗ୍ରହ କରୁ, ଆମେ ବର୍ଷ ବର୍ଷ ଧରି ଏହା କରିଆସୁଛି, ଜନ୍ମଠାରୁ, କିପରି? ବନ୍ଧୁମାନଙ୍କ ସହିତ କଥା ହୋଇ, ଖବରକାଗଜ ଏବଂ ପତ୍ରିକା, ରେଡିଓ, ଟିଭିରୁ। ଆମେ ଏହି ସମସ୍ତ ମାଧ୍ୟମରେ ଚିନ୍ତା କରୁ, କିନ୍ତୁ ଏହି ଚିନ୍ତାଧାରା ଏବଂ ଜ୍ଞାନର ଆବର୍ଜନାକୁ ବୁଡ଼ାଇ ଦେଉନାହୁଁ, ଯାହା ଫଳରେ ଧୀରେ ଧୀରେ ମନ ଭାରାକ୍ରାନ୍ତ ହୋଇଯାଏ ଏବଂ ଚାପ ଆଣେ, କାରଣ ଅନେକ ଚିନ୍ତାଧାରା ଭଲ ଏବଂ କିଛି ଭଲ ଦେଖାଯାଏ ନାହିଁ, ଏବଂ ସେଗୁଡ଼ିକୁ ବାରମ୍ବାର ମନେ ରଖିବା ଦ୍ୱାରା ଆମେ ଚାପରେ ପରିପୂର୍ଣ୍ଣ ହୋଇଯାଉ। ଯେତେବେଳେ ମନ ଉପରେ ଚାପ ବଢ଼ିଯାଏ, ମନ ଶରୀରରେ ଚାପ ପକାଇଥାଏ, ତା'ପରେ ଶରୀରରେ ଲକ୍ଷଣ ଦେଖାଯାଏ, ଯେପରି କଥା ହେବା ସମୟରେ କିମ୍ବା ସିଗାରେଟ୍ ଟାଣିବା ସମୟରେ ଓଠ ହଲାଇବା ଉଚିତ। ଯେତେବେଳେ ଅସୁବିଧା ଏବଂ ଚାପ ଆହୁରି ବଢ଼ିଯାଏ, ସେତେବେଳେ ଶରୀରର ଅନ୍ୟ ଅଂଶ ମଧ୍ୟ ହଲାଇବାକୁ ଆରମ୍ଭ କରେ, ଯେପରି ଜଣେ ଚେୟାରରେ ବସି ଗୋଡ଼ ହଲାଉଛନ୍ତି। ଚାପ ଆହୁରି ବଢ଼ିଯାଏ ଏବଂ ଶରୀରରେ ବିଭିନ୍ନ ରୋଗ ଦେଖାଯାଏ।

ଓଶୋ କୁହନ୍ତି ଯେ ଏହି ଚିନ୍ତାଧାରା, ଜ୍ଞାନକୁ ବୁଡ଼ାଇ ଦେବା ଆବଶ୍ୟକ, ଯାହା ଚାପର କାରଣ। ମନ ଏବଂ ଶରୀରର ସ୍ତରରେ ଚାପ ଏବଂ ଅସ୍ଥିରତା। ସେଗୁଡ଼ିକୁ ବୁଡ଼ାଇ ଦେବା ଆବଶ୍ୟକ, ଅର୍ଥାତ୍ ସେଗୁଡ଼ିକୁ ବାହାର କରିଦେବା ଆବଶ୍ୟକ। ଓଶୋ ନୂତନ ଧ୍ୟାନ ବିଧି ବିକଶିତ କରିଛନ୍ତି, ଯାହାର ପ୍ରଥମ ପର୍ଯ୍ୟାୟ ହେଉଛି କ୍ୟାଥାର୍ସିସ୍। ପ୍ରତିଦିନ ଏହି କ୍ୟାଥାର୍ସିସ୍ ଧ୍ୟାନ ପରୀକ୍ଷଣ ଦେଇ ଯିବା ପରେ ହିଁ, ନାମ ଏବଂ ନୀରବତା ଜପ କରିବା ସହଜ ହୋଇଯାଏ।

ଓଶୋଙ୍କ ଦ୍ୱାରା ସୃଷ୍ଟି କରାଯାଇଥିବା ଧ୍ୟାନ ପଦ୍ଧତିଗୁଡ଼ିକ ସମ୍ପୂର୍ଣ୍ଣ ବୈଜ୍ଞାନିକ, ଶୀଘ୍ର ଫଳାଫଳ ପ୍ରଦାନ କରେ ଏବଂ ବର୍ତ୍ତମାନର ଲୋକମାନଙ୍କ ପାଇଁ ଉପଯୁକ୍ତ। ଯେପରି ବୈଜ୍ଞାନିକମାନେ ପରୀକ୍ଷଣ କରନ୍ତି, ସେହିପରି ଆପଣଙ୍କ ଶରୀର ଏବଂ ମନକୁ ଏକ ପ୍ରୟୋଗଶାଳା କରି ଓଶୋଙ୍କ ଦ୍ୱାରା ସୃଷ୍ଟି ହୋଇଥିବା କ୍ୟାଥାର୍ସିସ୍ ଦେଇ ଗତି କରିବା ଦ୍ୱାରା, ଶରୀର ଏବଂ ମନରେ ଅସ୍ଥିରତା ଏବଂ ମାନସିକ ଅବସ୍ଥାରେ ପରିବର୍ତ୍ତନ ସହଜରେ ଘଟିବ। ଏହି ଧ୍ୟାନ ପରୀକ୍ଷଣରେ ସାମିଲ ହେବା ପାଇଁ ଆପଣଙ୍କୁ ଆପଣଙ୍କ ଧର୍ମ, ଜାତି, ସମ୍ପ୍ରଦାୟ ଇତ୍ୟାଦି ଛାଡିବାକୁ ପଡିବ ନାହିଁ।

୩

ଲୋକେ ଧ୍ୟାନର ଗୁରୁତ୍ୱ କେବେ ଅନୁଭବ କରନ୍ତି?

ମନୋବିଜ୍ଞାନୀମାନେ ବହୁତ ଅଧ୍ୟୟନ ପରେ ଜାଣିପାରିଛନ୍ତି ଯେ ମଣିଷ ଖୁସି ଖୋଜୁଛି। ସେମାନଙ୍କ ମତରେ, ସେ ଭୋକ, ପ୍ରେମ ଏବଂ ସମ୍ଭୋଗରେ ଖୁସି ଖୋଜେ। ଏଗୁଡ଼ିକ ସମସ୍ତଙ୍କର ପ୍ରାଥମିକ ଆବଶ୍ୟକତା, ଏଗୁଡ଼ିକର ପୂରଣ ପରେ, ଉଚ୍ଚତର ଆବଶ୍ୟକତା ସୃଷ୍ଟି ହୁଏ। ତା' ପରେ ସେ ଏବେ ସୁରକ୍ଷିତ ରହିବାକୁ ଚାହେଁ, ତେଣୁ ସେ ଘର ତିଆରି କରେ। ସେ ଯେତେ ଭଲ ଘର ନିର୍ମାଣ କଲେ ମଧ୍ୟ, ସେ ଖୁସି ପାଏ ନାହିଁ କିମ୍ବା ସୁରକ୍ଷିତ ଅନୁଭବ କରେ ନାହିଁ। ତା' ପରେ ସେ ପ୍ରେମରେ ଖୁସି ଖୋଜେ। ପ୍ରଥମ ଥର ପାଇଁ, ପ୍ରେମ ମାଗଣାରେ ମିଳେ। ଯଦିଓ ସେ ପ୍ରେମ କରିବାର କ୍ଷମତା ପାଏ, କିନ୍ତୁ ଭିତରେ କାହିଁକି ଖାଲିତା ଅଛି? ଖୁସି କେଉଁଠି ମିଳେ ନାହିଁ। ତା' ପରେ ଏକମାତ୍ର ପଥ ବାକି ଅଛି ଆଧ୍ୟାତ୍ମିକତା। ତା' ପରେ ସେ ସନ୍ଥଙ୍କ ଶରଣରେ ଏହାକୁ ଖୋଜେ। ସନ୍ଥ ମଧ୍ୟ ଜଣେ ତଥାକଥିତ ସନ୍ଥ ହେବେ, ସେ କେବଳ ସହାନୁଭୂତି ଦେବେ। ସେ ଜଣେ ସତ୍ୟ ସାଧକ ହେବେ, ପ୍ରକୃତ ତୃଷ୍ଣା ରହିବ, ତା' ପରେ ସେ ଜଣେ ସଦଗୁରୁଙ୍କୁ ଖୋଜିବେ ଏବଂ ଜଣେ ସତ୍ୟ ସାଧକ ଜଣେ ସଦଗୁରୁଙ୍କୁ ଖୋଜି ପାଇବେ।

ଯେତେବେଳେ ଭଗବାନ ବୁଦ୍ଧ ରାଜକୁମାର ଗୌତମ ସିଦ୍ଧାର୍ଥ ଥିଲେ, ତାଙ୍କ ପାଖରେ ସବୁକିଛି ଥିଲା। ମୋର ଏକ ପ୍ରାସାଦ ଥିଲା, ସ୍ତ୍ରୀ ଇତ୍ୟାଦି ଥିଲା, କିନ୍ତୁ ରୋଗ, ବାର୍ଦ୍ଧକ୍ୟ ଏବଂ ମୃତ୍ୟୁ ଦେଖି, ଭିତରର ତୃଷା ତୀବ୍ର ହୋଇଗଲା ଏବଂ ମୁଁ ସେହି ରାତିରେ ସବୁକିଛି ଛାଡି ଦେଲି। ମୁଁ ସମସ୍ତ ଗୁରୁଙ୍କୁ ଚେଷ୍ଟା କଲି, କିନ୍ତୁ ଭିତରର ଶୂନ୍ୟତା ସେହିପରି ଥିଲା। ଶେଷରେ, ଗୋଟିଏ ରାତିରେ ମୁଁ ସବୁକିଛି ଛାଡି ଦେଲି, କିଛି ଜାଣିବାର ଏହି ଚିନ୍ତାଧାରା ମଧ୍ୟ, ଏବଂ ସେହି ରାତିରେ ମୁଁ ଜ୍ଞାନ ପ୍ରାପ୍ତ କଲି।

ନାନକ, କବୀର, ଦାଦୁ, ରାଇଦାସ ଇତ୍ୟାଦି କିଛି ସନ୍ଥ ଅଛନ୍ତି। ସେମାନେ ଦେଖିଛନ୍ତି ଯେ ଯାହାଙ୍କ ପାଖରେ ସବୁକିଛି ଅଛି, ସେମାନଙ୍କ ଭିତରେ ମଧ୍ୟ ଏକ ଶୂନ୍ୟତା ଅଛି, କୌଣସି ସୁଖ ନାହିଁ। ସେମାନେ ସମସ୍ତ ଅସୁବିଧାରେ ନ ପଡ଼ି ସାଧନା

ଆରମ୍ଭ କରିଥିଲେ। ଅନ୍ୟମାନଙ୍କୁ କୂଅରେ ପଡ଼ିବା ଦେଖି, ସେମାନେ ବୁଝିପାରିଲେ ଯେ କୌଣସି ସ୍ଥାନରେ ସୁଖ ନାହିଁ। ଶେଷରେ, ସେମାନେ ଧ୍ୟାନ, ଜପ, ତପସ୍ୟା କିମ୍ବା ସିମରନ ମାଧ୍ୟମରେ ଜ୍ଞାନ ପ୍ରାପ୍ତ କଲେ।

ଦୁଇଟି ପରିସ୍ଥିତି ଅଛି, ପ୍ରଥମତଃ, ଯେତେବେଳେ ଆପଣ ଧନ, ପଦବୀ, ମହିଳା କିମ୍ବା ପୁରୁଷର ସମସ୍ତ ସୁଖରେ ସୁଖ ପାଆନ୍ତି ନାହିଁ, ତେବେ ଆପଣ ଧ୍ୟାନ ଆଡକୁ ଯାତ୍ରା ଆରମ୍ଭ କରିପାରିବେ। କିନ୍ତୁ କେତେ ଜଣ ଏହାକୁ ବୁଝନ୍ତି? ମଣିଷ ସବୁବେଳେ ଏକ ଦୌଡ଼ରେ ଥାଏ, ସେ ଭାବେ ଯେ ତା ପାଖରେ ଅଳ୍ପ ଟଙ୍କା ଅଛି, ସେ ଅଧିକ ରୋଜଗାର କରିବା ଉଚିତ, ଘର ଛୋଟ, ସେ ଏହାକୁ ବଡ଼ କରିବା ଉଚିତ, ସ୍ତ୍ରୀ କିମ୍ବା ସ୍ୱାମୀ ସୁନ୍ଦର ନୁହଁନ୍ତି, ତେଣୁ କୌଣସି ଖୁସି ନାହିଁ। ଲକ୍ଷ ଲକ୍ଷ ଲୋକଙ୍କ ମଧ୍ୟରୁ ଜଣେ ସବୁକିଛି ଉପଭୋଗ କରେ ଏବଂ ତା'ପରେ ଏହି ଦୌଡ଼ରୁ ବାହାରକୁ ଯାଏ।

ଭାବନ୍ତୁ ଆପଣ କେଉଁଠି ଅଛନ୍ତି? ଆପଣ ଧ୍ୟାନରେ କାହିଁକି ଆଗ୍ରହୀ? ଯଦି ଆପଣ ଧ୍ୟାନ କରି ଟଙ୍କା ପାଇବେ ନାହିଁ, ତେବେ କ'ଣ ଆପଣ ତଥାପି ଧ୍ୟାନ କରିବାକୁ ଚାହିଁବେ?

୪

ଚାପପୂର୍ଣ୍ଣ ଜୀବନଶୈଳୀ ଏବଂ ସହଜ ଯୋଗ ଧ୍ୟାନ

ପ୍ରାଚୀନ କାଳରୁ, ଅନେକ ଋଷି ସୁଖୀ ଏବଂ ଆନନ୍ଦମୟ ଜୀବନଯାପନ ପାଇଁ ଅନେକ ଉପାୟ ପରାମର୍ଶ ଦେଇଛନ୍ତି। କେତେକ ହଠ ଯୋଗ ବିଷୟରେ କୁହନ୍ତି, କେତେକ ସହଜ ଯୋଗ ବିଷୟରେ। ପ୍ରତ୍ୟେକ ବ୍ୟକ୍ତିକୁ ତାଙ୍କ ମନର ଅବସ୍ଥା ଅନୁସାରେ ନିଜର ପଥ ଖୋଜିବାକୁ ପଡିବ। କେତେକ ହଠ ଯୋଗକୁ ପସନ୍ଦ କରନ୍ତି, କେତେକ ସହଜ ଯୋଗକୁ ପସନ୍ଦ କରନ୍ତି।

ହଠ ଯୋଗର ଅର୍ଥ ହେଉଛି ଆପଣଙ୍କୁ କିଛି କରିବାକୁ ପଡିବ, ନକରି କିଛି ହେବ ନାହିଁ। ମୁଁ କଲେ ହିଁ କିଛି ହେବ। ହଠ ଯୋଗୀମାନେ ଆସନ, ପ୍ରାଣାୟମ ଏବଂ ଧ୍ୟାନ, ତପସ୍ୟା ଏବଂ ସହଜ ଯୋଗୀମାନେ ଆତ୍ମସମର୍ପଣର ଉପାୟ କହିଥିଲେ। ଆଜିର ବ୍ୟସ୍ତବହୁଳ ଜୀବନରେ ଉଭୟ ଗୁରୁତ୍ୱପୂର୍ଣ୍ଣ। ଅନେକ ଅଭିଜ୍ଞ ସନ୍ଥ ଉଭୟଙ୍କ ମଧ୍ୟରେ ସମନ୍ୱୟ ରଖିବାକୁ କହିଛନ୍ତି। ହଠ ଯୋଗ ସହିତ ସହଜ ଯୋଗ, ଉଭୟ ଏକାଠି।

ସହଜ ଯୋଗର ଅର୍ଥ କ'ଣ?

ସହଜ ଯୋଗର ଅର୍ଥ ସରଳ ହେବା, ସ୍ୱାଭାବିକ ହେବା। ଆଦର୍ଶ ପିନ୍ଧିବା ନାହିଁ, କାରଣ ଆଦର୍ଶ କପଟତା ଆଣିଥାଏ। ତୁମେ ଗୋଟିଏ ଜିନିଷ, ତୁମେ ଅନ୍ୟ ଜିନିଷ ହେବାକୁ ଚେଷ୍ଟା କର, ଏହା ଉତ୍ତେଜନା ସୃଷ୍ଟି କରେ। ଏହାକୁ ଏହିପରି ବୁଝ, କେହି ତୁମ ପାଖକୁ ଆସେ, ତୁମେ ତାକୁ ପସନ୍ଦ କର ନାହିଁ, ତୁମେ ତୁମ ମନରେ କୁହ, ଏହି ଦୁଷ୍ଟ ବ୍ୟକ୍ତି କେଉଁଠୁ ଆସିଛି। ତା' ର ଦର୍ଶନରେ ହିଁ ଅଭାବ ଅଛି। କିନ୍ତୁ ସୌଜନ୍ୟତା ଯୋଗୁଁ ତୁମେ କହୁଛ, ଆସ, ଆମେ ଧନ୍ୟ, ଆମେ ତୁମକୁ ଦେଖିବାକୁ ପାଇଲୁ। ଏହି ମୁହୂର୍ତ୍ତରେ ଆମେ ଏକ ଦ୍ୱୈତ ଜୀବନ ବଞ୍ଚୁଛୁ। ଆମେ ଯାହା କରୁ, ଆମେ ସର୍ବଦା ଉତ୍ତେଜନାର ଜୀବନ ବଞ୍ଚୁଛୁ। ଓଶୋ କୁହନ୍ତି, ସହଜ ଯୋଗର ଅର୍ଥ, ମିଛବାଦୀ ହୁଅ ନାହିଁ। କାରଣ ତୁମେ ଯେତେ ମିଛ କହିବ, ତୁମେ ସେତେ ଦୁଃଖୀ ହେବ। ମିଛ ଦୁଃଖ ଆଣିଥାଏ, କାରଣ ମିଛ ଯୋଗୁଁ ସତ୍ୟ ସହିତ ତୁମର ସମ୍ପର୍କ ହଜିବାକୁ ଲାଗେ। ଯେଉଁ ବ୍ୟକ୍ତି ମିଛ କୁହେ,

ତା' ପରେ ମିଛକୁ ରକ୍ଷା କରିବା ପାଇଁ, ସେ ଆଉ ଏକ ମିଛ କହିବ ଏବଂ ତା' ପରେ ତୃତୀୟ.....

ଏହାକୁ ଏହିପରି ବୁଝ, ଜଣେ ବ୍ୟକ୍ତି ରାତିରେ ଶୋଇବା ସମୟରେ ହଠାତ୍ ରାମ ପ୍ୟାରୀ, ରାମ ପ୍ୟାରୀ କହିବା ଆରମ୍ଭ କଲା। ତାଙ୍କ ସ୍ତ୍ରୀ ତାଙ୍କୁ ଉଠାଇ ପଚାରିଲେ ଯେ ରାମ ପ୍ୟାରୀ କିଏ? ସେ ଭୟଭୀତ ହୋଇ କହିଲେ ଯେ ଘୋଡା ଦୌଡ଼ରେ ଏକ ଘୋଡାର ନାମ ଅଛି। ପରଦିନ ଯେତେବେଳେ ସେହି ବ୍ୟକ୍ତି ସନ୍ଧ୍ୟାରେ ଘରକୁ ଆସିଲେ, ତାଙ୍କ ସ୍ତ୍ରୀ ତାଙ୍କୁ ତଦନ୍ତ କରିବାକୁ କହିଲେ ଯେ ସେ ସେହି ଘୋଡା ରାମପ୍ୟାରୀଙ୍କ ଠାରୁ ଫୋନ୍ ପାଇଛନ୍ତି ଏବଂ ସେ ତାଙ୍କୁ ରାତ୍ରୀଭୋଜନ ପାଇଁ ନିମନ୍ତ୍ରଣ କରିଛନ୍ତି। ଏହା ଶୁଣି ସେ ଝାଳ ବାହାର କରିବାକୁ ଲାଗିଲେ ଏବଂ ତାଙ୍କ ମୁହଁରେ ଭୟଭୀତତାର ଚିହ୍ନ ଦେଖାଗଲା। ଯଦି ତୁମେ ମିଛ କହିବ, ତେବେ ତୁମେ ଅଧିକ ଦିନ ବଞ୍ଚିପାରିବ ନାହିଁ। ସାରାପା ବୌଦ୍ଧ ପରମ୍ପରାରେ ଜଣେ ସନ୍ଥ ଥିଲେ। ସାରାପା କୁହନ୍ତି, ତୁମେ ଯେପରି ଅଛ ସେହିପରି ଜୀବନଯାପନ କର! ଫଳାଫଳ ଯାହା ହେଉ। ଠକ। ଯଦି ତୁମେ ମିଛ କହୁଛ, ତେବେ କୁହ ଯେ ମୁଁ ମିଛ କହୁଛି। ମିଛ କହିବା ମୋର ଅଭ୍ୟାସ। ଯଦି କେହି ତୁମକୁ ବିଶ୍ୱାସ କରେ, ତେବେ ସେ ବିପଦ ଜାଣିବା ଉଚିତ। ଓଶୋ କୁହନ୍ତି, ଜଣେ ବ୍ୟକ୍ତି ଯିଏ ସତ୍ୟ କହିବାର ଦାବି କରେ, କିନ୍ତୁ ଏହାର ଆବରଣ ତଳେ ମିଛ କୁହେ। ମନେରଖନ୍ତୁ ଯେ ଯେଉଁମାନେ ମିଛ କୁହନ୍ତି, ସେମାନେ ସତ୍ୟ କହିବାର ଦାବି କରନ୍ତି, ନଚେତ୍ କିଏ ମିଛକୁ ବିଶ୍ୱାସ କରିବ? ଯଦି ଜଣେ ମିଛବାଦୀ ବାରମ୍ବାର ଦୋହରାଇଥାଏ ଯେ ମୁଁ ସତ୍ୟ କହୁଛି, ତେବେ ସତର୍କ ରୁହନ୍ତୁ, କାରଣ ଏହା ମିଛର ଲକ୍ଷଣ। ଜଣେ ସତ୍ୟବାଦୀ ବ୍ୟକ୍ତି କେବେ ଶପଥ ନେବ ନାହିଁ। ସେ କାହିଁକି କରିବ? ଯିଏ ମିଛ କହୁଛି, ସେ କୋର୍ଟରେ ମଧ୍ୟ ମିଛ ଶପଥ ନେଇପାରେ।

ଓଶୋ କୁହନ୍ତି, ଜଣେ ବ୍ୟକ୍ତି ନିଜକୁ ଯେପରି ଅଛି ସେହିପରି ଘୋଷଣା କରିବା ଉଚିତ, ଅନ୍ୟଥା ଏକ ଇଞ୍ଚ ମଧ୍ୟ ନୁହେଁ। ଏପରି ବ୍ୟକ୍ତିଙ୍କ ଜୀବନରେ କୌଣସି ଜଟିଳତା ରହିବ ନାହିଁ। ମିଛ ଜଟିଳତା, କପଟତା ସୃଷ୍ଟି କରେ। ସହଜ ଯୋଗର ଅର୍ଥ ହେଉଛି ଏହି ଦ୍ୱନ୍ଦ୍ୱକୁ ତ୍ୟାଗ କରିବା, ଏହି ଜାଲକୁ ତ୍ୟାଗ କରିବା! ନିଜକୁ ଯେପରି ଅଛ ସେହିପରି ଗ୍ରହଣ କରିବା। ସମସ୍ତ କପଟତାକୁ ତ୍ୟାଗ କରିବା! ସହଜ ଯୋଗର ଅର୍ଥ ହେଉଛି ଈଶ୍ୱରଙ୍କ ପ୍ରତି କୃତଜ୍ଞତାର ଭାବନା! ସହଜ ଯୋଗ ହେଉଛି ଆତ୍ମସମର୍ପଣର ଅନ୍ୟ ନାମ। ସହଜ ଯୋଗର ଅର୍ଥ ହେଉଛି ନିଜକୁ ଗ୍ରହଣ କରିବା। ନିଜ ଏକାନ୍ତରେ ଯାଅ। ଭଗବାନ ଶ୍ରୀକୃଷ୍ଣ ଗୀତାରେ କହିଛନ୍ତି ଯେ ତୁମର କର୍ମ କର, ଫଳ ପାଇଁ ଆକାଂକ୍ଷା କର ନାହିଁ, ସବୁକିଛି ଈଶ୍ୱରଙ୍କ ଉପରେ ଛାଡ଼, ଏହା ହେଉଛି ସହଜ ଯୋଗ। ଓଶୋ କୁହନ୍ତି,

ସହଜ ଯୋଗର ଅର୍ଥ ହେଉଛି ଆମେ କିଛି ମାଗିବୁ ନାହିଁ, ଆମେ ଚୁପଚାପ୍ ବଞ୍ଚିବୁ। ଆମେ ଯାହା ପାଇବୁ ସେଥିରେ ତୃପ୍ତି ଏବଂ ସନ୍ତୁଷ୍ଟ ରହିବୁ। ଯାହା ପାଇବୁ ନାହିଁ, ଆମେ ଜାଣିବୁ ଯେ ତାହା ନ ପାଇବା ଆମର ସର୍ବୋତ୍ତମ ସ୍ୱାର୍ଥ। ଯଦି ଆମେ ଫଳ ପାଇବୁ, ତାହା ଗ୍ରହଣ କରିବା, ଯଦି ଆମକୁ କଣ୍ଟା ମିଳେ, ତାହା ଗ୍ରହଣ କରିବା। ତାହା ସଫଳତା ହେଉ କି ବିଫଳତା, ସମ୍ମାନ ହେଉ କି ଅସମ୍ମାନ। କିନ୍ତୁ ଭିତରେ ପ୍ରାର୍ଥନା ଏବଂ ଭିତରେ କୃତଜ୍ଞତାର ଭାବନା ପ୍ରବାହିତ ହେବ। ଏହି ପ୍ରବାହର ନାମ ସହଜ ଯୋଗ।

ଓଶୋ କହିଛନ୍ତି ଯେ ସହଜ ଯୋଗ ଅନୁସାରେ, ଏଠାରେ କିଛି ଚିରକାଳ ପାଇଁ ନାହିଁ, ସବୁକିଛି ପ୍ରବାହିତ ହେଉଛି, ପ୍ରବାହିତ ହେଉଛି। ସବୁକିଛି କ୍ଷଣସ୍ଥାୟୀ, ଯାହା ଚାଲିଯାଇଛି ତାକୁ ଧରି ବଞ୍ଚନ୍ତୁ ନାହିଁ ଏବଂ ଛାଡି ଦିଅନ୍ତୁ, ଯାହା ଦ୍ୱାରା ଆପଣଙ୍କ ହୃଦୟ ନୂତନ ପାଇଁ ଖୋଲା ରହିବ, ଅତୀତର ହିସାବ ରଖନ୍ତୁ ନାହିଁ ଏବଂ ଆଗାମୀ କାଲି ପାଇଁ ଚିନ୍ତା କରନ୍ତୁ ନାହିଁ। ଆଜି ଯାହା ଆସିଛି, ସେଥିରେ ନାଚନ୍ତୁ, ଗାନ କରନ୍ତୁ, ଗୁଣୁଗୁଣୁ କରନ୍ତୁ ଏବଂ ଏହି ଗୀତରେ ପ୍ରାର୍ଥନା ସମ୍ପୂର୍ଣ୍ଣ। ଏହି ଗୀତରେ ସମଗ୍ର ସମ୍ପୂର୍ଣ୍ଣ। ମନେରଖନ୍ତୁ, ପ୍ରାର୍ଥନା ଏକ ଦାବି ନୁହେଁ। ପ୍ରାର୍ଥନା ହେଉଛି କୌଣସି କ୍ଷୁଦ୍ର ଦାବି ବିନା ସହଜରେ ଈଶ୍ୱରଙ୍କୁ ଡାକିବା। ସହଜ ଅର୍ଥ ଯାହା ତୁମର ସ୍ୱଭାବ, ଯାହା ତୁମକୁ ଅନ୍ୟମାନଙ୍କଠାରୁ ଶିଖିବାକୁ ପଡ଼ିବ ନାହିଁ, ଯାହା ତୁମକୁ ନିଜ ଭିତରେ ଖୋଜିବାକୁ ପଡ଼ିବ। ଅସମ୍ଭବ ଅର୍ଥ ଯାହା ଉପରୁ ଲାଗୁ କରାଯାଇଛି। ତୁମର ବ୍ୟକ୍ତିତ୍ୱ କ'ଣ? ସମାଜ, ପିତାମାତା ତୁମକୁ କ'ଣ ଆଚ୍ଛାଦିତ କରିଛନ୍ତି, ତୁମେ ହିନ୍ଦୁ କିମ୍ବା ମୁସଲମାନ, ବ୍ରାହ୍ମଣ କିମ୍ବା ଶୁଦ୍ର! ତୁମେ ସୁନ୍ଦର କିମ୍ବା କୁତ୍ସିତ, ପାପୀ କିମ୍ବା ସନ୍ଥ। ତୁମେ ଯାହା ହେଉନା କାହିଁକି, ଏହା ଏବେ ବି ଧାରୁଆ ଏବଂ କୃତ୍ରିମ। ଅନ୍ୟମାନେ ତୁମ ଉପରେ କିଛି ରଙ୍ଗ ଲଗାଇଛନ୍ତି।

ସହଜ ଯୋଗ କୁହନ୍ତି ଯେ ଯାହା ଅଛି, ଯେପରି ଅଛି, ତାହା ଈଶ୍ୱରଙ୍କ ଦାନ, ଈଶ୍ୱରଙ୍କ ଦାନ, ତାହାକୁ ଗ୍ରହଣ କର, ସମ୍ପୂର୍ଣ୍ଣ ଗ୍ରହଣ କର।

ସହଜ ଯୋଗ ଦୁଇଟି ଶବ୍ଦ ସହଜ ଏବଂ ଯୋଗରୁ ଗଠିତ, ସହଜ ଅର୍ଥ: ଅକାର୍ଯ୍ୟ, ଅକର୍ମ, ବିଶ୍ରାମ ଏବଂ ଯୋଗ ଅର୍ଥ କାର୍ଯ୍ୟ, କର୍ମ, ଶ୍ରମ।

ଓଶୋ କୁହନ୍ତି ଯେ ଯେଉଁଠାରେ ଯୋଗ ଏବଂ ସହଜ ମିଳିତ ହୁଅନ୍ତି, ସେଠାରେ ଜୀବନର ଚୂଡ଼ାନ୍ତ ଅବତରଣ ଘଟେ। ଶ୍ରମ ମାଧ୍ୟମରେ ବିଶ୍ରାମ ପାଇପାରିବେ। କାମ କର, କିନ୍ତୁ ଶ୍ରମକୁ ସବୁକିଛି ବୋଲି ଭାବନା, ନଚେତ୍ ତୁମେ ଯୋଗରେ ଫସିଯିବ ଏବଂ ସହଜକୁ ସବୁକିଛି ଭାବନା, ନଚେତ୍ ଯାତ୍ରା ଆରମ୍ଭ ହେବ ନାହିଁ। ତୁମେ ଆଳସ୍ୟରେ

ପଡ଼ିଯିବା। ଶ୍ରମ ଏବଂ ବିଶ୍ରାମ, ଏହି ଦୁଇଟି ପକ୍ଷ ଆବଶ୍ୟକ ଯାହା ଦ୍ୱାରା ତୁମେ ଉଡ଼ିପାରିବ। ଏହି ଦୁଇଟି ପାଦ ଆବଶ୍ୟକ ଯାହା ଦ୍ୱାରା ତୁମେ ଚାଲିପାରିବ।

ସହଜ ସହିତ ବଞ୍ଚିବାରେ ସୁଖ ଅଛି। ଅନ୍ୟ ଜଣଙ୍କ ପାଖରେ କ'ଣ ଅଛି, କେଉଁ ସ୍ଥାନରେ ଅଛି, ସେ ସୁନ୍ଦର କି ଅସୁନ୍ଦର, ତା ' ର କେତେ ଅଛି, ଇତ୍ୟାଦି। ଯଦି ଆମେ ଆମ ପାଖରେ କ'ଣ ଅଛି, ଅନ୍ୟ କାହା ପାଖରେ କ'ଣ ଅଛି, ତାହା ଗଣନା ନ କରିବା, ତେବେ ଏହା ମନେ ହେବ ନାହିଁ ଯେ ମୋ ପାଖରେ କମ୍ ଅଛି। ଯଦି ଆମେ ଆମ ବଗିଚାର ଘାସକୁ ଅନ୍ୟ କାହାର ବଗିଚାର ଘାସ ସହିତ ତୁଳନା ନ କରିବା, ତେବେ ଆମେ କାହିଁକି ଦୁଃଖିତ ହେବା? ଏହା ସବୁ ଆମ ଉପରେ ନିର୍ଭର କରେ ଯେ ଆମେ ଦୁନିଆକୁ କିପରି ଦେଖୁ। ଆମେ କଣ୍ଟା ଗଣି ନା ଫୁଲ ଗଣି? ସହଜ ଯୋଗର ଅର୍ଥ ହେଉଛି ଆମର ଯାହା ଅଛି ତାହା ଆମେ କାହା ସହିତ ତୁଳନା କରିବା ଉଚିତ୍ ନୁହେଁ। ଅସ୍ତିତ୍ୱ ଆମକୁ ଯାହା ଯୋଗ୍ୟ ତାହା ଦେଇଛି। ମୁଁ ଏଥିପାଇଁ କୃତଜ୍ଞ।

ପ୍ରଶ୍ନ ହେଉଛି, ଆମେ କ'ଣ ଏହି ଦୁନିଆରେ ସହଜ ଯୋଗ ସହିତ ବଞ୍ଚିପାରିବା? ଆମେ ବଞ୍ଚିପାରିବା, କିନ୍ତୁ ବଞ୍ଚିପାରିବା ନାହିଁ, ସେଥିପାଇଁ ଆମେ ଦୁଃଖୀ ଏବଂ ଚାପଗ୍ରସ୍ତ ରହିଥାଉ ଏବଂ ରକ୍ତଚାପ, ମଧୁମେହ, କର୍କଟ, ଅନିଦ୍ରା, ହୀନମନ୍ୟତା, ପକ୍ଷାଘାତ, ଅସ୍ଥିରତା ଇତ୍ୟାଦି ରୋଗରେ ପୀଡିତ। ଆମେ ଏକ ଉଚ୍ଚ ପଦବୀ ପାଇବା ଏବଂ ଧନୀ ହେବା ପାଇଁ ଦୌଡ଼ରେ ଅଛୁ। ଦୌଡ଼ରେ ରହିବା ମଧ୍ୟ ଗୁରୁତ୍ୱପୂର୍ଣ୍ଣ, କିନ୍ତୁ ଯଦି ଆମେ ତାହା ପାଇପାରୁନାହୁଁ, ତେବେ ଏଥିରେ ଚାପ ନିଅନ୍ତୁ ନାହିଁ। ଭଗବାନଙ୍କୁ ଧନ୍ୟବାଦ, ଯଦି ସେ ଏହା ଦେଇନାହାଁନ୍ତି, ତେବେ ତାହା ନ ଦେବା ଆମର ହିତରେ ହେବ। ଭଗବାନ ଆମର ଆବଶ୍ୟକତାକୁ ଆମ ଅପେକ୍ଷା ଅଧିକ ଜାଣନ୍ତି। ଭଗବାନ ଯାହା ଦେଇଛନ୍ତି ସେଥିରେ ସନ୍ତୁଷ୍ଟ ରୁହନ୍ତୁ, ଏହା ସହଜ ଯୋଗ। ପସନ୍ଦ ଆପଣଙ୍କର। ସହଜ ଯୋଗରେ କୌଣସି ଚାପ କିମ୍ବା ଦୁଃଖ ନାହିଁ। ଅସହଜ ଯୋଗରେ ଦୁଃଖ, ଚାପ ଏବଂ ଯନ୍ତ୍ରଣା ଅଛି। ଆପଣ କିପରି ବଞ୍ଚିବାକୁ ଚାହାଁନ୍ତି, ଆପଣ ନିଜ ଜୀବନ ବଞ୍ଚିବାର ପଥ ବାଛିବାକୁ ସ୍ୱାଧୀନ।

କେବଳ ଚିନ୍ତା କରନ୍ତୁ, ଭଗବାନ ଆମକୁ ଯାହା ଦେଇଛନ୍ତି, ଆମେ କ'ଣ ତାହା ସହିତ ବଞ୍ଚିପାରିବା ନାହିଁ? ଆମେ ପାରିବୁ, କିନ୍ତୁ ଲୋକମାନେ ଦେଖାଇ ପାରିବେ ନାହିଁ। ଆମେ ନିଜକୁ ଅନ୍ୟମାନଙ୍କଠାରୁ ଶ୍ରେଷ୍ଠ ପ୍ରମାଣିତ କରିପାରିବା ନାହିଁ। ଯଦି ଆମେ ଆରାମର ଜୀବନ ବଞ୍ଚିବାକୁ ଚାହୁଁ, ଯାହା ଆମ ପାଖରେ ଅଛି ସେଥିରେ ସନ୍ତୁଷ୍ଟ ରହିବା ଏବଂ କେବେ ଅଭିଯୋଗର ଭାବନା ନ ରହିବା, ତେବେ ଆମେ କିପରି ନିଜକୁ ଏପରି ମାନସିକ ଅବସ୍ଥା ପାଇଁ ପ୍ରସ୍ତୁତ କରିବା? ଓଶୋ କୁହନ୍ତି, ଧ୍ୟାନ ହେଉଛି ଉପାୟ।

ଯଦି ଆପଣ ନିୟମିତ ଭାବରେ, ପ୍ରତିଦିନ ଧୈର୍ଯ୍ୟର ସହିତ ଧ୍ୟାନ କରନ୍ତି, ତେବେ ଆପଣଙ୍କର ମାନସିକ ଅବସ୍ଥା ପରିବର୍ତ୍ତନ ହୋଇପାରିବ। ଓଶୋ ଆଜିର ମଣିଷର ମାନସିକ ଅବସ୍ଥା ଅନୁସାରେ ଅନେକ ଧ୍ୟାନ ପଦ୍ଧତି ବିକଶିତ କରିଛନ୍ତି। ଧ୍ୟାନ କରିବା ଦ୍ୱାରା, ଧୀରେ ଧୀରେ ଆମେ ଅସହଜ ହେବାରୁ ଆରାମଦାୟକ ହେବାରେ ଲାଗିଥାଉ। ସମାଜ ଆମ ଉପରେ ଯେଉଁ ମିଥ୍ୟା ଆଦର୍ଶ ଲଦି ଦେଇଛି, ଆମ ଉପରେ ଯେଉଁ ମୁଖା ପିନ୍ଧାଇଛି, ଆମେ ଧୀରେ ଧୀରେ ସେଥିରୁ ବାହାରି ଆସିବୁ। ଓଶୋ କୁହନ୍ତି ପହଁର ନାହିଁ, ବରଂ ପ୍ରବାହିତ ହୁଏ। ପହଁରିବା ପାଇଁ ସଂଘର୍ଷ କରିବାକୁ ପଡ଼ିଥାଏ; ପ୍ରବାହିତ ହେବା ନିଜେ ହୁଏ। ପ୍ରବାହିତ ହେବା ହେଉଛି ସହଜ ଯୋଗ।

୫

ମାନସିକ ଚାପ :
ବିଶ୍ଳେଷଣ ଏବଂ ସମାଧାନ

ମଣିଷ ସୁଖ ପାଇଁ ସବୁକିଛି କରେ। କିନ୍ତୁ ସେ ଯାହା ପାଏ ତାହା ହେଉଛି ଦୁଃଖ। ଦୁଃଖ ଏବଂ ସୁଖ ଗୋଟିଏ ମୁଦ୍ରାର ଦୁଇଟି ପାର୍ଶ୍ୱ। ଦୁଃଖ ଦେଇ ଗତି କରିବା ପରେ ସୁଖ ପ୍ରାପ୍ତ ହୁଏ। ବାସ୍ତବରେ, ସୁଖ ପ୍ରାପ୍ତ ହୁଏ ନାହିଁ, ଏହା କେବଳ ମୁଁ ଖୁସି ଥିବା ଅନୁଭବ କିନ୍ତୁ କିଛି ସମୟ ପରେ ଆମେ ଶୀଘ୍ର ଦୁଃଖକୁ ଫେରିଯାଉ। ଏପରି କାହିଁକି? ଓଶୋ କୁହନ୍ତି ଯେ ଯଦି ତୁମେ ସୁଖ ଚାହୁଁଛ, ତେବେ ତୁମେ ନିଶ୍ଚିତ ଭାବରେ ଦୁଃଖ ପାଇବ କାରଣ ଯେଉଁଠାରେ ସୁଖ ଦେଖାଯାଏ, ମନେହୁଏ ଯେ ଯଦି ମୁଁ ଏହା କରେ କିମ୍ବା ଯଦି ମୁଁ ଏହା ପାଏ ତେବେ ମୁଁ ଖୁସି ହେବି, ଏହା କେବଳ ଏକ ମରୀଚିକା ହୋଇଯାଏ। ଆମେ ଯାହା ଚାହୁଁଛୁ ତାହା ପାଇଥାଉ, କିନ୍ତୁ ତଥାପି ଆମେ ସୁଖ ପାଉନାହୁଁ, ତା'ପରେ ମନ କୁହେ ଯେ ଆମେ ଏହା ଚାହୁଁନାହୁଁ ବରଂ ତାହା ଚାହୁଁନାହୁଁ କିମ୍ବା ଆମେ ଯାହା ପାଇଛୁ ତାହା ବାଛିଛୁ, ଏହା କମ୍ କିମ୍ବା ଭୁଲ କିମ୍ବା ଆମର ପ୍ରୟାସର ଅଭାବ ରହିଛି ଏବଂ ସୁଖ ସର୍ବଦା ଏତେ ଦୂରରେ ରହିଥାଏ ଯେପରି ଜଣେ ବ୍ୟକ୍ତି ଗଧ ଉପରେ ବସିଛି, ସେ ବାଡ଼ିରେ ଘାସ ବାନ୍ଧିଛି ଏବଂ ଘାସ ଗଧର ମୁହଁରୁ ଗୋଟିଏ ଫୁଟ ଦୂରରେ ଅଛି। ଗଧ ସାମ୍ନାରେ ଦେଖାଯାଉଥିବା ଘାସ ପାଇବା ପାଇଁ ମାଇଲ ମାଇଲ ଚାଲିଯାଏ, କିନ୍ତୁ ତଥାପି ଘାସ କେବଳ ଗୋଟିଏ ଫୁଟ ଦୂରତାରେ ରହିଥାଏ। ମଣିଷ ସହିତ ଏହା ଘଟେ, ସେ ତା'ର ବହୁତ ପାଖରେ ଖୁସି ଦେଖେ ଯେ ସେ କାଲି ତାକୁ ପାଇବ। କିନ୍ତୁ ସେ କାଲି ତାକୁ ପାଏ ନାହିଁ ଏବଂ ମୃତ୍ୟୁ ଆସେ। ତା'ପରେ ମଣିଷ ଅନୁଭବ କରେ ଯେ ସେ ଏପର୍ଯ୍ୟନ୍ତ ବଞ୍ଚିଥିଲେ କି? ସେ କିଛି କରିପାରିଲା ନାହିଁ, ତାର କ'ଣ ଇଚ୍ଛା ଥିଲା, ସେ ସବୁ ଅପୂର୍ଣ୍ଣ ରହିଗଲା? ଅପୂର୍ଣ୍ଣ ରହିଯାଇଥିବା ଇଚ୍ଛା ଯୋଗୁଁ ତାକୁ ପୁନର୍ବାର ଜନ୍ମ ନେବାକୁ ପଡ଼ିଥାଏ।

ସନ୍ଥମାନେ କହିଛନ୍ତି ଯେ ଯଦି ତୁମେ ସୁଖ ଚାହୁଁଛ, ତୁମେ ଦୁଃଖରୁ ରକ୍ଷା ପାଇପାରିବ ନାହିଁ। ସେଥିପାଇଁ ଆମକୁ ସୁଖ ଏବଂ ଦୁଃଖରୁ ଆଗକୁ ଯିବାକୁ ପଡିବ। କିନ୍ତୁ କିପରି? ଓଶୋ କୁହନ୍ତି ଯେ ଯଦି ତୁମେ ଦୁଃଖରୁ ଦୌଡ଼ିବ, ତୁମେ ସୁଖ ଏବଂ

ତା'ପରେ ଦୁଃଖ ପାଇବ। ଯଦି ତୁମେ ଦୁଃଖ ଜାଣ, ତୁମେ ଦୁଃଖ ଏବଂ ସୁଖରୁ ଆଗକୁ ଯିବ। ତୁମେ ଶାନ୍ତି, ସୁଖରେ ପହଞ୍ଚିବ। ଦୁଃଖ ଅଛି: ଏହା ସତ୍ୟ। ଦୁଃଖରୁ ଦୌଡ଼ ନାହିଁ, ଜାଗ୍ରତ ହୁଅ। ଆମେ କାହିଁକି ଦୁଃଖ ପାଉଛୁ ତାହା କିପରି ଜାଣିବା? ଆମର ଇଚ୍ଛା, ତୃଷ୍ଣା, ଲୋଭ ଯୋଗୁଁ। ଇଚ୍ଛାକୁ ବୁଝ, ଲୋଭକୁ ବୁଝ, ତୃଷ୍ଣାକୁ ବୁଝ, ତେବେ ତୁମେ ଦୁଃଖରେ ଜାଗ୍ରତ ହେବ। ଦୁଃଖରେ କିପରି ଉଠିବେ? ଏକ ଉପାୟ ଅଛି। ଓଶୋ କୁହନ୍ତି, ଧ୍ୟାନ ହେଉଛି ଏକମାତ୍ର ପଥ ଯାହା ଆମକୁ ଶାନ୍ତି ଏବଂ ସୁଖକୁ ନେଇପାରିବ। ଦୁଃଖ ଏବଂ ସୁଖ ମଧ୍ୟରେ ପାର୍ଥକ୍ୟ ପରିମାଣର। ଯେପରି ଗରିବ ଏବଂ ଧନୀ ମଧ୍ୟରେ। ଗରିବ ପାଖରେ ହଜାର ଟଙ୍କା ଅଛି ଏବଂ ଧନୀ ପାଖରେ କୋଟି, ଯାହାର ଅର୍ଥ ହେଉଛି ୧୦୦୦୦ ଗୁଣ ଅଧିକ। ଏହାକୁ ପରିମାଣର ପାର୍ଥକ୍ୟ କୁହାଯାଏ। ଅର୍ଥାତ୍, ଧନୀ ୧୦୦୦୦ ଗୁଣ ଧନୀ କିମ୍ବା ୧୦୦୦୦ ଗୁଣ କମ୍ ଗରିବ। କେବଳ ପରିମାଣର ପାର୍ଥକ୍ୟ ଅଛି, ସୁଖ ଏବଂ ଦୁଃଖ ମଧ୍ୟରେ ସମାନ ପାର୍ଥକ୍ୟ ଅଛି। ଆମେ ଏହି ଆଶାରେ ବଞ୍ଚୁଛୁ ଯେ ଆମେ ସୁଖ ପାଇବୁ, କିନ୍ତୁ ଦୁଃଖରୁ ଉଠିବାକୁ ଚେଷ୍ଟା କରୁନାହିଁ। ଦୁଃଖର ବୀଜ କ'ଣ? ଯଦି ଆମେ ତାହା ଜାଣିବାକୁ ଚେଷ୍ଟା କରୁ, ତେବେ ହିଁ ଆମେ ଦୁଃଖରେ ଉଠିପାରିବା।

ସୁଖ କିପରି ଅନୁଭୂତ ହୁଏ?

ଆମର ସୁଖ ପ୍ରାୟ ସେହି ଲୋକ ପରି ଯିଏ ତା'ର ବନ୍ଧୁମାନଙ୍କୁ କହୁଛି ଯେ ମୋ ଜୋତା ବହୁତ କଷ୍ଟ କରୁଛି, ସେଗୁଡ଼ିକ ଅତ୍ୟଧିକ ଟାଇଟ୍। ବନ୍ଧୁମାନେ କହିଲେ ଯେ ଯଦି ଏହା ହେଉଛି ତେବେ ଜୋତା ବଦଳାଅ। ଲୋକଟି କହିଲା, "ମୁଁ ଏତେ ସମସ୍ୟାରେ ଘେରି ରହିଛି, ମୁଁ ଏତେ ଅସୁବିଧାରେ ଅଛି, ଏହି ଜୋତାଗୁଡ଼ିକ ମୋତେ ସାରା ଦିନ କଷ୍ଟ ଦିଏ, ସନ୍ଧ୍ୟାରେ ଯେତେବେଳେ ମୁଁ ମୋ ଜୋତା କାଢିଥାଏ, ମୋତେ ବହୁତ ଆଶ୍ୱସ୍ତି ମିଳିଥାଏ। ମୋର କେବଳ ଗୋଟିଏ ଆନନ୍ଦ ଅଛି ଏବଂ ବାକି କେବଳ ଯନ୍ତ୍ରଣା। ମୁଁ ଏହି ଜୋତାଗୁଡ଼ିକୁ ବଦଳାଇ ପାରିବି ନାହିଁ।"

ଆମେ ଯାହାକୁ ଖୁସି କହୁଛୁ ତାହା ଟାଇଟ୍ ଜୋତା କାଢିବା ଦ୍ୱାରା ମିଳୁଥିବା ଆଶ୍ୱସ୍ତି ବ୍ୟତୀତ ଆଉ କିଛି ନୁହେଁ। ଆମେ ଯାହାକୁ ଖୁସି କହୁଛୁ ତାହା ହେଉଛି ଅଳ୍ପ ସମୟ ପାଇଁ ଟେନସନରୁ ମୁକ୍ତି, ଏହା ନକାରାତ୍ମକ। ଜଣେ ଲୋକ କିଛି ସମୟ ପାଇଁ ମଦ୍ୟପାନ କରେ ଏବଂ ଭାବେ ଯେ ସେ ଖୁସି। ଜଣେ ଲୋକ କିଛି ସମୟ ପାଇଁ ସଙ୍ଗୀତ ଶୁଣେ କିମ୍ବା ବନ୍ଧୁମାନଙ୍କ ସହିତ ଗପସପ କରେ କିମ୍ବା ଥଟ୍ଟା କରେ, ହସେ ଏବଂ ଭାବେ ଯେ ସେ ଖୁସି। ଏହି ସମସ୍ତ ଆନନ୍ଦ ସନ୍ଧ୍ୟାରେ ଜୋତା କାଢିବାଠାରୁ ଭିନ୍ନ ନୁହେଁ।

ସେମାନଙ୍କର ଖୁସି ସହିତ କୌଣସି ସମ୍ପର୍କ ନାହିଁ। ଖୁସି ଏକ ସକାରାତ୍ମକ ଅବସ୍ଥା, ଏକ ଅଭିଜ୍ଞତା।

ଚାପର କାରଣ

ପ୍ରତ୍ୟେକ ବ୍ୟକ୍ତିଙ୍କ ପରିସ୍ଥିତି ଏବଂ ମାନସିକ ଅବସ୍ଥା ଅନୁସାରେ ମାନସିକ ଚାପର ଅନେକ କାରଣ ହୋଇପାରେ। ଆମେ ଏଠାରେ କିଛି ମୌଳିକ କାରଣ ବିଷୟରେ ଆଲୋଚନା କରିବୁ -

୧. ଅହଂକାରର ସନ୍ତୁଷ୍ଟି ଅଭାବରୁ ଚାପ ସୃଷ୍ଟି ହୁଏ:

(କ) ମୁଁ ସର୍ବଦା ଠିକ୍, ମୁଁ ଯାହା ଚାହୁଁଛି କିମ୍ବା କହୁଛି ତାହା ହେବା ଉଚିତ ଏବଂ ପ୍ରତ୍ୟେକଙ୍କୁ ମୋର ନିର୍ଦ୍ଦେଶ ଅନୁସାରେ ସବୁକିଛି କରିବା ଉଚିତ। ଯଦି ଏହା ଘଟେ ନାହିଁ, ତେବେ ଚାପ ସୃଷ୍ଟି ହୁଏ, ଯାହା କ୍ରୋଧ ମାଧ୍ୟମରେ ପ୍ରକାଶିତ ହୁଏ।

ଏହା ସର୍ବଦା ଘଟେ। ଘର ହେଉ କିମ୍ବା ଅଫିସ କିମ୍ବା ଦୋକାନ। ଆମେ ଅହଂକାର ବିନା ରହିପାରିବୁ ନାହିଁ, କିଛି ଲୋକଙ୍କର ଛୋଟ ଅହଂକାର ଥାଏ ଏବଂ କିଛି ଲୋକଙ୍କର ବଡ଼। ଏହି ଅହଂକାର ଯୋଗୁଁ ଓଶୋ କୁହନ୍ତି ଯେ ଆମେ ନିଜେ ଦୁଃଖକୁ ଧରିଛୁ। କାରଣ ବର୍ତ୍ତମାନ ଯେତେବେଳେ ଜଣେ ବ୍ୟକ୍ତି ଖୁସି, ଆନନ୍ଦିତ ହୁଏ, ସେହି ସମୟରେ ବ୍ୟକ୍ତିର ଅହଂକାର ହଜିଯାଏ। ଅହଂକାର ହେବା ମାତ୍ରେ ବ୍ୟକ୍ତି ଖୁସି ହୋଇଯାଏ। ଜଣେ ଭଦ୍ରଲୋକ ଓଶୋଙ୍କ ପାଖକୁ ଆସି କହିଲେ, ଦୟାକରି ମୋତେ ସାହାଯ୍ୟ କରନ୍ତୁ। ମୁଁ ବହୁତ ଦୁଃଖିତ। ମୁଁ ଚାରି ଥର ମନ୍ତ୍ରୀ ହୋଇଛି କିନ୍ତୁ ମୁଁ ମୁଖ୍ୟମନ୍ତ୍ରୀ ହୋଇପାରୁନାହିଁ। ଏହା ହେଉଛି ଦୁଃଖ। ଓଶୋ କହିଲେ, ବୁଝିଲ, ଯେଉଁମାନେ ମୁଖ୍ୟମନ୍ତ୍ରୀ ହୋଇଛନ୍ତି ସେମାନଙ୍କ ଦୁଃଖ ତୁମେ ଜାଣ? ସେମାନେ ପ୍ରଧାନମନ୍ତ୍ରୀ ହେବାକୁ ଚାହାଁନ୍ତି। ଅହଂକାରକୁ ପୋଷଣ କରିବା ପାଇଁ, ଦୁଃଖିତ ହେବା ଆବଶ୍ୟକ। ଜଣେ ମନ୍ତ୍ରୀଙ୍କ ଛୋଟ ପୁଅ ମୃତ୍ୟୁବରଣ କଲା। ଅଧିକାଂଶ ବନ୍ଧୁ, ରାଷ୍ଟ୍ରପତି, ଉପରାଷ୍ଟ୍ରପତି, ମୁଖ୍ୟମନ୍ତ୍ରୀ ଏବଂ ଅନ୍ୟାନ୍ୟ ବିଶିଷ୍ଟ ବ୍ୟକ୍ତିଙ୍କଠାରୁ ଟେଲିଗ୍ରାମ ଘରକୁ ସମବେଦନା ଜଣାଇବାକୁ ଆସିଥିଲେ। ସେମାନଙ୍କ ମଧ୍ୟରୁ ଅନେକ ଥିଲେ। ଏହି ଦୁଃଖରେ ପୁଅର ମୃତ୍ୟୁ ନୁହେଁ, ବରଂ ପ୍ରଧାନମନ୍ତ୍ରୀଙ୍କ ଶୋକ ବାର୍ତ୍ତା ଆସିଲା ନାହିଁ ବୋଲି ଦୁଃଖ।

ଆମେ ଦୁଃଖରୁ ମଧ୍ୟ ଲାଭ ପାଇଥାଉ। ଯଦି ଆମେ ଦୁଃଖୀ, ତେବେ ଆମେ ଅନ୍ୟମାନଙ୍କୁ ଆମର ଦୁଃଖ ବିଷୟରେ ପୂର୍ଣ୍ଣ ଉତ୍ସାହର ସହିତ କହିଥାଉ, ଦୁଃଖକୁ ବଡ଼ ଦେଖାଇ କହିବାରେ ଆମେ ଖୁସି ଅନୁଭବ କରୁ, ଏହା ଆମକୁ ଅନ୍ୟମାନଙ୍କଠାରୁ ସହାନୁଭୂତି ଦିଏ। ଯଦି ତୁମେ ଦୁଃଖୀ ନୁହଁ, ତେବେ ତୁମ ବିଷୟରେ ପଚାରିବାକୁ କିଏ

ଆସିବ? ଜଣେ ଦୁଃଖୀ ବ୍ୟକ୍ତିର କହିବା ପାଇଁ ବହୁତ କିଛି ଅଛି। ଜଣେ ଖୁସି ବ୍ୟକ୍ତି ପାଖକୁ ଯାଅ ଏବଂ ତାକୁ ପଚାର ଯେ ତୁମେ କିପରି ଅଛ, ସେ କହିବ ସବୁକିଛି ଠିକ୍ ଅଛି, କଥାବାର୍ତ୍ତା ଶେଷ କର।

ପିଲାଟି ବଡ଼ ହେଲେ, ତା'ର ଅହଂକାର ବିକଶିତ ହେବ, ସେ ମାନିବ ନାହିଁ, ସଂଘର୍ଷ କରିବ, ବିରୋଧ କରିବ। ଏହା ଆମର ଅହଂକାରକୁ ଆଘାତ ଦିଏ। ପିଲାଟି ଭାବୁଛି ଯେ ସେ ବହୁତ ଶକ୍ତିଶାଳୀ ଏବଂ ମୁଁ ଅସହାୟ ଏବଂ ନିର୍ଭରଶୀଳ। ବଡ଼ମାନେ ଚାହାଁନ୍ତି ଯେ ପିଲାଟି ମାନିବ, କିନ୍ତୁ ସେ ମାନିବ ନାହିଁ। ଆଦେଶ ପାଳନ କରି ଆମର ଅହଂକାର ସନ୍ତୁଷ୍ଟ ହୁଏ ଏବଂ ନ ମାନି ପିଲାର ଅହଂକାର ସନ୍ତୁଷ୍ଟ ହୁଏ। କୁହାଯାଏ ଯେ ଦୁର୍ବଳମାନେ ସର୍ବଦା ଶକ୍ତିଶାଳୀମାନଙ୍କୁ ଘୃଣା କରିବେ। ଏହି ଆଧାରରେ, ସମସ୍ତ ଘୃଣା, ଈର୍ଷା, ଦ୍ୱନ୍ଦ୍ୱ ପିଲାଟିରେ ଜମା ହୁଏ, ଯଦି ପୁଅ ହୁଏ ତେବେ ଏହା ବାପା ପ୍ରତି ଏବଂ ଯଦି ଝିଅ ହୁଏ ତେବେ ଏହା ମାଆ ପ୍ରତି। ସେହିପରି, ବଡ଼ ଭାଇ ଏବଂ ଭଉଣୀମାନଙ୍କ ପ୍ରତି।

ପରିବାରରେ ଯିଏ ଅଧିକ ରୋଜଗାର କରେ କିମ୍ବା ଅଧିକ କଥା କୁହେ ସେ ପ୍ରଭାବଶାଳୀ ହୋଇଯାଏ, ଘରେ ତାହାର ଶେଷ କଥା ଥାଏ। ତାଙ୍କ ଅନୁମୋଦନ ବିନା କୌଣସି କାମ ହୋଇପାରିବ ନାହିଁ। ସେହିପରି, ପରିସ୍ଥିତି ସମାନ, ଅଫିସ କାମ ହେଉ କିମ୍ବା ସାମାଜିକ ସଂଗଠନର ବୈଠକ। ଯେକେହି ପ୍ରଭାବଶାଳୀ ହୋଇଯିବେ, ଆମେ ଶେଷ ନିଷ୍ପତ୍ତି ପାଇଁ ତାଙ୍କ ଆଡ଼କୁ ଚାହିଁବୁ। ଯଦି କେହି ବିରୋଧ କରେ, ସେହି ପ୍ରଭାବଶାଳୀ ବ୍ୟକ୍ତିଙ୍କ ଅହଂକାର ଆଘାତ ପାଏ ଏବଂ ସେ ଚାପଗ୍ରସ୍ତ ହୁଏ। ଯଦି ଆମେ ପ୍ରଭାବଶାଳୀ ହେବାକୁ ଚାହୁଁନାହୁଁ, ଏକାଠି ନିଷ୍ପତ୍ତି ନେବୁ, ଆମେ ଯେଉଁଠାରେ ଥାଉ, ତେବେ କେଉଁ ପ୍ରକାରର ଅହଂକାର, କି ପ୍ରକାରର ଚାପ।

(ଖ) କିଛି ହେବାକୁ ଇଚ୍ଛା

ମୁଁ କିଛି ହେବାକୁ ଚାହୁଁଛି। ଡାକ୍ତର, ଇଞ୍ଜିନିୟର କିମ୍ବା ପ୍ରଧାନମନ୍ତ୍ରୀ। ମୁଁ ବହୁତ ଚେଷ୍ଟା କଲି, କିନ୍ତୁ ମୁଁ ଯାହା ହେବାକୁ ଚାହୁଁଥିଲି ତାହା ହୋଇପାରିଲି ନାହିଁ। ତୁମର ପୁଅ ଅଛି, ତୁମେ ଚାହୁଁଛ, ଯଦି ମୁଁ ନହୋଇପାରେ, ତେବେ ମୋ ପୁଅ ହେବା ଉଚିତ। କିନ୍ତୁ ପୁଅର ନିଜସ୍ୱ ଆକାଂକ୍ଷା, ଇଚ୍ଛା, ନିଜସ୍ୱ ସ୍ୱପ୍ନ ଅଛି। ସେ କ'ଣ ସେଗୁଡ଼ିକୁ ପୂରଣ କରିବା ପାଇଁ ତାର ଶକ୍ତି ବ୍ୟବହାର କରିବ ନା ସେ ତୁମର ଅପୂର୍ଣ୍ଣ ସ୍ୱପ୍ନ, ତୁମର ଇଚ୍ଛା ପୂରଣ କରିବ। ଯଦି ପୁଅ ନିଜ ଇଚ୍ଛା ଅନୁସାରେ କାର୍ଯ୍ୟ କରେ, ତେବେ ବାପା ଏବଂ ପୁଅ ମଧ୍ୟରେ ଉତ୍ତେଜନା ସୃଷ୍ଟି ହେବ। ଯଦି ତୁମେ ତୁମ ଜୀବନକୁ ପଛକୁ ଫେରି ଚାହିଁବ, ତୁମେ ତୁମର ବାପାଙ୍କ ସ୍ୱପ୍ନ ପୂରଣ କଲ କି? ଯଦି ତୁମେ କରିଛ, ତେବେ ତୁମେ ଖୁସି କି? ତୁମେ କାହିଁକି ତୁମ ବାପାଙ୍କ ସ୍ୱପ୍ନ ପୂରଣ କରି ଚାଲିଲ, ତୁମର ସ୍ୱପ୍ନର କ'ଣ

ହେଲା? ତୁମେ ତୁମ ପୁଅର ସାହାଯ୍ୟରେ ତୁମର ଅପୂର୍ଣ୍ଣ ସ୍ୱପ୍ନ ପୂରଣ କରିବାକୁ ଚାହୁଁଛ?

ଏହା ଏପରି ଘଟିଲା, ଗୋଟିଏ ପିଲା ତା ବାପାଙ୍କୁ ପଚାରିଲା ଯେ ତା ଜେଜେବାପା ତାକୁ ମାରୁଥିଲେ କି, ସେ ହଁ କହିଥିଲେ। ତା'ପରେ ସେ ପଚାରିଲା ଯେ ତା ଜେଜେବାପା ତା ବାପାଙ୍କୁ ମାରୁଥିଲେ କି, ତା'ପରେ ତା' ବାପା ହଁ ବୋଲି ଉତ୍ତର ଦେଲେ। ତେଣୁ ପୁଅ କହିବାକୁ ଲାଗିଲା ଯେ ଏହି ପାରିବାରିକ ଗୁଣ୍ଡାଗିରି କେତେ ଦିନ ପର୍ଯ୍ୟନ୍ତ ଜାରି ରହିବ?

ଏହାର ଅର୍ଥ ହେଉଛି ପିଲାକୁ ତା' ର ସ୍ୱାଧୀନତା ଦିଅ, ସେ ଯାହା ହେବାକୁ ଚାହୁଁଛି, ଯାହା କରିବାକୁ ଚାହୁଁଛି, ତାକୁ ତାହା କରିବାକୁ ଦିଅ। ତୁମର ପିଲାମାନଙ୍କ ମାଧ୍ୟମରେ ତୁମର ଅପୂର୍ଣ୍ଣ ସ୍ୱପ୍ନ ପୂରଣ କରିବାକୁ ଚେଷ୍ଟା କର ନାହିଁ। ପିଲାକୁ ତା' ର ସ୍ୱପ୍ନ ଅନୁସରଣ କରିବାକୁ ଦିଅ। ଯଦି ସେ ଭୁଲ ଦିଗରେ ଯାଉଛି, ତେବେ ତାକୁ ଚେତାବନୀ ଦିଅ, ସତର୍କ କର, ଏହାର ସମସ୍ତ ଦିଗ ବୁଝାଅ। ତାକୁ ସମସ୍ତ ସୂଚନା ଦିଅ ଯାହା ଦ୍ୱାରା ସେ ତା' ର ନିଜସ୍ୱ ବୁଝାମଣା ଅନୁଯାୟୀ କାର୍ଯ୍ୟ କରିପାରିବ। ମୁଁ ଏପରି ଅନେକ ବନ୍ଧୁଙ୍କୁ ଜାଣେ ଯେଉଁମାନେ ନିଜେ ଡାକ୍ତର କିମ୍ବା ଇଞ୍ଜିନିୟର ହୋଇପାରିଲେ ନାହିଁ, ଏବଂ ଶେଷରେ କମ୍ପାଉଣ୍ଡର କିମ୍ବା ମେକାନିକ୍ ହୋଇଗଲେ। ସେମାନେ ସେମାନଙ୍କ ପିଲାମାନଙ୍କୁ ଡାକ୍ତର ଏବଂ ଇଞ୍ଜିନିୟର କରିବାକୁ ଯଥାସମ୍ଭବ ଚେଷ୍ଟା କରୁଥିଲେ। କିନ୍ତୁ ପିଲାଟି ଜଣେ କଳାକାର, ସଂଗୀତଜ୍ଞ ହେବାକୁ ଚାହୁଁଥିଲା। ଏହାକୁ ନେଇ ସେମାନଙ୍କ ଘରେ ସବୁବେଳେ ଉତ୍ତେଜନା ଲାଗି ରହୁଥିଲା। ତୁମେ ତୁମର ପରିବାର, ପଡ଼ୋଶୀରେ ଏପରି ଘଟଣା ଦେଖିଥିବ।

(ଗ) କିଛି ପାଇବାର ଇଚ୍ଛା

ଆମେ କେବଳ ତାହା ପାଇଥାଉ ଯାହା ଆମର ଯୋଗ୍ୟ। କିନ୍ତୁ ମଣିଷ ଯାହା ଅଛି ସେଥିରେ ସନ୍ତୁଷ୍ଟ ନୁହେଁ। ଅଧିକରୁ ଅଧିକ ପାଇବାର ଇଚ୍ଛା ସର୍ବଦା ରହିଥାଏ। ମନେରଖନ୍ତୁ ଯେ ଲକ୍ଷ୍ୟ ଯେତେ ଅସମ୍ଭବ, ଇଚ୍ଛା ସେତେ ବଡ଼। ମୋର ଯାହା ଅଛି ତାହା ସନ୍ତୋଷଜନକ ନୁହେଁ। ପଦବୀ ଛୋଟ, ମୁଁ ଏକ ବଡ଼ ଚାହୁଁଛି। ମୋର ପାଖରେ କମ୍ ଟଙ୍କା ଅଛି ଏବଂ ମୁଁ ଅଧିକ ଟଙ୍କା ଚାହୁଁଛି। ଘର ଛୋଟ, ମୁଁ ଏକ ବଡ଼ ଘର ଚାହୁଁଛି। ଦୋକାନ ଛୋଟ ଏବଂ ମୁଁ ଏକ ବଡ଼ ଚାହୁଁଛି। ମୋ ବାପା ଦଶ ଲକ୍ଷ ଛାଡି ମଲେ, ମୁଁ କୋଡ଼ିଏ ଲକ୍ଷ ଛାଡି ମରିବାକୁ ଚାହୁଁଛି। ମୋର ଯାହା ଧନ, ପଦବୀ, ଖ୍ୟାତି ଅଛି ତାହା କମ୍। ମୁଁ ଯାହା ଚାହୁଁଛି, କାଲି ପାଇବି, ଆଜି ନୁହେଁ, ମୁଁ ପାଇବି। ମୁଁ ଅଳ୍ପ ପ୍ରୟାସ କରିଛି, ମୁଁ ଆହୁରି ଟିକେ ଚେଷ୍ଟା କରିବି। ଏହି ପ୍ରୟାସରେ ଜୀବନ ବିତିଯାଏ। ମୁଁ କାଲି ପାଇବି

ଏହି ଟେନସନରେ ଟାଣି ହୋଇ ରହୁଛି। ସମସ୍ତ ପ୍ରକାରର ଲୋଭ ଟେନସନ ଆଣେ, ତାହା ସାଂସାରିକ ହେଉ କିମ୍ବା ଆଧ୍ୟାତ୍ମିକ।

ତୁମର ଏବଂ ତୁମର ଲକ୍ଷ୍ୟ ମଧ୍ୟରେ ଯେତେ ଦୂରତା ହେବ, ଟେନସନ ସେତେ ଅଧିକ ହେବ। ଦୂରତା ଯେତେ କମ୍ ହେବ, ଟେନସନ ସେତେ କମ୍ ହେବ। ଆପଣ ଜାଣି ଆଶ୍ଚର୍ଯ୍ୟ ହେବେ ଯେ ଜଣେ ଭୌତିକବାଦୀ, ଅର୍ଥାତ୍, ଜଣେ ବ୍ୟକ୍ତି ଯିଏ ଟଙ୍କା, ପଦବୀ, ଖ୍ୟାତି ଚାହାଁନ୍ତି, ସେ ଜଣେ ଆଧ୍ୟାତ୍ମିକ ବ୍ୟକ୍ତି ପରି ଚାପଗ୍ରସ୍ତ ହେବେ ନାହିଁ। କାହିଁକି? କାରଣ ତାଙ୍କର ଆଦର୍ଶ ବହୁତ ଉଚ୍ଚ, ଲକ୍ଷ୍ୟ ଅସୀମ। ଇଚ୍ଛାର କୌଣସି ସୀମା ନାହିଁ ଏବଂ ଗନ୍ତବ୍ୟସ୍ଥଳ ଦୃଶ୍ୟମାନ ନୁହେଁ। ଏହା ଅଜଣାକୁ ଯାତ୍ରା।

ଯଦି ଆମର ଆକାଂକ୍ଷା ଅଛି, ତେବେ ଆମକୁ ସେଗୁଡ଼ିକୁ ପୂରଣ କରିବା ପାଇଁ କଠିନ ପରିଶ୍ରମ କରିବାକୁ ପଡିବ। ଯାହା ଯୋଗୁଁ ଆମ ଉପରେ କାର୍ଯ୍ୟଭାର ରହିବ, ସମୟ କମ୍ ହେବ ଏବଂ ଏଥିପାଇଁ ସୂଚନା ମଧ୍ୟ ସଂଗ୍ରହ କରିବାକୁ ପଡିବ। ଏହି ତିନୋଟି ଜିନିଷ, କାର୍ଯ୍ୟଭାର, କମ୍ ସମୟ ଏବଂ ସଂଗୃହିତ ସୂଚନା ଯୋଗୁଁ ମନ ଉପରେ ବୋଝ, ଏସବୁ କେବଳ ଚାପ ବୃଦ୍ଧି କରିବ।

୨. ଅନ୍ୟମାନଙ୍କଠାରେ ଖୁସି ଖୋଜିବା

ଅନ୍ୟ ଜଣକ ଯେକୌଣସି ବ୍ୟକ୍ତି ହୋଇପାରେ, ପଦବୀ, ଧନ, ମହିଳା କିମ୍ବା ପୁରୁଷ। ଯେପର୍ଯ୍ୟନ୍ତ ଜଣେ ଅନ୍ୟ ଜଣଙ୍କୁ ନ ପାଏ, ସେପର୍ଯ୍ୟନ୍ତ ଜଣେ ଚାପରେ ରହିଥାଏ ଏବଂ ସେହି ବ୍ୟକ୍ତିକୁ ପାଇବା ପାଇଁ ବହୁତ ଚେଷ୍ଟା କରେ। କିନ୍ତୁ ଯେତେବେଳେ ଜଣେ ସେହି ବ୍ୟକ୍ତିକୁ ପାଏ, ତଥାପି ସେ ଖୁସି ପାଏ ନାହିଁ। ତା'ପରେ ଜଣେ ଏଥିରେ ଦୋଷ ଖୋଜେ, ଅର୍ଥାତ୍ ଜଣେ ଅଳ୍ପ ଧନ ପାଏ ଏବଂ ଅଧିକ ପାଇବା ଉଚିତ। ପଦବୀ ଛୋଟ କିନ୍ତୁ ଜଣେ ବଡ଼ ପଦବୀ ପାଇବା ଉଚିତ। ଯଦି ଜଣେ ନିଜ ପସନ୍ଦର ମହିଳା କିମ୍ବା ପୁରୁଷ ପାଏ, ତଥାପି ସେ ଖୁସି ପାଏ ନାହିଁ। ଜଣେ ଭାବନ୍ତି ଯେ ପସନ୍ଦ ଭୁଲ ଥିଲା। କିନ୍ତୁ ସେ ମୌଳିକ ଭାବରେ ବୁଝିପାରୁନାହିଁ ଯେ ଅନ୍ୟ କେହି ଖୁସି ଦେଇପାରିବେ ନାହିଁ। କେବଳ ଭାବନ୍ତୁ, ଯେଉଁମାନଙ୍କର ଧନ ଅଛି, ବଡ଼ ପଦବୀ ଅଛି କିମ୍ବା ସେ ଯେଉଁ ମହିଳା କିମ୍ବା ପୁରୁଷ ଚାହୁଁଛି, ସେମାନେ କ'ଣ ଖୁସି, ଚାପମୁକ୍ତ?

ମୁଁ ଏକ ଗାଡ଼ିରେ ଯାତ୍ରା କରୁଥିଲି। ମୋ ସହିତ କିଛି ଯୁବକ ଥିଲେ ଯେଉଁମାନେ ଇଞ୍ଜିନିୟର ହେବାକୁ ଯାଉଥିଲେ, ଶେଷ ବର୍ଷର ଛାତ୍ର। ମୁଁ ପଚାରିଲି ଡିଗ୍ରୀ ପରେ ତୁମେ କ'ଣ କରିବ? ସେମାନେ କହିଲେ ଯେ ସେମାନେ ଚାକିରି ଖୋଜିବେ। ଯଦି ସେମାନେ ଚାକିରି ପାଆନ୍ତି, ତେବେ ତୁମେ କ'ଣ କରିବ? ସେମାନେ କହିଲେ ଯେ ସେମାନେ

ଝିଅ ଖୋଜିବେ। ମୁଁ କହିଲି ଠିକ୍ ଅଛି, ତା'ର ଅର୍ଥ ତୁମେ ବିବାହ କରିବ। ତା'ପରେ ମୁଁ ପଚାରିଲି କାହିଁକି ସମସ୍ତେ ବିବାହ କରନ୍ତି? ଖୁସି ପାଇଁ। ମୁଁ ହସିଲି ଏବଂ ତା'ପରେ ପଚାରିଲି, "ଆଜି, ଘରକୁ ଯାଅ ଏବଂ ତୁମର ବାପାମାଆଙ୍କୁ ପଚାର ଯେ ସେମାନେ ବିବାହରୁ କେତେ ଖୁସି ପାଇଛନ୍ତି?" ସେମାନଙ୍କୁ ସଚ୍ଚୋଟ ଭାବରେ କହିବାକୁ କୁହ। ଆମେ ଆମ ପିଲାମାନଙ୍କୁ ବିବାହ କରାଇଥାଉ, ଯେପରି ଆମେ ଏକ ଚକିରେ କାମ କରୁଥିବା କ୍ଷଣେ, ଆମେ ଆମର ପିଲାମାନଙ୍କୁ ଆମର ନିଜ ଅଭିଜ୍ଞତା ବିଷୟରେ ନକହି ବିବାହ କରିବାକୁ ଠେଲି ଦେଉ। ପିଲାମାନେ ବିବାହ କରିବେ, କିନ୍ତୁ ପିତାମାତାଙ୍କୁ ସେମାନଙ୍କର ଅଭିଜ୍ଞତା, ସେମାନେ କରିଥିବା ଭୁଲ, ସେମାନେ ଭୋଗ କରିଥିବା ଯନ୍ତ୍ରଣା, ଯେଉଁ ଭୁଲ ଯୋଗୁଁ ସେମାନେ ଦୁଃଖୀ ହୋଇଛନ୍ତି, ସେମାନେ ଯେଉଁ ଚାପରେ ବଞ୍ଚିଛନ୍ତି, ସେ ବିଷୟରେ ସେମାନଙ୍କୁ କହିବାକୁ ପଡିବ ଯାହା ଦ୍ୱାରା ସେମାନେ ଭୁଲ ନକରନ୍ତି। କିନ୍ତୁ ଆମେ ସେଗୁଡ଼ିକ ବିଷୟରେ ଆଲୋଚନା କରୁନାହୁଁ। କାହିଁକି? ଆମେ ଜାଣୁ ଯେ ଆମେ ବିବାହରୁ ଖୁସି ପାଇଲୁ ନାହିଁ। ଆମେ ମିଛ କହିପାରିବୁ ନାହିଁ, ତେଣୁ ସେମାନଙ୍କୁ ଆମର ଅଭିଜ୍ଞତା ସଚ୍ଚୋଟ ଭାବରେ କୁହନ୍ତୁ, ଏହା ପରେ ସେମାନେ ବିବାହ କରିପାରିବେ ନାହିଁ। ଏହା ନିଶ୍ଚିତ। ସେଥିପାଇଁ ପିତାମାତା କେବେବି ସେମାନଙ୍କ ବୈବାହିକ ଜୀବନର ଅଭିଜ୍ଞତା ସେମାନଙ୍କ ପିଲାମାନଙ୍କ ସହିତ ଆଲୋଚନା କରନ୍ତି ନାହିଁ ଏବଂ ସେମାନଙ୍କୁ ବିବାହ ବନ୍ଧନରେ ବାନ୍ଧି ଦିଅନ୍ତି ନାହିଁ। ତା'ପରେ ସେମାନେ କୁହନ୍ତି, ଏହା ହେଉଛି ଦୁନିଆ, ଜଣଙ୍କ ବେକରେ ପଡ଼ିଥିବା ଢୋଲ ବଜାଇବାକୁ ପଡିବ। ଆମେ ବଜାଉଛୁ, ତୁମେ ମଧ୍ୟ ବଜାଅ।" ଛାତ୍ରମାନେ ପ୍ରାୟତଃ ମୋତେ ପଚାରୁଥିଲେ ଯେ ମୁଁ କେଉଁ ପ୍ରକାରର ଝିଅକୁ ବିବାହ କରିବା ଉଚିତ? ମୁଁ କହୁଥିଲି ଯେ ବିବାହ କରି କେହି ଖୁସି ପାଇନାହାଁନ୍ତି। ଯଦି ତୁମର ପ୍ରେମିକା ନାହିଁ, ତେବେ ତୁମର ପିତାମାତାଙ୍କ ପସନ୍ଦର ଝିଅକୁ ବିବାହ କର, କାରଣ ତୁମେ ସବୁବେଳେ ତୁମର ପିତାମାତାଙ୍କୁ ଭର୍ତ୍ସନା କରିପାରିବ ଯେ ତୁମେ ମୋ ପାଇଁ କି ପ୍ରକାରର ଝିଅ ବାଛିଛ, ତୁମେ ତାଙ୍କଠାରେ କ'ଣ ଦେଖିଲ? ଏବଂ ସୁନ୍ଦର ପ୍ରସ୍ତାବ ଆସୁଥିଲା। ମୁଁ ଜାଣିନାହିଁ ତୁମର କ'ଣ ହୋଇଛି?

ମୁଁ ଏକ ପରିବାର ପାଖକୁ ଯାଇଥିଲି, ସେମାନଙ୍କ ବୋହୂଙ୍କୁ ପଚାରିଥିଲି ଯେ ତୁମକୁ କିଏ ବାଛିଛି, ସ୍ୱାମୀ, ଶାଶୁ, ଶ୍ୱଶୁର କିମ୍ବା ନଣନ୍ଦ-ଦିଅର। ସେ କହିଲେ ଶ୍ୱଶୁର। ମୁଁ କହିଥିଲି ଯଦି ମୋ ବାପା ମୋ ପାଇଁ ଏପରି ପୁଅ ବାଛିଥିଲେ ଏବଂ କହିଥିଲେ ଯେ ମୁଁ ସେହି ଝିଅକୁ ପସନ୍ଦ କରେ, ଯଦି ତୁମେ କହିବ, ମୁଁ ହଁ କହିବି, ତେବେ ମୁଁ କହିବି ଠିକ୍ ଅଛି, ଯଦି ତୁମେ ତାକୁ ପସନ୍ଦ କର ତେବେ ତୁମ ମାଆଙ୍କୁ ପଚାର ଏବଂ ବିବାହ କର, ତୁମେ ମୋତେ କାହିଁକି ପଚାର? ବିବାହ ପୁଅର, ପସନ୍ଦ ଅନ୍ୟ କାହାର।

ସେହିପରି, ପଦବୀ ଛୋଟ ହେଉ କି ବଡ଼, ଏହା ଖୁସି ଦିଏ ନାହିଁ। ଯେଉଁମାନେ ବଡ଼ ପଦବୀରେ ବସିଛନ୍ତି ସେମାନେ କ'ଣ? ଖୁସି? ଆମର ବିଶ୍ୱବିଦ୍ୟାଳୟରେ ଜଣେ ପ୍ରଫେସର ଥିଲେ, ଯେତେବେଳେ ସେ ଉଚ୍ଚ ପଦବୀ ପାଇଁ ଆବେଦନ କରୁଥିଲେ, ସେହି ଭାଗ୍ୟବାନ ବ୍ୟକ୍ତି ପ୍ରତ୍ୟେକ ପଦବୀ ପାଇଁ ମନୋନୀତ ହୋଇଯାଉଥିଲେ। ଅବସର ନେବା ପୂର୍ବରୁ, ସେ ତାଙ୍କ କ୍ଷେତ୍ରର ସର୍ବୋଚ୍ଚ ପଦବୀ, କେନ୍ଦ୍ର ସରକାରଙ୍କରୁ ଅବସର ନେଇଥିଲେ। କିନ୍ତୁ ପ୍ରଥମ ପଦବୀରେ ଥିବାବେଳେ ସେ ଯେଉଁ ଅଭିଯୋଗ କରିଥିଲେ, ସେ ଶେଷ ସର୍ବୋଚ୍ଚ ପଦବୀରେ ଥିବାବେଳେ ମଧ୍ୟ ସମାନ ଅଭିଯୋଗ କରିଚାଲିଥିଲେ।

ଅନ୍ୟ ଅର୍ଥ ହେଉଛି ମହିଳା କିମ୍ବା ପୁରୁଷ, ଯଦି କେହି ଟଙ୍କା କିମ୍ବା ପଦବୀ ପାଆନ୍ତି, ତେବେ ତାଙ୍କୁ ସୁଖ ମିଳେ ନାହିଁ। ଯଦି ମହିଳାଙ୍କ ପାଖରେ ସୁଖ ନାହିଁ, ସେ ସୁଖ ପାଇଁ ସ୍ୱାମୀ ଖୋଜନ୍ତି। ପୁରୁଷର ମଧ୍ୟ ସୁଖ ନାହିଁ, ସେ ସୁଖ ପାଇଁ ସ୍ତ୍ରୀ ଖୋଜନ୍ତି। ଯଦି ଉଭୟଙ୍କ ପାଖରେ ସୁଖ ନାହିଁ, ତେବେ ବିବାହ ପରେ କିଏ କାହାକୁ ସୁଖ ଦେବ? ମୂଳତଃ, ଏହି କଥା ମନେ ରଖିବା ଉଚିତ ଯେ ଅନ୍ୟ ଯିଏ ବି ହୁଅନ୍ତୁ, ସେ ସୁଖ ଦେଇପାରିବେ ନାହିଁ।

ଓଶୋ କୁହନ୍ତି, ଯଦି ତୁମେ ଭଲପାଇ ଦେଖ, ତେବେ ତୁମେ ଦୁନିଆରେ ସମସ୍ତଙ୍କୁ ସୁଖ ମାଗୁଥିବା, ପ୍ରେମ ମାଗୁଥିବା ଦେଖିବ। କିନ୍ତୁ ଲୋକଙ୍କ ପାଖରେ ନା ପ୍ରେମ ଅଛି, ନା ସୁଖ। ଭୁଲ ମାଗିବାରେ ହେଉଛି ଏବଂ ଯେହେତୁ ତୁମେ ମାଗିବାକୁ ବାହାରକୁ ଯାଅ, ତୁମେ ଏହା ମଧ୍ୟ ମନେ ନ ରଖିଛ ଯେ ତୁମେ କ'ଣ ମାଗୁଛ। ଏହା ତୁମର ସ୍ୱଭାବ। ଧର୍ମ ହେଉଛି ଏହି ବିପ୍ଳବର ନାମ, ଯେଉଁଦିନ ତୁମେ ମନେରଖ, ଏବେ ମୁଁ ପଚାରିବା ବନ୍ଦ କରିବା ଉଚିତ, ମୋତେ ଥରେ ନିଜ ଭିତରେ ଦେଖିବାକୁ ଦିଅ, ମୁଁ କିଏ ତାହା ମୋତେ ସମ୍ପୂର୍ଣ୍ଣ ଭାବରେ ଦେଖିବାକୁ ଦିଅ, ସମ୍ଭବତଃ ଯାହା ମୁଁ ବାହାରେ ପାଇପାରିଲି ନାହିଁ, ତାହା ସେଠାରେ ଥାଇପାରେ।

୩. ବର୍ତ୍ତମାନରେ ବଞ୍ଚିବା ନୁହେଁ

ଆମେ ଅତୀତର ସ୍ମୃତିରେ ହଜିଯାଉଛୁ କିମ୍ବା ଭବିଷ୍ୟତର ଯୋଜନାରେ। ଏହି ଦୁଇଟି ମଧ୍ୟରେ, ବର୍ତ୍ତମାନର ସତ୍ୟ ମରିଯାଏ। ଅତୀତର ସ୍ମୃତି ଯନ୍ତ୍ରଣା ସୃଷ୍ଟି କରେ। ଅତୀତ ମରିଯାଇଛି, ଚାଲିଯାଇଛି, ଆଉ ନାହିଁ। କିନ୍ତୁ ପୁରୁଣା କଥା ମନେ ପକାଇ ଜଣେ ବ୍ୟକ୍ତି ଚାପଗ୍ରସ୍ତ ହୁଏ ଯେ ମୁଁ ଏହା କରିଥିଲେ ଭଲ ହୋଇଥାନ୍ତା, ଏହା କରି କ୍ଷତି ହୋଇଥିଲା। ସେ ଚିନ୍ତା କରେ ଯେ ଯଦି ସେ ଭବିଷ୍ୟତ ପାଇଁ ସେ କରିଥିବା ଯୋଜନା ପୂରଣ କରିପାରିବ ନାହିଁ। ତା'ପରେ ସେ ଭାଗ୍ୟକୁ ଦୋଷ ଦିଏ, ଈଶ୍ୱରଙ୍କୁ ଅଭିଶାପ

ଦିଏ। ଅତୀତ ଏବଂ ଭବିଷ୍ୟତ ମଧ୍ୟରେ, ଯଦି ଆପଣ ବର୍ତ୍ତମାନରେ ବଞ୍ଚନ୍ତି, ତେବେ କୌଣସି ଚାପ ରହିବ ନାହିଁ। ବର୍ତ୍ତମାନର ଅର୍ଥ ଏଠାରେ ଏବଂ ବର୍ତ୍ତମାନ। ବର୍ତ୍ତମାନରେ ବଞ୍ଚିବାର କଳା ଶିଖିବାକୁ ଚେଷ୍ଟା କରନ୍ତୁ, ଆପଣ ନିଜର ବିବେକକୁ ଜାଗ୍ରତ କରି ବର୍ତ୍ତମାନରେ ବଞ୍ଚିବା ଶିଖିପାରିବେ।

ଆମେ ପ୍ରାୟତଃ ଦେଖୁ ଯେ ବୟସ୍କମାନେ ସର୍ବଦା ଆଲୋଚନା କରିଥାଆନ୍ତି ଯେ ଅତୀତ ଭଲ ଥିଲା। ଅତୀତ ଏହି ଥିଲା, ତାହା ଥିଲା। ଆଜି ଏହା ଘଟୁଛି, ସମୟ ବହୁତ ଖରାପ ହୋଇଯାଇଛି, କେହି କାହାକୁ ସମ୍ମାନ କରନ୍ତି ନାହିଁ, ବଡ଼ କିମ୍ବା ଛୋଟ ଲୋକଙ୍କ ବିଷୟରେ କେହି ଚିନ୍ତା କରନ୍ତି ନାହିଁ, ସେମାନେ ଯାହା ଇଚ୍ଛା କରନ୍ତି ତାହା କରନ୍ତି, କାହାଠାରୁ ପରାମର୍ଶ ନିଅନ୍ତି ନାହିଁ। ଏହା ସବୁବେଳେ ହୋଇଆସିଛି। ଆଜି ଯେଉଁ ବୃଦ୍ଧ ଏହା କହୁଛନ୍ତି, ତାଙ୍କ ବଡ଼ମାନେ ମଧ୍ୟ ସମାନ କଥା କହୁଥିଲେ। ଓଶୋ କୁହନ୍ତି, ବୃଦ୍ଧଙ୍କର ଅତୀତ ଅଛି, ତାଙ୍କର କୌଣସି ଭବିଷ୍ୟତ ନାହିଁ। ସେ ଭବିଷ୍ୟତରେ ମୃତ୍ୟୁ ଦେଖନ୍ତି, ତେଣୁ ସେ ଭବିଷ୍ୟତ ବିଷୟରେ କଥା ହୁଅନ୍ତି ନାହିଁ, ତାଙ୍କର ଆଲୋଚନା କରିବା ପାଇଁ ଅତୀତ ଅଛି, ସେ ବର୍ତ୍ତମାନ ବଞ୍ଚିବା ଶିଖି ନାହାଁନ୍ତି।

ଯୁବକଙ୍କର ଭବିଷ୍ୟତ ଅଛି, ତାଙ୍କର ଭବିଷ୍ୟତ ପାଇଁ କଳ୍ପନା ଏବଂ ଯୋଜନା ଅଛି, ତେଣୁ ସେ ସର୍ବଦା ଭବିଷ୍ୟତ ବିଷୟରେ କଥା ହୁଅନ୍ତି। ମୁଁ ଏହା କରିବି, ତା'ପରେ ମୁଁ ତାହା କରିବି, ଇତ୍ୟାଦି। ସେ ତାଙ୍କ ବଡ଼ମାନଙ୍କଠାରୁ ପରାମର୍ଶ ନେବାକୁ ପସନ୍ଦ କରନ୍ତି ନାହିଁ। କାହିଁକି? ପରିସ୍ଥିତି ଭିନ୍ନ, ନୂତନ ଆବିଷ୍କାର ଘଟୁଛି, ବାପା କେବଳ ପୁରୁଣା କଥା ବିଷୟରେ କଥା ହେବେ। ସମୟ ବଦଳିଯାଇଛି ବୋଲି ମନେ ରଖି, ସେ ପରାମର୍ଶ ଦିଅନ୍ତି ନାହିଁ। ବାପା ଅବହେଳିତ ଅନୁଭବ କରନ୍ତି ଏବଂ ଚାପରେ ରୁହନ୍ତି। ଯୁବକଟି ମଧ୍ୟ ଚାପରେ ରହିଥାଏ କାରଣ ତାକୁ ତାର ଯୋଜନା ପୂରଣ କରିବାକୁ ପଡ଼ିଥାଏ, କିନ୍ତୁ ବାପା ତାକୁ ସମର୍ଥନ କରନ୍ତି ନାହିଁ, ଏହାକୁ ଜେନେରେସନ ଗ୍ୟାପ୍ କୁହାଯାଏ। ପ୍ରତ୍ୟେକ ଯୁବକ ତା ବାପାଙ୍କ ଉପରେ ବିରକ୍ତ ଥାଏ, କିନ୍ତୁ ଯେତେବେଳେ ସେ ବାପା ହୁଏ, ସେ ଏହା ଭୁଲିଯାଏ ଏବଂ ତା ପୁଅ ସହିତ ତା ବାପାଙ୍କ ପରି ବ୍ୟବହାର କରେ।

ଭବିଷ୍ୟତ ବିଷୟରେ ଚିନ୍ତା ଥାଏ, ତେଣୁ ଅଧିକାଂଶ ଯୁବକ ଜ୍ୟୋତିଷପାଖକୁ ମଧ୍ୟ ଯାଆନ୍ତି। କିନ୍ତୁ ମନେରଖ, ଭବିଷ୍ୟତ ହାତ ପାପୁଲିର ରେଖାରେ ନୁହେଁ ବରଂ ନିଜ ପ୍ରୟାସରେ ଥାଏ। ଜଣେ ଦୃଢ଼ ସଂକଳ୍ପବଦ୍ଧ ବ୍ୟକ୍ତି ନିଜର ଭବିଷ୍ୟତ ନିଜେ ସୃଷ୍ଟି କରେ।

୪. ଆସକ୍ତି

ଆପଣ ଯେତେ ଅଧିକ କୌଣସି ଜିନିଷ କିମ୍ବା ବ୍ୟକ୍ତି ସହିତ ଆସକ୍ତ ହେବେ, ଆପଣଙ୍କର ସେତେ ଅଧିକ ଯନ୍ତ୍ରଣା, କଷ୍ଟ ଏବଂ ଚାପ ରହିବ। ଏହାକୁ ଏହିପରି ଭାବନ୍ତୁ, ଏକ ଘର ଯାହା ଆପଣଙ୍କର, ସେଥିରେ ନିଆଁ ଲାଗିଗଲା, ଆପଣ ଚିତ୍କାର କରୁଛନ୍ତି,

କାନ୍ଦୁଛନ୍ତି, ଏହା ଲୁଟ୍ ହୋଇଛି, ଏହା ନଷ୍ଟ ହୋଇଯାଇଛି। କିନ୍ତୁ ଯଦି ସେହି ସମୟରେ ଆପଣଙ୍କ ପୁଅ ଆସି କହେ ଯେ ବାପା, ଆମେ ଏହି ଘର ବିକ୍ରି କରିଦେଇଛୁ, ତେବେ ସେହି ମୁହୂର୍ତ୍ତରେ ଆପଣ ଚୁପ୍ ହୋଇଯିବେ। କାହିଁକି? କାରଣ କେବଳ ଆପଣଙ୍କ ଘର ଚାଲିଯାଇଛି, ବରଂ ଆସକ୍ତି ମଧ୍ୟ ଭାଙ୍ଗି ଯାଇଛି।

ଆପଣଙ୍କ ପାଇଁ ଅଜଣା ଝିଅଟି ଆଘାତ ପାଇଛି, ଆପଣ ଏତେ ଚିନ୍ତା କରିବେ ନାହିଁ। ଯଦି ସେହି ସମୟରେ କେହି କୁହନ୍ତି ଯେ ଆପଣ ଏହି ଝିଅ ସହିତ ନିର୍ବନ୍ଧ କରିଛନ୍ତି। ହଠାତ୍ ଆପଣ ବହୁତ ଚିନ୍ତା କରିବେ। କାହିଁକି? କାରଣ ସେ ଆପଣଙ୍କ ମଙ୍ଗେତର, ଆପଣଙ୍କ ଭବିଷ୍ୟତ ସ୍ତ୍ରୀ, ହଠାତ୍ ଘଟଣା ବଦଳିଗଲା।

ଜଣେ ଗୃହକର୍ତ୍ତା ସନ୍ୟାସୀଙ୍କ ଛୋଟ ପୁଅର ମୃତ୍ୟୁ ହେଲା। ଶବଦାହ କରାଯାଇଥିଲା। ସନ୍ୟାସୀଙ୍କ ସ୍ତ୍ରୀ ଚିନ୍ତିତ ଥିଲେ ଯେ ତାଙ୍କ ସ୍ୱାମୀ ପାଗଳ ହୋଇପାରନ୍ତି, କାରଣ ସେ ତାଙ୍କ ପୁଅ ପ୍ରତି ବହୁତ ଆକର୍ଷିତ ଥିଲେ। କିନ୍ତୁ ସନ୍ଧ୍ୟାରେ ଯେତେବେଳେ ସେ ତାଙ୍କୁ ତାଙ୍କ ଦୈନନ୍ଦିନ କାର୍ଯ୍ୟରେ ଦେଖିଲେ, ସେ ପଚାରିଲେ ଯେ ଆପଣ କିପରି ଅନୁଭବ କରୁଛନ୍ତି? ଆମର କେବଳ ଗୋଟିଏ ପୁଅ ଥିଲା, ସେ ମଧ୍ୟ ମରିଗଲା। ସ୍ୱାମୀ କହିଲେ, ମୁଁ ଏକ ମୁହୂର୍ତ୍ତ ପାଇଁ ଆଶ୍ଚର୍ଯ୍ୟ ହୋଇଗଲି, କିନ୍ତୁ ତା' ପରେ ମୁଁ ଭାବିଲି ଯେ କୋଡ଼ିଏ ବର୍ଷ ପୂର୍ବେ ଯେତେବେଳେ ଆମର ପୁଅ ନଥିଲା, ଆମେ ତେବେ ବି ଖୁସି ଥିଲୁ, ଆଜି ସେ ଚାଲିଗଲା ଏବଂ କୋଡ଼ିଏ ବର୍ଷ ପୂର୍ବେ ପରିସ୍ଥିତି ଯେପରି ଥିଲା ସେହିପରି ଅଛି, କି ଦୁଃଖ, କି ଦୁଃଖ? ଭଗବାନଙ୍କୁ ଧନ୍ୟବାଦ ଯେ ସେ ଆମକୁ ଗତ କୋଡ଼ିଏ ବର୍ଷ ଧରି ପିତାମାତା ହେବାର ଅଭିଜ୍ଞତା ଦେଇଥିଲେ। ସେ ଏହା ଦେଇଥିଲେ ଏବଂ ସେ ଫେରାଇ ନେଲେ, ଏତିକି!

(କ) କୌଣସି ବ୍ୟକ୍ତି କିମ୍ବା ଜିନିଷ ପ୍ରତି ଆସକ୍ତି ଦୁଃଖ ଆଣେ କି?

ପୁଅ ପ୍ରତି ଆସକ୍ତି ଅଛି, ସେ ଅସୁସ୍ଥ ଅଛି, ତାକୁ ଔଷଧ ଦିଅ। ଆମେ ଆଉ କ'ଣ କରିପାରିବୁ? ଚିନ୍ତା କରି କ'ଣ ଠିକ୍ ହେବ? ପୁଅ ତା' ମାଆ ପ୍ରତି ଆସକ୍ତ, ଯେତେବେଳେ ସେ ବିବାହ କରେ, ସେ ଶାଶୁ ଏବଂ ବୋହୂ ମଧ୍ୟରେ ଫୁଟବଲ୍ ପରି ହୋଇଯାଏ। ଅର୍ଥାତ୍, ମା କୁହନ୍ତି, ମୁଁ ଯାହା କହୁଛି ତାହାକୁ ପ୍ରାଥମିକତା ଦିଅ ଏବଂ ସ୍ତ୍ରୀ କୁହନ୍ତି ତୁମକୁ ମୋ ସହିତ ତୁମର ଜୀବନ ବିତାଇବାକୁ ପଡିବ, ମୋ କଥା ଶୁଣ! ସେ ଦୁଇଟି ମହିଳାଙ୍କ ମଧ୍ୟରେ 'ଦରିଦ୍ର' ହୋଇଯାଏ। କାରଣ – ଆସକ୍ତି !

(ଖ) କାହାର ମୃତ୍ୟୁରେ ଆମେ କାହିଁକି ଦୁଃଖିତ ହେଉ?

ଯିଏ ବି ହେଉ, ଯେତେବେଳେ ଆମେ କାହାର ମୃତ୍ୟୁ ଖବର ଶୁଣିଥାଉ, ସେତେବେଳେ ଦୁଃଖ ଆମକୁ ଘାରିଯାଏ। ଯଦି ଆମର କେହି ପ୍ରିୟଜନ ଅଛନ୍ତି, ଯଦି

ଆମେ ତାଙ୍କ ପ୍ରତି ବହୁତ ଆକର୍ଷିତ ଥିଲୁ, ତେବେ ଆମେ କାନ୍ଦିବାକୁ ଇଚ୍ଛା କରୁ, କାହିଁକି? କାରଣ ସେହି ସମୟରେ ଆମେ ଆମର ମୃତ୍ୟୁକୁ ମନେ ରଖୁ। ନଚେତ୍ ଆମେ ନିଦ୍ରାଗ୍ରସ୍ତ ଅବସ୍ଥାରେ ବଞ୍ଚୁ। ସେହି ସମୟରେ ଆମେ ମନେ ରଖୁ ଯେ ମୁଁ ମଧ୍ୟ ମରିବି। ସେମାନେ ଶବଦାହ ବୋହିବା ସମୟରେ ଯାହା କୁହନ୍ତି "ରାମ ନାମ ସତ୍ୟ ହେଁ" ମୃତକଙ୍କ ପାଇଁ ନୁହେଁ। ସେ ଚାଲିଯାଇଛନ୍ତି, ଏହା ତାଙ୍କୁ କହିବା କିମ୍ବା ଜଣାଇବା ପାଇଁ ନୁହେଁ। ଯେଉଁମାନେ ଶବଦାହ ବୋହି ନେଉଛନ୍ତି ସେମାନଙ୍କ ପାଇଁ ଏହା କୁହାଯାଉଛି, ଜାଗ୍ରତ ହୁଅ! ତୁମେ ମଧ୍ୟ ସମାନ ଅବସ୍ଥାରେ ରହିବ। କିନ୍ତୁ ରାମଙ୍କ ନାମ ଜାଣିବା ପାଇଁ କେତେ ଜଣ ଜାଗ୍ରତ ହୁଅ? ସେଥିପାଇଁ ଓଶୋ କୁହନ୍ତି ଯେ ଯେତେବେଳେ ଶବଦାହ ଯାଏ, ଜାଣ ଯେ ଏହା ମୋର ଶବଦାହ। ମୃତ୍ୟୁକୁ ନିରନ୍ତର ମନେ ରଖି, ହୁଏତ ତୁମେ ମଧ୍ୟ ବଞ୍ଚିଥିବା ସମୟରେ ମୃତ୍ୟୁକୁ ଜାଣିବାକୁ ଚେଷ୍ଟା କରିପାରିବ। ଜଣେ ବନ୍ଧୁର ବାପା ମୃତ୍ୟୁବରଣ କଲେ। ସେ ଏଥିପାଇଁ ଦୁଃଖିତ ନଥିଲେ। ସେ ଦୁଃଖିତ ଥିଲେ ଯେ ଏବେ କିଏ କ୍ଷୀର ଆଣିବ, ପିଲାମାନଙ୍କୁ ସ୍କୁଲକୁ କିଏ ଛାଡିବ? ସେ ନିଜ କାରଣରୁ ଦୁଃଖିତ, ପିତାଙ୍କ ପାଇଁ କାନ୍ଦୁ ନାହାଁନ୍ତି। ଆମକୁ ଏହି କାମ ନିଜେ କରିବାକୁ ପଡିବ, ସେଥିପାଇଁ ଦୁଃଖ ଅଛି। ଯେଉଁମାନେ ସଚେତନ ସେମାନେ ମଧ୍ୟ ଅନୁଭବ କରନ୍ତି ଯେ ମୃତ୍ୟୁର କୌଣସି ଅସ୍ତିତ୍ୱ ନାହିଁ, ଆମକୁ ପୋଷାକ ବଦଳାଇବା, ଘର ବଦଳାଇବା ପରି ଶରୀରକୁ ମଧ୍ୟ ପରିବର୍ତ୍ତନ କରିବାକୁ ପଡିବ, ତେବେ ମୃତ୍ୟୁ ଖବରରେ କାହିଁକି ଦୁଃଖିତ ହେବା? ଯଦି ଆପଣ ନିଶ୍ୱାସ ବିଷୟରେ ସଚେତନ ହୁଅନ୍ତି, ତେବେ ଆପଣ ନିଶ୍ୱାସ ବାହାରକୁ ଯାଉଥିବାର ଦେଖନ୍ତି, ଭିତରକୁ ଆସୁନାହାଁନ୍ତି, ତେବେ ଏହା କି ପ୍ରକାରର ମୃତ୍ୟୁ? ଜଣେ ସଚେତନ ବ୍ୟକ୍ତି ମରେ ନାହିଁ ଏବଂ ଅନ୍ୟମାନଙ୍କ ମୃତ୍ୟୁରେ ମଧ୍ୟ ସେ ଦୁଃଖିତ ହୁଏ ନାହିଁ।

୫. ଅନ୍ୟମାନେ କ'ଣ କହିବେ?

ଆପଣ କେବେ "ମୁଁ କିଏ?" ବିଷୟରେ ଚିନ୍ତା କରିଛନ୍ତି କି? ଯଦି ଆପଣ ଏହା ବିଷୟରେ ଚିନ୍ତା କରନ୍ତି, ତେବେ ଆପଣ ଜାଣିପାରିବେ ଯେ ଲୋକମାନେ ଆପଣଙ୍କ ବିଷୟରେ କ'ଣ ଭାବନ୍ତି? ସେମାନେ କ'ଣ କୁହନ୍ତି ଏହାର ଅର୍ଥ ହେଉଛି ଯେ ଆପଣ ପରିବାରର ବିଶ୍ୱାସର ଯତ୍ନ ନେଉଛନ୍ତି। କିଛି କରିବା ପୂର୍ବରୁ, ଆମେ ଭାବୁ ଯେ ଯଦି ମୁଁ ଏହା କରେ, ତେବେ ଅନ୍ୟମାନେ ଏହା କାହିଁକି କହିବେ? ସେମାନଙ୍କର ପ୍ରତିକ୍ରିୟା କ'ଣ ହେବ? ଯଦି ମୁଁ ଏହା ନ କରେ, ତେବେ ଲୋକମାନେ କ'ଣ କହିବେ? ଆମେ ସର୍ବଦା ଏହା ବିଷୟରେ ଏକ ଦ୍ୱନ୍ଦ୍ୱପୂର୍ଣ୍ଣ ଜୀବନଯାପନ କରୁ। ଅନ୍ୟମାନେ ଗୁରୁତ୍ୱପୂର୍ଣ୍ଣ। ଯଦି ଆମେ ଅନ୍ୟମାନଙ୍କ ପ୍ରତିକ୍ରିୟା ବିଷୟରେ ଚିନ୍ତା କରୁ, ତେବେ ଟେନସନ୍ ହେବ।

କିଛି କରିବା ପୂର୍ବରୁ, ଆମେ ଭୟଭୀତ ହୋଇଯାଉ ଏବଂ ଲୋକମାନେ କ'ଣ କହୁଛନ୍ତି ତାହା ଜାଣିବା ପାଇଁ ସର୍ବଦା ଆଗ୍ରହୀ।

ଓଶୋଙ୍କ ଧ୍ୟାନ ଅଭ୍ୟାସ ଏପରି ଯେ ଆମର ପାଗଳାମି, ଟେନସନ୍, ଦୁଃଖ ଏବଂ ଯନ୍ତ୍ରଣା ବାହାରକୁ ଆସିଯାଏ। ସେମାନଙ୍କ ମଧ୍ୟରୁ କିଛି କ୍ୟାଥାର୍ସିସ୍ ଏବଂ କିଛି ନୃତ୍ୟ ପ୍ରକ୍ରିୟା। ତାଙ୍କର ସନ୍ନ୍ୟାସୀ ଏବଂ ପ୍ରେମୀମାନେ ପ୍ରାୟତଃ କୁହନ୍ତି ଯେ ଯଦି ଆମେ ଏହା କରୁ, ତେବେ ଲୋକମାନେ ଭାବିବେ ଯେ ଆମେ ପାଗଳ। ଯଦି କ୍ୟାଥାର୍ସିସ୍ କରାଯାଏ ନାହିଁ, ତେବେ କ'ଣ ଧ୍ୟାନ ହୋଇପାରେ? ଅନ୍ୟମାନଙ୍କ ପ୍ରତିକ୍ରିୟା ଯୋଗୁଁ ଆମେ ସମ୍ପୂର୍ଣ୍ଣ ଧ୍ୟାନ କରୁନାହୁଁ। ଯଦି ଆମେ ଏହାକୁ ଅଧା ହୃଦୟରେ କରୁ, ତେବେ ଫଳାଫଳ ଯେପରି ହେବା ଉଚିତ ତାହା ହୁଏ ନାହିଁ, ତେଣୁ ଆମେ ଧ୍ୟାନ ଛାଡି ଦେଉଛୁ।

୬. ହୀନମନ୍ୟତା ଜଟିଳ

ହୀନମନ୍ୟତା ଜଟିଳତାରେ ପୀଡିତ ଲୋକମାନେ କ୍ଷମତା କିମ୍ବା ଟଙ୍କା ପାଇଁ ଲୋଭୀ ହୋଇଯାଆନ୍ତି। କ୍ଷମତା ପାଇଁ ଦୌଡ଼, ଟଙ୍କା ପାଇଁ ଦୌଡ଼ ହେଉଛି ହୀନମନ୍ୟତା ଜଟିଳତାକୁ ଘୋଡ଼ାଇବା ପାଇଁ ଏକ ପ୍ରୟାସ। ଯିଏ ନିଜ ଭିତରେ ହୀନମନ୍ୟତା ଜଟିଳତାରେ ପୀଡିତ, ସେ "ମୁଁ ମଧ୍ୟ କିଛି" ବୋଲି ଦେଖାଇବା ପାଇଁ ଟଙ୍କା ସଂଗ୍ରହ କରିବା ଆରମ୍ଭ କରେ ଯାହା ଦ୍ୱାରା ସେ ଦେଖାଇପାରିବ ଯେ ସେ ଧନୀ ଏବଂ ଲୋକମାନେ ତାଙ୍କୁ ଅନ୍ୟ କିଛି ଭାବରେ ଭାବନ୍ତି ନାହିଁ। ସେ ଏକ ଉଚ୍ଚ ପଦବୀ ପାଇଁ ଆକାଂକ୍ଷା କରିଚାଲିଥାଏ ଯାହା ଦ୍ୱାରା ସେ କୌଣସି ପ୍ରକାରେ ଉଚ୍ଚ ପଦବୀ ପାଇପାରିବ। ଏପରି ବ୍ୟକ୍ତି ଯେତେ ଟଙ୍କା ସଂଗ୍ରହ କଲେ ମଧ୍ୟ, ଯେତେ ଉଚ୍ଚ ପଦବୀ ପାଇଲେ ମଧ୍ୟ, ସର୍ବଦା ହୀନମନ୍ୟତା ଜଟିଳତାରେ ପୀଡିତ। ସେ ଆରାମରେ ରହିପାରନ୍ତି ନାହିଁ। ଚାପ ରହିଥାଏ।

ତଥାକଥିତ ଧାର୍ମିକ ନେତା ଏବଂ ଅଧିକାଂଶ ରାଜନେତା ହୀନମନ୍ୟତା ଜଟିଳତାରେ ପୀଡିତ। ଧାର୍ମିକ ନେତାମାନେ କିଛି ଅଜବ କାମ କରନ୍ତି ଯାହା ଦ୍ୱାରା ଲୋକଙ୍କ ଧ୍ୟାନ ସେମାନଙ୍କ ଆଡ଼କୁ ଆକର୍ଷିତ ହୁଏ। କିପରି? ସଂସ୍କୃତ ଶ୍ଳୋକ ପାଠ କରି ପ୍ରଭାବିତ କରିବାକୁ ଚେଷ୍ଟା କରିବା, କଷ୍ଟକର ଭାଷା ବ୍ୟବହାର କରି ଏବଂ ସବୁବେଳେ ଶ୍ରୋତାମାନଙ୍କୁ ନୀଚ କରିବାକୁ ଚେଷ୍ଟା କରିବା, ତୁମେ ଜଣେ ପାପୀ, ତୁମେ ନୀଚ, ତୁମେ ଧର୍ମହୀନ, ସବୁଠାରୁ ଖରାପ କଳିଯୁଗ ଆସିଯାଇଛି, ତୁମେ ଜଣେ ନାସ୍ତିକ, ତୁମେ ଈଶ୍ୱରଙ୍କୁ ପୂଜା କରୁନାହଁ, ତୁମେ ବିଳମ୍ବରେ ଶୋଇବ, ତୁମେ ବ୍ରହ୍ମ ମୁହୂର୍ତ୍ତରେ ଉଠିବା ଉଚିତ, ତୁମେ ଫିଲ୍ଟର ପାଣି ପିଇବା ଉଚିତ, ତୁମେ ଖାଲି ପାଦରେ ଚାଲିବା ଉଚିତ, ତୁମେ ତଥାକଥିତ ସନ୍ଥଙ୍କ ସତସଙ୍ଗରେ ଯୋଗଦେବା ଉଚିତ, ପାଣି ଭର୍ତ୍ତି କରିବା

ସମୟରେ କିମ୍ବା ଗାଧୋଇବା ସମୟରେ ତୁମେ କୌଣସି ମହିଳା ଦେଖିବା ଉଚିତ୍ ନୁହେଁ, ଜଣେ ମହିଳା ନର୍କର ଦ୍ୱାର, ତୁମେ ଜଣେ ମହିଳା ଦେଖିବା ଉଚିତ୍ ନୁହେଁ, ତୁମେ କେବଳ ଧଳା ଗାଈର କ୍ଷୀର ପିଇବା ଉଚିତ୍, ଇତ୍ୟାଦି, ତୁମର ତଥାକଥିତ ସନ୍ଥମାନେ କରୁଥିବା ମୂର୍ଖତାପୂର୍ଣ୍ଣ କାମଗୁଡ଼ିକ କମ୍ ନୁହେଁ। ସେହିପରି, ତୁମର ରାଜନେତାମାନେ ସେଗୁଡ଼ିକ କରନ୍ତି। ଏସବୁ କାମ ଅନ୍ୟମାନଙ୍କୁ ଦେଖାଇବା ପାଇଁ କରାଯାଏ, "ମୁଁ ମଧ୍ୟ କିଛି" ବୋଲି ପ୍ରଭାବିତ କରିବା ପାଇଁ। କେବଳ ଜଣେ ହୀନମନ୍ୟତା ଜଟିଳ ବ୍ୟକ୍ତି ଏପରି ଦୁଷ୍ଟାମି କରିପାରିବେ।

ହୀନମନ୍ୟତା ଜଟିଳ କାହିଁକି ବିକଶିତ ହୁଏ? ଯେତେବେଳେ ଏକ ପିଲା ଛୋଟ ଥାଏ ଏବଂ କୌଣସି କାମ ଠିକ୍ ଭାବରେ କରିପାରେ ନାହିଁ, ସେତେବେଳେ ବଡ଼ମାନେ ତାକୁ ନୀଚ କହି ସମାଲୋଚନା କରନ୍ତି। ତୁମେ ଅଦରକାରୀ, ତୁମେ ଏହି କାମ କରିପାରିବ ନାହିଁ। ବାରମ୍ବାର ଏହା କହିବା ଦ୍ୱାରା, ହିପ୍ନୋଟିସ୍ ଯୋଗୁଁ, ସେ ନିଜକୁ ଅଦରକାରୀ ଭାବିବାକୁ ଲାଗେ ଏବଂ ଭାବୁଛି ଯେ ସେ କେବେ ସଫଳ ହୋଇପାରିବ ନାହିଁ। ଯଦି ସେ ଏତେ ସମ୍ମୋହିତ ହୋଇଯାଏ, ସେ କିଛି କରିବାକୁ ଆରମ୍ଭ କରେ, କିନ୍ତୁ ଯଦି ସେ ବିଶ୍ୱାସ ଏବଂ ଆଶା ସହିତ ଏହା କରେ ନାହିଁ, ତେବେ ତାଙ୍କର ବିଫଳତା ଅନିବାର୍ଯ୍ୟ। କିଛି କରି ନ ପାରିବା ଯୋଗୁଁ, ଟଙ୍କା ଏବଂ ଶକ୍ତିର ଅଭାବ ଥାଏ।

ଯତ୍ନ ନିଅ, ପିଲାମାନଙ୍କୁ ଉତ୍ସାହିତ କର, ଏବଂ ସେମାନଙ୍କୁ କାମ କରିବାର ସୁଯୋଗ ଦିଅ। ସେମାନଙ୍କର ଆଶାକୁ ଦୃଢ଼ କର, ଆତ୍ମବିଶ୍ୱାସ ଜାଗ୍ରତ କର, କଠିନ ପରିଶ୍ରମ କର, ଯଦି ଆଜି ନୁହେଁ, ତେବେ କାଲି ତୁମେ ସଫଳତା ପାଇବ, ନିରାଶ ହୁଅ ନାହିଁ, ଅନ୍ୟ କିଛି ଗୁଣ ଅଛି, ସେଗୁଡ଼ିକୁ ବିକଶିତ କର। ନିଜର ସର୍ବୋତ୍ତମ ଚେଷ୍ଟା କର, ଯଦି ତଥାପି ତୁମେ ସଫଳ ନହୁଅ, ତେବେ ପୂର୍ବ ଅପେକ୍ଷା ଅଧିକ ଉତ୍ସାହ ସହିତ ପୁଣି ଚେଷ୍ଟା କର। ଯଦି ତୁମ ପାଖରେ ଟଙ୍କା ନାହିଁ, ନିରାଶ ହୁଅ ନାହିଁ, ଜଣେ ଧନୀ ବ୍ୟକ୍ତିଙ୍କ ଜୀବନକୁ ଦେଖ? ପ୍ରଥମେ ସେ ଟଙ୍କା ଏବଂ ପଦବୀ ଅର୍ଜନ କରିବାରେ ସମୟ ନଷ୍ଟ କଲା, ତା'ର ସ୍ୱାସ୍ଥ୍ୟ ହରାଇଲା, ତା'ପରେ ସେ ଚିନ୍ତିତ ହୁଏ ଯେ ଯଦି ତା'ର ଧନ ଏବଂ ପଦବୀ ସୁରକ୍ଷିତ ଅଛି, ତେବେ ବୁଝ ସେ କେବେ ବଞ୍ଚିଲା? ତୁମର ଖରାପ ଗୁଣଗୁଡ଼ିକ ପ୍ରତି ଅନାବଶ୍ୟକ ଧ୍ୟାନ ଦିଅ ନାହିଁ। ତୁମର ଗୁଣଗୁଡ଼ିକୁ ଉନ୍ନତ କର, ନିଶ୍ଚିତ ଭାବରେ ଟଙ୍କା ଏବଂ ପଦବୀ ହାସଲ କରିବାକୁ ଚେଷ୍ଟା କର, କିନ୍ତୁ ଆତ୍ମପ୍ରତିଷ୍ଠା ଏବଂ ଆତ୍ମସମ୍ମାନ ହରାଇ ନୁହେଁ।

୭. ଶବ୍ଦ ପ୍ରଦୂଷଣ

ଅନ୍ୟାନ୍ୟ କାରଣ ବ୍ୟତୀତ, ମାନସିକ ଚାପ ବୃଦ୍ଧି କରିବାରେ ଶବ୍ଦ ମଧ୍ୟ ଗୁରୁତ୍ୱପୂର୍ଣ୍ଣ ଭୂମିକା ଗ୍ରହଣ କରୁଛି। ଶବ୍ଦ କିପରି ବୃଦ୍ଧି ପାଉଛି? ସବୁଠାରୁ ବଡ଼ ଶବ୍ଦ ଟ୍ରେନ ଇଞ୍ଜିନ,

ବିମାନ, ଯାନବାହାନ ଚଳାଚଳ ଏବଂ ହର୍ଣ୍ଣ ବଜାଇବା, ରେଡିଓ, ଟିଭି, ବ୍ୟାଣ୍ଡ ଇତ୍ୟାଦି ଦ୍ୱାରା ସୃଷ୍ଟି ହୁଏ। ସକାଳ ଏବଂ ସନ୍ଧ୍ୟାରେ ଧାର୍ମିକ ସ୍ଥଳରୁ ଲାଉଡସ୍ପିକର, ବଜାରରେ ଷ୍ଟେରିଓ, ଫାଇବର୍ସ ଇତ୍ୟାଦି। ଲାଉଡସ୍ପିକରର ବହୁଳ ବ୍ୟବହାର କରାଯାଉଛି ଏବଂ ଏହା ଶବ୍ଦ ପ୍ରଦୂଷଣ ସୃଷ୍ଟି କରୁଛି। ସମାଜର କୌଣସି ଅଂଶ ଏହାକୁ ବିରୋଧ କରେ ନାହିଁ। ସାରା ରାତି ଜାଗ୍ରତରେ ଲାଉଡସ୍ପିକର, ନେତାଙ୍କ ଆଗମନ ଘୋଷଣା କରିବା ପାଇଁ ଲାଉଡସ୍ପିକର, କୌଣସି ସ୍ଥାନରେ କଥା ହେଉଥିଲେ ଲାଉଡସ୍ପିକର।

ଆପଣ ଜାଣିବା ଉଚିତ ଯେ ସମସ୍ତ ପ୍ରକାରର ଶବ୍ଦ ପାଗଳାମି, ହୃଦଘାତ ଏବଂ ରକ୍ତଚାପକୁ ବୃଦ୍ଧି କରୁଛି। ଆପଣ ଏହା ବୁଝିପାରିବେ, ଯେତେବେଳେ ପିଲାମାନେ ଘରେ ଶବ୍ଦ କରନ୍ତି, ଆମେ ପ୍ରାୟତଃ କହିଥାଉ, ତୁମେ ଶବ୍ଦ କାହିଁକି କରୁଛ? ମୋର ମୁଣ୍ଡବିନ୍ଧା ହେଉଛି, ଯାଅ, ବାହାରକୁ ଯାଉ ଏବଂ ଖେଳିବାକୁ ଯାଅ କିମ୍ବା ଚୁପ୍ ଚାପ ବସିଯାଅ। ଦୁଇ ମିନିଟ୍ ଶବ୍ଦରେ ଆମେ ବିଚଳିତ ହୋଇଯାଉ ଏବଂ ଯାହା ଲଗାତାର ଘଟୁଛି ତାହା ଏପରି ପ୍ରଭାବ ପକାଏ। ଆପଣ କଳ୍ପନା ମଧ୍ୟ କରିପାରିବେ ନାହିଁ?

୮. ଭୟ

ଆମେ ପିଲାମାନଙ୍କୁ ନିୟନ୍ତ୍ରଣରେ ରଖିବା ପାଇଁ, ଆମ ଉପରେ ନିର୍ଭରଶୀଳ କରିବା ପାଇଁ ଭୟଭୀତ କରୁ। ଯଦି ପିଲାମାନେ ଶୁଣନ୍ତି ନାହିଁ, ତେବେ ଆମେ ସେମାନଙ୍କୁ ଭୂତର ଭୟ ଦେଖାଇ ଭୟଭୀତ କରୁ। ସେଠାକୁ ଯାଅ ନାହିଁ, ସେଠାରେ ଏକ ବିଲେଇ ବସିଛି, ବାବା ଆସୁଛନ୍ତି, ସେ ତୁମକୁ ନେଇଯିବେ। ଆମର ପିଲାମାନଙ୍କ କୋମଳ ମନ ଉପରେ ଖରାପ ପ୍ରଭାବ ପଡ଼େ। ପିଲାଟି ସରଳ, ବଡ଼ ଲୋକଙ୍କ କଥା ଶୁଣି ସେ ତା' ହୃଦୟରେ ଏକ ଭୂତର କାଳ୍ପନିକ ଛାୟା ସୃଷ୍ଟି କରେ। ଯେତେବେଳେ ସେ ବଡ଼ ହୁଏ, ଭୂତର ରୂପ ପରିବର୍ତ୍ତନ ହୁଏ, ଅପମାନର ଭୟ, କ୍ଷତି ଏବଂ ରୋଗର ଭୟ ଇତ୍ୟାଦି ତାକୁ ଛାଡି ଯାଏ ନାହିଁ। ଓଶୋ କୁହନ୍ତି, ପ୍ରତ୍ୟେକ ଭୟ ପଛରେ ମୃତ୍ୟୁର ଭୟ ଥାଏ। ସାରା ଜୀବନ ସେ କୌଣସି ପ୍ରକାରର ଭୟରେ ଭୟଭୀତ ରହିଥାଏ। କିନ୍ତୁ ମନେରଖନ୍ତୁ ଯେ ପିଲାର କୋମଳ ମନ ଉପରେ ପ୍ରଭାବ ସବୁଦିନ ପାଇଁ ରହିଥାଏ। ସେ ସାରା ଜୀବନ କାନ୍ଦେ। ଆମେ ତାକୁ ଭୟଭୀତ କରିବାରେ ପଛଘୁଞ୍ଚା ଦେଉନାହୁଁ। ସେଥିପାଇଁ ଆମେ ତାକୁ ଗାଳି ମଧ୍ୟ ଦେଉଛୁ। ମନେରଖନ୍ତୁ। ଦ୍ୱନ୍ଦ୍ୱ ଏବଂ ସମସ୍ୟା ବାହାରେ ନୁହେଁ ବରଂ ମନରେ ଭୟ ଯୋଗୁଁ। ଯେତେବେଳେ ଆସେ, ଭୟ କର ନାହିଁ, ସାହସ ଏବଂ ଧର୍ଯ୍ୟର ସହିତ ସେମାନଙ୍କୁ ସାମ୍ନା କର। କାରଣ ଭୟ ସେମାନଙ୍କୁ ବଢ଼ାଏ। ମୁଁ ଏହାକୁ ଏକ ଉଦାହରଣ ସହିତ ବୁଝାଇବି। ମୋ ପାଖକୁ ଜଣେ ୨୧ ବର୍ଷୀୟ ଯୁବକକୁ ଅଣାଗଲା। ସେମାନେ କହିଲେ, ସ୍ୱାମୀ ଜୀ ତାକୁ ଆପଣଙ୍କ ସୁରକ୍ଷାରେ

ନିଅନ୍ତୁ। ମୁଁ ତାକୁ ଦେଖି କହିଲି, ଆମେ ପରେ ତା'ର ଚିକିତ୍ସା କରିବୁ, ପ୍ରଥମେ ତା'ର ବାପାମା'ଙ୍କ ଚିକିତ୍ସା ଆବଶ୍ୟକ। ତା'ର ବାପାମା' ତାଙ୍କ ବିଷୟରେ କହିଥିଲେ ଯେ ସେ ଦଶମ ଶ୍ରେଣୀରେ ପଢୁଥିବା ସମୟରେ, ଆମେ ଦୁହେଁ ତାକୁ ପଢ଼ିବା ପାଇଁ ହଇରାଣ କରୁଥିଲୁ। ଯଦି ସେ ୯୫% ନମ୍ବର ନ ପାଏ, ତା'ର ଜୀବନ ନଷ୍ଟ ହୋଇଯିବ। ତାକୁ କୌଣସି ସ୍ଥାନରେ ଚାକିରି ମିଳିବ ନାହିଁ। ଗାଳି ଦେବାର ଅଭ୍ୟାସ ଆବଶ୍ୟକତାଠାରୁ ଅଧିକ ବଢ଼ିଗଲା। ଗାଳି ଦେବା ସହିତ, ସେ ମାଡ଼ ମାରିବାର ଅଭ୍ୟାସ ମଧ୍ୟ କରିଦେଲା। ପିଲାଟି ଏତେ ଭୟଭୀତ ହୋଇଗଲା ଯେ ରାତିରେ ଶୋଇବା ସମୟରେ ମଧ୍ୟ ଭୟରେ ଉଠିପଡ଼ିଲା। ଧୀରେ ଧୀରେ ତାକୁ ମୂର୍ଚ୍ଛା ହେବା ଆରମ୍ଭ ହେଲା। ରାସ୍ତାରେ ଚାଲିବା ସମୟରେ ମଧ୍ୟ ସେ ଭୟଭୀତ ହେଉଥିଲା। ପରିସ୍ଥିତି ଏପରି ହୋଇଗଲା ଯେ ସେ ଏକା ବାହାରକୁ ଯାଇପାରିଲା ନାହିଁ। ବାପାମା'ମାନେ ସେହି ପିଲାର କଲ୍ୟାଣ ପାଇଁ ଏସବୁ କରିଥିଲେ।

ଏକ ଛୋଟ ଘଟଣା ମଧ୍ୟ ଜୀବନରେ ଏପରି ପରିବର୍ତ୍ତନ ଆଣେ। ଆମେ ଜାଣିନାହୁଁ। ନେପୋଲିଅନ ବିଲେଇକୁ ଭୟ କରୁଥିଲେ, କାହିଁକି? ଯେତେବେଳେ ସେ ଛଅ ମାସର ଥିଲେ, ତାଙ୍କ ଆୟା ତାଙ୍କୁ ଏକ ପାତ୍ର ଏବଂ ଚାମଚ ବ୍ୟବହାର କରି କ୍ଷୀର ଖୁଆଇ ଦେଉଥିଲେ। କୌଣସି କାମ ଯୋଗୁଁ ତାଙ୍କୁ ସେଠାରୁ ୧-୨ ମିନିଟ୍ ପାଇଁ ଦୂରକୁ ଯିବାକୁ ପଡିଲା। କ୍ଷୀର ପାତ୍ରଟି ପିଲାଟି ପାଖରେ ଥିଲା; ପାଖ କୌଣସି ସ୍ଥାନରୁ ଗୋଟିଏ ବିଲେଇ ଆସି କ୍ଷୀର ପିଇବା ଆରମ୍ଭ କଲା। ଆୟାଙ୍କ ଧମକପୂର୍ଣ୍ଣ ଶବ୍ଦ ଏବଂ ବିଲେଇ ନେପୋଲିଅନଙ୍କ ଛାତିରେ ପାଦ ରଖିବାର ସଂଯୋଗ ହୋଇଗଲା ଏବଂ ସେବେଠାରୁ ସେ ବିଲେଇକୁ ଭୟ କରୁଥିଲେ। ଏବଂ ଶେଷ ଯୁଦ୍ଧକ୍ଷେତ୍ରରେ, ତାଙ୍କ ସମ୍ମୁଖରେ ବହୁତ ବିଲେଇ ମୁକ୍ତ ହୋଇଗଲା। ଏତେ ବିଲେଇ ଦେଖି, ନେପୋଲିଅନ ଭୟରେ ଅଚେତ ହୋଇଗଲେ ଏବଂ ତାଙ୍କୁ ଗିରଫ କରାଗଲା। ପିଲାମାନଙ୍କୁ ଭୟ ଦେଖାଇ ଶୋଷଣ କର ନାହିଁ, ସେହି ଭୟ ସେମାନଙ୍କୁ ସାରା ଜୀବନ ପାଇଁ ଛାଡି ନଥାଏ।

୯. ଆତ୍ମ-ସମ୍ବୋଧନ

ସମ୍ବୋଧନରେ ଶକ୍ତି ଅଛି। ଆମେ ସବୁବେଳେ ଅନ୍ୟମାନଙ୍କ ଦ୍ୱାରା ସମ୍ମୋହିତ ହୋଇଥାଉ କିମ୍ବା ଆମେ ଆମର ନିଜର ସମ୍ମୋହିତ ହୋଇଥାଉ। ଅନ୍ୟମାନଙ୍କ ଦ୍ୱାରା ସମ୍ମୋହିତ ହେବା ଅର୍ଥ ହେଉଛି ଆମେ ଅନ୍ୟ କାହାର ଚିନ୍ତାଧାରାକୁ ନିଜର କରିନେଉ, ଅର୍ଥାତ୍, ଆମେ ସେମାନଙ୍କୁ ଆମର ନିଜର ଚିନ୍ତାଧାରା କରିଦେଉ। ଆମେ ସେଗୁଡ଼ିକୁ ଅନୁଭବ କରିବାକୁ ଚେଷ୍ଟା କରୁନାହୁଁ। ଅନ୍ୟମାନଙ୍କ ଦ୍ୱାରା ଦିଆଯାଇଥିବା ଚିନ୍ତାଧାରା

ସେମାନଙ୍କର ଅଭିଜ୍ଞତା, ଆପଣଙ୍କର ନୁହେଁ। ଆପଣ ସେଗୁଡ଼ିକୁ ଅନୁଭବ ନ କରିବା ପର୍ଯ୍ୟନ୍ତ ସେଗୁଡ଼ିକୁ ବିଶ୍ୱାସ କରନ୍ତୁ ନାହିଁ। ଯେତେବେଳେ ଆପଣ ସେହି ଚିନ୍ତାଧାରାକୁ ନିଜର କରନ୍ତି, ସେତେବେଳେ ଯେତେବେଳେ ଆପଣ ଅନ୍ୟମାନଙ୍କୁ ସେମାନଙ୍କ ବିଷୟରେ କୁହନ୍ତି, ଅନ୍ୟ ବ୍ୟକ୍ତି ସେଗୁଡ଼ିକୁ ଖଣ୍ଡନ କରନ୍ତି, ଆପଣଙ୍କର ଅହଂକାର ଆଘାତ ପାଏ ଏବଂ ଆପଣ ଚାପଗ୍ରସ୍ତ ହୁଅନ୍ତି।

(କ) ଆତ୍ମ-ସମ୍ବୋଧନ ମାଧ୍ୟମରେ ଆମେ କିପରି ରୋଗ କିମ୍ବା ଦୁଃଖ ଧରିପାରୁ?

ଧରାଯାଉ ଆପଣଙ୍କୁ ବହୁତ କାମ କରିବାକୁ ପଡିଲା କିମ୍ବା ସାରା ରାତି ଜାଗ୍ରତ ରହିବାକୁ ପଡିଲା, ଆପଣ ଟିକେ ଚିନ୍ତିତ ଅନୁଭବ କଲେ, ଏବଂ ଆପଣ ଡାକ୍ତରଙ୍କ ପାଖକୁ ଚେକ୍-ଅପ୍ ପାଇଁ ଗଲେ। ସେ ଆପଣଙ୍କ ବିପି ଯାଞ୍ଚ କରିବେ ଏବଂ କହିବେ ଯେ ଆପଣଙ୍କ ବିପି ଅଧିକ ଅଛି, ଏକ ଇଞ୍ଜେକ୍ସନ ନିଅନ୍ତୁ ଏବଂ ଏହି ଔଷଧ ଖାଆନ୍ତୁ, ଆପଣ ଦୁଇ-ତିନି ଦିନ ମଧ୍ୟରେ ଠିକ୍ ହୋଇଯିବେ। ତୁମର ବିପି ଅଧିକ ଅଛି ଶୁଣିବା ମାତ୍ରେ ତୁମେ ଘରକୁ ଆସି ତୁମ ପରିବାର ସଦସ୍ୟଙ୍କୁ କହିବ। ପରଦିନ ତୁମେ ତୁମର ବନ୍ଧୁମାନଙ୍କୁ କହିବ ଯେ ତୁମେ ବାରମ୍ବାର କହୁଛ ଯେ ତୁମର ବିପି ଅଧିକ ଅଛି, ତୁମର କାଳ୍ପନିକ ବିପି ଅଧିକ ରହିବା ଆରମ୍ଭ କରିବ। କୌଣସି ପ୍ରକାରେ ଆମେ କିଛି ଦୁଃଖ, ଯନ୍ତ୍ରଣା, ଚାପକୁ ଧରି ରଖୁ କାରଣ ଏହି ରୋଗ ବାସ୍ତବ ନୁହେଁ, ତେଣୁ ଏହାକୁ କୌଣସି ଔଷଧ ଦ୍ୱାରା କିପରି ଭଲ କରାଯାଇପାରିବ। ଲୋକମାନେ ଡାକ୍ତରଙ୍କ ପାଖକୁ ଯିବା, ଡାକ୍ତର ବଦଳାଇବା, ଆଲୋପାଥି ଏବଂ ହୋମିଓପାଥି ସହିତ ଚିକିତ୍ସା କରିବା ଆରମ୍ଭ କରନ୍ତି। ଏହିପରି ଭାବରେ, ଉଭୟ ପ୍ରକାରର ହିପ୍ନୋସିସ୍ ଠାରୁ ଦୂରେଇ ରୁହନ୍ତୁ। ଏହାକୁ ଏଡାଇବାର ଉପାୟ ହେଉଛି ସଚେତନ ହେବା। ସଚେତନ ହେବାର ଉପାୟ ହେଉଛି ଧ୍ୟାନ।

୧୦. ପରିବାରରେ ଦ୍ୱନ୍ଦ୍ୱ ଏବଂ ଉତ୍ତେଜନା କାହିଁକି?

ଓଶୋ କୁହନ୍ତି ଯେ ବିବାହରେ ଦ୍ୱନ୍ଦ୍ୱ ଅନନ୍ତକାଳୀନ, ଏହା ଚାଲିଥାଏ। ତୁମେ ବିବାହଠାରୁ ବଡ଼ ଦ୍ୱନ୍ଦ୍ୱ ପାଇପାରିବ ନାହିଁ। ନିରନ୍ତର ଦ୍ୱନ୍ଦ୍ୱ ରହିଛି। ସ୍ତ୍ରୀମାନେ ସ୍ୱାମୀଙ୍କୁ ଅଧିକାର କରିବାକୁ ଚେଷ୍ଟା କରୁଛନ୍ତି ଏବଂ ସ୍ୱାମୀମାନେ ସ୍ତ୍ରୀମାନଙ୍କୁ ଅଧିକାର କରିବାକୁ ଚେଷ୍ଟା କରୁଛନ୍ତି, ତେଣୁ ଦ୍ୱନ୍ଦ୍ୱ ରହିଛି। ଅଧିକାର ହେଉଛି ହିଂସାର ଏକ ଭାବନା, ଏହାର ପ୍ରେମ ସହିତ କୌଣସି ସମ୍ପର୍କ ନାହିଁ। ଯେତେବେଳେ ତୁମେ ଭଲ ପାଇପାରିବ ନାହିଁ, ପିଲାମାନେ ଜନ୍ମ ହୁଅନ୍ତି। ଅଧିକାରର ସେହି ଖେଳ ସେମାନଙ୍କ ଉପରେ ମଧ୍ୟ ଜାରି ରହେ।

ପରିବାରର ପ୍ରତ୍ୟେକ ବ୍ୟକ୍ତି ଦୁଃଖୀ। କାହିଁକି? କାରଣ କ'ଣ? ପଚରାଗଲେ କୁହାଯାଏ ଯେ ଏହା ସ୍ୱାମୀ ଏବଂ ସ୍ତ୍ରୀଙ୍କ ଯୋଗୁଁ, ସ୍ତ୍ରୀ ସ୍ୱାମୀଙ୍କ ଯୋଗୁଁ, ଶାଶୁ ଏବଂ ବୋହୂ, ବୋହୂ ଏବଂ ଶାଶୁ, ପୁଅ ଏବଂ ବାପାଙ୍କ ଯୋଗୁଁ। ଅର୍ଥାତ୍, ସମସ୍ତେ ଅନ୍ୟ କାହା ଯୋଗୁଁ ଦୁଃଖୀ। ଓଶୋ କୁହନ୍ତି, ଯଦି ତୁମେ ଭଲଭାବେ ଦେଖ, ତେବେ ତୁମେ ଦେଖିବ ଯେ ତୁମେ ନିଜ କାରଣ ଯୋଗୁଁ ଦୁଃଖୀ। ତୁମକୁ ଦୁଃଖୀ କରିବାର ଶକ୍ତି କାହା ପାଖରେ ନାହିଁ। ଯଦି ଆମେ କାହା ଯୋଗୁଁ ଦୁଃଖୀ, ତେବେ କେହି ଆମ ଯୋଗୁଁ ଦୁଃଖୀ ହେବ। ଯଦି ପରିବାରର କେହି ତୁମର କଥା ନ ଶୁଣେ, ତେବେ ଆମେ ଅଧିକ ଦୁଃଖୀ ହୋଇଯାଉ। କାହିଁକି? ଆମେ ସମ୍ମାନ ଚାହୁଁଥିଲୁ ଏବଂ ଅପମାନିତ ହେଲୁ। ଆମେ ହଁ ଚାହୁଁଥିଲୁ ଏବଂ ନା ପାଇଲୁ। ଯଦି ଆମର ନିକଟତର କେହି ଆମକୁ ଗାଳି ଦିଅନ୍ତି, ତେବେ ଆମେ ଅଧିକ ଦୁଃଖୀ ହୋଇଯାଉ। କାହିଁକି? ତୁମର ଭିନ୍ନ ଭିନ୍ନ ଆଶା ଥିଲା, ତେଣୁ ଆମେ ଦୁଃଖୀ ହୋଇଗଲୁ। କୌଣସି ଆଶା ରଖ ନାହିଁ। ସମ୍ମାନ ଆଶା କରିବା ଯୋଗୁଁ ଭିତରୁ ଦୁଃଖୀ ହେଉଛି। ଯଦି ପରିବାରର କେହି କିମ୍ବା ପ୍ରିୟଜନଙ୍କର ମୃତ୍ୟୁ ହୁଏ, ତେବେ ତୁମେ କାହିଁକି ଦୁଃଖୀ ହେଉଛ? ତୁମେ ନିଶ୍ଚୟ ଆସକ୍ତି ବିକଶିତ କରିଛ, ଆସକ୍ତି ସୃଷ୍ଟି କର ନାହିଁ। **ଯେତେ ଅଧିକ ଆସକ୍ତି, ସେତେ ଅଧିକ ଦୁଃଖ।**

ଆମେ ସବୁବେଳେ ଅନ୍ୟମାନଙ୍କ ମଧ୍ୟରେ ଆମର ଖୁସି ଖୋଜୁ। ଅନ୍ୟ କେହି ହୋଇପାରେ, ଧନ, ପଦବୀ, ସ୍ତ୍ରୀ, ପିଲା ଇତ୍ୟାଦି। ଯେତେବେଳେ ଆମେ ସେହି ଜିନିଷ ପାଇଥାଉ ଯାହା ଆମେ ଖୁସି ପାଇଁ ଚାହୁଁ, ଆମେ ଖୁସି ପାଆନ୍ତି ନାହିଁ। ଏହା ଆମ ସହିତ ପ୍ରତିଦିନ ଘଟେ, କିନ୍ତୁ ତଥାପି ଆମେ ବୁଝିପାରୁନାହୁଁ ଯେ ଅନ୍ୟମାନେ ଆମକୁ ଖୁସି ଦେଇପାରିବେ ନାହିଁ।

ପରିବାର ଏକ ୟୁନିଟ୍। ସମାଜ ପରିବାର ଦ୍ୱାରା ଗଠିତ। ଯଦି ପରିବାରରେ ପ୍ରେମ ନାହିଁ, ତେବେ ସମାଜରେ ପ୍ରେମ କିପରି ରହିବ? ଯଦି ସ୍ୱାମୀ-ସ୍ତ୍ରୀଙ୍କ ମଧ୍ୟରେ ପ୍ରେମ ନାହିଁ, ତେବେ ପିଲାମାନେ ମଧ୍ୟ ଉଭୟଙ୍କଠାରୁ ପ୍ରେମ ପାଆନ୍ତି ନାହିଁ କାରଣ ପିଲାମାନେ ପିତାମାତାଙ୍କ ଏକ ବିସ୍ତାର। ଯେତେବେଳେ ପିଲାଟି ଘରେ ପ୍ରେମର ପାଠ ଶିଖି ନାହିଁ, ଯଦି ତାକୁ ପ୍ରେମ ନ ମିଳେ, ତେବେ ସେ କ'ଣ କରିବ? ସେ ପାଗଳାମିର ରାସ୍ତାରେ ଯିବ। ବଡ଼ ହେଲେ ସେ ଅସ୍ଥିର ଜୀବନ ବଞ୍ଚିବ। ସେ ସ୍କୁଲ, କଲେଜରେ ଭଙ୍ଗାରୁଜା କରିବ, ଲୋକଙ୍କୁ ଛୁରାମାଡ଼ କରିବ, କଲେଜ, ବଜାରରେ ନିଆଁ ଲଗାଇବ। ସେ ବଡ଼ମାନଙ୍କୁ ଆଦୌ ସମ୍ମାନ କରିପାରିବ ନାହିଁ। ସେ ଶିକ୍ଷକମାନଙ୍କୁ ପିଟିବ। **ପ୍ରେମ ବିନା ପାଳିତ ପିଲାଟି ବଡ଼ ହେଲେ ଏସବୁ କରିବ, କାରଣ ତା ଭିତରେ ଏତେ କ୍ରୋଧ ରହିବ ଯେ, ସେ ନିଶ୍ଚିତ ଭାବରେ ତାହା ପ୍ରକାଶ କରିବ।** ଯଦି ସ୍ୱାମୀ ସ୍ତ୍ରୀ ଝଗଡ଼ା କରନ୍ତି, ତେବେ ସେ ପିଲାମାନଙ୍କ ଉପରେ ରାଗିଯିବ ଏବଂ ପିଲାଟି ନୋଟବୁକ୍ ଚିରିଦେବ, କିଛି

ଭାଙ୍ଗିଦେବ ଏବଂ ତା'ର କ୍ରୋଧ ପ୍ରକାଶ କରିବ। ସେ ତା'ର ସାନ ଭାଇ କିମ୍ବା ଭଉଣୀକୁ ପିଟିବ।

ଆଜି, ପିଲାଟି ଜନ୍ମ ହେବା ମାତ୍ରେ ତାକୁ କ୍ରେଚ୍ ପଠାଯାଏ। ବାପାମା'ଙ୍କ ପ୍ରେମ ବିନା ପିଲାଟି ସବୁବେଳେ ଅବହେଳିତ ରହିବ। ପିଲାଟି ନାନି ଦ୍ୱାରା ପାଳିତ ହେଉ କି ଅନାଥାଶ୍ରମରେ ପାଳିତ ହେଉ, ଏଥିରେ କ'ଣ ପାର୍ଥକ୍ୟ ଅଛି? ଉଭୟ କ୍ଷେତ୍ରରେ, ପିଲାଟି ତା'ର ବାପାମା'ଙ୍କ ପ୍ରେମରୁ ବଞ୍ଚିତ ହୁଏ। ବଡ଼ ହେଲେ ସେ କ'ଣ ଏପରି ବାପାମା'ଙ୍କ ସେବା କରିବ? ସେ ପ୍ରେମର ପ୍ରଥମ ପାଠ ମଧ୍ୟ ଶିଖିନାହିଁ। ସେଥିପାଇଁ ଆଜିକାଲି ନୈତିକ ଶିକ୍ଷା ଉପରେ ଗୁରୁତ୍ୱ ଦିଆଯାଉଛି। ପ୍ରଥମେ ବାପାମା', ଶିକ୍ଷକ ଏବଂ ରାଜନେତାଙ୍କୁ ନୈତିକ ଶିକ୍ଷା ପଢ଼ାଯିବା ଉଚିତ। ପିଲାମାନଙ୍କର ସ୍କୁଲ ବ୍ୟାଗ୍ ଭାରୀ ହେଉଛି, ପାଠପଢ଼ାର ବୋଝ ବଢ଼ିଯାଉଛି, ସେମାନେ ଖେଳିବାକୁ ସମୟ ପାଉନାହାଁନ୍ତି। **ଓଶୋ କୁହନ୍ତି, 'ପିଲାମାନେ ଖେଳିବା ବୟସର, ଖେଳିବାରେ ଶକ୍ତି ଖର୍ଚ୍ଚ କରିବା ଉଚିତ ନଚେତ୍ ପିଲାମାନେ ଛୋଟ ବୟସରେ କାମୁକତାରେ ପରିପୂର୍ଣ୍ଣ ହୋଇଯିବେ।'**

ସ୍ୱାମୀ ଏବଂ ସ୍ତ୍ରୀ ଉଭୟ ପରସ୍ପର ଉପରେ ନିଜର ପ୍ରଭୁତ୍ୱ ଦେଖାଇବାକୁ ଚେଷ୍ଟା କରନ୍ତି। ଧୀରେ ଧୀରେ ସ୍ତ୍ରୀ ସ୍ୱାମୀ ଉପରେ ପ୍ରଭୁତ୍ୱ ହାସଲ କରନ୍ତି, ଏହା ଏକ ସତ୍ୟ। ସେ ସ୍ୱାମୀକୁ ସମ୍ପୂର୍ଣ୍ଣ ଭାବରେ ତାଙ୍କ ଉପରେ ନିର୍ଭରଶୀଳ କରାଏ, ତାହା ପାଣି ଗ୍ଲାସ ହେଉ, ଦିଆସିଲି ବାକ୍ସ ହେଉ, ମୋଜା ହେଉ କିମ୍ବା ରୁମାଲ ହେଉ। ସ୍ତ୍ରୀ ସ୍ୱାମୀକୁ ଛୋଟ ଛୋଟ କଥାରେ ତାଙ୍କ ଉପରେ ସମ୍ପୂର୍ଣ୍ଣ ଭାବରେ ନିର୍ଭରଶୀଳ କରାଏ ଏବଂ ତାଙ୍କୁ ପକ୍ଷାଘାତ କରାଏ। ଯଦି ସ୍ତ୍ରୀ ଦୁଇ ଦିନ ପାଇଁ ତାଙ୍କ ପିତାମାତାଙ୍କ ଘରକୁ ଯାଏ, ତେବେ ସ୍ୱାମୀ ଅସହାୟ ହୋଇଯାଏ। ସ୍ୱାମୀ ମଧ୍ୟ ନିଜ ଉପାୟରେ ସ୍ତ୍ରୀକୁ ନିର୍ଭରଶୀଳ କରାଏ। **ଓଶୋ କୁହନ୍ତି, "ଏହି ଦାସତ୍ୱ ପାରମ୍ପରିକ।"**

ଆମେ ପିଲାକୁ କ'ଣ ଶିଖାଉ? ଛୋଟ ପିଲାମାନେ ବହୁତ ସୁନ୍ଦର। ପ୍ରତ୍ୟେକ ପିଲା ସୁନ୍ଦର ଦେଖାଯାଏ, ପ୍ରେମମୟ। ସେ ବଡ଼ ହେବା ସହିତ, ପ୍ରେମ ଅଦୃଶ୍ୟ ହୋଇଯିବ, କାହିଁକି? ଆମେ ପିଲାକୁ ସନ୍ଦେହ କରିବାକୁ ଶିଖାଉ।

(କ) ପ୍ରେମର ଅର୍ଥ ବିଶ୍ୱାସ

ପ୍ରେମରେ କୌଣସି ଭୟ ନାହିଁ। କିନ୍ତୁ ଆମେ ପିଲାକୁ ସନ୍ଦେହ କରିବା ଏବଂ ଭୟଭୀତ କରିବା ଶିଖାଇଥାଉ। ପ୍ରେମ ସଙ୍କୁଚିତ ହୋଇଯାଏ। ଯେତେବେଳେ ସେ ବଡ଼ ହୁଏ, ପିଲାଟି ସୁରକ୍ଷା ଖୋଜେ, ଘର ଏବଂ ପରିବାରର ସମ୍ମାନର ଯତ୍ନ ନେବା।

(ଖ) ଆମେ ପିଲାକୁ ମହତ୍ତ୍ୱାକାଂକ୍ଷା ଶିଖାଇଥାଉ:

ଏହାର ଅର୍ଥ ସର୍ବଦା ପ୍ରଥମେ ଆସିବା। ସେ ପ୍ରଥମେ ଆସିବ, କିନ୍ତୁ ଯିଏ ଦ୍ୱିତୀୟ ଆସିବ ତାହାର ଶତ୍ରୁ ହୋଇଯିବ। ଯେଉଁ ପିଲାଟି ପ୍ରଥମ ଆସିପାରିବ ନାହିଁ, କାରଣ କେବଳ ଗୋଟିଏ ପିଲା ପ୍ରଥମ ହୋଇପାରେ, ସେ ଏକ ହୀନମନ୍ୟତାରେ ପୀଡିତ ହୁଏ। ଏହି ଭାବନା ତାକୁ ଜୀବନସାରା ଛାଡି ନଥାଏ।

ମା-ଝିଅ ଏବଂ ଶାଶୁ-ବୋହୂ ମଧ୍ୟରେ ଉତ୍ତେଜନା ରହିଥାଏ। ଏହାର ଅନ୍ୟାନ୍ୟ କାରଣ ଅଛି। ମହିଳାମାନେ ବହୁତ ଘୃଣା କରନ୍ତି, ସେମାନେ ଈର୍ଷା କରନ୍ତି। ଓଶୋ କୁହନ୍ତି, "ଦୁଇ ଜଣ ମହିଳାଙ୍କ ପାଇଁ ବନ୍ଧୁ ହେବା ବହୁତ କଷ୍ଟକର। ମିଛ କହିବା କଷ୍ଟକର। ମହିଳାମାନେ ଆଦୌ ବନ୍ଧୁ ହୁଅନ୍ତି ନାହିଁ। ଏହାର କେବଳ ଗୋଟିଏ କାରଣ ଅଛି, କାରଣ କିଛି ମହିଳା ତାଙ୍କ ଶରୀର, ତାଙ୍କ ସୌନ୍ଦର୍ଯ୍ୟରେ ଖୁସି ନୁହଁନ୍ତି। ଅନ୍ୟ ମହିଳା ପୁରୁଷମାନଙ୍କୁ ଅଧିକ ସୁନ୍ଦର, ଅଧିକ ପ୍ରଭାବଶାଳୀ, ଅଧିକ ଆକର୍ଷଣୀୟ ଏବଂ ମନମୋହକ ମନେହୁଏ। ତେଣୁ ପ୍ରତ୍ୟେକ ମହିଳା ଅନ୍ୟ ମହିଳାଙ୍କୁ ଶତ୍ରୁ ଭାବରେ ଦେଖନ୍ତି। ଦୂରଦୂରାନ୍ତର ମହିଳାମାନେ ଭିନ୍ନ।

ଝିଅ ବଡ଼ ହେଲେ, ମା ତାକୁ ଶତ୍ରୁ ଭାବରେ ଦେଖିବା ଆରମ୍ଭ କରନ୍ତି। ଝିଅ ବଡ଼ ହେବା ମାତ୍ରେ, ମା ତାକୁ ଘରୁ ବାହାର କରିବାକୁ ବ୍ୟାକୁଳ ହୋଇଯାଆନ୍ତି। ସେ ଅନେକ ବାହାନା କରନ୍ତି, ତାକୁ ବିବାହ କରିବାକୁ ପଡ଼ିବ, ତାକୁ ଶୀଘ୍ର ବିବାହ କରିବାକୁ ପଡ଼ିବ, ତାକୁ ଏହା କରିବାକୁ ପଡ଼ିବ, ତାକୁ ତାହା କରିବାକୁ ପଡ଼ିବ। କିନ୍ତୁ କାରଣ ହେଉଛି ଝିଅ ଘରର ବିନ୍ଦୁ ହେବାକୁ ଆରମ୍ଭ କରେ, ସେ ଆଉ ମା ନୁହେଁ, ଈର୍ଷା ତୀବ୍ର ହୋଇଯାଏ।

ସେହିପରି, ଶାଶୁ ଏବଂ ବୋହୂ ମଧ୍ୟରେ ଉତ୍ତେଜନା ସୃଷ୍ଟି ହୁଏ। ବୋହୂ ଘରେ ଆକର୍ଷଣର ବିନ୍ଦୁ ହୋଇଯାଏ। ସେଥିପାଇଁ ଶାଶୁ ଏବଂ ବୋହୂ ଉଭୟ ଶାଶୂମାନେ ଚାପରେ ପଡ଼ିଯାଆନ୍ତି। କିନ୍ତୁ ଶାଶୁ ଭୁଲିଯାଆନ୍ତି ଯେ ସେ ମଧ୍ୟ ଥରେ ବୋହୂ ହୋଇ ଆସିଥିଲେ। ଶାଶୁ ମନେ କରନ୍ତି ଯେ ସେ ପୁରୁଣା ହୋଇଯାଇଛନ୍ତି। **ଓଶୋ କୁହନ୍ତି, "ଯେତେବେଳେ ଜଣେ ସ୍ତ୍ରୀ ଘରେ ଆସେ, ସେ ତାଙ୍କ ସ୍ୱାମୀଙ୍କର ସମ୍ପୂର୍ଣ୍ଣ ଯତ୍ନ ନିଅନ୍ତି, ତାଙ୍କ ପ୍ରତ୍ୟେକ କଥା ଚିନ୍ତା କରନ୍ତି, କିନ୍ତୁ ତାଙ୍କର ସନ୍ତାନ ହେବା ମାତ୍ରେ ସେ ଜଣେ ମାଆ ହୋଇଯାଆନ୍ତି ଏବଂ ସେ ତାଙ୍କ ସ୍ୱାମୀଙ୍କ ବିଷୟରେ ଚିନ୍ତା କରିବା ବନ୍ଦ କରିଦିଅନ୍ତି ଏବଂ ପିଲା ବିଷୟରେ ଚିନ୍ତା କରନ୍ତି।** ସେଥିପାଇଁ କୌଣସି ପିତା ତାଙ୍କ ପୁଅମାନଙ୍କୁ ପସନ୍ଦ କରନ୍ତି ନାହିଁ କାରଣ ସେମାନେ ଆସିବା ମାତ୍ରେ ସ୍ତ୍ରୀ ଆଉ ସ୍ୱାମୀର ନୁହଁନ୍ତି। ସନ୍ତାନ ଜନ୍ମ ହେବା ମାତ୍ରେ ସେ ମାଆ ହୋଇଯାଆନ୍ତି। ସେ ପୁଅର ହୋଇଯାଆନ୍ତି। ଏବେ ସ୍ୱାମୀଙ୍କ ସ୍ଥିତି ଚାକରର ହୋଇଯାଏ। ଏବେ ସେ ପିଲାର

ପ୍ରତ୍ୟେକ ଦାବି ପୂରଣ କରିବାରେ ବ୍ୟସ୍ତ। ଆମେ ପିଲାମାନଙ୍କ ଲାଳନପାଳନରେ ମଧ୍ୟ ଭେଦଭାବ କରୁ। ବାପା ଗୋଟିଏ ପିଲାକୁ ପସନ୍ଦ କରନ୍ତି ଏବଂ ମାଆ ଅନ୍ୟଟିକୁ ପସନ୍ଦ କରନ୍ତି, ସେମାନେ କେବଳ ସେମାନଙ୍କ ଯତ୍ନ ନିଅନ୍ତି। ଯଦି ତିନୋଟି ପିଲା ଥାଏ, ତେବେ ତୃତୀୟଟି ଅବହେଳିତ ଅନୁଭବ କରେ। ଏପରି ପରିବାରରେ ପିଲାମାନେ ପରସ୍ପରକୁ ଭଲ ପାଇବେ କି? ଏହା ସନ୍ଦେହଜନକ। ସମସ୍ତେ ପରସ୍ପରଠାରୁ ଦୂରେଇ ରହିବେ।" **ଓଶୋ କୁହନ୍ତି, "ଯେତେବେଳେ ତୁମ ଘରେ ପୁଅ ଝିଅ ଜନ୍ମ ହୁଅନ୍ତି, ତୁମେ ବହୁତ ଖୁସି ହୁଅ। ତୁମର ଅନୁଭବ ଅଛି ଯେ ତୁମର ଜୀବନ୍ତ ପ୍ରାଣୀ ଅଛି, ଯାହାକୁ ତୁମେ ଯେପରି ଇଚ୍ଛା କରିପାର, ଯେଉଁଠାକୁ ଇଚ୍ଛା ପଠାଅ, ଯେଉଁ ଆଦେଶ ଦିଅ, ସେମାନଙ୍କୁ ପାଳନ କରିବାକୁ ପଡିବ।"**

ମନୋବିଜ୍ଞାନୀମାନେ କୁହନ୍ତି ଯେ ଶତାବ୍ଦୀ ଧରି ପିଲାମାନଙ୍କ ପ୍ରତି ଯେଉଁ ଅତ୍ୟାଚାର କରାଯାଉଛି, ତାହା କେବେ କାହା ପ୍ରତି ହୋଇନାହିଁ। ଗୋଲାମଠାରୁ ଗୋଲାମ ମଧ୍ୟ ଏତେ ଗୋଲାମ ନୁହେଁ, ଯେତିକି ଛୁଆମାନେ ତୁମର ଗୋଲାମ ହୋଇଯାଆନ୍ତି,କାରଣ ସେମାନେ ଅସହାୟ, ସେମାନେ ତୁମ ଉପରେ ନିର୍ଭରଶୀଳ। ସେମାନେ ତୁମ ବିନା ବଞ୍ଚିପାରିବେ ନାହିଁ। ଗୋଟିଏ ଛୋଟ ପିଲା ଅଛି, ଯଦି ସେ କ୍ଷୀର, ସେବା, ସୁରକ୍ଷା ନ ପାଏ, ତେବେ ସେ ମରିଯିବ, ସେ ବଞ୍ଚିପାରିବ ନାହିଁ। ତା'ର ଜୀବନ ବିପଦରେ ଅଛି, ତୁମେ ଏହି ସୁଯୋଗ ହାତଛଡ଼ା କର ନାହିଁ। ତୁମେ ଏହି ସୁଯୋଗର ପୂର୍ଣ୍ଣ ସୁଯୋଗ ନିଅ, ତୁମେ ପୂର୍ଣ୍ଣ ଲାଭ ଉଠାଅ। ଯଦିଓ ତୁମେ କହୁଛ ଯେ ମୁଁ ତୁମକୁ ଭଲ ପାଏ, ସେଥିପାଇଁ ମୁଁ ଏହା କରୁଛି। କିନ୍ତୁ ଯଦି ତୁମେ ଗଭୀର ଭାବରେ ତଦନ୍ତ କର, ଯଦି ତୁମେ ଟିକେ ସତର୍କ ହୁଅ, ତେବେ ତୁମେ ଦେଖିବ ଯେ ତୁମେ ତୁମର ଅହଂକାରକୁ ଉପଭୋଗ କରୁଛ, ଏବଂ କେହି ତୁମର କଥା ଶୁଣନ୍ତି ନାହିଁ, କିନ୍ତୁ ତୁମର ପୁଅକୁ କରିବାକୁ ପଡିବ। ସେଥିପାଇଁ କୌଣସି ପୁଅ ତା'ର ବାପାକୁ କ୍ଷମା କରିପାରିବ ନାହିଁ।

କୌଣସି ପୁଅ ତା'ର ବାପାକୁ କ୍ଷମା କରିପାରିବ ନାହିଁ। ଯଦି ସେ ବୃଦ୍ଧାବସ୍ଥାରେ ସୁଯୋଗ ପାଏ, ଯେତେବେଳେ ତୁମେ ବୃଦ୍ଧ ଏବଂ ଦୁର୍ବଳ, ଅସହାୟ, ପିଲା ପରି ହୋଇଯିବ, ତେବେ ତୁମର ପୁଅ ତୁମଠାରୁ ପ୍ରତିଶୋଧ ନେବ। ତା'ପରେ ତୁମକୁ ଛୋଟ ଛୋଟ କଥା ପାଇଁ ଭର୍ତ୍ସନା କରାଯିବ। ଏବଂ ତା'ପରେ ତୁମେ ଯନ୍ତ୍ରଣାରେ ପଡ଼ି କହିବ - ମୁଁ କ'ଣ ପାପ କରିଛି? ମୁଁ ତୁମକୁ ବଡ଼ କରିଥିଲି, ମୁଁ ତୁମ ପାଇଁ ମୋ ଜୀବନ ବିତାଇଛି, ମୁଁ ସବୁକିଛି ବଳିଦାନ ଦେଇଛି ଏବଂ ତୁମେ ମୋ ଉପରେ ପ୍ରତିଶୋଧ ନେଉଛ। ଏହା କି ପ୍ରକାରର କୃତଘ୍ନତା! ନା, କିନ୍ତୁ ତୁମେ ତଦନ୍ତ କରିବା ଉଚିତ, ଧ୍ୟାନ

ଦିଅ। ତୁମେ ନିଶ୍ଚୟ ତୁମର ଅହଂକାରକୁ ବହୁତ ଫୁଲାଇଛ। ଏହି ପୁଅର କ୍ଷତ ଏବେ ବି ତାଜା ଅଛି।

ଆମେ ପିଲାମାନଙ୍କ ସହିତ ବହୁତ ଅମାନବୀୟ ବ୍ୟବହାର କରୁ, ଏବଂ ଆମେ କହି ଚାଲିଥାଉ ଯେ ଆମେ ସେମାନଙ୍କୁ ବହୁତ ଭଲ ପାଉ।

ଯେତେବେଳେ ପିଲାଟି ମାଆ କିମ୍ବା ବାପାଙ୍କୁ ପଚାରେ ଯେ ସେ ଖେଳିବାକୁ ବାହାରକୁ ଯାଇପାରିବ କି ନାହିଁ। ଆମେ ତୁରନ୍ତ "ନା, ନା" କହି ତାକୁ ପଢ଼ିବାକୁ ଦିଅ। ପିଲାର ମନ ଖେଳିବା ଉପରେ ଅଛି; ସେ ପଢ଼ିପାରିବ ନାହିଁ। କିନ୍ତୁ ନା କହି ଆମେ ପିଲା ଉପରେ ଆମର ମାଲିକାନା ସ୍ଥାପନ କରୁ; କିନ୍ତୁ ପିଲାଟି ପଢ଼ି ନାହିଁ ଏବଂ ଦୁଷ୍ଟାମି କରିବା ଆରମ୍ଭ କରେ, ତେଣୁ ଆମେ କହୁଛୁ ବାହାରକୁ ଯାଅ ଏବଂ ଖେଳ। ପିଲାଟି କହୁଥିଲା ଏହା। ଯେତେବେଳେ ପିଲାଟି କିଛି ମାଗେ, ଯଦି ସେ କହେ ଯେ ଏହା ଠିକ୍ ଅଛି, ତେବେ ତାହା ତୁରନ୍ତ ଗ୍ରହଣ କରାଯିବା ଉଚିତ; ଯଦି ଏହା ଠିକ୍ ନୁହେଁ, ତେବେ ମୁଁ ଯେତେ କହେ ସେଥିରେ ରାଜି ହୁଅ ନାହିଁ। ଧୀରେ ଧୀରେ ପିଲାଟି ଭୁଲ ଉପରେ ଜିଦ୍ କରିବା ବନ୍ଦ କରିଦେବ କାରଣ ସେ ବୁଝିବ ଯେ ଏହି ଦାବି ଭୁଲ, ମୁଁ ଯେତେ ଜିଦ୍ କଲେ ମଧ୍ୟ, ଏହା ପୂରଣ ହେବ ନାହିଁ।

୬

ଚାପ ଯୋଗୁଁ କ'ଣ ହୁଏ?

ଅଲ୍ ଇଣ୍ଡିଆ ଇନଷ୍ଟିଚ୍ୟୁଟ୍ ଅଫ୍ ମେଡିକାଲ୍ ସାଇନ୍ସେସ୍ ରେ ହୋଇଥିବା ଏକ ଅଧ୍ୟୟନ ଅନୁଯାୟୀ, ପିତାମାତାଙ୍କ ପ୍ରେମର ଅଭାବ, ସ୍ୱାମୀ-ସ୍ତ୍ରୀଙ୍କ ମଧ୍ୟରେ ଉତ୍ତେଜନା, ସ୍ୱାମୀ-ସ୍ତ୍ରୀଙ୍କ ବ୍ୟସ୍ତତା ଯୋଗୁଁ ପିଲାମାନଙ୍କୁ ଉପଯୁକ୍ତ ସମୟ ନ ଦେବା ଇତ୍ୟାଦି କାରଣରୁ ପିଲାମାନେ ଆଙ୍ଗୁଠି ଚୋଷିବା, ନଖ କାମୁଡ଼ିବା, କାଦୁଅ ଖାଇବା, ଶୋଇବା ସମୟରେ ଦାନ୍ତ କିଟ୍ କିଟ୍ କରିବା, ବିଛଣା ଓଦା କରିବା, ହତାଶ ହେବା, ଅତ୍ୟଧିକ ଅଶାନ୍ତି ସୃଷ୍ଟି କରିବା, ଅତ୍ୟଧିକ ରାଗିବା କିମ୍ବା ଜିଦ୍ଖୋର ହେବା ଏବଂ ପରୀକ୍ଷା ସମୟରେ ପେଟ ଯନ୍ତ୍ରଣା କିମ୍ବା ମୁଣ୍ଡବିନ୍ଧା ଅଭିଯୋଗ କରିବା ଭଳି ଅଭ୍ୟାସ ବିକଶିତ କରନ୍ତି। ଏହି ଅଭ୍ୟାସଗୁଡ଼ିକ ଧୀରେ ଧୀରେ ପରିବର୍ତ୍ତନ ହୁଏ ଏବଂ ପିଲା ବଡ଼ ହେଲେ ତା' ର ମାନସିକ ବିକାଶରେ ବାଧା ସୃଷ୍ଟି କରେ ଏବଂ ପରେ ମାନସିକ ଏବଂ ଶାରୀରିକ ସମସ୍ୟା ସୃଷ୍ଟି କରେ।

ଯେତେବେଳେ ପିଲାମାନେ ପାଠପଢ଼ାର ବୋଝ, ଗୃହକାର୍ଯ୍ୟ ସମ୍ପୂର୍ଣ୍ଣ କରି ନ ପାରିବା, ପରୀକ୍ଷା ପାଇଁ ସମ୍ପୂର୍ଣ୍ଣ ପ୍ରସ୍ତୁତ ନ ହେବା ଯୋଗୁଁ ଅସହାୟ ହୋଇଯାଆନ୍ତି, ସେତେବେଳେ ଏପରି ପିଲାମାନେ ନିଶ୍ଚିତ ଭାବରେ ମୁଣ୍ଡବିନ୍ଧା କିମ୍ବା ପେଟ ଯନ୍ତ୍ରଣାର ବାହାନା କରନ୍ତି, କିନ୍ତୁ ଯଦି ଏହା ବାରମ୍ବାର ହୁଏ, ତେବେ ପିଲାମାନେ ପ୍ରବଳ ପେଟ ଯନ୍ତ୍ରଣାର ଶିକାର ହୁଅନ୍ତି। ଶାରୀରିକ ପରୀକ୍ଷାରେ ପେଟ ଯନ୍ତ୍ରଣାର କୌଣସି ଶାରୀରିକ ଲକ୍ଷଣ ଦେଖାଯାଏ ନାହିଁ। ସେହିପରି, ଅନେକ ପିଲା ଅସୁସ୍ଥ ହୋଇପଡ଼ନ୍ତି। ଥର୍ମୋମିଟର ମଧ୍ୟ ତାପମାତ୍ରା ଦେଖାଏ। କିନ୍ତୁ ଯଦି ସେମାନଙ୍କୁ ଔଷଧ ଦିଆଯାଏ ନାହିଁ କିମ୍ବା ଗାଳି ଦିଆଯାଏ ନାହିଁ, ତେବେ ପରୀକ୍ଷା ସମୟ ସରିବା ମାତ୍ରେ ସେମାନେ ସୁସ୍ଥ ହୋଇଯାଆନ୍ତି କାରଣ ସେହି ରୋଗ ମନ ଦ୍ୱାରା ସୃଷ୍ଟି ହୋଇଥାଏ।

ପିତାମାତା ହେବା ସହଜ। କିନ୍ତୁ ପିଲାମାନଙ୍କୁ ପାଳନପୋଷଣ କରିବା କଷ୍ଟକର। ପିତାମାତା ଚାକିରି କରନ୍ତି କିମ୍ବା କ୍ଲବକୁ ଯାଆନ୍ତି। ସେମାନଙ୍କ ପିଲାମାନେ ଅନାଥ ପରି ବଢ଼ିଯାଆନ୍ତି। ସେମାନେ ସେମାନଙ୍କର ବୃଦ୍ଧାବସ୍ଥାକୁ ନଷ୍ଟ କରନ୍ତି କାରଣ ଏପରି ଭାବରେ ବଢ଼ିଥିବା ପିଲାମାନେ ସେମାନଙ୍କ ପିତାମାତାଙ୍କ ପ୍ରେମ ପାଇ ନ ଥିଲେ। ସେମାନେ କିପରି ପ୍ରେମ ଦେବେ? ସେମାନେ ସେମାନଙ୍କ ପିଲାମାନଙ୍କୁ ମାନସିକ

ରୋଗୀ କରି ସେମାନଙ୍କର ଭବିଷ୍ୟତ ଜୀବନକୁ ନଷ୍ଟ କରନ୍ତି। 'ଯଦି ତୁମେ ତୁମର ପିଲା ପ୍ରତି ପୂର୍ଣ୍ଣ ଧ୍ୟାନ ଦେଇପାରିବ ନାହିଁ, ତେବେ ତୁମେ ପିଲା ଜନ୍ମ କଲ କାହିଁକି?' ଆଜିର ସମୟରେ, ଯେତେବେଳେ ପିତାମାତା ସେମାନଙ୍କ ପିଲାମାନଙ୍କ ପାଠପଢ଼ାରେ ପୂର୍ଣ୍ଣ ଧ୍ୟାନ ଦେଇପାରିବେ ନାହିଁ, ତେବେ ସେମାନଙ୍କୁ ଏପରି ସ୍କୁଲରେ କାହିଁକି ପଢ଼ାଯାଏ, ଯେଉଁଠାରେ ପିଲାମାନେ ପାଠପଢ଼ାର ବୋଝ ହେତୁ ସ୍କୁଲରେ ଖେଳି ପାରୁନାହାଁନ୍ତି। ସେମାନେ ଘରକୁ ଆସିଲେ ଗୃହକାର୍ଯ୍ୟ ଯୋଗୁଁ ଖେଳି ପାରୁନାହାଁନ୍ତି। ପାଠପଢ଼ା ଗୁରୁତ୍ୱପୂର୍ଣ୍ଣ ହେଲେ, ପିଲାମାନଙ୍କ ପାଇଁ ଖେଳିବା ମଧ୍ୟ ସେତିକି ଗୁରୁତ୍ୱପୂର୍ଣ୍ଣ କିମ୍ବା ଆହୁରି ଗୁରୁତ୍ୱପୂର୍ଣ୍ଣ।

ଯଦି ଉପରୋକ୍ତ ଲକ୍ଷଣଗୁଡ଼ିକ ଆପଣଙ୍କ ପିଲାମାନଙ୍କଠାରେ ଦେଖାଯାଏ, ତେବେ ପିତାମାତା ସେମାନଙ୍କ ପାଳନପୋଷଣରେ ଥିବା ତ୍ରୁଟିଗୁଡ଼ିକୁ ଦୂର କରିବା ଉଚିତ। ଯଦି ଆପଣ ହଟହଟା କରୁଥିବା ପିଲାକୁ ଗାଳି ଦେଇ ଚାଲିଯାଆନ୍ତି, ତେବେ ଏହି ସମସ୍ୟା ଅଧିକ ଗମ୍ଭୀର ହୋଇଯାଏ।

ମାନସିକ ଚାପ ଯୋଗୁଁ ମସ୍ତିଷ୍କର ସମସ୍ତ ଆତ୍ମ-ନିୟନ୍ତ୍ରଣ ପ୍ରକ୍ରିୟା ବିଚଳିତ ହୋଇଯାଏ ବୋଲି ମାନସିକ ରୋଗ ବିଶେଷଜ୍ଞମାନେ କୁହନ୍ତି। ଯାହାର ସିଧାସଳଖ ପ୍ରଭାବ ଶ୍ୱାସକ୍ରିୟା, ହୃଦୟ ପ୍ରଣାଳୀ ଏବଂ ପାଚନ ପ୍ରଣାଳୀ ଉପରେ ପଡ଼ିଥାଏ। ଏହା ଯୋଗୁଁ ରକ୍ତବାହୀ ନଳୀ ସଙ୍କୁଚିତ ହୋଇଯାଏ ଏବଂ ରକ୍ତ ସଞ୍ଚାଳନ ପ୍ରକ୍ରିୟା ପ୍ରତିକୂଳ ଭାବରେ ପ୍ରଭାବିତ ହୁଏ ଯେପରିକି ହୃଦସ୍ପନ୍ଦନ ବୃଦ୍ଧି, ରକ୍ତଚାପ ବୃଦ୍ଧି, ମାଇଗ୍ରେନ୍ ଇତ୍ୟାଦି। ଶ୍ୱାସକ୍ରିୟା ଯୋଗୁଁ ଶ୍ୱାସରୋଗ, ଶ୍ୱାସନଳୀରେ ଜଳାପୋଡ଼ା ଏବଂ ଅତ୍ୟଧିକ ଶ୍ୱାସକ୍ରିୟା ଇତ୍ୟାଦି ଲକ୍ଷଣ ଦେଖାଯାଏ ଏବଂ ପାଚନ ପ୍ରଣାଳୀରେ ଅନ୍ତନଳୀରେ ଅଲସର, କୋଷ୍ଠକାଠିନ୍ୟ, ଅତ୍ୟଧିକ ଏସିଡ୍, ହୃଦୟରେ ଜଳାପୋଡ଼ା ଏବଂ ଭୋକ ନ ଲାଗିବା ଇତ୍ୟାଦି ଲକ୍ଷଣ ଦେଖାଯାଏ। ଯୌନାଙ୍ଗ ଏବଂ ମୂତ୍ର ରୋଗରେ, ଋତୁସ୍ରାବରେ ସମସ୍ୟା, ପରିସ୍ରା କରିବାରେ କଷ୍ଟ, ଲ୍ୟୁକୋରିଆ ଏବଂ ଏଣ୍ଡୋକ୍ରାଇନ୍ ରୋଗରେ, ଥାଇରଏଡ୍ ଗ୍ରନ୍ଥିରେ ବୃଦ୍ଧି ଦେଖାଯାଏ। ସ୍ନାୟୁ ପ୍ରଣାଳୀର ବିକାରରେ ଥକାପଣ, ଯନ୍ତ୍ରଣା, ଚିନ୍ତା, ଚାପ, କ୍ରାମକ, ସ୍ପଣ୍ଡିଲାଇଟିସ୍, କ୍ଷତ, ଗଣ୍ଠି ଯନ୍ତ୍ରଣା ଯୋଗୁଁ ଶକ୍ତିର ଅଭାବ ଅନ୍ତର୍ଭୁକ୍ତ। କର୍କଟ, ମଧୁମେହ (ଡାଇବେଟିସ୍), ପାଗଳାମି, ନିଦ୍ରାହୀନତା, ପକ୍ଷାଘାତ, ଅଜଣା ଭୟ, ଅସ୍ଥିରତା ଇତ୍ୟାଦି ଭଳି କିଛି ରୋଗ ମଧ୍ୟ ସୃଷ୍ଟି ହୁଏ।

ଚାପ ଦୂର ହେବା କିମ୍ବା ଏହାର ପ୍ରଭାବ ହ୍ରାସ ପାଇବା ମାତ୍ରେ ଏହି ରୋଗଗୁଡ଼ିକ ମଧ୍ୟରୁ କିଛି ଦୂର ହୋଇଯାଏ। ମୋ ପାଖକୁ ଦୁଇଟି ମାମଲା ଆସିଥିଲା ଯେଉଁମାନେ ପକ୍ଷାଘାତଗ୍ରସ୍ତ ହୋଇଥିଲେ। ସମ୍ପୂର୍ଣ୍ଣ କାହାଣୀ ଶୁଣିବା ପରେ, ମୁଁ କହିଲି ଯେ ତୁମେ

ଠିକ୍ ଅଛ, ଯଦି ତୁମେ ଚାହୁଁଛ, ତୁମେ ତୁରନ୍ତ ଚାଲିବା ଆରମ୍ଭ କରିପାରିବ। ତୁମର ଦୃଢ଼ ସଂକଳ୍ପର ଅଭାବ ଅଛି, କିଛି ଦୃଢ଼ ସଂକଳ୍ପ କର। କିନ୍ତୁ ଦୁହେଁ ରାଜି ହେଲେ ନାହିଁ। ଜଣେ ପୁରୁଷ ଥିଲେ, ସେ କହିଲେ ନା-ନା, ମୁଁ ଏବେ ଖୁସି। ମୋତେ କୌଣସି କାମ କରିବାକୁ ପଡ଼ିବ ନାହିଁ, ମୋ ଶ୍ୱଶୁର ଘରର ଲୋକମାନେ ସମସ୍ତ ଖର୍ଚ୍ଚ ବହନ କରନ୍ତି। ସେମାନେ ପିଲାମାନଙ୍କୁ ବିବାହ ମଧ୍ୟ କରାଇଦେବେ। ତା'ପରେ ମୁଁ ଏକ ସଂକଳ୍ପ କରିବି। କିନ୍ତୁ କାହାକୁ କିଛି କୁହ ନାହିଁ ଏବଂ ଆଉ ଜଣେ ମହିଳା ଥିଲେ, ତାଙ୍କର ମଧ୍ୟ ନିଜସ୍ୱ କାରଣ ଥିଲା, ସେ ମଧ୍ୟ କହିଥିଲେ ଯେ ତୁମେ କାହା ସହିତ କଥା ହେବା ଉଚିତ୍ ନୁହେଁ।

ଯେତେବେଳେ କିଛି ପିଲାଙ୍କ ପିତାମାତା ମୋତେ ସେମାନଙ୍କ ପିଲାମାନଙ୍କର କିଛି ଅଭ୍ୟାସ ବିଷୟରେ କହିଥିଲେ, କିନ୍ତୁ ଯେତେବେଳେ ମୁଁ ସେମାନଙ୍କୁ ସମାଧାନ କହିଲି, ସେମାନେ କହିଲେ। ଏହା ସମ୍ଭବ ନୁହେଁ, ମୋତେ ଅନ୍ୟ କୌଣସି ଉପାୟ କୁହନ୍ତୁ? ଯଦି ସେମାନଙ୍କ ପାଖରେ ସମୟ ନାହିଁ, ତେବେ ସମାଧାନ କିପରି ହୋଇପାରିବ। ସେମାନେ କୁହନ୍ତି, ଏହା ସେମାନଙ୍କର ଭାଗ୍ୟ ହେଉ!

ଆଜିକାଲି ପିତାମାତାମାନେ ଏହା ଭୁଲିଯାଆନ୍ତି ଏବଂ ପିଲାମାନଙ୍କୁ ସମୟ ଦେବା ପରିବର୍ତ୍ତେ ଟଙ୍କା ରୋଜଗାରକୁ ଗୁରୁତ୍ୱ ଦିଅନ୍ତି, ଏପରି ଟଙ୍କାର ବ୍ୟବହାର କ'ଣ? ଯଦି ପିଲା ବଡ଼ ହୋଇ ଟଙ୍କାକୁ ଗୁରୁତ୍ୱ ଦିଏ, ଯଦି ବାପାମାଆଙ୍କୁ ନୁହେଁ, ତେବେ କାହାର ଦୋଷ? ପୂର୍ବରୁ, ଯଦି ବାପାମାଆ ପିଲାମାନଙ୍କୁ ପ୍ରେମ ଦେଉନଥିଲେ, ସେମାନଙ୍କୁ ସମୟ ଦେଉନଥିଲେ, ଯଦି ଦୁହେଁ ଟଙ୍କା ରୋଜଗାର କରିବାରେ ବ୍ୟସ୍ତ ଥିଲେ, ତେବେ ପିଲାଟି ବାପାମାଙ୍କଠାରୁ ସବୁକିଛି ଶିଖିବ। ବଡ଼ ହେଲେ ସେ ଟଙ୍କାକୁ ମଧ୍ୟ ଗୁରୁତ୍ୱ ଦେବ। ତେଣୁ, ପିଲାମାନଙ୍କୁ ପ୍ରେମ ଦିଅ, ସେ ପ୍ରେମ ଶିଖିବ, ଏବଂ ପ୍ରେମ ଦେଇପାରିବ। ସେ ପ୍ରେମର ସ୍ୱାଦ ନେଇନାହିଁ, ସେ ପ୍ରେମ ଜାଣେ ନାହିଁ, ତେବେ ସେ ବଡ଼ ହୋଇ କଣ କରିବ?

ଚାପରେ ପୀଡିତ ବ୍ୟକ୍ତିଙ୍କ ଲକ୍ଷଣ କ'ଣ?

୧. ଅବ୍ୟବସ୍ଥିତ ଶ୍ୱାସକ୍ରିୟା - ଯେତେବେଳେ ଚାପରେ ପରିପୂର୍ଣ୍ଣ ବ୍ୟକ୍ତି ନିଶ୍ୱାସ ନିଅନ୍ତି, ଛାତି ବିସ୍ତାରିତ ହୁଏ ଏବଂ ପେଟ ସଙ୍କୁଚିତ ହୁଏ। ତା' ପରେ ଯେତେବେଳେ ସେ ନିଶ୍ୱାସ ଛାଡ଼େ, ପେଟ ବିସ୍ତାରିତ ହୁଏ ଏବଂ ଛାତି ସଙ୍କୁଚିତ ହୁଏ। କାହିଁକି? ଏକ ପିଲା ଠିକ୍ ଭାବରେ ନିଶ୍ୱାସ ନିଏ। ଆମେ ପିଲାମାନଙ୍କୁ ସନ୍ଦେହ କରିବା ଏବଂ ମହତ୍ତ୍ୱାକାଂକ୍ଷା ରଖିବା ଶିଖାଇଥାଉ। ସନ୍ଦେହ ଯୋଗୁଁ, ପିଲା ଭୟଭୀତ ହେବା ଆରମ୍ଭ କରେ। ସେହିପରି, ତାକୁ ସର୍ବଦା ଶ୍ରେଣୀରେ ପ୍ରଥମ ହେବାକୁ ପଡ଼ିଥାଏ। ସନ୍ଦେହ ଏବଂ ମହତ୍ତ୍ୱାକାଂକ୍ଷା ଯୋଗୁଁ, ପିଲା ଚାପଗ୍ରସ୍ତ ହେବା ଆରମ୍ଭ କରେ ଏବଂ ତା' ର ନିଶ୍ୱାସ

ଅବ୍ୟବସ୍ଥିତ ହୋଇଯାଏ। ଯେତେବେଳେ ସେ କଲେଜରେ ପହଞ୍ଚିଥାଏ, ସେ ଚାପଗ୍ରସ୍ତ ହୋଇଯାଏ ଏବଂ ଅନେକ ଥର ଆତ୍ମହତ୍ୟା କରିବାକୁ ଚେଷ୍ଟା କରିବାକୁ ଚିନ୍ତା କରେ। କାହିଁକି? ତୁମେ ତାକୁ ଦେଇଥିବା ସମସ୍ତ ସ୍ୱପ୍ନ ପୂରଣ ହେବା ପରି ମନେ ହୁଏ ନାହିଁ। ଯେଉଁମାନେ ତାକୁ ତାଗିଦ୍ କରନ୍ତି ସେମାନେ କୌଣସି କସରତ ଛାଡ଼ି ନାହାଁନ୍ତି। ନିଶ୍ୱାସ ସମ୍ପୂର୍ଣ୍ଣ ଭାବରେ ବଦଳିଯାଏ। କାହିଁକି? କାରଣ ସେ ଶୀଘ୍ର ସବୁକିଛି କରିବାକୁ ଅଭ୍ୟସ୍ତ ହୋଇଯାଏ, ସମାନ ଅଭ୍ୟାସ ଯୋଗୁଁ, ତା' ର ନିଶ୍ୱାସ ଓଲଟା ହୋଇଯାଏ। ଯେତେବେଳେ ପେଟ ପ୍ରସାରିତ ହେବା ଉଚିତ ସେତେବେଳେ ସେ ନିଶ୍ୱାସ ନିଏ, କିନ୍ତୁ କାହିଁକି ଛାତି ବିସ୍ତାର ହୁଏ? କାରଣ ଶୀଘ୍ର ନିଶ୍ୱାସ ନେବା ଯୋଗୁଁ, ନିଶ୍ୱାସ ପେଟ ପର୍ଯ୍ୟନ୍ତ ପହଞ୍ଚି ପାରେ ନାହିଁ। ଶୋଇଥିବା ପିଲାର ପେଟ ଏବଂ ନାକ ଉପରେ ହାତ ରଖି ଆପଣ ଏହି ସତ୍ୟକୁ ଜାଣିପାରିବେ। ଆମେ ପରେ ଶ୍ୱାସକ୍ରିୟାକୁ କିପରି ନିୟନ୍ତ୍ରଣ କରିବେ ସେ ବିଷୟରେ ଆଲୋଚନା କରିବୁ।

୨. ଚାପଗ୍ରସ୍ତ ମାଂସପେଶୀ - ଚାପ କେଉଁଠାରେ ଜମା ହେବ? ଆମର ମାଂସପେଶୀରେ ଚାପ ଜମା ହେବା ଆରମ୍ଭ ହୁଏ। ଏହାକୁ ଏହିପରି ବୁଝନ୍ତୁ, ଆପଣ ରାଗିଗଲେ ଏବଂ କାହାକୁ ମାରିବା ପାଇଁ ହାତ ଉଠାଇଲେ, କିନ୍ତୁ ପାରିଲେ ନାହିଁ। ଆପଣ କାହାକୁ ଲାତ ମାରିବାକୁ ଚାହୁଁଥିଲେ, କିନ୍ତୁ ପାରିଲେ ନାହିଁ। ତା'ପରେ କ'ଣ ହେବ? ଆପଣଙ୍କ ହାତରେ ଜାଗ୍ରତ ଶକ୍ତି, ଆପଣଙ୍କ ଲାତରେ, ବାହାରକୁ ଆସିପାରିଲା ନାହିଁ, ତେଣୁ ଆପଣଙ୍କ ହାତରେ ଏବଂ ଗୋଡରେ ଏକ ଗଣ୍ଠି ସୃଷ୍ଟି ହେଲା। ସେଥିପାଇଁ ଓଶୋ ଧ୍ୟାନ ବିଧିଗୁଡ଼ିକ ସୃଷ୍ଟି କରିଥିଲେ। ସେମାନେ ମାଂସପେଶୀରେ ଗଣ୍ଠି ସୃଷ୍ଟି କରିଥିବା ଶକ୍ତିକୁ ମୁକ୍ତ କରନ୍ତି, ଯାହା ବିଷୟରେ ଆମେ ପରେ ଆଲୋଚନା କରିବୁ। ଯେଉଁ ଗଣ୍ଠି ସୃଷ୍ଟି ହୋଇଛି ତାହା ଆମର ଶରୀର ଏବଂ ମାଂସପେଶୀକୁ ଏକ ବିଶେଷ ଆକାର ଦିଏ। ସେଥିପାଇଁ ଜ୍ଞାନୀ ଲୋକମାନେ ଆପଣଙ୍କ ଶରୀରର ଆକୃତି ଦେଖି ଆପଣଙ୍କ ବ୍ୟକ୍ତିତ୍ୱକୁ ବୁଝନ୍ତି।

୩. ଅନ୍ୟାନ୍ୟ ଲକ୍ଷଣ - ଚାପର ପ୍ରଭାବରେ, ସ୍ନାୟୁ ପ୍ରଣାଳୀରେ କମ୍ପନ ସୃଷ୍ଟି ହୁଏ, ଏବଂ ରକ୍ତରେ ଏକ ବିଷାକ୍ତ ପଦାର୍ଥ ଯାହା ଶରୀରରେ ଗ୍ରନ୍ଥି (ବିଶେଷକରି ଆଡ୍ରେନାଲ୍) ଦ୍ୱାରା ନିର୍ଗତ ହୁଏ, ଏବଂ କିଛି ଗ୍ରନ୍ଥି ଠିକ୍ ଭାବରେ କାର୍ଯ୍ୟ କରେ ନାହିଁ। ମୁଣ୍ଡବିନ୍ଧା, ପିଠି ଯନ୍ତ୍ରଣା, କାନ୍ଧ ଯନ୍ତ୍ରଣା ଏବଂ ସ୍ପଣ୍ଡିଲାଇଟିସ୍ ଭଳି ଲକ୍ଷଣ ଦେଖାଯାଏ। ଏହା ବ୍ୟତୀତ ବ୍ୟକ୍ତି ଚିଡ଼ଚିଡ଼ା ହୋଇଯାଏ। ଚିନ୍ତା ଯୋଗୁଁ ସେ ଭୁଲିଯାଏ। ନିଦ କମିଯାଏ। ସେ ନିଷ୍ପତ୍ତି ନେଇପାରେ ନାହିଁ। ସେ ମୁଣ୍ଡ ଘୁରାଉଥିବା ଭଳି ଅନୁଭବ କରେ। ସେ ଶୀଘ୍ର କ୍ଳାନ୍ତ ହୋଇଯାଏ। ସେ ଭୟଙ୍କର ସ୍ୱପ୍ନ ଦେଖିବାକୁ ଆରମ୍ଭ କରେ। ଯଦି ଅତ୍ୟଧିକ ଚାପ ଥାଏ, ତେବେ ସେ ରାଗିଯାଏ ଏବଂ ଅନ୍ୟମାନଙ୍କ ପ୍ରତି ଆକ୍ରମଣାତ୍ମକ ଆଚରଣ କରେ।

ସେ କୌଣସି କାମ କରିବାକୁ ଇଚ୍ଛା କରେ ନାହିଁ। ସେ ବାରମ୍ବାର ବିଡ଼ି ପିଇବା, ସିଗାରେଟ୍ ପିଇବା କିମ୍ବା ଚା ପିଇବାକୁ ଇଚ୍ଛା କରେ। ସେ ବାରମ୍ବାର ପରିସ୍ରା କରିବାକୁ ଇଚ୍ଛା କରେ। ତାଙ୍କର ଦୈନନ୍ଦିନ କାର୍ଯ୍ୟରେ ବିଚଳିତ ହୁଏ। ସେ ତାଙ୍କ ନଖ କାମୁଡ଼ିବେ। ସେ ନିଷ୍କ୍ରିୟ ବସି ବସି ଗୋଡ଼ ହଲାଇବେ। ସେ କାନ୍ଦିବା ଏବଂ ଚିତ୍କାର ମଧ୍ୟ କରିପାରନ୍ତି। ତାଙ୍କ ହାତ ଥରିବାକୁ ଲାଗିବ। ମହିଳାଙ୍କ ଋତୁସ୍ରାବ ଅନିୟମିତ ହୋଇଯିବ। ଚାଲିବା ଢିଲା ହୋଇଯିବ, ରକ୍ତ ସଞ୍ଚାଳନ ସମ୍ପୂର୍ଣ୍ଣ ହୁଏ ନାହିଁ।

ଯେତେବେଳେ ଜଣେ ବ୍ୟକ୍ତି ଅତ୍ୟଧିକ ଚାପରେ ଥାଏ, ମନ ନିଜକୁ ରକ୍ଷା କରିବା ପାଇଁ ଶରୀରରେ ରୋଗ ସୃଷ୍ଟି କରେ। ଉଦାହରଣ ସ୍ୱରୂପ, ସେ କହିବେ ଯେ ତାଙ୍କର ମୁଣ୍ଡବିନ୍ଧା ହେଉଛି, ତାଙ୍କ ଛାତିରେ ଯନ୍ତ୍ରଣା ହେଉଛି, ବାରମ୍ବାର ଏପରି କରିବା ଦ୍ୱାରା ସେ ଆତ୍ମ-ସମ୍ବୋଧନ ହୁଏ ଏବଂ ଯନ୍ତ୍ରଣା ମିଥ୍ୟା ହୋଇଥିଲେ ମଧ୍ୟ ଯନ୍ତ୍ରଣାର ଲକ୍ଷଣ ଦେଖାଯାଏ।

ମୋର ଜଣେ ବନ୍ଧୁ ଯାହାଙ୍କୁ ପ୍ରାୟତଃ ଯନ୍ତ୍ରଣା ହେଉଥିଲା, ସେ ସମସ୍ତ ପ୍ରକାରର ପରୀକ୍ଷା କରାଇଥିଲେ କିନ୍ତୁ କାରଣ ଜାଣିପାରିଲେ ନାହିଁ। ଥରେ ସେ ମୋ ପାଖକୁ ଆସି ପନ୍ଦର ଦିନ ରହିଲେ। କିଛି ଦିନ ପରେ, ଗୋଟିଏ ସନ୍ଧ୍ୟାରେ ସେ କହିଲେ, "ଏବେ ମୁଁ ସେହି ଯନ୍ତ୍ରଣା ଅନୁଭବ କରୁଛି।" ମୁଁ ତାଙ୍କୁ କହିଲି ଯେ ତୁମେ ଏବେ ଯନ୍ତ୍ରଣା ଅନୁଭବ କରୁଛ। କିନ୍ତୁ ଗତକାଲି ଅପରାହ୍ନରେ ଯନ୍ତ୍ରଣା ଆରମ୍ଭ ହୋଇଥିଲା। ମୁଁ କହିଲି, ଯେତେବେଳେ ଆମେ କଥା ହେଉଥିଲୁ, ତୁମେ କୌଣସି ଉତ୍ତର ଭାବି ପାରିଲ ନାହିଁ। ତୁମେ ବିରକ୍ତ ହୋଇଥିଲ। ତୁମେ ପ୍ରାୟତଃ ସମସ୍ୟାକୁ ଏଡାଇବା ପାଇଁ ବାହାନା କରୁଥିଲ। ଯନ୍ତ୍ରଣା କିଛି ନୁହେଁ, ଯଦି ତୁମେ ଯନ୍ତ୍ରଣାର ବାହାନା କରୁଛ, ତେବେ ମୁଁ ତୁମ ପାଇଁ କୌଣସି ଔଷଧ ଆଣିବି ନାହିଁ କିମ୍ବା ମୁଁ ବିଶେଷ ଧ୍ୟାନ ଦେବି ନାହିଁ। ଏହି ବାହାନାଗୁଡ଼ିକ ତୁମ ସ୍ତ୍ରୀ କିମ୍ବା ଅନ୍ୟ କାହାକୁ ଦେଖାଅ। ତୁମେ ସମସ୍ୟାକୁ ଏଡାଇବାକୁ ଚାହୁଁଛ, ଯେତେବେଳେ ଏପରି କୌଣସି ସମସ୍ୟା ନାହିଁ। ତୁମେ ସଂକଳ୍ପ କର ଯେ ମୁଁ ଭବିଷ୍ୟତରେ ସମସ୍ୟାର ସମ୍ମୁଖୀନ ହେବି, ମୁଁ ସେଗୁଡ଼ିକୁ ଏଡାଇବାକୁ ଚେଷ୍ଟା କରିବି ନାହିଁ। ସେହି ରାତିରେ କୌଣସି ଯନ୍ତ୍ରଣା ନଥିଲା ଏବଂ ସେବେଠାରୁ ଦଶ ବର୍ଷ ବିତିଗଲାଣି, ତାଙ୍କର ଆଉ କେବେ ମୁଣ୍ଡବିନ୍ଧା ହୋଇନାହିଁ। ପୁଣି ଆସିଥିବା ଡାକ୍ତର କହିଲେ, "ତୁମର ମଧୁମେହ ଯାଞ୍ଚ କର।" ମୁଁ କହିଲି, "ଏବେ ତୁମର ମନ ଏକ ନୂତନ ବାହାନା ଖୋଜୁଛି।" ପରୀକ୍ଷା କରାଇଲେ ନାହିଁ ଏବଂ ଯେଉଁ ଲକ୍ଷଣଗୁଡ଼ିକ ଦେଖାଯାଉଥିଲା, ତାହା ମଧ୍ୟ ବନ୍ଦ ହୋଇଗଲା।

ମନ ଏବଂ ଶରୀର ପରସ୍ପରକୁ ପ୍ରଭାବିତ କରେ। ଚାପରୁ ନିଜକୁ ରକ୍ଷା କରିବା ପାଇଁ, ମନ ଶରୀରରେ ରୋଗ ସୃଷ୍ଟି କରେ। ଅଭିଜ୍ଞତା ପ୍ରମାଣିତ କରିଛି ଯେ ମାନସିକ

ଚାପ ହେଉଛି ଉଚ୍ଚ ରକ୍ତଚାପ, କର୍କଟ, ମଧୁମେହ, ପକ୍ଷାଘାତ, ଶ୍ୱାସରୋଗ, ସ୍ଥୂଳତା, ପେଟ ଅଲସର, ଅନିଦ୍ରା, କିଡନୀ ଫେଲ୍ , ମାନସିକ ବିକାର, ଅସ୍ଥିରତା, ଅଜଣା ଭୟ, ପାଗଳାମି ଇତ୍ୟାଦି ରୋଗର ମୂଳ କାରଣ। ଉଚ୍ଚ ରକ୍ତଚାପ ହୃଦଘାତ, ହୃଦ୍‌ପାତ ଇତ୍ୟାଦି ସମସ୍ୟା ସୃଷ୍ଟି କରେ।

ପୁରୁଷମାନେ କାହିଁକି ଅଧିକାଂଶ ସମୟରେ ହୃଦଘାତର ଶିକାର ହୁଅନ୍ତି?

ମହିଳାମାନେ କାନ୍ଦି କାନ୍ଦି ସେମାନଙ୍କର ଭିତରର ଚାପ, ନ୍ୟୁରୋସିସ୍, କ୍ରୋଧ ଇତ୍ୟାଦି ମୁକ୍ତ କରନ୍ତି ଏବଂ ଋତୁସ୍ରାବ ସମୟରେ ଅବଶିଷ୍ଟ ଚାପ ବାହାରକୁ ଆସିଯାଏ। ପୁରୁଷମାନେ କାନ୍ଦିବା ସମ୍ଭବ ନୁହେଁ, ତେଣୁ ଚାପ, କ୍ରୋଧ ସବୁ ଜମା ହୋଇଯାଏ। ଫଳସ୍ୱରୂପ, ହୃଦଘାତ ହୁଏ। ଅନେକ ମହିଳା ଋତୁସ୍ରାବ ସମୟରେ ବହୁତ କଷ୍ଟ ପାଆନ୍ତି। କାରଣ? ମାସ ସାରା ଚାପ ଜମା ହେବା। ଯେତେବେଳେ ମହିଳାମାନେ କାନ୍ଦିବାକୁ ଚାହାଁନ୍ତି, ସେମାନେ ତାହା କରିପାରି ନଥାନ୍ତି, ଅର୍ଥାତ୍ ଚାପ ଜମା ହୁଏ। ଏହି କାରଣରୁ, ମାସିକ ଋତୁସ୍ରାବ ଅନିୟମିତ ହୋଇପାରେ ଏବଂ ବହୁତ ଯନ୍ତ୍ରଣାଦାୟକ ମଧ୍ୟ ହୋଇପାରେ କାରଣ ଏହି ଚାପ ମାସିକ ଋତୁସ୍ରାବ ମାଧ୍ୟମରେ ବାହାରକୁ ଯିବାକୁ ଚେଷ୍ଟା କରୁଛି।

ଚାପରେ ପୀଡିତ ବ୍ୟକ୍ତି କ'ଣ କରନ୍ତି?

ଚାପ ଯୋଗୁଁ ଏତେ ଦୁଃଖିତ ହେଉଥିବା ବନ୍ଧୁମାନେ ସମସ୍ୟା ସହିତ ଲଢ଼ିବା ପାଇଁ ସାହସ ସଂଗ୍ରହ କରିପାରନ୍ତି ନାହିଁ ଏବଂ ଜୀବନରେ କୌଣସି ଆଶା ଦେଖି ନ ପାରନ୍ତି, ସେମାନେ ନିଜ ଜୀବନ ଶେଷ କରନ୍ତି ଅର୍ଥାତ୍ ଆତ୍ମହତ୍ୟା କରନ୍ତି।

ଦ୍ୱିତୀୟ ପ୍ରକାରର ଲୋକମାନେ ଯେଉଁମାନଙ୍କର ଆତ୍ମହତ୍ୟା କରିବାର ସାହସ ନାହିଁ ସେମାନେ ନିଶା ସେବନ କରିବା ଆରମ୍ଭ କରନ୍ତି ଏବଂ ତୃତୀୟ ପ୍ରକାରର ଲୋକମାନେ ଡାକ୍ତରଙ୍କ ଦ୍ୱାରା ନିର୍ଦ୍ଧାରିତ ଔଷଧ ଖାଇ ନିଜ ଜୀବନକୁ ଲମ୍ବା କରିଥାଆନ୍ତି।

କିନ୍ତୁ ତିନୋଟି ଭୁଲ ସମାଧାନ। ଆତ୍ମହତ୍ୟା କରିବା ସମସ୍ୟାର ସମାଧାନ ନୁହେଁ, କାହିଁକି? ଯଦି ଆପଣ ଥରେ ଭାବିଛନ୍ତି ଯେ ଯେତେବେଳେ ସମସ୍ୟା ଆସେ, ସେଠାରୁ ମୁକ୍ତି ପାଇବାର ସବୁଠାରୁ ସହଜ ଉପାୟ ହେଉଛି ଆତ୍ମହତ୍ୟା, ତେବେ ପ୍ରତ୍ୟେକ ଜନ୍ମରେ ଯେତେବେଳେ ପରିସ୍ଥିତି ଅନୁକୂଳ ନଥାଏ, ଯଦି ଆପଣ ସମସ୍ୟାରୁ ମୁକ୍ତି ପାଇବା ପାଇଁ କୌଣସି ସମାଧାନ ପାଇପାରୁନାହାଁନ୍ତି, ତେବେ ଆପଣ ଆତ୍ମହତ୍ୟା କରିବାକୁ ଚିନ୍ତା କରିବେ। ଏହି ଜନ୍ମରେ, ଯେତେବେଳେ ଆତ୍ମହତ୍ୟା କରିବାର ଚିନ୍ତା

ଆସିବ, ବୁଝନ୍ତୁ ଯେ ଆପଣ ପୂର୍ବ ଜନ୍ମରେ ମଧ୍ୟ ଆତ୍ମହତ୍ୟା କରିଥିବେ। ଏଥର ଏହାକୁ ଏଡାନ୍ତୁ। ଗୋଟିଏ ଗୋଟିଏ କରି ସମସ୍ୟା ସହିତ ଲଢ଼ି ଏହି ପ୍ରବୃତ୍ତିକୁ ଦୂର କରନ୍ତୁ।

ପ୍ରାରମ୍ଭରେ, ଆପଣ ନିଶା ସେବନ କରି କିଛି ଆରାମ ପାଇପାରିବେ। ମନେରଖନ୍ତୁ ଯେ ଏହା ମିଥ୍ୟା ଆରାମ ହେବ। ନିଶାରୁ ବାହାରି ଆସିବା ମାତ୍ରେ, ନିଶାର ପ୍ରଭାବ ଶେଷ ହୋଇଯିବ, ଆପଣ ଦେଖିବେ ଯେ ସମସ୍ୟା ପୂର୍ବ ଅପେକ୍ଷା ଆହୁରି ବଡ଼ ହୋଇଗଲାଣି। ସମସ୍ୟା ପୂର୍ବ ପରି ସମାନ, ସମାନ ରହିବ କିନ୍ତୁ ନିଶା ଯୋଗୁଁ ଆମେ ନିଶ୍ଚିତ ଭାବରେ ଟିକେ ଦୁର୍ବଳ ହୋଇଯିବୁ। ତେଣୁ, ସମସ୍ୟା ପୂର୍ବ ଅପେକ୍ଷା ବଡ଼ ଦେଖାଯିବ। ତେଣୁ, ଏପରି ବ୍ୟକ୍ତି ସର୍ବଦା ନିଶାଗ୍ରସ୍ତ ରହିବାକୁ ପସନ୍ଦ କରିବେ।

ଡାକ୍ତରଙ୍କ ଔଷଧ ଜୀବନର ଗାଡି ଟାଣିଥାଏ, କିନ୍ତୁ ଆଖପାଖରେ ଥିବା ସମସ୍ତଙ୍କୁ ସତର୍କ ରହିବାକୁ ପଡିବ। ତାଙ୍କୁ ଅନେକ କଥା କୁହାଯାଏ ନାହିଁ। ଏପରି କଥା ତାଙ୍କ ହୃଦୟକୁ ଆଘାତ ଦେଇପାରେ ଏବଂ ଯଦି ସମୟ ମଧ୍ୟରେ ଚିକିତ୍ସା ସହାୟତା ନ ମିଳେ, ତେବେ ରାମ-ନାମ ସତ୍ୟ ହେଁ।

କିଛି ମାନସିକ ବିକୃତ ଲୋକ ଧାର୍ମିକ କିମ୍ବା ରାଜନେତା ହୋଇଯାଆନ୍ତି। ସେମାନେ ଲୋକଙ୍କ ଭାବନାକୁ ଉତ୍ତେଜିତ କରି ଚାଲିଥାନ୍ତି। କେତେବେଳେ ଧର୍ମ କିମ୍ବା ସମ୍ପ୍ରଦାୟ ନାମରେ, ସେମାନେ ମନ୍ଦିର ଏବଂ ମସଜିଦ ଭାଙ୍ଗି ଦିଅନ୍ତି। ସେମାନେ ଗୋଟିଏ ସମ୍ପ୍ରଦାୟର ଲୋକଙ୍କୁ ସଂଗଠିତ କରନ୍ତି ଏବଂ ସେମାନଙ୍କୁ ଅନ୍ୟ ସମ୍ପ୍ରଦାୟର ଲୋକଙ୍କ ସହିତ ଲଢ଼ିବାକୁ ବାଧ କରନ୍ତି। ଆଜି ପର୍ଯ୍ୟନ୍ତ, ଅଧିକାଂଶ ହତ୍ୟା ଧର୍ମ ପ୍ରଚାର ନାମରେ ଏବଂ 'ଧର୍ମ ବିପଦରେ ଅଛି' (ଅର୍ଥାତ୍ ନେତୃତ୍ୱ), ଏହାକୁ ବଞ୍ଚାଅ, ଇତ୍ୟାଦି ସ୍ଲୋଗାନ ଯୋଗୁଁ ଘଟିଛି। ଚାପରେ ପୀଡିତ ବ୍ୟକ୍ତି ଭାଙ୍ଗିବାକୁ ଚାହେଁ। ତାଙ୍କୁ କେବଳ ବାହାନା ଆବଶ୍ୟକ। କେତେବେଳେ ଜାତି ଏବଂ ଧର୍ମର ସୁରକ୍ଷା ନାମରେ ଏବଂ କେତେବେଳେ ଦେଶ ଏବଂ ଭୂମି ନାମରେ।

ଓଶୋ କୁହନ୍ତି, "ଦେଶପ୍ରେମ ଯୁଦ୍ଧକୁ ନେଇଯାଏ। ଭାଇଚାରା ପ୍ରେମ କୋର୍ଟକୁ ନେଇଯାଏ। ଏହା କି ପ୍ରକାରର ପ୍ରେମ ଯେ ପୃଥିବୀ ନର୍କ ହୋଇଗଲା। ଯଦି ତୁମେ ମନ୍ଦିରକୁ ଭଲ ପାଅ, ତେବେ ମସଜିଦ ଜଳିଯାଏ ଏବଂ ଅନ୍ୟ କିଛି ହୁଏ ନାହିଁ। ଯଦି ତୁମେ ମସଜିଦକୁ ଭଲ ପାଅ, ତେବେ ମନ୍ଦିର ଭାଙ୍ଗିଯାଏ ଏବଂ ଅନ୍ୟ କିଛି ହୁଏ ନାହିଁ।"

୭

ଚାପରୁ ମୁକ୍ତି କିପରି ପାଇବେ?

ଚାପର କାରଣଗୁଡ଼ିକ ମଧ୍ୟରେ ଉପଚାର ଲୁଚି ରହିଛି। କିପରି? ଯଦି ଆମେ ଚାପର କାରଣଗୁଡ଼ିକ ଉପରେ ଧ୍ୟାନ ଦେବା, ତେବେ ପ୍ରକୃତ ଚିକିତ୍ସା ମଧ୍ୟ ସହଜରେ ହୋଇପାରିବ, ଟିକିଏ ବୁଝାମଣା ଆବଶ୍ୟକ, ଆମେ ବୁଝିବା ମାତ୍ରେ କୌଣସି ଚାପ ନାହିଁ। କାରଣ ଆମେ କେବଳ ଅନ୍ୟମାନଙ୍କର ଭୁଲ ଦେଖୁ, ଯଦି ଆମେ ନିଜ ଆଡ଼କୁ ଆଙ୍ଗୁଠି ଦେଖାଇଥାଉ, ଅର୍ଥାତ୍, ଯଦି ଆମେ ଆମର ଭୁଲଗୁଡ଼ିକୁ ଚିହ୍ନିଥାଉ ଏବଂ ଗ୍ରହଣ କରୁ, ତେବେ କୌଣସି ଚାପ ରହିପାରିବ ନାହିଁ। କିପରି?

୧. ପ୍ରଥମ କାରଣ -

ଆମେ ଦେଖିଛୁ ଯେ ପ୍ରତ୍ୟେକ ବ୍ୟକ୍ତି ଭାବନ୍ତି ଯେ ମୁଁ ସର୍ବଦା ଠିକ୍, ସମସ୍ତେ ମୋ ଇଚ୍ଛା ଅନୁସାରେ ସବୁକିଛି କରିବା ଉଚିତ। ଧ୍ୟାନ ଦିଅନ୍ତୁ, ଏପରି ଭାବିବା କ'ଣ ମୌଳିକ ଭାବରେ ଭୁଲ ନୁହେଁ, ଏହା କ'ଣ ଆମର ମିଥ୍ୟା ଦୃଷ୍ଟିକୋଣ ନୁହେଁ? ଯେତେବେଳେ ପ୍ରତ୍ୟେକ ବ୍ୟକ୍ତି ଭାବନ୍ତି ଯେ ମୁଁ ଠିକ୍, ତେବେ ଯାହାଙ୍କଠାରୁ ତୁମେ ମୋ ଇଚ୍ଛା ଅନୁସାରେ କରିବା ଆଶା କରୁଛ ସେ ଭାବିପାରେ ଯେ ସେ ଠିକ୍। ଯଦି ଆମେ ଏହା ମନେ ରଖିବା, ଆମର ଇଚ୍ଛାକୁ ଥୋପିବାକୁ ଚାହୁଁନାହୁଁ, ପ୍ରଭାବଶାଳୀ ହେବାକୁ ଚେଷ୍ଟା ନ କରିବା, ଅନ୍ୟମାନଙ୍କ ପରାମର୍ଶକୁ ସମ୍ମାନ କରିବା, ଏକାଠି ନିଷ୍ପତ୍ତି ନେବା, ପ୍ରତ୍ୟେକ ଦିଗକୁ ବୁଝିବା ଏବଂ ବୁଝାଇବାକୁ ଚେଷ୍ଟା କରିବା, ତେବେ ନା ତୁମର ଅହଂକାର ଆଘାତ ପାଇବ ନା ତୁମର କୌଣସି ପ୍ରକାରର ଚାପ ପଡ଼ିବ। ପିଲାକୁ ମଧ୍ୟ ସମ୍ମାନ କର। ପିଲାଟି ବହୁତ ବୁଦ୍ଧିମାନ, ଯଦି କୌଣସି ଜିନିଷର ପ୍ରତ୍ୟେକ ଦିଗକୁ ତାକୁ ପ୍ରେମର ସହିତ ବୁଝାଇ ଦିଆଯାଏ, ସେ ବୁଝେ ଯେ ଆମେ ବଡ଼, ତେଣୁ ତାକୁ ଆମର କଥା ମାନିବାକୁ ପଡିବ, ଏହା ହେଉଛି ପ୍ରୟାସ। ଉଭୟ ଅହଂକାର ସଂଘର୍ଷ ଆରମ୍ଭ କରେ, ଯାହା ସମୟ ସହିତ ବଢ଼ିବାରେ ଲାଗେ। ଯଦି ତୁମେ ସମୟ ସହିତ ଯତ୍ନ ନେବ, ତେବେ ଭବିଷ୍ୟତରେ ବୁଝାମଣା ଦ୍ୱନ୍ଦ୍ୱ ଅପେକ୍ଷା ଅଧିକ ଲାଭଦାୟକ ପ୍ରମାଣିତ ହେବ।

କିଛି ହେବାର ଇଚ୍ଛା - ପିଲାଟିକୁ ବୁଝିବାକୁ ଚେଷ୍ଟା କର, ତା'ର ଇଚ୍ଛା କ'ଣ। ସେ ସଠିକ୍ ନିଷ୍ପତ୍ତି ନେବା ପାଇଁ ଯଥେଷ୍ଟ ବୁଝେ ନାହିଁ। ତଥାପି, ଆମେ ତାକୁ ସ୍ୱାଧୀନତା ଦେବା ଉଚିତ, ସେ କ'ଣ କରିବାକୁ ଚାହୁଁଛି ଜାଣିବାକୁ ଚେଷ୍ଟା କରିବା ଉଚିତ? ତା'ପରେ ଆମେ ବନ୍ଧୁ ପରି ତା'ର ସମସ୍ତ ଦିଗକୁ ବୁଝାଇବା ଉଚିତ ଏବଂ ତାକୁ ନିଷ୍ପତ୍ତି ନେବାର ସ୍ୱାଧୀନତା ଦେବା ଉଚିତ। ଆମେ ଡାକ୍ତର କିମ୍ବା ଇଞ୍ଜିନିୟର ହେବାକୁ ଚାହୁଁଥିଲୁ, କିନ୍ତୁ ପାରିଲୁ ନାହିଁ। ଯଦି ଆମେ ଆମର ବିଶ୍ୱାସକୁ ଥୋପିବାକୁ ଚେଷ୍ଟା ନ କରୁ, ତେବେ କିପରି ଚାପ ଆସିବ? କାଲି ଯଦି ପିଲାଟି ତା' ର ପ୍ରୟାସରେ ସଫଳ ନହୁଏ, ତେବେ ତାକୁ ଗାଳି ଦିଅ ନାହିଁ, ବରଂ ତାକୁ ସାହାଯ୍ୟ କର। ଏହା କରିବା ଦ୍ୱାରା ତୁମେ ଦୁଃଖିତ ହେବ ନାହିଁ, ତୁମେ ଚାପରେ ରହିବ ନାହିଁ।

କିଛି ପାଇବାର ଇଚ୍ଛା - କୃଷ୍ଣ ଗୀତାରେ କହିଛନ୍ତି ଯେ ତୁମର କର୍ମ କର, ଫଳ ଇଚ୍ଛା କର ନାହିଁ। ଏହା କାହିଁକି କୁହାଯାଏ? ଏହାର ଅର୍ଥ କ'ଣ? କୃଷ୍ଣଙ୍କ ଶିକ୍ଷାର ଅର୍ଥ ହେଉଛି ଯେ ଆମେ କେବଳ ସେତିକି ପାଇବୁ ଯାହା ଆମେ ପାଇବାର ଯୋଗ୍ୟ। ଆମେ କାମ କରିବୁ, ନିଶ୍ଚିତ ଭାବରେ ଫଳ ପାଇବୁ, କେବଳ ଯେତେବେଳେ ଆମେ ଏହାର ଯୋଗ୍ୟ। ଅନେକ ସମୟରେ ଆମେ ଭାବୁ ଯେ ଆମେ ଏତେ କାମ କରୁ, କିନ୍ତୁ ଆମେ ତାହା ଅନୁସାରେ ଫଳ ପାଉନାହୁଁ। ଆମେ ତାହା ପାଉଛୁ, କିନ୍ତୁ ଆମର ମାନଦଣ୍ଡରେ ପାର୍ଥକ୍ୟ ହୋଇପାରେ, ଈଶ୍ୱରଙ୍କ ଫଳ ଦେବାରେ ନୁହେଁ। ଯଦି ଲକ୍ଷ୍ୟ ସୀମିତ ହୁଏ, ତେବେ ଚାପ ମଧ୍ୟ ସୀମିତ ହେବ। କୁହାଯାଏ ଯେ "ସନ୍ତୁଷ୍ଟ ବ୍ୟକ୍ତି ସର୍ବଦା ଖୁସି"। ସନ୍ତୋଷ ଦୁଇ ପ୍ରକାରର, ଏକ ଶିଆଳ ଅଙ୍ଗୁରଗଛର ପାଖରେ ପହଞ୍ଚିଲା ନାହିଁ ଏବଂ କହିବା ଆରମ୍ଭ କଲା ଯେ ଅଙ୍ଗୁର ଖଟା। ଏହା ସନ୍ତୋଷ ନୁହେଁ। ଈଶ୍ୱରଙ୍କ ଉପରେ ବିଶ୍ୱାସ ରଖ ଯେ ମୋତେ ଯାହା ଆବଶ୍ୟକ, ଈଶ୍ୱର ନିଶ୍ଚିତ ଭାବରେ ତାହା ଦେବେ। ଆମେ କ'ଣ ଚାହୁଁଛୁ ତାହା ଆମେ ଜାଣୁ ନାହିଁ, କିନ୍ତୁ ଆମର ଏହାର ଆବଶ୍ୟକତା ନାହିଁ। ଯେତେବେଳେ ଆମର ଇଚ୍ଛା ପୂରଣ ହୁଏ ନାହିଁ, ସେତେବେଳେ ଚାପ ଆସେ। ଆମେ କହୁ, ଯଦି ତୁମେ ସେଠାରେ ଅଛ, ତେବେ ଆମର ଦାବି ପୂରଣ କର, ଯଦି ଦାବି ପୂରଣ ହୁଏ ନାହିଁ, ତେବେ ଆମେ କହୁ, ତୁମେ ଆଦୌ ଅସ୍ତିତ୍ୱ ରଖ ନାହିଁ। ଯଦି ତୁମେ ତୁମର ଇଚ୍ଛାକୁ ସୀମିତ ରଖ, ତେବେ ଶରୀର ଏବଂ ମନକୁ କାମର ଅଧିକ ବୋଝ ବହନ କରିବାକୁ ପଡ଼ିବ ନାହିଁ। ଯେତେ ଅଧିକ ବୋଝ, ସେତେ ଅଧିକ ଚାପ। ତୁମେ ଯାହା ପାଇଛ ସେଥିରେ ସନ୍ତୁଷ୍ଟି, କୌଣସି ଅଭିଯୋଗ ନାହିଁ, ତେବେ ହିଁ ଈଶ୍ୱରଙ୍କ ପ୍ରତି ପୂର୍ଣ୍ଣ ବିଶ୍ୱାସ ହେଉଛି ଗଠନମୂଳକ ସନ୍ତୋଷ।

ଇଚ୍ଛା ପୂରଣ - ଆମେ ଚାହୁଁ ଯେ ଈଶ୍ୱର ଆମର ଇଚ୍ଛା ଯଥାଶୀଘ୍ର ପୂରଣ କରନ୍ତୁ। ସେ ଏହା କରିପାରିବେ। କେତେବେଳେ ସେ କରନ୍ତି, କିନ୍ତୁ ସବୁବେଳେ ନୁହେଁ। ଯଦି

ସେ ତାହା ପୂରଣ କରନ୍ତି ନାହିଁ, ତେବେ ପୂର୍ଣ୍ଣ ବିଶ୍ୱାସ ଥିବା ବ୍ୟକ୍ତି ବୁଝନ୍ତି ଯେ ହୁଏତ ଏହି ଇଚ୍ଛା ପୂରଣ ନ କରିବା ଭଲ। ମୁଁ ଏକ କାହାଣୀ ଲେଖିବି, ହୁଏତ ତୁମେ ବୁଝିପାରିବ ଯେ ଈଶ୍ୱର କାହିଁକି ତୁରନ୍ତ ଇଚ୍ଛା ପୂରଣ କରନ୍ତି ନାହିଁ।

ଜଣେ ବ୍ୟକ୍ତି ଜଙ୍ଗଲକୁ ଯାଉଥିଲା, କ୍ଲାନ୍ତ ହୋଇଗଲା। ଗଛ ତଳେ ବିଶ୍ରାମ ନେବାକୁ ଅଟକିଗଲା। ପାଣି ପିଇଲା। ଏବଂ ସ୍ୱାଦିଷ୍ଟ ଖାଦ୍ୟ ପାଇବାକୁ ଇଚ୍ଛା କଲା, ସେ ଭୋକରେ ଥିଲା। ଖାଦ୍ୟ ଆସିଲା। ସେ ଖାଇଲା। ସେ ସନ୍ତୁଷ୍ଟ ହେଲା। ସେ ଆଳସ୍ୟ ଅନୁଭବ କରୁଥିଲେ ଏବଂ ଟିକିଏ ବିଶ୍ରାମ ନେବା ପାଇଁ ବିଛଣା ସହିତ ଏକ ଖଟ ପାଇବାକୁ ଚାହୁଁଥିଲେ। ବିଛଣା ସହିତ ଏକ ଖଟ ଆସିଲା। ସେ ଶୋଇପଡ଼ିଲେ। ସେ ଭାବିବାକୁ ଲାଗିଲେ କ'ଣ ହେଉଛି, ସେ ଏହି ଜଙ୍ଗଲରେ ଖାଦ୍ୟ ପାଇଲେ, ସେ ବିଛଣା ମଧ୍ୟ ପାଇଲେ, କ'ଣ କୌଣସି ଭୂତ କିମ୍ବା ଆତ୍ମା ଆସି ମୋତେ ଖାଇପାରେ? ଭୁଲରେ ସେ କଳ୍ପବୃକ୍ଷ ତଳେ ଥିଲେ, ତାଙ୍କର ସମସ୍ତ ଇଚ୍ଛା ପୂରଣ ହୋଇଥିଲା, ତେଣୁ 'ଭୂତ ଏବଂ ଆତ୍ମା ମଧ୍ୟ ଦେଖାଦେଇ ତାଙ୍କୁ ଖାଇଗଲେ।'

ଯଦି ଭୁଲରେ ଏହା ତୁମ ସହିତ ହୁଏ, ତେବେ ମନେରଖ ଯେ ତୁମ ସହିତ ମଧ୍ୟ ସମାନ ଘଟଣା ଘଟିବ।

ଓଶୋ ଆଉ ଏକ କାହାଣୀ କହିଛନ୍ତି:

"ଜଣେ ସନ୍ଥ ଜଣେ ବ୍ୟକ୍ତିଙ୍କୁ କହିଥିଲେ ଯେ ଯଦି ସେ ଏହି ମନ୍ତ୍ରକୁ ନିରନ୍ତର ତିନି ମାସ ଜପ କରନ୍ତି, ତେବେ ଭଗବାନ ଆସି ତାଙ୍କୁ ଏକ ବରଦାନ ଦେବେ। ସେ ବିଶ୍ୱାସ କଲେ ନାହିଁ, କିନ୍ତୁ ସେ ମନ୍ତ୍ର ଜପ କରିବା ଆରମ୍ଭ କଲେ। ତିନି ମାସ ନିରନ୍ତର ଜପ କରିବା ପରେ, ମନ୍ତ୍ରର ପ୍ରଭାବରେ ଭଗବାନ ଆବିର୍ଭୂତ ହେଲେ ଏବଂ କହିଲେ, ତିନୋଟି ବରଦାନ ମାଗ। ଯଦି ତାଙ୍କର ବିଶ୍ୱାସ ଥାଆନ୍ତା, ତେବେ ସେ ପୂର୍ବରୁ ଚିନ୍ତା କରିଥାଆନ୍ତେ ଯେ କଣ ମାଗିବେ। ଭଗବାନ ଏହା କହିବା ପରେ ସେ ଘରକୁ ଦୌଡ଼ି ପଳାଇ ତାଙ୍କ ସ୍ତ୍ରୀଙ୍କୁ କହିଲେ ଯେ ଆଜି ସ୍ୱୟଂ ଭଗବାନ କହୁଛନ୍ତି, ଯାହା ମାଗିବାକୁ ଚାହୁଁଛନ୍ତି ତାହା ମାଗ। ସ୍ତ୍ରୀ କହିଲେ ଯେ କଡ଼େଇ ଗୋଟିଏ ନାହିଁ, ତାହା ମାଗ। କଡ଼େଇ ସଙ୍ଗେ ସଙ୍ଗେ ଦେଖାଗଲା। ବ୍ୟକ୍ତି ଜଣକ ତାଙ୍କ ସ୍ତ୍ରୀ ଉପରେ ବହୁତ ରାଗିଗଲେ, ତାଙ୍କ ମୁଣ୍ଡରେ ଆଘାତ ଦେଲେ ଏବଂ କହିଲେ, ତୁମେ ମୂର୍ଖ ମହିଳା, ତୁମେ କ'ଣ ମାଗିଥିଲ, ଏହାଠାରୁ ବଢ଼ିଆ ମରିଯାଇଥାଆନ୍ତ ଏବଂ ସ୍ତ୍ରୀ ସଙ୍ଗେ ସଙ୍ଗେ ମରିଗଲା। ଭଗବାନ ତାଙ୍କୁ ତୃତୀୟ ବରଦାନ ମାଗିବାକୁ କହିଲେ। ସେ କହିଲେ, ମୋ ସ୍ତ୍ରୀକୁ ଜୀବନ୍ତ କର। ସେ କଡ଼େଇ ପାଇଲେ ଏବଂ ପ୍ରଥମଟି ମୃତ୍ୟୁ ପାଇଲା।

ଯଦି ଆମେ ବୁଝିପାରୁ ଯେ ମୁଁ ସବୁବେଳେ କିପରି ଠିକ୍ ହୋଇପାରିବି, ହୁଏତ ଅନ୍ୟ ବ୍ୟକ୍ତି ମଧ୍ୟ ଠିକ୍ ହେବ। ଯଦି ଆମେ ଏକାଠି ନିଷ୍ପତ୍ତି ନେବୁ, ତେବେ ଅହଂକାର

ଆଘାତ ପାଇବ ନାହିଁ। ଦ୍ୱିତୀୟତଃ, ଯଦି ଆମେ କିଛି ହେବାକୁ ଚାହୁଁ, ତେବେ ଆମକୁ ସର୍ବୋତ୍ତମ ଚେଷ୍ଟା କରିବା ଉଚିତ, ଯଦି ଆମେ କିଛି ହେବାକୁ ଅସମର୍ଥ, ତେବେ ଆମେ ଏହାକୁ ଅନ୍ୟଥା ଗ୍ରହଣ କରିବା ଉଚିତ୍ ନୁହେଁ ଏବଂ ଆମେ ଆମର ବିଶ୍ୱାସକୁ ଆମ ପୁଅ ଉପରେ ଲଦି ଦେବା ଉଚିତ୍ ନୁହେଁ ଏବଂ ଈଶ୍ୱରଙ୍କଠାରେ ବିଶ୍ୱାସ ରଖିବା ଉଚିତ୍ ନୁହେଁ, ମୋର ଯାହା ଆବଶ୍ୟକ, ସେ ତାହା ପୂରଣ କରିବେ, ଏହି ଭାବନା ସହିତ ସନ୍ତୋଷ ରହିବ। ଅର୍ଥାତ୍, ଯଦି ଆମେ ଅହଂକାରକୁ ପୋଷଣ କରୁଥିବା ଲୋକଙ୍କୁ ମନେ ରଖିବୁ, ତେବେ କୌଣସି ଚାପ ରହିବ ନାହିଁ।

ଦୁଃଖରୁ ମୁକ୍ତ ହେବା ପାଇଁ, ଆମକୁ ଆମର ଇଚ୍ଛାକୁ ଚିହ୍ନିବାକୁ ପଡିବ। ଇଚ୍ଛା ଯେତେ କମ୍, ଦୁଃଖ ସେତେ କମ୍। ଇଚ୍ଛାକୁ ବୁଝି ସେଗୁଡ଼ିକୁ ସୀମିତ କରିବାକୁ ପଡିବ। ଆମକୁ ଅହଂକାରକୁ ଚିହ୍ନିବାକୁ ପଡିବ। ଆମକୁ ଅହଂକାରକୁ ପ୍ରଲୋଭିତ କରୁଥିବା ଲୋକଙ୍କୁ ଏଡାଇବାକୁ ପଡିବ। ଜଣେ ଖୁସି ଏବଂ ଆନନ୍ଦିତ ବ୍ୟକ୍ତିର ଅହଂକାରକୁ ପ୍ରଲୋଭିତ କରିବା ବହୁତ କଷ୍ଟକର, କାରଣ ସେ କେବଳ ତାଙ୍କ ଅହଂକାର ଅଦୃଶ୍ୟ ହୋଇଯାଇଥିବାରୁ ଖୁସି ଏବଂ ଆନନ୍ଦିତ। ଯେତେବେଳେ ଆମେ ଖୋଲାଖୋଲି ଭାବରେ, ଆମ ସମସ୍ତ ହୃଦୟ ସହିତ ହସୁ, ସେତେବେଳେ ଆମର ଅହଂକାର ଏବଂ ଚାପ ଲୁପ୍ତ ହୋଇଯାଏ। ଆମେ ଅହଂକାର ବିନା ମଧ୍ୟ ବଞ୍ଚିପାରିବା, ଆମକୁ ଟିକିଏ ପ୍ରୟାସ କରିବାକୁ ପଡିବ, ଆମକୁ ସତର୍କ ରହିବାକୁ ପଡିବ।

ଆନନ୍ଦ ଏବଂ ହସରେ, ଆମେ ଆମର ଅହଂକାରକୁ ଭୁଲିଯାଉ। ସେଥିପାଇଁ ଓଶୋ କୁହନ୍ତି, "ନାଚ, ଗୀତ ଗାଅ, ଆନନ୍ଦ କର", ଏହାକୁ ତୁମର ଧ୍ୟାନ କର।

୨. ଦ୍ୱିତୀୟ କାରଣ:

ଅନ୍ୟମାନଙ୍କ ମଧ୍ୟରେ ସୁଖ ଖୋଜିବା - ଯେତେବେଳେ ପ୍ରତ୍ୟେକ ବ୍ୟକ୍ତି ଅନ୍ୟମାନଙ୍କ ମଧ୍ୟରେ ସୁଖ ଖୋଜନ୍ତି, ଏହାର ଅର୍ଥ ହେଉଛି ଯେ ତାଙ୍କ ପାଖରେ ସୁଖ ନାହିଁ। ଏହାକୁ ଏହିପରି ବୁଝ, ସ୍ତ୍ରୀ ତୁମକୁ ସୁଖ ଦେବାକୁ ମାଗୁଛି, ଏବଂ ତୁମେ ସ୍ତ୍ରୀଙ୍କଠାରୁ ମାଗୁଛ। ସୁଖ କିଏ ଦେବ? ଦୁହେଁ ଭିକାରୀ, ଦେବା ପାଇଁ କେହି ନାହାନ୍ତି, ଦାତା ନାହାନ୍ତି, ଦୁହେଁ ଭିକାରୀ। ତା'ପରେ ତୁମର ବ୍ୟାଗ ମଧ୍ୟ ଖାଲି, ତେଣୁ କ୍ରୋଧ ଉତ୍ପନ୍ନ ହୁଏ। ମନେହୁଏ ଯେ ତୁମେ ଠକା ହୋଇଛ। କେହି ତୁମକୁ ଠକି ନାହାନ୍ତି। ଯଦି ତୁମେ ଦୁହେଁ ଦୁଃଖରେ ଏକାଠି ରହିବା ଆରମ୍ଭ କର, ତେବେ ଦୁଃଖ ଦ୍ୱିଗୁଣିତ ହୋଇଯାଏ, ତେଣୁ ଅନ୍ୟ ଜଣଙ୍କଠାରୁ ସୁଖ ପାଇବା ଆଶା କରିବା ବୃଥା। ପସନ୍ଦ ଭୁଲ ହୋଇଛି ବୋଲି ଭାବିବା ମଧ୍ୟ ଠିକ୍ ନୁହେଁ; କାରଣ ତୁମେ ଅନ୍ୟ କାହାକୁ ବାଛିଥାନ୍ତ, ଏହା ଘଟିଥାନ୍ତା। ମୂଳତଃ, ବୁଝ ଯେ ତୁମେ ଅନ୍ୟ ଜଣଙ୍କଠାରୁ ଅର୍ଥାତ୍ ସ୍ୱାମୀ, ସ୍ତ୍ରୀ କିମ୍ବା ଟଙ୍କା କିମ୍ବା ପଦବୀରୁ ସୁଖ ପାଇବ ନାହିଁ।

ଅନ୍ୟଠାରୁ ଆଶା କରିବା ବନ୍ଦ କରନ୍ତୁ - ଆଶା କରନ୍ତୁ ନାହିଁ ଯେ ଅନ୍ୟ ଜଣକ ଆପଣଙ୍କୁ କିଛି ଦେବେ। ଆମେ ମନ୍ଦିର, ମସଜିଦ, ଗୁରୁଦ୍ୱାର କିମ୍ବା ଚର୍ଚ୍ଚକୁ ମଧ୍ୟ ଈଶ୍ୱରଙ୍କଠାରୁ ଆଶା କରି ଯାଉ। ଯେଉଁଠାରେ ଆମର ଇଚ୍ଛା ପୂରଣ ହୋଇପାରିବ, ଆମେ ସେଠାକୁ ବିନା ଦ୍ୱିଧାରେ ଯାଉ। ହିନ୍ଦୁ, ଶିଖ ଇତ୍ୟାଦି ସାଧୁ ସନ୍ଥଙ୍କ ମନ୍ଦିରକୁ ଯିବାକୁ ଦ୍ୱିଧା କରନ୍ତି ନାହିଁ। ଯଦି ଆମର ଇଚ୍ଛା ଗୋଟିଏ ସ୍ଥାନରେ ପୂରଣ ହୁଏ ନାହିଁ, ତେବେ ଆମେ ଅନ୍ୟ ସ୍ଥାନକୁ ଯାଉ। ଏବଂ ଆମର ଇଚ୍ଛା ପୂରଣ ହେବା ପର୍ଯ୍ୟନ୍ତ ଆମେ ଅନ୍ୟ ସ୍ଥାନରେ ରହିଥାଉ। ଆମେ କହୁଛୁ ଯେ ଆମର ବିଶ୍ୱାସ ସେଠାରେ ଦୃଢ଼ ହୋଇଛି। କିନ୍ତୁ ଯଦି ଆମର ଇଚ୍ଛା ପୂରଣ ହେବା ବନ୍ଦ ହୋଇଯାଏ ତେବେ କ'ଣ ହେବ? କିନ୍ତୁ ଆମେ କେବେ ଭାବି ନାହୁଁ କିମ୍ବା ବୁଝିବାକୁ ଚେଷ୍ଟା କରିନାହୁଁ ଯେ ଆମର ଇଚ୍ଛା ପୂରଣ ହେଲେ ଆମେ ଚାପରୁ ମୁକ୍ତି ପାଇଲୁ କି? ଯଦି ଆମେ ମୁକ୍ତି ପାଇଲୁ, ତେବେ କେତେ ଦିନ ପାଇଁ?

୩. ତୃତୀୟ କାରଣ -

ବର୍ତ୍ତମାନରେ ନ ରହିବା ଚାପ ଆଣିଥାଏ: ମଣିଷ ଅତୀତ ଅର୍ଥାତ୍ ପଶୁତ୍ୱ ଏବଂ ଭବିଷ୍ୟତ ଅର୍ଥାତ୍ ଈଶ୍ୱରଙ୍କ ମଧ୍ୟରେ ଅଛି, ତେଣୁ ସେ ଦ୍ୱନ୍ଦ୍ୱରେ ବଞ୍ଚେ। ପଶୁତ୍ୱ ଅର୍ଥ ଇଚ୍ଛା, କାମନା, କ୍ରୋଧ, ଲୋଭ, ଆସକ୍ତି, ଅହଂକାରରେ ରହିବା, ଏହା ହେଉଛି ଆମର ଅତୀତ। ଅତୀତ ଅର୍ଥ ତଳକୁ ଆସିବା ଏବଂ ମଣିଷ ଏହା କରେ କିନ୍ତୁ ତଥାପି ଈଶ୍ୱର ହେବାକୁ ଚାହେଁ। ସେ ରାସ୍ତା ପାଏ ନାହିଁ। ଅତୀତକୁ ଭୁଲିଯାଅ, ଭବିଷ୍ୟତର ଯୋଜନା କରନାହିଁ, ବର୍ତ୍ତମାନରେ ବଞ୍ଚ, ତା'ପରେ ଚାପ କମିଯିବ। ସମ୍ଭୋଗ ହିଁ ଚାପ ଏବଂ ଚିନ୍ତାକୁ ଦୂର କରିବାର ଏକମାତ୍ର ଉପାୟ ମନେହୁଏ। ତଳକୁ ଯିବାର ପୁରୁଣା ଅଭ୍ୟାସ ଏବଂ ୯୯ ପ୍ରତିଶତ ଲୋକ ଏହା କରୁଛନ୍ତି, ଆମେ ଉପରକୁ ଯିବା ବିଷୟରେ ଚିନ୍ତା ମଧ୍ୟ କରୁନାହୁଁ।

ଉତ୍ପନ୍ନ ହେଉଥିବା ପରିସ୍ଥିତିରେ ଆମେ କ'ଣ କରିବା ଉଚିତ୍, ଆମେ ପୂର୍ବରୁ ନିଷ୍ପତ୍ତି ନେଇଥାଉ, ଅର୍ଥାତ୍ ଆମେ ଶାସ୍ତ୍ରରୁ ଋଣ ନେଇଥାଉ, କିନ୍ତୁ ତଥାପି ଆମେ ଅତୀତରେ ବଞ୍ଚୁ। ଜଣେ ରାଜାଙ୍କୁ ଏକ ଗ୍ରାମକୁ ଯିବାକୁ ପଡିଲା। ତେଣୁ ଜଣେ ବ୍ୟକ୍ତି ଯିଏ ଟିକିଏ ବୁଦ୍ଧିମାନ ଥିଲେ ସେ କଥାବାର୍ତ୍ତା ପାଇଁ ପ୍ରସ୍ତୁତ ହେଲେ। ରାଜା ତୁମର ନାମ, ବୟସ ପଚାରିବେ, ତା'ପରେ କାମ କରିବେ। ସେ ସବୁକିଛି ଭଲ ଭାବରେ ମନେ ରଖିଲେ। କିନ୍ତୁ ରାଜା ଆସିଲେ, ସେ ପଚାରିଲେ ଯେ ତୁମେ କ'ଣ କାମ କର? ସେହି ମନେ ରଖିଥିବା ଉତ୍ତରଗୁଡ଼ିକ ବେକାର ହୋଇଗଲା। ପରିସ୍ଥିତି ଅନୁସାରେ ନିଷ୍ପତ୍ତି ନିଆଯିବ।

କିପରି? ଏକ ଚୋରର ପୁଅ ବଡ଼ ହେଲା, ସେ ତା'ର ବାପାଙ୍କୁ କହିଲା- ମୋତେ ମଧ୍ୟ କାମ ଶିଖାଅ। ସେ କହିଲା- ମୁଁ ଚୋରି କରେ, ସେ କହିଲା- ଠିକ୍ ଅଛି, ମୋତେ କେବଳ ଏହା ଶିଖାଅ। ସେମାନେ ରାତିରେ ଏକ ଘରେ ପଶିଗଲେ। ସେମାନେ ଏକ କୋଠରୀ ଭିତରକୁ ଗଲେ ଏବଂ ବାପା କିଛି ଜିନିଷ ପକାଇ ଦେଲେ। ସେ କବାଟ ବନ୍ଦ କରି ପଳାଇଗଲେ। ପୁଅ ସେଠାରେ ଫସିଗଲା। ପୁଅ ଘଣ୍ଟାଏ ପରେ ଘରକୁ ଫେରିଲା ଏବଂ ତାଙ୍କ ବାପାଙ୍କ ଉପରେ ରାଗିଗଲା। ବାପା ପଚାରିଲେ, "କଣ ହେଲା? ମହିଳା ଜଣକ ଦିଆସିଲି (ଦୀପ) ନେଇ ଆସିବା ମାତ୍ରେ, ମୁଁ ଦ୍ୱାର ପଛରେ ଲୁଚି ରହିଲି। ମହିଳା ଜଣକ ଦ୍ୱାର ଖୋଲି ଭିତରକୁ ଆସିବା ମାତ୍ରେ, ମୁଁ ଦିଆସିଲି ବାହାର କରି ଘରକୁ ଦୌଡ଼ିଗଲି।" ବାପା କହିଲେ, "ଏହା ପ୍ରଥମ ପାଠ ଥିଲା, ଏବେ ଶୋଇଯାଅ। ବର୍ତ୍ତମାନର ପରିସ୍ଥିତି ଅନୁସାରେ ନିଷ୍ପତ୍ତି ନେବା ହେଉଛି ବର୍ତ୍ତମାନରେ ବଞ୍ଚିବା। ଓଶୋ କୁହନ୍ତି, ସର୍ବାଧିକ ଜଣେ ପୁରୁଷ ଚାରି ପାହାଚ ଦେଖିବା ଉଚିତ ଏବଂ ଏହା ସାହାଯ୍ୟରେ ଆମେ ଅସୀମ ମାଇଲ ଚାଲିପାରିବା।"

ପରିସ୍ଥିତି ନୂଆ, ନୂତନ ଉତ୍ତର ଖୋଜିବାକୁ ପଡିବ। ଶାସ୍ତ୍ରରେ ଦିଆଯାଇଥିବା ଉତ୍ତରଗୁଡ଼ିକ ସେହି ସମୟ ପାଇଁ ଥିଲା। ଆଜି, ନା ସେହି ପରିସ୍ଥିତି ଅଛି, ନା ସେହି ଲୋକମାନେ। ମଣିଷର ଚେତନା ବହୁତ ବିକଶିତ ହୋଇଛି। ପ୍ରାଚୀନ କାଳର ଉତ୍ତର ଏବେ କାମ କରିବ ନାହିଁ। ଲକ୍ଷ ଶାସ୍ତ୍ର ବହନ କର, କିଛି ହେବ ନାହିଁ। ଗୀତା! କୃଷ୍ଣ ଅର୍ଜୁନଙ୍କ ପାଇଁ ଏହା କହିଥିଲେ। ଆଜି, ନା ଅର୍ଜୁନ ଅଛନ୍ତି ନା ଯୁଦ୍ଧଭୂମି। ବର୍ତ୍ତମାନ, ଅର୍ଥାତ୍ ସମୟ, କେବଳ ସଦଗୁରୁ ହିଁ ସଠିକ୍ ପଥ ଦେଖାଇ ପାରିବେ।

ଚତୁର୍ଥ କାରଣ:

ଆମେ ଦେଖିଛୁ ଯେ ଯେତେ ଅଧିକ ଆସକ୍ତି, ସେତେ ଅଧିକ ଯନ୍ତ୍ରଣା, ଚାପ, କଷ୍ଟ, ଅର୍ଥାତ୍ ସମାନ ଅନୁପାତରେ ଦୁଃଖ, ଚାପ, ଯନ୍ତ୍ରଣା ହେବ। ଏହାକୁ ଏହିପରି ବୁଝନ୍ତୁ, ଆପଣଙ୍କର ଦୁଇଟି ପୁଅ ଅଛି, ଆପଣ ଜଣଙ୍କ ସହିତ ଅଧିକ ଆସକ୍ତ। ଆପଣ ତାଙ୍କର ଯତ୍ନ ନେବେ, ତାଙ୍କୁ ଭଲ ଭାବରେ ପାଠ ପଢିବାକୁ ଦେବେ, ବଡ ଅଫିସର ହେବେ, ଉଚ୍ଚ ପଦବୀରେ ପହଞ୍ଚିବେ କିମ୍ବା ବହୁତ ଟଙ୍କା ରୋଜଗାର କରିବେ। ଆପଣ ଯତ୍ନ ନେଲେ। କିନ୍ତୁ ପୁଅ କବି ହେବାକୁ ଚାହୁଁଛି, ଚିତ୍ରକର ହେବାକୁ ଚାହୁଁଛି। ଆପଣଙ୍କର ଚାପ ବଢ଼ିଯାଏ ଯେ ସେ ମୋର ନାମକୁ କଳଙ୍କିତ କରିବ। ସେ ଭୋକରେ ମରିଯିବ। ଯଦି ଅନ୍ୟ ପୁଅ ପଢିବ, ତେବେ ଆପଣ ତାଙ୍କର ଏତେ ଯତ୍ନ ନେବେ ନାହିଁ। ଆପଣ ଯାହାଙ୍କ ସହିତ ଆସକ୍ତ ତାହାର ଯତ୍ନ ନେବେ ଏବଂ ସେ ମଧ୍ୟ ଚାପରେ ରହିବେ। ଆପଣ ଆପଣଙ୍କ ଜୀବନରେ କିମ୍ବା ପଡ଼ୋଶୀ, ପରିବାରରେ ଦେଖିପାରିବେ ଯେ ଏହା ଘଟୁଛି।

ପରିବାରରେ ସ୍ୱାମୀ, ସ୍ତ୍ରୀ, ପିଲାମାନେ ଅଛନ୍ତି, ସେମାନେ ଏକାଠି ଅଛନ୍ତି, ସେମାନେ ପରସ୍ପର ସହିତ ରୁହନ୍ତି, ପରସ୍ପରର ଯତ୍ନ ନିଅନ୍ତି, କିନ୍ତୁ ଯଦି ଆପଣ ଆସକ୍ତତା ବିକଶିତ ନକରନ୍ତି, ତେବେ କୌଣସି ଚାପ ରହିବ ନାହିଁ।

ପଞ୍ଚମ କାରଣ:

ଆମେ ଦେଖିଛୁ ଯେ ଅନ୍ୟ ବ୍ୟକ୍ତି ମୋ ବିଷୟରେ କ'ଣ ଭାବନ୍ତି। ମୋ ବିଷୟରେ ତାଙ୍କର ବିଶ୍ୱାସ କ'ଣ, ଯଦି ମୁଁ ଏହା କରେ ତେବେ ଲୋକମାନେ କ'ଣ କହିବେ? ମୁଁ ମନ୍ଦିରକୁ, ଦୋକାନକୁ ଯିବି କି ଜପ କରି ଚାଲିବି ଯାହା ଦ୍ୱାରା ଲୋକମାନେ ମୋତେ ଧାର୍ମିକ ବୋଲି ଭାବିବେ। ଯେପର୍ଯ୍ୟନ୍ତ ଆମେ ଅନ୍ୟମାନଙ୍କ ପ୍ରତିକ୍ରିୟା ଉପରେ ଧ୍ୟାନ କେନ୍ଦ୍ରିତ କରିବୁ, ଯଦି ଆମେ ଦୁଃଖୀ କିମ୍ବା ଖୁସି ଥିବା ଲୋକଙ୍କ ଚିନ୍ତାଧାରା ଉପରେ ନିର୍ଭରଶୀଳ, ତେବେ ତୁମେ ନିଶ୍ଚୟ ଦୁଃଖୀ ରହିବ। ତୁମେ କେବେବି ଖୁସି ହୋଇପାରିବ ନାହିଁ। ତୁମେ ଶିବ-ପାର୍ବତୀ ଏବଂ ଷଣ୍ଢ ନନ୍ଦୀଙ୍କ ଏକ ପୁରୁଣା କାହାଣୀ ଶୁଣିଥିବ। ଲୋକଙ୍କ ପ୍ରତିକ୍ରିୟା ଯୋଗୁଁ ସେମାନଙ୍କୁ ବହୁତ କିଛି କରିବାକୁ ପଡିଥିଲା। ଶେଷରେ ସେମାନଙ୍କୁ ନନ୍ଦୀଙ୍କୁ ହରାଇବାକୁ ପଡିଲା। ଏକ ମିଥ୍ୟା ଏବଂ ଋଣୀ ବ୍ୟକ୍ତିତ୍ୱକୁ ତ୍ୟାଗ କରିବାର ସାହସ ଚାପମୁକ୍ତ ହେବାର ପ୍ରଥମ ପ୍ରୟାସ ହେବ। ଯଦି ତୁମେ ଅନ୍ୟମାନଙ୍କ ମତାମତ ବିଷୟରେ ଚିନ୍ତା ନକରି ବଞ୍ଚ, ତେବେ କୌଣସି ଚାପ ରହିପାରିବ ନାହିଁ। ତୁମେ ଅନ୍ୟମାନଙ୍କ ମତାମତକୁ କାହିଁକି ପରିଚାଳନା କରୁଛ? ନିଜକୁ ଜାଣିବା ଏବଂ ବୁଝିବାକୁ ଚେଷ୍ଟା କର। ଯାହା ଅଛି, ସେହିପରି ଗ୍ରହଣ କର। ଅନ୍ୟମାନଙ୍କ ମତାମତକୁ ପାଶୋରି ରଖି, ତୁମେ ଦୁଃଖରୁ ମୁକ୍ତ ହୋଇପାରିବ।

ଷଷ୍ଠ କାରଣ:

ଆମେ ଦେଖିଛୁ ଯେ ଯାହାର ହୀନମନ୍ୟତା ଅଛି ସେ ସବୁବେଳେ ଚାପଗ୍ରସ୍ତ ରହିବ। କାହିଁକି? ସେ ନିଜକୁ ଶ୍ରେଷ୍ଠ ପ୍ରମାଣିତ କରିବା ପାଇଁ କିଛି କରିବ। ସେ ସବୁବେଳେ ଏହାକୁ କମ୍ ପାଇବ। ଏବଂ ସେ ନିଜକୁ ଶ୍ରେଷ୍ଠ ପ୍ରମାଣ କରିବାକୁ ଚେଷ୍ଟା କରିବ, କିନ୍ତୁ ତାହା ମଧ୍ୟ କମ୍ ଦେଖାଯିବ। ଆମେ ନିଜକୁ ବୁଝିବା ଉଚିତ ଏବଂ ଅନ୍ୟମାନେ ଆପଣଙ୍କୁ ଶ୍ରେଷ୍ଠ ଭାବିବା ଉଚିତ; ଏ ବିଷୟରେ ଚିନ୍ତା କର ନାହିଁ। ତୁମେ ଯେପରି ଅଛ ସେହିପରି ନିଜକୁ ଗ୍ରହଣ କର, ଚାପର କୌଣସି ପ୍ରଶ୍ନ ଉଠେ ନାହିଁ।

ହୀନମନ୍ୟତା ଜଟିଳତାରୁ ଉପରକୁ ଉଠିବା ପାଇଁ, ତୁମକୁ ଆତ୍ମବିଶ୍ୱାସ ନିର୍ମାଣ କରିବାକୁ ପଡିବ। ଆତ୍ମବିଶ୍ୱାସ ଜାଗ୍ରତ କରିବା ପାଇଁ ଧ୍ୟାନ ଆବଶ୍ୟକ।

ହୀନମନ୍ୟତା ଜଟିଳତାରେ ପୀଡିତ ବ୍ୟକ୍ତି ପଦବୀ ଏବଂ ଟଙ୍କା ପାଇଁ ଲୋଭୀ ହୋଇଯାଏ। ଆମେ ପିଲାଦିନରୁ ପିଲାଟି ଭିତରେ ହୀନମନ୍ୟତା ଜଟିଳତା ସୃଷ୍ଟି କରୁ। କିପରି? ତୁମେ ପାଠପଢ଼ା କରିପାରିବ ନାହିଁ। ତୁମର ମୁହଁ ଏହିପରି, ତୁମେ ତୁମ ପରି ଜୀବନରେ ସଫଳ ହୋଇପାରିବ ନାହିଁ। ତୁମେ ଏକ ଗଧ, ତୁମେ କେବେ ଜ୍ଞାନ ପାଇବ ତାହା ଜାଣିନାହଁ। ସେହି ପିଲାଟିକୁ ଦେଖ ଯିଏ ଏତେ ବୁଦ୍ଧିମାନ, ଆଜ୍ଞାକାରୀ। ତୁମେ ଅଦରକାରୀ, ତୁମେ ଗାଈକୁ ମଧ୍ୟ ଚରାଇବାକୁ ସକ୍ଷମ ହେବ ନାହିଁ। ଜାଣିନାହଁ କି ପ୍ରକାର ଅଦରକାରୀ ପିଲା ଜନ୍ମ ହୋଇଛି। ପ୍ରଥମ ଆସିବା କଥା ଭୁଲିଯାଅ, ତୁମେ ପ୍ରାୟ ପାସ୍ କରିନାହଁ, ତୁମେ ପାସ୍ ନ କରିଥିଲେ ଭଲ ହୋଇଥାନ୍ତା। ତୁମର ଅନ୍ୟ ଭାଇମାନଙ୍କୁ ଦେଖ, ତାକୁ ଦେଖ! ଏପରି କଥା କହି ଆମେ ପିଲାଟିକୁ ସମ୍ପୂର୍ଣ୍ଣ ଗରିବ ଏବଂ ନୀଚ କରିଦେଉ। ପିଲାଟି ଅସହାୟ ହୋଇଯାଏ। ସେ ଭୟଭୀତ ହୋଇଯାଏ। ଧୀରେ ଧୀରେ, ସେ ଅନୁଭବ କରିବାକୁ ଲାଗେ ଯେ ସେ କିଛି କରିପାରିବେ ନାହିଁ। ଯେତେବେଳେ ସେ କିଛି କରିବାର ସୁଯୋଗ ପାଏ, ସେ ଚେଷ୍ଟା କରେ। ଯେଉଁମାନଙ୍କ ବିଷୟରେ ସେ ଉପହାସ କରାଯାଇଥିଲା ସେମାନଙ୍କଠାରୁ ଶ୍ରେଷ୍ଠ ହେବାକୁ, ବଡ଼ ହେବାକୁ। କିନ୍ତୁ ତଥାପି ସେ ଅନୁଭବ କରେ ଯେ କିଛି ହଜିଯାଇଛି।

କେବେବି କୌଣସି ପିଲାକୁ ଉପହାସ କରନାହିଁ, ସବୁବେଳେ ତାକୁ ଉପହାସ କରନାହିଁ। କିଛି ସମୟ ପରେ ତା'ର ପ୍ରତିଭା ବାହାରି ଆସିବ, ତାକୁ ଏକ ସୁଯୋଗ ଦିଅ। ପିଲାକୁ ବୁଝ, ପ୍ରତ୍ୟେକ ପିଲା ପାଠପଢ଼ାରେ ଭଲ ହେବା ଜରୁରୀ ନୁହେଁ। ସେ ଅନ୍ୟ ଜିନିଷରେ ଭଲ ହୋଇପାରେ। ପିଲାକୁ ବୁଝ ଏବଂ ତାକୁ ନିଜ ଉପାୟରେ ବଢ଼ିବାରେ ସାହାଯ୍ୟ କର। ତା' ଭିତରେ ହୀନମନ୍ୟତା ବିକଶିତ ହେବାକୁ ଦିଅ ନାହିଁ। ଯଦି ତୁମେ ତଥାକଥିତ ସନ୍ଥ ଏବଂ ଧାର୍ମିକ ନେତାମାନଙ୍କର ମୂର୍ଖ କଥା ବିଷୟରେ ସଚେତନ ହୁଅ, ତେବେ ତୁମେ ଏପରି ପାଗଳ କଥା କହିବା ବନ୍ଦ କରିବ।

ସପ୍ତମ କାରଣ:

ଆମେ ଜାଣିଛୁ ଯେ ଶବ୍ଦ ପ୍ରଦୂଷଣ ମାନସିକ ଚାପ ବୃଦ୍ଧି କରୁଛି। କିଛି ଶବ୍ଦ ଅଛି ଯାହାକୁ ଆମେ ହ୍ରାସ କରିପାରିବୁ ନାହିଁ। ଯେପରିକି ଉଡ଼ାଜାହାଜ, ଟ୍ରେନ୍ ଇଞ୍ଜିନ୍, ଯାନବାହାନ ଆସିବା ଏବଂ ଯିବା, ବ୍ୟାଣ୍ଡର ଶବ୍ଦ। କିନ୍ତୁ ରେଡିଓ, ଟିଭି ଭଳି କିଛି ଶବ୍ଦ ସୃଷ୍ଟିକାରୀ ଉପକରଣ ଏପରି ଏକ ଶବ୍ଦଯୁକ୍ତ ଏବଂ ଶୁଣିବାକୁ ସୁଖଦ ଶବ୍ଦରେ ରଖିବା ଉଚିତ। ଶବ୍ଦ ଏତେ ଜୋରରେ ରଖିବା ଉଚିତ ନୁହେଁ ଯେ ପଡ଼ୋଶୀ ଏବଂ ରାସ୍ତା ଏବଂ

ପଡ଼ୋଶୀମାନେ ତାହା ଶୁଣିପାରିବେ ନାହିଁ ଏବଂ ଲାଉଡସ୍ପିକର ପାଇଁ ୧୦-୧୫ ମିନିଟ୍ ସମୟ ସ୍ଥିର କରାଯିବା ଉଚିତ। ଜାଗ୍ରତ ଉପରେ ସମୟ ସୀମା ଲାଗୁ କରାଯିବା ଉଚିତ ଏବଂ ବିଳମ୍ବିତ ରାତିରେ ଲାଉଡସ୍ପିକର ଲଗାଯିବା ଉଚିତ୍ ନୁହେଁ। ଘରେ ଜାଗ୍ରତ ଆୟୋଜନ କରାଯିବା ଉଚିତ, ପଡ଼ୋଶୀ ଏବଂ ସମଗ୍ର ସହରକୁ ଜାଗ୍ରତରେ ଯୋଗ ଦେବାକୁ ବାଧ୍ୟ କରନ୍ତୁ ନାହିଁ।

ମହତ୍ତ୍ୱାକାଂକ୍ଷାର ରୋଗ: ଏହା କ'ଣ ପାଗଳାମି, ପ୍ରତ୍ୟେକ ପିଲାକୁ କ୍ଷୀରରେ ବିଷ ମିଶ୍ରିତ ଖୁଆଇ ଦିଆଯାଉଛି। ମହତ୍ତ୍ୱାକାଂକ୍ଷାର ଅର୍ଥ ହେଉଛି ମହତ୍ତ୍ୱାକାଂକ୍ଷା। ସେହିପରି ମରିଯାଅ ନାହିଁ। କିଛି କର ଏବଂ ଏହାକୁ ଦେଖାଅ। ତୁମର ନାମ ଇତିହାସରେ ରହିବା ଉଚିତ। ବିଶ୍ୱ ମନେ ରଖିବା ଉଚିତ ଯେ ତୁମେ ମଧ୍ୟ ସେଠାରେ ଥିଲ।

ଆଉ ତୁମେ ସର୍ବୋଚ୍ଚ ପଦବୀରେ ପହଞ୍ଚିବ, ପ୍ରଚୁର ଧନ ସମ୍ପତ୍ତି ସଂଗ୍ରହ କରିବ, ଉଚ୍ଚ କୋଠାର ବାସିନ୍ଦା ହେବ, ତା' ପରେ ସମସ୍ୟା ଆରମ୍ଭ ହେବ - ଏସବୁ ପାଇବା ପାଇଁ ତୁମେ ସାରା ଜୀବନ ଦୌଡ଼ିବ କି? ଯେଉଁମାନେ ଏହାକୁ ପାଇପାରିଲେ ନାହିଁ ସେମାନେ ଯନ୍ତ୍ରଣାରେ ଅଛନ୍ତି, ଯେଉଁମାନେ ଏହାକୁ ପାଇଲେ, ସେମାନେ ଯନ୍ତ୍ରଣାରେ ଅଛନ୍ତି। ଯେଉଁମାନେ ଏହାକୁ ପାଇପାରିଲେ ନାହିଁ, ସେମାନେ ଯନ୍ତ୍ରଣାରେ ଅଛନ୍ତି କାରଣ ଜୀବନ ଏକ ପରାଜୟ ପାଲଟିଛି। ଅହଂକାର ମଧ୍ୟ ଗଠନ ହୋଇପାରିଲା ନାହିଁ ଏବଂ ଏହା ଭାଙ୍ଗି ଗଲା। ଏବଂ ଯେଉଁମାନେ ଏହାକୁ ପାଇଲେ, ସେମାନେ ଯନ୍ତ୍ରଣାରେ ଅଛନ୍ତି ଯେ ସେମାନେ ଯାହା ପାଇଲେ, ସେମାନେ ବିନା କୌଣସି କାମରେ କଠିନ ପରିଶ୍ରମ କଲେ। ସେମାନେ ଏହାକୁ ପାଇବା ପାଇଁ ନିଜ ଜୀବନ ନଷ୍ଟ କଲେ। ଶାନ୍ତିର ଗୋଟିଏ ମୁହୂର୍ତ୍ତ ମଧ୍ୟ ନାହିଁ। ପ୍ରେମର ଗୋଟିଏ ବିନ୍ଦୁ ମଧ୍ୟ ନାହିଁ। ସଙ୍ଗୀତର ଗୋଟିଏ ବି ସ୍ୱର ନାହିଁ। ଭିତରେ, ଶୂନ୍ୟତା, ଅର୍ଥହୀନତା ଅଛି।

ସମଗ୍ର ମାନବଜାତି ଉପରେ ଏକ ରୋଗ ଅଛି। ଏବଂ ସେହି ରୋଗ ହେଉଛି ମହତ୍ତ୍ୱାକାଂକ୍ଷାର ରୋଗ - ଲଢ଼ିବା ଜାରି ରଖ। ତୁମେ ଯେଉଁ ଉପାୟ ସହିତ ଲଢୁଛ ତାହା ଠିକ୍ କି ଭୁଲ ସେ ବିଷୟରେ ଚିନ୍ତା କରିବା ବନ୍ଦ କର? କାହାର ଫୁରସତ ଅଛି? ସମୟ କମ୍ ଅଛି ଏବଂ ଜୀବନର କୌଣସି ନିଶ୍ଚିତତା ନାହିଁ। ତେଣୁ ସାଧନ ଠିକ୍ କି ଭୁଲ, ତୁମକୁ ପ୍ରମାଣ କରିବାକୁ ପଡିବ ଯେ ତୁମେ କିଛି ଏବଂ ମଜା ହେଉଛି ଉଭୟ ପାର୍ଶ୍ୱରେ ପରାଜୟ। ଯଦି ତୁମେ ହାରିଯାଅ, ତୁମେ ହାରିଯାଅ, ଯଦି ତୁମେ ଜିତିଯାଅ, ତୁମେ ଆହୁରି ଖରାପ ଭାବରେ ହାରିଯାଅ।

ତେଣୁ ସ୍ୱାଭାବିକ ଭାବରେ ପ୍ରତ୍ୟେକ ମଣିଷ ଅସୁସ୍ଥ ଦେଖାଯାଏ। ପ୍ରତ୍ୟେକ ମଣିଷ ଅସ୍ଥିର ଦେଖାଯାଏ। ପ୍ରତ୍ୟେକ ମଣିଷ ଭିତରେ କେବଳ ଅଗ୍ନି, ଈର୍ଷା, ଘୃଣା ଅଛି; ଶାନ୍ତି ନାହିଁ, ଆନନ୍ଦ ନାହିଁ। କୌଣସି କବିତା ଜନ୍ମ ହୁଏ ନାହିଁ, କୌଣସି ନୃତ୍ୟ ଆସେ ନାହିଁ ଏବଂ ମୃତ୍ୟୁ ଦ୍ୱାର ନିକଟକୁ ଆସେ। ତୁମ ପାଖରେ ମୃତ୍ୟୁକୁ ଅର୍ପଣ କରିବା ପାଇଁ ଲୁହ ଏବଂ ପରାଜିତ ଜୀବନ ବ୍ୟତୀତ ଆଉ କିଛି ନାହିଁ।

ମହତ୍ତ୍ୱାକାଂକ୍ଷାର ଏହି ଲମ୍ବା ଯାତ୍ରା ଶେଷ ମୁହୂର୍ତ୍ତରେ ପହଞ୍ଚିଛି। ଏବେ ଏହା ଧୀର ଜଳୁଥିବା ନିଆଁ ପରି ନୁହେଁ, କିଛି ଉଷ୍ମ... ଏବେ ଏହା ଭୟଙ୍କର ଅଗ୍ନି ପରି ଜଳୁଛି। ସମଗ୍ର ବିଶ୍ୱ ବହୁତ ଅସ୍ଥିର। ଏହାର କେବଳ ଗୋଟିଏ ସମାଧାନ ଅଛି, ଆମେ ମଣିଷକୁ ମହତ୍ତ୍ୱାକାଂକ୍ଷାରୁ ମୁକ୍ତ କରିବା। ମହତ୍ତ୍ୱାକାଂକ୍ଷା ବାହାରକୁ ଦୌଡ଼ିଥାଏ ଏବଂ ତୁମକୁ କୌଣସି ସ୍ଥାନକୁ ନେଇଯାଏ ନାହିଁ। ଏହି ରାସ୍ତାଗୁଡ଼ିକ ଯାହା ବାହାରେ ଦୌଡ଼ିବା ପରି ମନେହୁଏ, ସେମାନେ କୌଣସି ସ୍ଥାନକୁ ନେଇଯାଆନ୍ତି ନାହିଁ। ଗତି କର, ଗତି କର, ସେମାନଙ୍କର କୌଣସି ଅନ୍ତ ନାହିଁ। ତୁମେ ଶେଷ ହୋଇଥାନ୍ତ। ଏହି ରାସ୍ତାଗୁଡ଼ିକ କେବଳ ସେଠାରେ ପଡ଼ି ରହିଥାଏ। ଏହି ରାସ୍ତାଗୁଡ଼ିକ ଶେଷ ହୁଏ ନାହିଁ, ତୁମେ ଶେଷ ହୁଅ।

ମହତ୍ତ୍ୱାକାଂକ୍ଷା ବଦଳରେ, ଆତ୍ମ-ଇଚ୍ଛା ରହିବା ଉଚିତ - ଶାନ୍ତି ଜାଣିବାର ଇଚ୍ଛା, ନିଜକୁ ଚିହ୍ନିବାର ଇଚ୍ଛା, ନିଜ ଭିତରେ ବୁଡ଼ି ରହିବାର ଇଚ୍ଛା। କେବଳ ଗୋଟିଏ ଚିକିତ୍ସା ଅଛି। କେବଳ ଗୋଟିଏ ରୋଗ ଅଛି। ନାମ ଭିନ୍ନ ହେବ, ରୂପ ଭିନ୍ନ ହେବ। ଚିକିତ୍ସା ମଧ୍ୟ ଗୋଟିଏ।

ସମସ୍ତ ଶିକ୍ଷା ଅକାମୀ, ସମସ୍ତ ଶିକ୍ଷା ଅକାମୀ ଯଦି ସେମାନେ ଆପଣଙ୍କୁ ନିଜ ଭିତରେ ବୁଡ଼ି ରହିବାର କଳା ଶିଖାନ୍ତି ନାହିଁ ଏବଂ ସେଠାରେ ଆନନ୍ଦର ପ୍ରବାହ ପ୍ରବାହିତ ହେଉଛି। ଆପଣ ଭିକାରୀ ପରି ବାହାରେ ବୁଲୁଛନ୍ତି, ଏବଂ ଆପଣଙ୍କ ଭିତରେ ସମ୍ରାଟ ହେବାର ଭାବନା ଲୁଚି ରହିଛି। ଏହି ଦୁନିଆରେ, କେବଳ ସେହି କିଛି ଲୋକ ଯେଉଁମାନେ ନିଜକୁ ଦେଖିଛନ୍ତି ସେମାନେ ସୁସ୍ଥ ହୋଇଛନ୍ତି, ବାକିମାନେ ଅସୁସ୍ଥ, ଅସୁସ୍ଥ ଏବଂ ପାଗଳ।

ହୀନମନ୍ୟତା ଜଟିଳତା ଏବଂ କ୍ଷମତା ପାଇଁ ଆକାଂକ୍ଷା: ଏହି ଶତାବ୍ଦୀର ଜଣେ ମହାନ ମନସ୍ତତ୍ତ୍ୱବିତ୍ ଆଲଫ୍ରେଡ୍ ଆଡଲର ମାନବ ଜୀବନର ସମସ୍ତ ଜଟିଳତାର ମୂଳ କାରଣ ହୀନମନ୍ୟତା ଜଟିଳତାରେ ପାଇଛନ୍ତି। ହୀନମନ୍ୟତା ଜଟିଳତାର ଅର୍ଥ ହେଉଛି ଯେ ଆପଣ ଜୀବନରେ ଯେଉଁଠାରେ ବି ରୁହନ୍ତି, ଆପଣ ଯେପରି ରୁହନ୍ତି, ମନରେ ସର୍ବଦା ଏହି ଯନ୍ତ୍ରଣା ରହିଥାଏ ଯେ କେହି ଆପଣଙ୍କ ଆଗରେ ଅଛି, କେହି

ଆପଣଙ୍କଠାରୁ ଅଧିକ, କେହି ଆପଣଙ୍କ ଉପରେ ଅଛି। ଏବଂ ଏହା ଯନ୍ତ୍ରଣା ଦେଇ ଚାଲିଥାଏ। ଏହାର ଆଘାତ ଅନ୍ତର୍ନିହିତ ଆତ୍ମାକୁ ଆଘାତ କରେ। ତା'ପରେ ଆପଣ ଜୀବନକୁ ଉପଭୋଗ କରିପାରିବେ ନାହିଁ, ତେବେ ଆପଣ କେବଳ ଜୀବନ ଦ୍ୱାରା ଯନ୍ତ୍ରଣା, ଦୁଃଖ ଏବଂ ଅଶାନ୍ତି ଭୋଗନ୍ତି।

ଯଦି କେବଳ ଗୋଟିଏ ହୀନମନ୍ୟତା ଜଟିଳ ଥାଆନ୍ତା, ତେବେ ଏହା ଠିକ୍ ହୋଇଥାଆନ୍ତା। ତା'ପରେ ହୁଏତ ଆମେ ଏକ ଉପାୟ ବାହାର କରିପାରିଥାନ୍ତୁ। ଆଲଫ୍ରେଡ ଆଡଲର ହୀନତା ଜଟିଳ ଶବ୍ଦ ବ୍ୟବହାର କରିଛନ୍ତି, ମୁଁ ବହୁବଚନ ବ୍ୟବହାର କରିବାକୁ ପସନ୍ଦ କରେ: ହୀନତା ଜଟିଳ କାରଣ କେହି ତୁମଠାରୁ ଅଧିକ ସୁନ୍ଦର। କାହାର ସ୍ୱର କୋକିଳ, ଏବଂ ତୁମର ନୁହେଁ। କେହି ତୁମଠାରୁ ଉଚ୍ଚ, କେହି ତୁମଠାରୁ ସୁସ୍ଥ। କାହାର ଅଧିକ ଧନ, କାହାର ଅଧିକ ଜ୍ଞାନ, କାହାର ଅଧିକ ତ୍ୟାଗ। କେହି ଗୀତ ଗାଇପାରନ୍ତି, କେହି ସଂଗୀତଜ୍ଞ, କେହି ପ୍ରତିଜ୍ଞା କରନ୍ତି, କେହି ଚିତ୍ରକର, କେହି ମୂର୍ତ୍ତିକାର। ତୁମ ଚାରିପାଖରେ କୋଟି କୋଟି ଲୋକ ଅଛନ୍ତି, ଏବଂ ପ୍ରତ୍ୟେକ ବ୍ୟକ୍ତିଙ୍କର କିଛି ନା କିଛି ଗୁଣ ଅଛି। ଈଶ୍ୱର କୌଣସି ଗୁଣ ବିନା କାହାକୁ ସୃଷ୍ଟି କରନ୍ତି ନାହିଁ ଏବଂ ଯେଉଁ ବ୍ୟକ୍ତିଙ୍କର ହୀନତା ଜଟିଳ, ତାଙ୍କ ଆଖି ସିଧାସଳଖ ଅନ୍ୟ ବ୍ୟକ୍ତିଙ୍କ ଗୁଣ ଉପରେ ଯାଏ କାରଣ ସେ ଜାଣତରେ କିମ୍ବା ଅଜାଣତରେ ସବୁବେଳେ ଭାର ବହନ କରନ୍ତି ଯେ ସେ କାହା ପଛରେ ଅଛନ୍ତି କି ନାହିଁ। ତେଣୁ ଯେତେ ଅଧିକ ଲୋକ ଅଛନ୍ତି, ହୀନତାର ଭାର ଆପଣଙ୍କ ଉପରେ ପଡ଼ିଥାଏ। ଆପଣ ପ୍ରାୟ ହୀନତାର ରେଖା ଦ୍ୱାରା ଘେରି ରହିଛନ୍ତି। ଏକ ଭିଡ଼ ଆପଣଙ୍କୁ ଚାରିପାଖରୁ ଚାପି ଦେଉଛି। ଆପଣ ଏହା ଭିତରେ କଷ୍ଟ ପାଆନ୍ତି ଏବଂ ବାହାରକୁ ଯିବାର କୌଣସି ଉପାୟ ନାହିଁ। ଆପଣ ଆଉ କ'ଣ କରିବେ?

ଜଣେ ବ୍ୟକ୍ତି ମୋତେ କହିଲେ ଯେ ସେ ଏକ ବଡ଼ ଅସୁବିଧାରେ ପଡ଼ିଛନ୍ତି। ଦୁଇ ବର୍ଷ ପୂର୍ବେ, ମୁଁ ମୋ ପ୍ରେମିକା ସହିତ ସମୁଦ୍ର କୂଳରେ ବସିଥିଲି। ଜଣେ ବ୍ୟକ୍ତି ଆସିଲେ, ତାଙ୍କ ପାଦରେ ମୋ ମୁହଁରେ ବାଲି ପକାଇ ମୋ ପ୍ରେମିକା ସହିତ ମଜା କରିବାକୁ ଲାଗିଲେ। ତେଣୁ ମୁଁ ତାଙ୍କୁ ପଚାରିଲି, ତୁମେ କିଛି କରିଥିଲ କି? ସେ କହିଲେ, କ'ଣ ହୋଇପାରେ? ମୋର ଓଜନ ୧୦୦ ପାଉଣ୍ଡ, ତା'ର ୧୫୦ ପାଉଣ୍ଡ। ତଥାପି ତୁମେ ନିଶ୍ଚୟ କିଛି କରିଥିଲ? ସେ କହିଲେ, ମୁଁ ଯାହା କଲି ତାହା ହେଉଛି ସେହି ଦିନଠାରୁ ମୁଁ ମହିଳାଙ୍କ ବିଷୟରେ ଚିନ୍ତା କରିବା ବନ୍ଦ କରିଦେଲି। ମୁଁ ହନୁମାନ ଆଖଡ଼ାରେ ଯୋଗ ଦେଲି। ମୁଁ ହନୁମାନ ଚାଳିଶା ପଢିଲି ଏବଂ ବସିବା ଆରମ୍ଭ କଲି। ତା'ପରେ ଦୁଇ ବର୍ଷ ମଧ୍ୟରେ ମୋର ଓଜନ ମଧ୍ୟ ୧୫୦ ପାଉଣ୍ଡ ହୋଇଗଲା। ଏହା ପରେ ମୁଁ ଜଣେ ମହିଳା

ପାଇଲି। ମୁଁ ତାଙ୍କ ସହିତ ସମୁଦ୍ର କୂଳକୁ ଗଲି। ମୁଁ ସେଠାରେ ବସି ନଥିଲି ଯେତେବେଳେ ଜଣେ ପୁରୁଷ ଆସିଲା, ସେ ପୁଣି ବାଲିକୁ ଲାତ ମାରିଲା, ମୋ ଆଖିକୁ ଧୂଳିରେ ପୂର୍ଣ୍ଣ କଲା, ତା'ପରେ ମୋ ପ୍ରେମିକା ସହିତ ମଜା କରିବାକୁ ଲାଗିଲା।

ମୁଁ କହିଲି, ଏବେ ତୁମେ କିଛି କରିପାରିଥାନ୍ତ।

ସେ କହିଲେ, ତୁମେ କ'ଣ କରିପାରିଥାନ୍ତ? ମୁଁ ୧୫୦ ପାଉଣ୍ଡ, ସେ ୨୦୦ ପାଉଣ୍ଡ।

ତେବେ ତୁମେ ଏବେ କ'ଣ କର?

ସେ କହିଲେ, ଏବେ ମୁଁ ହନୁମାନ ଚାଳିଶା ପଢ଼ିବି, ତା' ପରେ ମୁଁ ହନୁମାନ ଆଖଡ଼ାରେ ବ୍ୟାୟାମ କରିବି। କିନ୍ତୁ ଏବେ ମୁଁ ଆଶା ହରାଇଛି, କାରଣ ଯଦି ମୁଁ ଦୁଇଶହ ପାଉଣ୍ଡ ହୋଇଯାଏ, ତେବେ ମୁଁ କିପରି ନିଶ୍ଚିତ ହେବି ଯେ ଦୁଇଶହ ପଚାଶ ପାଉଣ୍ଡର ଲୋକ ଆସିବ ନାହିଁ।

ତୁମେ ସେହି ବାଟ ଦେଇ କେବେ ହୀନମନ୍ୟତାରୁ ବାହାରି ପାରିବ ନାହିଁ। କେତେ ଲୋକ ଅଛନ୍ତି? କେତେ ଭିନ୍ନ ରୂପ ଅଛି? କେତେ ଭିନ୍ନ ଦକ୍ଷତା, କ୍ଷମତା? ତୁମେ ଏଥିରେ ମରିଯିବ। ଆଲଫ୍ରେଡ୍ ଆଡଲର୍ ନିଜକୁ ଅନ୍ୟମାନଙ୍କ ସହିତ ତୁଳନା କରିବାରେ ମଣିଷର ସମସ୍ତ ଯନ୍ତ୍ରଣା ଏବଂ ଚିନ୍ତାର ମୂଳ ଖୋଜି ପାଇଛନ୍ତି।

ଆଡଲର୍ ଗଭୀରକୁ ଗଲେ, ସେ ବୁଝିପାରିଲେ ଯେ ମଣିଷ ନିଜକୁ ଅନ୍ୟମାନଙ୍କ ସହିତ କାହିଁକି ତୁଳନା କରେ। ଆବଶ୍ୟକତା କ'ଣ? ତୁମେ ତୁମ ପରି, ଅନ୍ୟଟି ଅନ୍ୟଟି ପରି। ତୁମେ ଏହି ପ୍ରତିବନ୍ଧକ କାହିଁକି ଉଠାଉଛ? ଗଛଲତା ଏହାକୁ ଉଠାଏ ନାହିଁ। ସବୁଠାରୁ ବଡ଼ ଗଛ ତଳେ ଏକ ଛୋଟ ବୁଦା ସ୍ଥିର ରହିଥାଏ, ଏହା କେବେ ଚିନ୍ତା କରେ ନାହିଁ ଯେ ଏହି ଗଛ କେତେ ବଡ଼। ଗୋଟିଏ ଛୋଟ ପକ୍ଷୀ ଗାନ କରି ରଖେ, ପକ୍ଷୀ ଯେତେ ବଡ଼ ବସିଲେ ମଧ୍ୟ, ଏହା ଗୀତକୁ ବାଧା ଦିଏ ନାହିଁ ଯେ ମୁଁ ଏତେ ଛୋଟ, ମୁଁ କେଉଁ ଗୀତ ଗାଇବା ଉଚିତ। ପ୍ରଥମେ ତୁମକୁ ବଡ଼ ହେବାକୁ ପଡିବ। ଛୋଟ ଘାସରେ ମଧ୍ୟ ଫୁଲ ଫୁଟେ, ଏତେ ବଡ଼ ଗଛ ତଳେ ଫୁଲ ଫୁଟାଇବାକୁ ଚେଷ୍ଟା କରିବା ପାଇଁ ଏହା ଚିନ୍ତା କରେ ନାହିଁ, ତୁମେ ପାଗଳ ହୋଇଯାଇଛ। ପ୍ରଥମେ ବଡ଼ ହୁଅ, ତାପରେ ଫୁଲ ଆଣ। ନା, ପ୍ରକୃତିରେ କୌଣସି ତୁଳନା ନାହିଁ, କେବଳ ମଣିଷ ମନରେ ତୁଳନା ଅଛି।

ତୁଳନା କାହିଁକି? ତେଣୁ ଆଡଲର୍ କହିଥିଲେ ଯେ ତୁଳନା ଅଛି କାରଣ ତୁମେ ଏବଂ ସମଗ୍ର ମାନବଜାତି ଏକ ତୀବ୍ର ଜାତିରେ ପରିପୂର୍ଣ୍ଣ। ଆଡଲର୍ ସେହି ଜାତିକୁ କୁହନ୍ତି: କ୍ଷମତାର ଇଚ୍ଛା, କ୍ଷମତାର ଇଚ୍ଛା। ମୁଁ କିପରି ଅଧିକ ଶକ୍ତିଶାଳୀ ହୋଇପାରିବି। ତାହା ଧନ, ପଦବୀ, ପ୍ରତିଷ୍ଠା, ଖ୍ୟାତି, ଦକ୍ଷତା, ଯେକୌଣସି ଜିନିଷ ହେଉ। ମୁଁ କିପରି

ଶକ୍ତିଶାଳୀ ହୋଇପାରିବି, ଏହା ସମଗ୍ର ମାନବ ଜାତିର ଆଧାର। ଏବଂ ଯେତେବେଳେ ତୁମେ ଶକ୍ତିଶାଳୀ ହେବାକୁ ଚାହୁଁଛ, ତୁମେ ଦେଖିବ ଯେ ତୁମେ ଶକ୍ତିହୀନ। ତୁମେ ଯେତେ ଅଧିକ ଶକ୍ତିଶାଳୀ ହେବାକୁ ଚାହୁଁଛ, ତୁମେ ସେତେ ଅଧିକ ତୁମର ଶକ୍ତିହୀନତା ଅନୁଭବ କରିବ କାରଣ ତୁମର ଶକ୍ତି ଅନେକ ସ୍ଥାନରେ ଏକ ସୀମାରେ ପହଞ୍ଚିଯିବ। ଆଲେକଜାଣ୍ଡାର, ନେପୋଲିଅନ ଏବଂ ହିଟଲର ମଧ୍ୟ ହାରିଯାଆନ୍ତି। ସେମାନଙ୍କର ଶକ୍ତି ମଧ୍ୟ ଏକ ସୀମାରେ ପହଞ୍ଚିଯାଏ। ଆଜି ପର୍ଯ୍ୟନ୍ତ କୌଣସି ବ୍ୟକ୍ତି ଏପରି ସ୍ଥାନରେ ପହଞ୍ଚି ପାରିନାହିଁ ଯେଉଁଠାରେ ସେ କହିପାରିବ ଯେ ମୋର କ୍ଷମତାର ଇଚ୍ଛା ପୂରଣ ହୋଇଛି। ଯାହା କେବେ ଘଟିନାହିଁ ତାହା କେବେ ହେବ ନାହିଁ ଏବଂ ତୁମେ ନିଜକୁ ଏକ ବ୍ୟତିକ୍ରମ ବୋଲି ଭାବିବାକୁ ଚେଷ୍ଟା କରିବା ଉଚିତ୍ ନୁହେଁ।

ଓଶୋ କୁହନ୍ତି ଯେ ଯଦି ଜଣେ ବ୍ୟକ୍ତି କିଛି ଶବ୍ଦ ଶୁଣି ପାଗଳ ହୋଇପାରନ୍ତି, ତେବେ କ'ଣ ଏହା ବିଶ୍ୱାସ କରିବା ବହୁତ କଷ୍ଟକର ଯେ ଜଣେ ବ୍ୟକ୍ତି କିଛି ଶବ୍ଦ ଶୁଣି ଶାନ୍ତ ହୋଇପାରନ୍ତି? ଯଦି ଜଣେ ପୁରୁଷର ମନ କିଛି ଶବ୍ଦ ଶୁଣି ଅଶାନ୍ତ, ପାଗଳ ଏବଂ ଅସ୍ଥିରତା ସୃଷ୍ଟି କରିପାରେ, ତେବେ କ'ଣ ଏହା ବିଶ୍ୱାସ କରିବା ବହୁତ କଷ୍ଟକର ହେବ ଯେ ଜଣେ ବ୍ୟକ୍ତି ଅନ୍ୟ ଶବ୍ଦର ବିପରୀତ ଶବ୍ଦ (ସଙ୍ଗୀତ) ଶୁଣି ଶାନ୍ତ ହୋଇ ଧ୍ୟାନ କରିପାରିବେ? ଓଶୋଙ୍କ ନିର୍ଦ୍ଦେଶନାରେ ଏପରି କିଛି ସଂଗୀତ କ୍ୟାସେଟ୍ ପ୍ରସ୍ତୁତ କରାଯାଇଛି।

ଅଷ୍ଟମ କାରଣ

ଭୟ - ପିଲାମାନଙ୍କୁ ଭୟଭୀତ କରନାହିଁ, ସରଳ ଉପାୟରେ ବୁଝାଇ ସେମାନଙ୍କୁ ନିୟନ୍ତ୍ରଣ କର। ଯଦି ତୁମେ ସେମାନଙ୍କୁ ଅଯଥାରେ ଭୟଭୀତ କର, ତେବେ ଏକ ଭୟଭୀତ ପିଲା ତାଙ୍କ ଜୀବନସାରା ଭୟ ଛାଡିପାରିବ ନାହିଁ। କାଳ୍ପନିକ ଭୂତ କାଳ୍ପନିକ ଚିନ୍ତାରେ ପରିଣତ ହୁଏ। ଭୟ ପିଲାମାନଙ୍କ କୋମଳ ମନ ଉପରେ ଗଭୀର ପ୍ରଭାବ ପକାଇଥାଏ। ନେପୋଲିଅନ ତାଙ୍କ ପିଲାଦିନେ ବିଲେଇମାନଙ୍କୁ ଭୟ କରୁଥିଲେ। ଏବଂ ଯେତେବେଳେ ଯୁଦ୍ଧକ୍ଷେତ୍ରରେ ବିଲେଇ ତାଙ୍କ ସାମ୍ନାକୁ ଆସିଲା, ସେ ନର୍ଭସ ହୋଇଗଲେ ଏବଂ ହଜିଗଲେ। କୌଣସି ପ୍ରକାରେ ପିଲାମାନଙ୍କୁ ଭୟଭୀତ କରନାହିଁ।

ନବମ କାରଣ

ଆତ୍ମ-ସମ୍ମୋଧନ - ଅନ୍ୟମାନଙ୍କୁ ସମ୍ମୋହିତ କରିବାର ସୂକ୍ଷ୍ମ ଉପାୟଗୁଡ଼ିକୁ ବୁଝ ଏବଂ ଉଭୟ ପ୍ରକାରର ସମ୍ମୋହିତକୁ ଏଡାନ୍ତୁ। ଧ୍ୟାନ ହେଉଛି ଏକମାତ୍ର ଉପାୟ, ଯାହା ଆମକୁ ସଚେତନ କରିଥାଏ, ଏବଂ ସଚେତନ ଅବସ୍ଥାରେ ରହୁଥିବା ବ୍ୟକ୍ତିଙ୍କୁ କେହି

ସମ୍ମୋହିତ କରିପାରିବେ ନାହିଁ। ଆମେ ଜାଗରଣ କରୁ, ଦେବୀମାନେ ଜାଗ୍ରତ ହୁଅନ୍ତି କି ନାହିଁ ତାହା ଆମେ ଜାଣିନାହୁଁ, କିନ୍ତୁ ଆମେ ନିଶ୍ଚିତ ଭାବରେ ସମଗ୍ର ପଡ଼ୋଶୀକୁ ଜାଗ୍ରତ କରିବାକୁ ବାଧ୍ୟ କରୁ। ଦେବୀଙ୍କୁ ଜାଗ୍ରତ କରିବାକୁ ଚେଷ୍ଟା କରନାହିଁ, ନିଜକୁ ଜାଗ୍ରତ କରିବାକୁ ଚେଷ୍ଟା କର। ସଚେତନ ଅବସ୍ଥାରେ ବଞ୍ଚିବାରେ ଏକ ଭିନ୍ନ ଆନନ୍ଦ ଅଛି, ସମ୍ମୋହିତ ବିନା, କୌଣସି ଦୁଃଖ ନାହିଁ, କୌଣସି ଟେନସନ୍ ନାହିଁ।

ପରିବାରରେ ମତଭେଦ ଅଛି - କୌଣସି ପରିବାର ମତଭେଦରୁ ନିରାପଦ ନୁହେଁ। ତେଣୁ ପରିବାରରେ କୌଣସି ଦ୍ୱନ୍ଦ୍ୱ ନହେବା ପାଇଁ ସମାଧାନ କ'ଣ? **ଓଶୋ କୁହନ୍ତି ଯେ ପରିବାରର ମୂଳଦୁଆରେ କିଛି ତ୍ରୁଟି ଅଛି। କିପରି? ଏକ ଛୋଟ ପୁଅ ଏବଂ ଝିଅଙ୍କୁ ବିବାହ କରିବା ସମୟରେ, ଆମେ ସେମାନଙ୍କ ମଧ୍ୟରେ ପ୍ରେମ ଅଛି କି ନାହିଁ ତାହା ଆଲୋଚନା କରୁନାହୁଁ। ଝିଅଟି କେତେ ଶିକ୍ଷିତ। ଯଦି ଝିଅର ପରିବାର ଧନୀ, ତେବେ ସେମାନେ ଯୌତୁକ ଦେବେ କି ନାହିଁ, ଆମେ ପରିବାରର ସମୃଦ୍ଧିକୁ ଦେଖୁ। କୁହାଯାଏ ଯେ ଯଦି ଟଙ୍କା ଅଛି, ତେବେ ପୁଅ ଏବଂ ଝିଅର ଗୁଣ ଏବଂ ଦୋଷ ଲୁଚି ରହିଛି, ଅର୍ଥାତ୍ କେହି ସେମାନଙ୍କ ଗୁଣ ଏବଂ ଦୋଷ ବିଷୟରେ ଚିନ୍ତା କରନ୍ତି ନାହିଁ? ଯଦି ମୂଳଦୁଆ ନିଜେ ଫମ୍ପା, ତେବେ ଆମେ ଅନୁମାନ କରିପାରିବୁ ଯେ ଏହା ଉପରେ କି ପ୍ରକାରର କୋଠା ନିର୍ମାଣ ହେବ। ଓଶୋ କୁହନ୍ତି ଯେ ଯଦି ସ୍ୱାମୀ ଏବଂ ସ୍ତ୍ରୀ ମଧ୍ୟରେ ପ୍ରେମ ନାହିଁ, ତେବେ ସେମାନେ କାହିଁକି ପିଲାମାନଙ୍କୁ ଭଲ ପାଇପାରିବେ ନାହିଁ? ସେମାନଙ୍କ ପିଲାମାନଙ୍କ ମଧ୍ୟରେ ସ୍ୱାମୀ ଏବଂ ସ୍ତ୍ରୀ ନିଜର ପ୍ରତିଫଳନ ପାଇବେ। ସେଥିପାଇଁ ସେମାନେ ସେମାନଙ୍କୁ ଭଲ ପାଇପାରିବେ ନାହିଁ। ଯେଉଁ ପିଲାମାନେ ସ୍ୱାମୀ ଏବଂ ସ୍ତ୍ରୀଙ୍କ ମଧ୍ୟରେ ନିରନ୍ତର ଦ୍ୱନ୍ଦ୍ୱର ପରିବେଶରେ ପ୍ରେମ ବିନା ବଢ଼ିଥାନ୍ତି, ସେମାନେ ମଧ୍ୟ ଚାପରେ ରହିବେ। ଭବିଷ୍ୟତରେ ସେମାନଙ୍କର ମୂଳଦୁଆ ମଧ୍ୟ ଫମ୍ପା ହୋଇଯିବ।**

ପିତାମାତାମାନେ ସେମାନଙ୍କ ପିଲାମାନଙ୍କୁ ବିବାହ କରି ଘରୋଇ ଜୀବନରେ ଠେଲି ଦେଇ ସେମାନଙ୍କର ଦାୟିତ୍ୱରୁ ମୁକ୍ତି ପାଆନ୍ତି। କିନ୍ତୁ ସେମାନେ କେବେ ସେମାନଙ୍କର ଅଭିଜ୍ଞତା କୁହନ୍ତି ନାହିଁ। କାହିଁକି? ସେମାନେ ଭୟ କରନ୍ତି ଯେ ଯଦି ସେମାନେ ସେମାନଙ୍କର ଅଭିଜ୍ଞତା କୁହନ୍ତି, ତେବେ ହୁଏତ ପିଲାମାନେ ବିବାହ କରିବେ ନାହିଁ। ଯେତେବେଳେ ମୋତେ ବିବାହ କରିବାକୁ କୁହାଗଲା, ମୁଁ ସ୍ପଷ୍ଟ ଭାବରେ କହିଥିଲି ଯେ ତୁମ ଦୁଇଜଣଙ୍କୁ ସବୁବେଳେ ଝଗଡ଼ାରେ ଦେଖି ମୁଁ ବିବାହ କରିବି ନାହିଁ। ଯଦି ତୁମେ ମୋତେ ନର୍କରେ ଠେଲି ଦେବାକୁ ଚାହୁଁଛ, ମୁଁ ତୁମ ପରି ଦୁଃଖୀ ହେବାକୁ ଚାହୁଁଛ, ତେବେ ମୁଁ ବିବାହ କରିବି। ସେମାନଙ୍କର ଏହା କହିବାର ସାହସ ନଥିଲା। କାରଣ ଗୋଟିଏ ବି ଦିନ ବି ଯାଉନଥିଲା ଯେତେବେଳେ ସେମାନେ ଝଗଡ଼ା କରିନଥିଲେ। ଏହା କେବଳ ମୋ ଘରେ ହେଉଥିଲା, ଏହା ଏପରି ନଥିଲା, ସମଗ୍ର ପଡ଼ୋଶୀରେ

ସମାନ ଥିଲା କାରଣ ଯେତେବେଳେ ପଡ଼ୋଶୀର ଦୁଇଜଣ ମହିଳା ବସିଥିଲେ, ସେମାନେ ପୂର୍ବ ଦିନ ଘରେ ଘଟିଥିବା ମହାଭାରତ ବର୍ଣ୍ଣନା କରୁଥିଲେ।

ଅନେକ ବନ୍ଧୁ ସେମାନଙ୍କର ସମସ୍ୟା ନେଇ ଆସନ୍ତି, କିନ୍ତୁ ସେମାନଙ୍କର ସମସ୍ୟା ସମାନ, ଟିକିଏ ପାର୍ଥକ୍ୟ ସହିତ। ଏହା ମୋତେ ଆଶ୍ଚର୍ଯ୍ୟ କରେ। ଓଶୋ ତାଙ୍କ ପ୍ରବଚନରେ ଏହି ସମସ୍ୟାଗୁଡ଼ିକୁ ବର୍ଣ୍ଣନା କରିଛନ୍ତି। ଓଶୋ କୁହନ୍ତି ଯେ "ବିବାହ ମଧ୍ୟ ଏକ ପାଠଶାଳା, ଯାହା ଆପଣଙ୍କୁ ଏକ ବହୁତ ବଡ଼ ଶିକ୍ଷା ଦିଏ, ଆପଣଙ୍କୁ ଶିଖାଏ ଯେ ଆପଣ ଅନ୍ୟ ଜଣଙ୍କ (ସ୍ୱାମୀ-ସ୍ତ୍ରୀ) ସହିତ ସନ୍ତୁଷ୍ଟ ହୋଇପାରିବେ ନାହିଁ, ଆପଣ ଖୁସି ପାଇପାରିବେ ନାହିଁ। ଯଦି ପୁଅ ଏବଂ ଝିଅର ଖୁସି ଥାଆନ୍ତା, ତେବେ ସେମାନେ କାହିଁକି ବିବାହ କରିବେ? ପୁଅର ଖୁସି ନାହିଁ ଏବଂ ସେ ଝିଅରେ ଖୁସି ଖୋଜେ ନାହିଁ, ନା ଝିଅର ଖୁସି ଅଛି, ସେ ପୁଅ ସହିତ ଖୁସି ଖୋଜେ। ଯଦି ଉଭୟ ଦୁଃଖୀ ହୁଅନ୍ତି, ତେବେ ବହୁତ ଦୁଃଖ ଅଛି, ଖୁସି ନୁହେଁ। ଯେତେବେଳେ କାହା ପାଖରେ ଖୁସି ନଥିଲା, ତେବେ ଜଣେ ଅନ୍ୟ ଜଣଙ୍କୁ କିପରି ଦେଇପାରିବ? ଏବଂ ଏହା ଏକ ବହୁତ ବଡ଼ ଶିକ୍ଷା, କାରଣ ଏହାର ଦିଗ ହେଉଛି ଯେ ଖୁସି କେବଳ ନିଜଠାରୁ ମିଳିପାରିବ, କେବଳ ନିଜ ଭିତରେ ମିଳିପାରିବ।"

୮

ପରିବାରରେ ଦ୍ୱନ୍ଦ୍ୱ ଏବଂ ଉତ୍ତେଜନା ରହିଛି! ସମାଧାନ କ'ଣ?

ଆଜିକାଲି ପୁଅ ଏବଂ ଝିଅମାନେ ଶିକ୍ଷିତ ହେଉଛନ୍ତି। ଯଦିଓ ସେମାନେ ସ୍କୁଲ କିମ୍ବା କଲେଜରେ ପଢ଼ନ୍ତି ନାହିଁ, ସେମାନଙ୍କ ଚାରିପାଖର ପରିବେଶ, ସିନେମା ଏବଂ ଟିଭି କାର୍ଯ୍ୟକ୍ରମ ସେମାନଙ୍କୁ ଏକ ନୂତନ ଉପାୟରେ ଶିକ୍ଷା ଦେଉଛନ୍ତି। ଏବେ ଘରେ ଚାକରାଣୀ ମଧ୍ୟ ଇଂରାଜୀରେ କଥା ହେଉଥିବାର ଦେଖିବାକୁ ମିଳିବ। ଯଦି ସେ ଗୋଟିଏ ଦିନ ପାଇଁ ସ୍କୁଲ ଯାଇ ନ ଥାଏ। ପରିବେଶ ସମ୍ପୂର୍ଣ୍ଣ ଭିନ୍ନ। ତେଣୁ, ପିତାମାତାମାନେ ସେମାନଙ୍କ ପିଲାମାନଙ୍କୁ ଏତେ ବୁଦ୍ଧିମାନ କରିବା ଉଚିତ କିମ୍ବା ସେମାନଙ୍କୁ ଏପରି କରିବାକୁ ଚେଷ୍ଟା କରିବା ଉଚିତ ଯେ ସେମାନେ ନିଜର ନିଷ୍ପତ୍ତି ନେଇପାରିବେ। ନିଷ୍ପତ୍ତି ନେବାରେ ସେମାନଙ୍କୁ ସାହାଯ୍ୟ କରନ୍ତୁ, ଆପଣଙ୍କର ସ୍ୱାର୍ଥ ଏବଂ ଅହଂକାରକୁ ସନ୍ତୁଷ୍ଟ କରିବା ପାଇଁ ଆପଣଙ୍କ ନିଷ୍ପତ୍ତି ସେମାନଙ୍କ ଉପରେ ଲଦିବାକୁ ଚେଷ୍ଟା କରନ୍ତୁ ନାହିଁ।

ସେମାନଙ୍କୁ ଯେପରି ବଞ୍ଚିବାକୁ ଚାହାଁନ୍ତି ସେହିପରି ବଞ୍ଚିବାକୁ ଦିଅନ୍ତୁ, ଯଦି ଆପଣଙ୍କୁ ଲାଗୁଛି ଯେ ଏହି ପଥ ଭୁଲ, ତେବେ ପିଲାମାନଙ୍କୁ ସେହି ନିଷ୍ପତ୍ତିର ଭଲ ଏବଂ ଖରାପ ବୁଝାନ୍ତୁ ଏବଂ ସେମାନଙ୍କୁ ନିଷ୍ପତ୍ତି ନେବାକୁ ଦିଅନ୍ତୁ।

ଆଜିକାଲି ଯେତେବେଳେ ଜଣେ ପୁଅ ବିବାହ ପାଇଁ ଝିଅକୁ ଦେଖିବାକୁ ଯାଏ, ସେମାନେ କ'ଣ ଦେଖନ୍ତି? ପୁଅ ଦେଖେ ସେ ସୁନ୍ଦର କି ନାହିଁ। ପିତାମାତା ଦେଖନ୍ତି ଘର ଧନୀ କି ନାହିଁ, ଯଦି ଧନୀ ତେବେ ସେମାନେ ଯୌତୁକରେ କ'ଣ ଦେବେ? ଯେକୌଣସି ପୁଅ ଝିଅକୁ ଦେଖିଲେ ହଁ କହିଥାଏ। ଝିଅଟି କିପରି ହେଉନା କାହିଁକି। କାହିଁକି? ପୁଅଟି ଛୋଟ, ତା ମନ କାମନାରେ ପରିପୂର୍ଣ୍ଣ, ତେଣୁ ସେ ଯେଉଁ ଝିଅକୁ ଦେଖେ ତାହା ସୁନ୍ଦର ଦେଖାଯାଏ ଏବଂ ସେ ହଁ କହିଥାଏ। ଯଦି ସେ ପୂର୍ବରୁ ଅନ୍ୟ କାହାକୁ ପ୍ରେମ କରିଥିବ ଏବଂ ତା'ର ବାପାମା ବିରୋଧ କରନ୍ତି, ତେବେ ସେ କେବଳ ଗୋଟିଏ ପରିସ୍ଥିତିରେ ନା କହିବ। ନଚେତ୍, ନା କହିବାର ପ୍ରଶ୍ନ ଉଠୁନାହିଁ। ପୁଅଟି ଝିଅଟିକୁ ଦେଖିବାକୁ ଗଲେ କଣ ଦେଖିବ? ତା'ର ରଙ୍ଗ, ଦେଖା, କିନ୍ତୁ ତା'ର ଚର୍ମର ରଙ୍ଗ ତା'ର ଅନ୍ୟ ଆଚରଣ ଏବଂ ଚିନ୍ତାଧାରା ବିଷୟରେ କହିପାରିବ ନାହିଁ।

ପିତାମାତାମାନେ ସଚ୍ଚୋଟ ଭାବରେ ସେମାନଙ୍କ ପିଲାମାନଙ୍କୁ କହିବା ଉଚିତ ଯେ ସେମାନେ କେଉଁଠାରେ କଷ୍ଟର ସମ୍ମୁଖୀନ ହୋଇଛନ୍ତି। ଯୌତୁକକୁ ନ ଦେଖି ପିଲାମାନଙ୍କୁ ସତର୍କ କରନ୍ତୁ ଏବଂ ଜୀବନସାଥୀ ଖୋଜିବାରେ ସେମାନଙ୍କୁ ଭାବପ୍ରବଣ ଭାବରେ ସାହାଯ୍ୟ କରନ୍ତୁ, ଏହା ପିଲାଟିର ତୁମ ପ୍ରତି ପ୍ରେମ ଏବଂ ସମ୍ମାନ ବୃଦ୍ଧି କରିବ।

ପୁଅଟି ପିଲାଦିନରୁ ତା'ର ମାଆଙ୍କ ସମ୍ପର୍କରେ ଥାଏ। ମାଆ ତାକୁ ଭଲ ପାଉଥିଲା। ସେ ଯେତେବେଳେ କୌଣସି ଝିଅକୁ ଜୀବନସାଥୀ ଭାବରେ ଦେଖିବାକୁ ଯାଏ, ସେ ତା' ଭିତରେ ତା'ର ମାଆର ପ୍ରତିଛବି ଦେଖିବାକୁ ଚାହିଁବ। ସେଥିପାଇଁ ପ୍ରାୟତଃ କୁହାଯାଏ ଯେ ପୁଅଟି ସବୁବେଳେ ଜଣେ ସରଳ ଝିଅକୁ ତା'ର ସ୍ତ୍ରୀ କରିବାକୁ ଚାହେଁ। ମାଆ ଏବଂ ଝିଅଟି ତାଙ୍କ ଘରେ ତାଙ୍କ ବାପା କିମ୍ବା ବଡ଼ ଭାଇଙ୍କ ସମ୍ପର୍କରେ ଥିବାର ପ୍ରତିଛବି ଯୋଗୁଁ, ସେ ପ୍ରେମ ପାଇଲେ। ପୁଅଟିରେ ବାପା କିମ୍ବା ବଡ଼ ଭାଇର ପ୍ରତିଛବି ଦେଖି ଜୀବନସାଥୀ ହଁ କୁହନ୍ତି। ଝିଅ ପୁଅଟି ପୁଅଟିର ମା ହୋଇପାରିବ ନାହିଁ ଏବଂ ପୁଅଟି ଝିଅଟିର ବାପା କିମ୍ବା ବଡ଼ ଭାଇ ହୋଇପାରିବ ନାହିଁ। ଏହା ସମ୍ଭବ ନୁହେଁ, ତେଣୁ ଯେତେବେଳେ ବିବାହ ପରେ ଉଭୟେ ଖୁସି ପାଆନ୍ତି ନାହିଁ, ସେମାନେ କୁହନ୍ତି ଯେ ସେମାନେ ପ୍ରତାରିତ ହୋଇଛନ୍ତି। ଏବେ କ'ଣ ହୋଇପାରେ? ଯଦି କୌଣସି ଝିଅ କିମ୍ବା ପୁଅ ସହିତ ବିବାହ ହୋଇଥାନ୍ତା, ତେବେ ଏହା ଘଟିବାର ଥିଲା।

ଏପରି ପରିସ୍ଥିତିରେ ସମାଧାନ କ'ଣ?

ପ୍ରଥମତଃ, ଉଭୟଙ୍କୁ ବୁଝିବା ଉଚିତ ଯେ ଅନ୍ୟ ଜଣ ଖୁସି ଦେଇପାରିବେ ନାହିଁ, ଯେତେବେଳେ ଏହା ବୁଝାପଡ଼େ, ବାକି ସବୁ ସହଜ ହୋଇଯାଏ। ଏବେ ନା ସେମାନେ ପରସ୍ପରକୁ ପ୍ରତାରଣାର ଅଭିଯୋଗ କରିପାରିବେ ଏବଂ ନା ସେମାନେ ପରସ୍ପରକୁ ସନ୍ଦେହ କରିପାରିବେ ଯେ ପସନ୍ଦ ଭୁଲ ଥିଲା। ଯଦି ଅନ୍ୟ କାହା ସହିତ ବିବାହ ହୋଇଥାନ୍ତା, ତେବେ ଏହା ଘଟିବାର ଥିଲା।

ସ୍ୱାମୀ ଏବଂ ସ୍ତ୍ରୀ ବୁଝିବା ଉଚିତ ଯେ ସେମାନଙ୍କୁ ଜୀବନସାରା ଏକାଠି ରହିବାକୁ ପଡିବ। ତେଣୁ, ପରସ୍ପର ଉପରେ ପ୍ରାଧାନ୍ୟ ବିସ୍ତାର କରିବା ପରିବର୍ତ୍ତେ, ସେମାନଙ୍କର ବନ୍ଧୁତାର ଭାବନା ରହିବା ଉଚିତ। ପରସ୍ପରକୁ ଭଲ ଭାବରେ ବୁଝି ଘର ପରିଚାଳନା କରିବା ଉଚିତ। ସ୍ତ୍ରୀ ଏବଂ ସ୍ୱାମୀଙ୍କ ପିତାମାତା ସେମାନଙ୍କୁ ପରିବାର ଚଳାଇବାରେ ପରାମର୍ଶ ଦେବା ଉଚିତ, କିନ୍ତୁ ସେମାନେ ଅଧିକ ହସ୍ତକ୍ଷେପ କରିବା ଉଚିତ୍ ନୁହେଁ। ଝିଅର ପିତାମାତା କ'ଣ ଅଧିକ ହସ୍ତକ୍ଷେପ କରି ଏବଂ ସେମାନଙ୍କୁ ପୃଥକ ଭାବରେ ବସବାସ କରିବାକୁ ପରାମର୍ଶ ଦେଇ ସେମାନଙ୍କ ପାଇଁ ସମସ୍ୟା ସୃଷ୍ଟି କରୁଛନ୍ତି? ସେମାନଙ୍କୁ ନିଜ ଅଭିଜ୍ଞତା ଉପରେ ଆଧାର କରି ଏପରି ନିଷ୍ପତ୍ତି ନେବାକୁ ଦିଅନ୍ତୁ।

ଯଦି ଘରେ ଉତ୍ତେଜନା ଥାଏ ଏବଂ ସ୍ତ୍ରୀ ରାଗିଥାନ୍ତି, ତେବେ ସେ ଖାଦ୍ୟ ରାନ୍ଧିବା ଭଲ ନୁହେଁ। କାହିଁକି? ଯଦି କ୍ରୋଧର ଶକ୍ତି ଖାଦ୍ୟରେ ଯାଏ, ତେବେ କ୍ରୋଧରେ ରନ୍ଧା ଖାଦ୍ୟ ଖାଉଥିବା ଲୋକମାନେ କେତେ ଶାନ୍ତ ରହିବେ?

ମହିଳାମାନେ ବହୁତ ଈର୍ଷାଳୁ। ଓଶୋ କହିଛନ୍ତି ଯେ "ମହିଳାମାନେ ପୁରୁଷଙ୍କ ତୁଳନାରେ ବହୁତ ଘୃଣା କରନ୍ତି। ଦୁଇଜଣ ମହିଳା କେବେ ବନ୍ଧୁ ହୁଅନ୍ତି ନାହିଁ। କାରଣ କୌଣସି ମହିଳା ତାଙ୍କ ଶରୀର, ତାଙ୍କ ସୌନ୍ଦର୍ଯ୍ୟରେ ଖୁସି ନୁହଁନ୍ତି। ଅନ୍ୟ ମହିଳା ସର୍ବଦା ପୁରୁଷମାନଙ୍କ ପାଇଁ ଅଧିକ ସୁନ୍ଦର, ଅଧିକ ପ୍ରଭାବଶାଳୀ, ଅଧିକ ଆକର୍ଷଣୀୟ ଦେଖାଯାଆନ୍ତି। ତେଣୁ ପ୍ରତ୍ୟେକ ମହିଳା ଅନ୍ୟ ମହିଳାଙ୍କୁ ଶତ୍ରୁ ଭାବରେ ଦେଖିବା ଆରମ୍ଭ କରନ୍ତି। ଦୂରଦୂରାନ୍ତର ମହିଳାମାନେ ଭିନ୍ନ, ଯେତେବେଳେ ଝିଅ ଘରେ ବଡ଼ ହୁଏ, ମା' ତାଙ୍କୁ ଘରୁ ବାହାର କରିଦେବାକୁ ଆଗ୍ରହୀ ହୋଇଯାଆନ୍ତି। ସେ ଅନେକ ବାହାନା କରନ୍ତି ଯେ ତାଙ୍କୁ ବିବାହ କରିବାକୁ ପଡିବ, ତାଙ୍କୁ ଶୀଘ୍ର ବିବାହ କରିବାକୁ ପଡିବ। ତାଙ୍କୁ ଏହା କରିବାକୁ ପଡିବ, ତାଙ୍କୁ ତାହା କରିବାକୁ ପଡିବ। କିନ୍ତୁ କାରଣ ହେଉଛି ଘରର ବିନ୍ଦୁ ଝିଅ ହେବା ଆରମ୍ଭ କରେ (ଯେତେବେଳେ ବୋହୂ ଘରକୁ ଆସେ, ଘରର ବିନ୍ଦୁ ବୋହୂ ହୋଇଯାଏ)। ମା' ଏହା ଚାହାଁନ୍ତି ନାହିଁ, ଈର୍ଷା ତୀବ୍ର ହୋଇଯାଏ।"

ଓଶୋ ଏହାର ସମାଧାନ ମଧ୍ୟ କୁହନ୍ତି। ସେ ଆହୁରି କୁହନ୍ତି ଯେ "ଯଦି ଜଣେ ବ୍ୟକ୍ତି ତାଙ୍କ ଶରୀର ଏବଂ ତାଙ୍କ ସୌନ୍ଦର୍ଯ୍ୟରେ ଖୁସି ହୁଅନ୍ତି ଯେ ମୁଁ ଏହି ଭଳି, ଭଗବାନ ମୋତେ ଏପରି ତିଆରି କରିଛନ୍ତି, ତେବେ କୌଣସି ଦ୍ୱନ୍ଦ୍ୱ ବାକି ନଥାଏ।"

ପିଲାକୁ ଠିକ୍ ଭାବରେ ପାଳନ କରିବାର ଅର୍ଥ ହେଉଛି ସ୍ୱାମୀ-ସ୍ତ୍ରୀ ମଧ୍ୟରେ ପ୍ରେମ ଅଛି, ପିଲାମାନଙ୍କୁ ପାଳନ କରିବାର ସମୟ ଅଛି, ସେମାନଙ୍କୁ ଆୟା ବା ଚାକରାଣୀଙ୍କ ଭରସାରେ କିମ୍ବା କ୍ରେଚରେ ରଖି ବଡ଼ କରିବାକୁ ଚାହୁଁନାହାଁନ୍ତି, ତେବେ ହିଁ ପିଲା ଜନ୍ମ କରନ୍ତୁ। ପଶୁମାନଙ୍କର ମଧ୍ୟ ସନ୍ତାନ ଅଛି। କିନ୍ତୁ ପ୍ରେମ ବିନା ପାଳିତ ପିଲା ପଶୁମାନଙ୍କ ପିଲାମାନଙ୍କଠାରୁ ଖରାପ। ତୁମେ ଯାହା ବୁଣ ତାହା ଅମଳ କର। ଆଜି ତୁମେ ତୁମର ସୁବିଧାର ଯତ୍ନ ନେଇଛ ଏବଂ ଟଙ୍କା ରୋଜଗାର କରିବାକୁ ପ୍ରାଥମିକତା ଦେଇଛ। କାଲି ସେହି ପିଲା ମଧ୍ୟ ସେହିପରି କରିବ, ତେବେ ତାକୁ କାହିଁକି ଦୋଷ ଦେବ? ପ୍ରେମ ବିନା ପାଳିତ ପିଲା ଜୀବନରେ କ୍ରୋଧ ଏବଂ ଘୃଣାରେ ପରିପୂର୍ଣ୍ଣ ହେବ। ସେ ହିଂସାତ୍ମକ, ଆକ୍ରମଣାତ୍ମକ ହେବ।

ସମସ୍ତ ପିଲାଙ୍କ ପ୍ରତି ପୂର୍ଣ୍ଣ ଧ୍ୟାନ ଦିଅ, ପିଲାମାନଙ୍କୁ ଭାଗ କର ନାହିଁ, ଗୋଟିଏ ପିଲାକୁ ପ୍ରାଥମିକତା ଦେଇ ଅନ୍ୟକୁ ଅବହେଳା କର ନାହିଁ। ପିଲାମାନଙ୍କର ଅଯୌକ୍ତିକ ଦାବିକୁ ଆଦୌ ଗ୍ରହଣ କର ନାହିଁ, ସେମାନେ ଯେତେ ଜିଦ୍ଖୋର ହୁଅନ୍ତୁ ନା କାହିଁକି, ଯଦି

ତୁମେ ତାକୁ ପ୍ରେମରେ ବୁଝାଇ ଦିଅ, ତେବେ ପିଲାଟି ଜିଦ୍ଖୋର ହେବା ବନ୍ଦ କରିଦେବ, ତୁମେ ତାକୁ ଗାଳି ଦେଲେ ସେ ଅଧିକ ଜିଦ୍ଖୋର ହୋଇଯିବ। ମନେରଖ, ଆଜି ପିଲାଟି ଅସହାୟ, ତାକୁ ତୁମର ସମର୍ଥନ ଆବଶ୍ୟକ। ସମର୍ଥନ ବିନା ଗରିବ ପିଲାଟି ମରିଯିବ। କିନ୍ତୁ କାଲି ଏହାର ବିପରୀତ ହେବ। ଆମେ ଆମ ପିଲାମାନଙ୍କୁ ପ୍ରେମରେ ପାଳନ କରିଛୁ, ପ୍ରତ୍ୟେକ କଷ୍ଟରେ ସେମାନଙ୍କୁ ବୁଝାଇଛୁ, ସେମାନଙ୍କୁ ସମର୍ଥନ କରିଛୁ, ସେହି ପିଲା ବଡ଼ ହେଲେ ତୁମକୁ ଭଲ ପାଇବ, ଯଦି ସେ ପ୍ରେମର ପାଠ ଶିଖିନାହିଁ ତେବେ ସେ କଣ ଦେବ? ପ୍ରାୟତଃ ପିତାମାତା ସେମାନଙ୍କ ପିଲାମାନଙ୍କୁ ଟଙ୍କା ରୋଜଗାର କରିବାରେ ବ୍ୟସ୍ତ ଥିବାରୁ ପୂର୍ଣ୍ଣ ସମୟ ଦେଇପାରୁ ନାହାଁନ୍ତି। ସେମାନେ କୁହନ୍ତି ପୁଅ, ଆମେ ଏସବୁ କେବଳ ତୁମ ପାଇଁ କରୁଛୁ, ଏହା କେବଳ ତୁମ ପାଇଁ ଉପଯୋଗୀ ହେବ। କିନ୍ତୁ ପ୍ରେମ ଟଙ୍କାରେ ପୂରଣ ହୋଇପାରିବ ନାହିଁ। ଆମେ ଆମର ଅହଂକାରକୁ ସନ୍ତୁଷ୍ଟ କରିବା ପାଇଁ ଟଙ୍କା ରୋଜଗାର କରୁଛୁ। ମୋ ବାପା ମଧ୍ୟ ସମାନ କଥା କହୁଥିଲେ, ତା ପରେ ଗୋଟିଏ ଦିନ ମୁଁ କହିଥିଲି ଯେ ଧର ମୁଁ ଆଜି ସନ୍ୟାସୀ ହୋଇଯାଏ କିମ୍ବା ମରିଯାଏ, ତେବେ ତୁମେ ଟଙ୍କା ରୋଜଗାର କରିବ କି ନାହିଁ?

ପିଲାକୁ ଅହଂକାର ଶିଖାଅ ନାହିଁ, ଭୟ ଦିଅ ନାହିଁ, ମହତ୍ତ୍ୱାକାଂକ୍ଷା ଶିଖାଅ ନାହିଁ। ପିଲାଟି ତଥାପି ଆଗକୁ ବଢ଼ିବ, ଏହା ଆମର ଭୁଲ ଧାରଣା ଯେ ମହତ୍ତ୍ୱାକାଂକ୍ଷା, ଅହଂକାର ବିନା କେହି ଆଗକୁ ବଢ଼ିପାରିବେ ନାହିଁ। ହଁ, ଏହା ସମ୍ଭବ ଯେ କେହି ବଡ଼ ପଦବୀ ପାଇପାରିବେ ନାହିଁ, ଧନୀ ନ ହୋଇପାରନ୍ତି କିନ୍ତୁ ଖୁସିରେ ବଞ୍ଚିବେ, ସନ୍ତୋଷରେ ବଞ୍ଚିବେ। ଖୁସିରେ ବଞ୍ଚିବେ, ହିଂସାତ୍ମକ ହେବେ ନାହିଁ।

ଆମେ ଗୋଟିଏ ଛୋଟ ପିଲାକୁ ରାଜନୀତି ଶିଖାଉଛୁ। ଆମେ ଚାହୁଁଛୁ ଯେ ପିଲାମାନେ ହସୁ, ଯେତେବେଳେ ସେମାନେ ଜାଣିବେ ଯେ ହସିବାର ଲାଭ ଅଛି, ସେମାନେ ହସୁଛନ୍ତି। ଆମେ ଗୋଟିଏ ଛୋଟ ପିଲାକୁ କହିଥାଉ ଯେ ଆମେ ଟଫି ଦେବୁ କିନ୍ତୁ ତୁମର କାମ କର, ମାମୁଁ ଏବଂ ମାଉସୀଙ୍କୁ ନମସ୍ତେ କୁହ, ଗୀତ ଗାଇ ନାଚ। ଆମେ ପିଲାବେଳେ ହିଁ ଲାଞ୍ଚ ଶିଖାଉ। ଓଶୋ କୁହନ୍ତି, ଯେଉଁ ଦେଶରେ ଦେବତା ଏବଂ ଭଗବାନ ମଧ୍ୟ ନଡ଼ିଆ କିମ୍ବା ଲଡୁ ସହିତ କାମ କରନ୍ତି, ସେଠାରେ ଜଣେ ନାଗରିକ ଲାଞ୍ଚ ନେଲେ କ'ଣ ଭୁଲ? ମନ୍ଦିର, ମସଜିଦ, ଚର୍ଚ୍ଚ, ଗୁରୁଦ୍ୱାରରେ ପ୍ରାର୍ଥନା କରନ୍ତୁ ଏବଂ ଆପଣ ଜାଣିପାରିବେ ଯେ ଭଗବାନ ଲାଞ୍ଚ ନେଇ ପ୍ରଲୋଭିତ ହେଉଛନ୍ତି କି ନାହିଁ। ଆମେ ମଧ୍ୟ ପରମେଶ୍ୱରଙ୍କୁ ଖୁସି କରିବା ପାଇଁ ତାଙ୍କ ପ୍ରଶଂସାରେ ଗୀତ ଗାଇଥାଉ, ଅର୍ଥାତ୍ ଆମେ ତାଙ୍କୁ ଚାଟୁକାର କରୁ, ତେଣୁ ଯଦି ରାଜନେତା ଏବଂ ଅଧିକାରୀମାନେ ମଧ୍ୟ ପ୍ରଶଂସାକାରୀ, ଅର୍ଥାତ୍ ଚାଟୁକାରମାନଙ୍କ ଦ୍ୱାରା ଘେରି ରହିଥାନ୍ତି ତେବେ ଏହା ଆଶ୍ଚର୍ଯ୍ୟଜନକ କି? ଆମେ ପିଲାବେଳେ ହିଁ ଏସବୁ ଶିଖିବା ଆରମ୍ଭ କରୁ। ଆମେ

କଳ୍ପନା ମଧ୍ୟ କରିପାରିବା ନାହିଁ ଯେ ଟଫି ଦେବା ଭଳି ଏତେ ଛୋଟ ଜିନିଷ, ପ୍ରଥମେ ରାଜି ହେବା, ଦୁର୍ନୀତିକୁ ପ୍ରୋତ୍ସାହିତ କରିବ। ପିଲାବେଳେ ହିଁ ପିଲାଟିକୁ ସତ୍ୟ ଏବଂ ମିଛ, ଲାଭ ଏବଂ କ୍ଷତି, ସୁନ୍ଦର ଏବଂ କୁତ୍ସିତ, କଳା ଏବଂ ଧଳାର ପାଠ ପଢ଼ାଯାଏ। ପିତାମାତା, ବନ୍ଧୁ ଏବଂ ସ୍କୁଲ ଏଥିପାଇଁ ପୂର୍ଣ୍ଣ ତାଲିମ ଦିଅନ୍ତି। ପିଲାମାନଙ୍କୁ ସେମାନଙ୍କ ମଧ୍ୟରେ ମତଭେଦ ସୃଷ୍ଟି କରି ଲଢ଼ିବାକୁ ଶିଖାଯାଏ। ପରସ୍ପର ପ୍ରତି ପ୍ରେମ ଶିଖାଇବା ପରିବର୍ତ୍ତେ, ସେମାନେ ସେମାନଙ୍କର ଅହଂକାରକୁ ପ୍ରଲୋଭିତ କରନ୍ତି ଏବଂ ହୀନମନ୍ୟତା ସୃଷ୍ଟି କରନ୍ତି। ସେମାନେ ଛୋଟ ଛୋଟ କଥାରେ ଜାଣତରେ କିମ୍ବା ଅଜାଣତରେ ଏସବୁ କରନ୍ତି। ଉଦାହରଣ ସ୍ୱରୂପ, ସେମାନେ ଦୁଇ ଭାଇଙ୍କୁ କୁହନ୍ତି, ହେ, ତୁମେ ଅଦରକାରୀ, ତୁମର କୌଣସି ବୁଦ୍ଧି ନାହିଁ, ତୁମର ଅନ୍ୟ ଭାଇ, ବନ୍ଧୁକୁ ଦେଖ। ଏହା ଅନ୍ୟ ଭାଇ ପ୍ରତି ଈର୍ଷା ଏବଂ ଘୃଣା ସୃଷ୍ଟି କରିବ, ସେ ହୀନମନ୍ୟତା ବିକଶିତ କରିବ।

ଯଦି ଆମେ ପିଲାମାନଙ୍କୁ ଲାଳନପାଳନ କରିବାରେ ସତର୍କ ରହିବା, ଯଦି ଆମେ ସେମାନଙ୍କୁ ଠିକ୍ ଭାବରେ ପାଳନ କରିବା, ତେବେ ପିଲାଟି ବଡ଼ ହେଲେ ପ୍ରେମପୂର୍ଣ୍ଣ ହେବ। ସେ ଚାପରେ ରହିବ ନାହିଁ। ଆମେ ପ୍ରାୟତଃ ପିଲାମାନଙ୍କୁ ହସିବାକୁ କିମ୍ବା କାନ୍ଦିବାକୁ ଦେଉନାହୁଁ। ଯଦି ପିଲାଟି ଖୋଲାଖୋଲି ହସେ, ଆମେ କହୁ, ତୁମେ ପାଗଳ ପରି କାହିଁକି ହସୁଛ? ଯଦି ସେ କାନ୍ଦେ, ଆମେ ତାକୁ କାନ୍ଦିବାକୁ ଦେଉନାହୁଁ, ଆମେ ପଚାରୁଛୁ, ସେ କାହିଁକି କାନ୍ଦୁଛି? ସେ କ'ଣ ମାଗୁଛି, ଯାହା ଦ୍ୱାରା ଆମେ ତା'ର ଦାବି ପୂରଣ କରିପାରିବା। ପିଲାକୁ ହସିବା କିମ୍ବା କାନ୍ଦିବା ବନ୍ଦ କରିବା ଉଚିତ୍ ନୁହେଁ। ତାକୁ ଏହା କରିବାକୁ ଦିଅ, ତା'ପରେ ସେ ସହଜରେ ଖୁସି ଆଡ଼କୁ ଗତି କରିବ। କିନ୍ତୁ ଆମେ ତାକୁ ବାଧା ଦେଉଛୁ, ସେଥିପାଇଁ ଆମେ ଜୀବନସାରା ହସିପାରୁନାହୁଁ କିମ୍ବା ସମ୍ପୂର୍ଣ୍ଣ ଭାବରେ କାନ୍ଦିପାରୁନାହୁଁ। ହସିବା ଏବଂ କାନ୍ଦିବା ଦ୍ୱାରା ଜମା ହୋଇଥିବା ଅନେକ ଅଳିଆ ସମ୍ପୂର୍ଣ୍ଣ ଭାବରେ ବହିଯାଏ। ଅଳିଆ ଆବର୍ଜନା ଜମା ହେବା ଯୋଗୁଁ ଆମେ ଚାପରେ ପରିପୂର୍ଣ୍ଣ ରହିଥାଉ।

ଯେତେବେଳେ ଦୁଃଖ ଆସେ, ତାଠାରୁ ଦୂରେଇ ଯାଅ ନାହିଁ, ସାକ୍ଷୀ ହୁଅ। ସେହିପରି, ଯେତେବେଳେ ଖୁସି ଆସେ, ତାକୁ ଲାଗି ରୁହ ନାହିଁ, ଖୁସିର ମଧ୍ୟ ସାକ୍ଷୀ ହୁଅ। ସୁଖ ଏବଂ ଦୁଃଖକୁ ଦେଖ, ସାକ୍ଷୀ ରୁହ, ତା'ପରେ ତୁମେ ସେଗୁଡ଼ିକୁ ପରାସ୍ତ କରିବ। କିପରି? ଯେପରି ଯଦି ଆପଣଙ୍କର ମୁଣ୍ଡବିନ୍ଧା ହେଉଛି, ତେବେ ଆଖି ବନ୍ଦ କରି ମୁଣ୍ଡବିନ୍ଧା ଅନୁଭବ କରୁଥାଅ, ମୁଣ୍ଡବିନ୍ଧାରୁ ଦୌଡ଼ିବାକୁ ଚେଷ୍ଟା କର ନାହିଁ, କିଛି ସମୟ ମଧ୍ୟରେ ମୁଣ୍ଡବିନ୍ଧା ବିନା ଔଷଧରେ ଅଦୃଶ୍ୟ ହୋଇଯିବ।

ପରିବାର ଏବଂ ସମାଜରେ ରହୁଥିବା ସମୟରେ, ଆମେ ଜାଣିଛୁ ଯେ ଅହଂକାର, ଇଚ୍ଛା, ଅନ୍ୟମାନଙ୍କଠାରେ ଖୁସି ଖୋଜିବା, ବର୍ତ୍ତମାନରେ ନ ରହିବା, ଆସକ୍ତି, ଅନ୍ୟମାନଙ୍କ ପ୍ରତିକ୍ରିୟାକୁ ଭୟ କରିବା, ହୀନମନ୍ୟତା ଏବଂ ଶବ୍ଦ ପ୍ରଦୂଷଣ ଏବଂ ପିଲାମାନଙ୍କୁ ଠିକ୍ ଭାବରେ ପାଳନ ନ କରିବା ଇତ୍ୟାଦି ମାନସିକ ଚାପର ମୁଖ୍ୟ କାରଣ। ଓଶୋ କୁହନ୍ତି ଯଦି ଆମେ ଏସବୁ ବିଷୟରେ ସଚେତନ ହେବା, ତେବେ ଆମେ ଚାପମୁକ୍ତ ଜୀବନ ବଞ୍ଚିପାରିବା।

୧. ସ୍ୱାମୀ-ସ୍ତ୍ରୀ........

୨. ସବୁକିଛି ନକଲି

୩. କିପରି ଜଣେ ଆଦର୍ଶ ପିତାମାତା ହେବେ?

ସ୍ୱାମୀ-ସ୍ତ୍ରୀ ଏବଂ.................!

ବିବାହ ପୂର୍ବରୁ, ଝିଅଟି ଜଣେ ରାଜକୁମାରଙ୍କ ସ୍ୱପ୍ନ ଦେଖେ ଏବଂ ପୁଅଟି ଜଣେ ରାଣୀଙ୍କ ସ୍ୱପ୍ନ ଦେଖେ। ଯେତେବେଳେ ଦୁଇଜଣ ଅପରିଚିତ ବ୍ୟକ୍ତି ବିବାହ କରନ୍ତି, ସେତେବେଳେ ଉତ୍ସାହ ଏବଂ ଆଗ୍ରହ ଥାଏ, ତା'ପରେ କିଛି ଦିନ ପାଇଁ ସବୁକିଛି ସ୍ୱପ୍ନ ପରି ମନେହୁଏ। କିନ୍ତୁ ଖୁବ୍ ଶୀଘ୍ର ଉଭୟଙ୍କ ଭ୍ରମ ଦୂର ହୋଇଯାଏ। ଉଭୟ ଅନୁଭବ କରିବାକୁ ଆରମ୍ଭ କରନ୍ତି ଯେ ନା ସେ ସେମାନଙ୍କ ସ୍ୱପ୍ନର ରାଜକୁମାର ଅଟନ୍ତି ନା ସେ ସେମାନଙ୍କ ସ୍ୱପ୍ନର ରାଣୀ! ସେତେବେଳକୁ ଉଭୟ ପରସ୍ପରର ଇତିହାସ ଏବଂ ଭୌଗୋଳିକ ଭୂଗୋଳ ଜାଣନ୍ତି। ପ୍ରତିଦିନ ସମାନ କଥା! ଭ୍ରମ ଦୂର ହେବା ମାତ୍ରେ, ଏକ ଦୂରତା ଆସିବା ଆରମ୍ଭ ହୁଏ। ଏବେ ପୂର୍ବ ଉତ୍ସାହ ନାହିଁ। ତା'ପରେ ମନେହୁଏ ଯେ ଏକ ଭୁଲ ହୋଇଥିଲା। ସାଥୀ ବାଛିବା ଭୁଲ ଥିଲା। ପରସ୍ପର ପ୍ରତି ଆଗ୍ରହ କମିଯାଏ। ସନ୍ଦେହ ଉଠିବାକୁ ଆରମ୍ଭ ହୁଏ ଯେ ହୁଏତ ଅନ୍ୟ କେହି ଅନ୍ୟ ଜଣଙ୍କ ଜୀବନରେ ଆସିଛନ୍ତି। ଅନ୍ୟ ଜଣଙ୍କ ପ୍ରତି ଅବିଶ୍ୱାସର ଭାବନା ଆସିବା ମାତ୍ରେ ଛାଡପତ୍ରର ବୀଜ ବୁଣାଯାଏ। ସେହି ଦିନଠାରୁ, ଘର ଏବଂ ପିଲାମାନଙ୍କ ପ୍ରତି ଆଗ୍ରହ କମିବାକୁ ଆରମ୍ଭ ହୁଏ। ସ୍ୱାମୀ-ସ୍ତ୍ରୀଙ୍କ ମଧ୍ୟରେ ପ୍ରେମ କମିବା ମାତ୍ରେ, ପିଲାମାନେ ଅନାଥ ପରି ରହିବା ଆରମ୍ଭ କରନ୍ତି। ସନ୍ଦେହ ବଢ଼ିବା ମାତ୍ରେ ଦୂରତା ବଢ଼ିଥାଏ। ଧୀରେ ଧୀରେ ଦୂରତା ଏତେ ବଢ଼ିଯିବ ଯେ ଛାଡପତ୍ର ଏକମାତ୍ର ସମାଧାନ ପରି ମନେ ହେବ। ଯଦି ତୁମେ ଛାଡପତ୍ର ନେବାକୁ ସାହସ ସଂଗ୍ରହ କରିପାରୁନାହଁ, ଯଦି ବାଧ୍ୟବାଧକତା କିମ୍ବା ଚାପ ଯୋଗୁଁ ତୁମେ ତାହା କରିପାରୁନାହଁ, ତେବେ ତୁମେ ଜୀବନ ବଞ୍ଚିବ ନାହିଁ, ବରଂ ଏହାକୁ ବହନ କରିବ।

ମନେରଖ, ଯଦି ତୁମେ ଛାଡପତ୍ର ପାଇବ, ତେବେ ଏକ ନୂତନ ରାଜକୁମାର ଏବଂ ରାଣୀ ଖୋଜା ଆରମ୍ଭ ହେବ। ତା' ପରେ ଯଦି ତୁମ ଜୀବନରେ ଅନ୍ୟ କେହି ଆସିବେ,

ତେବେ ଏହା କିଛି ଦିନ ପାଇଁ ପ୍ରତିଶୋଧ ପରି ମନେ ହେବ, କିନ୍ତୁ ଖୁବ୍ ଶୀଘ୍ର ପୁଣି ସମାନ କାହାଣୀ ଆରମ୍ଭ ହେବ। ଏବେ କ'ଣ କରିବେ? ତୁମେ ତୁମର ସାଥୀକୁ କେତେ ଦୂର ବଦଳାଇବ?

ଦୁଇଜଣ ଲୋକ ଖୁସି ପାଇଁ ବିବାହ କରନ୍ତି। ସେମାନଙ୍କ ମଧ୍ୟରୁ କାହାରି ପାଖରେ ଖୁସି ନାହିଁ, ତେବେ ସେମାନେ ପରସ୍ପରକୁ କିପରି ଖୁସି ଦେବେ? ଯଦି କାହା ପାଖରେ ଖୁସି ଥାଆନ୍ତା, ତେବେ ସେ କାହିଁକି ବିବାହ କରିବେ? ଓଶୋ କୁହନ୍ତି, "ବୈବାହିକ ଦ୍ୱନ୍ଦ୍ୱ ଅନନ୍ତ। ଏହା ଚାଲିଥାଏ। ବିବାହଠାରୁ ବଡ଼ ଦ୍ୱନ୍ଦ୍ୱ ଆପଣ ପାଇପାରିବେ ନାହିଁ। ଏକ ନିରନ୍ତର ଆସନ୍ତାକାଲି ଅଛି। ସ୍ତ୍ରୀମାନେ ସ୍ୱାମୀଙ୍କୁ ଅଧିକାର କରିବାକୁ ଚେଷ୍ଟା କରୁଛନ୍ତି ଏବଂ ସ୍ୱାମୀମାନେ ସ୍ତ୍ରୀମାନଙ୍କୁ ଅଧିକାର କରିବାକୁ ଚେଷ୍ଟା କରୁଛନ୍ତି। ସେଥିପାଇଁ ଦ୍ୱନ୍ଦ୍ୱ ଅଛି। ଅଧିକାର ହେଉଛି ହିଂସାର ଭାବନା, ପ୍ରେମ ସହିତ ଏହାର କୌଣସି ସମ୍ପର୍କ ନାହିଁ। ଅଧିକାରର ଖେଳ ପିଲାମାନଙ୍କ ଉପରେ ମଧ୍ୟ ଜାରି ରହେ।"

ଗୋଟିଏ କଥା ମନେ ରଖନ୍ତୁ, ଯଦିଓ ଆପଣ ଆପଣଙ୍କର ସ୍ୱପ୍ନର ରାଜକୁମାର କିମ୍ବା ରାଜକୁମାରୀ ପାଆନ୍ତି, ଏହା ନିଶ୍ଚିତ ଭାବରେ ଘଟିବ। କାହିଁକି? ଏହା ସ୍ୱାଭାବିକ। ଏହା ପ୍ରକୃତିର ନିୟମ; ଅନ୍ୟ କେହି, ସ୍ୱାମୀ କିମ୍ବା ସ୍ତ୍ରୀ, ଧନ, ପଦବୀ ସୁଖ ଦେଇପାରିବେ ନାହିଁ। ଏହା ଏକ ଅନନ୍ତ ନିୟମ। ଆପଣଙ୍କୁ ସୁଖ ଏବଂ ଦୁଃଖ ପାର କରିବାକୁ ପଡିବ। ଏଥିପାଇଁ, ଆପଣଙ୍କୁ ଅନ୍ୟମାନଙ୍କଠାରୁ ମୁକ୍ତ ହେବାକୁ ପଡିବ। ଆମେ ସମାନ ଜୀବନସାଥୀ ସହିତ ରହି ମଧ୍ୟ ଏହା କରିପାରିବା। ମାଲିକାନା ଏବଂ ଅଧିକାରର ଭାବନା ଛାଡି ପ୍ରେମରେ ବଞ୍ଚି ରହିବା। ଏହିପରି ବଞ୍ଚିବାର ଏକ ଗୁରୁତ୍ୱପୂର୍ଣ୍ଣ ଉପାୟ ହେଉଛି ଆଭ୍ୟନ୍ତରୀଣ ଯାତ୍ରା। ସ୍ୱାମୀ ଏବଂ ସ୍ତ୍ରୀ ପରସ୍ପରର ସମର୍ଥନରେ ସହଜରେ ଆଭ୍ୟନ୍ତରୀଣ ଯାତ୍ରା କରିପାରିବେ। ଯଦି ସେମାନେ ଆଭ୍ୟନ୍ତରୀଣ ଯାତ୍ରାରେ ଯାଆନ୍ତି, ତେବେ ବିବାହ ଅର୍ଥପୂର୍ଣ୍ଣ ହେବ। ତା' ପରେ ଦୁହେଁ ସୁଖ ଏବଂ ଦୁଃଖ ବାହାରେ ଏକ ପ୍ରେମପୂର୍ଣ୍ଣ ଏବଂ ସୁଖମୟ ଜୀବନ ବଞ୍ଚିପାରିବେ।

ନକଲି ଏବଂ ସବୁକିଛି

ଝିଅର ବାପା ଜଣେ ବନ୍ଧୁଙ୍କୁ ବିବାହ ପାଇଁ ପୁଅ ଖୋଜିବାକୁ କୁହନ୍ତି। ଅନୁକରଣର କାହାଣୀ ଆରମ୍ଭ ହୁଏ। କିପରି? ମଧ୍ୟସ୍ଥି ଜଣକ ଝିଅର ବାପାଙ୍କୁ ପୁଅ ଏବଂ ପୁଅର ପରିବାର ବିଷୟରେ ଏକ ଫଟୋ ଉପସ୍ଥାପନ କରନ୍ତି। ଏବଂ ସେହିପରି, ସେ ପୁଅର ବାପାଙ୍କୁ ଝିଅ ଏବଂ ଝିଅର ପରିବାର ବିଷୟରେ ବିସ୍ତାର ଭାବରେ କୁହନ୍ତି ଏବଂ ଫଟୋ ଉପସ୍ଥାପନ କରନ୍ତି। ସେହି ନକଲି ଫଟୋ ଅନୁସାରେ ପୁଅ ଦେଖାଯାଏ, ଝିଅ ଦେଖାଯାଏ।

ଝିଅର ପ୍ରକୃତ ଚେହେରା କେବେ ଦେଖାଯାଏ ନାହିଁ। ଫଟୋ ଏକ ସ୍ୱତନ୍ତ୍ର ଉପାୟରେ ଉଠାଯାଏ ଏବଂ ଉପସ୍ଥାପିତ ହୁଏ। ମୁହଁ ଏପରି ଦେଖାଯିବା ଉଚିତ, ମେକଅପ୍ ଲଗାଯାଏ, ତା' ପଛରେ ପ୍ରକୃତ ଚେହେରା ଲୁଚି ରହିଥାଏ। ମୁହଁରେ ନକଲି ଲାଲ ଓଠ ଲଗାଯାଏ।

ବିବାହ ପରେ ପ୍ରକୃତ ଚେହେରା ପ୍ରକାଶିତ ହୁଏ, ଗୁପ୍ତ କଥା ପ୍ରକାଶିତ ହୁଏ, କିନ୍ତୁ ସେତେବେଳକୁ ବହୁତ ଡେରି ହୋଇଯାଏ। ସମସ୍ତେ କୁହନ୍ତି, ସମୟ ଖରାପ, ଏହା ଘଟେ। ମଧ୍ୟସ୍ଥି ଜଣକ କୁହନ୍ତି, 'ମୁଁ କ'ଣ କରିପାରିବି, ମୋତେ ଯାହା କୁହାଯାଇଥିଲା, ମୁଁ ମଧ୍ୟ ସେହିପରି କହିଥିଲି।' ମୁଁ କିପରି ଜାଣିପାରିବି ସେମାନଙ୍କ ମନରେ କ'ଣ ଅଛି। ଦୁହେଁ କହୁଛନ୍ତି, ମୁଁ ପ୍ରତାରିତ ହୋଇଛି, ମୁଁ ପ୍ରତାରିତ ହୋଇଛି। ଏବେ ଆମକୁ ଏହିପରି ବଞ୍ଚିବାକୁ ପଡିବ। ପିଲାମାନେ ଜନ୍ମ ହେବା ପରେ ମଧ୍ୟ କପି ଏବଂ ଠକେଇର କଥାବାର୍ତ୍ତା ଚାଲିଛି। ଯଦି ପିତାମାତା ପରସ୍ପରକୁ ଭଲ ପାଆନ୍ତି ନାହିଁ, ତେବେ ପିଲାମାନଙ୍କୁ କିଏ ଭଲ ପାଇବ? ପିଲାଟି ପ୍ରେମର ପାଠ ଶିଖିନାହିଁ। ନକଲି ପ୍ରେମରେ ପାଳିତ ପିଲାଟି ହିଂସାତ୍ମକ ଏବଂ ଚିଡ଼ିଚିଡ଼ା ହେବ। ଯଦି ସେ ବଡ଼ ହୋଇ ସ୍କୁଲ-କଲେଜରେ ଭଙ୍ଗାରୁଜା ସୃଷ୍ଟି ନ କରେ, ତେବେ ସେ କ'ଣ କରିବ?

ସମାଧାନ କ'ଣ? ଏହା ନିଶ୍ଚିତ ଯେ ତୁମେ ପ୍ରତାରିତ ହୋଇଛ। ଯେଉଁମାନେ ପ୍ରତାରିତ ହୋଇନାହାଁନ୍ତି, ଯେଉଁମାନେ ନକଲି ମୁହଁ ପିନ୍ଧିନାହାଁନ୍ତି, ସେମାନେ ମଧ୍ୟ ଖୁସି ନୁହଁନ୍ତି। ମୂଳ କାରଣ ହେଉଛି ଯେ ତୁମ ମଧ୍ୟରୁ କାହାକୁ ମଧ୍ୟ ଖୁସି ମିଳିଲା ନାହିଁ, ତେଣୁ ତୁମେ କିପରି ଖୁସି ଦେଇପାରିବ। ତୁମେ ଖୁସି ଖୋଜିବା ପାଇଁ ବିବାହ କରିଛ। ଅନ୍ୟ କେହି ଖୁସି ଦେଇପାରିବେ ନାହିଁ, ତାହା ସ୍ୱାମୀ, ସ୍ତ୍ରୀ, ପୁଅ, ଧନ କିମ୍ବା ଉଚ୍ଚ ପଦବୀ ହେଉ। ତୁମେ କିପରି ଖୁସି ହୋଇପାରିବ? ଏକ ସୁଖୀ ଜୀବନ ବଞ୍ଚିବା ପାଇଁ, ଏକ ପ୍ରେମପୂର୍ଣ୍ଣ ଜୀବନ ବଞ୍ଚିବା ପାଇଁ, ସ୍ୱାମୀ ଏବଂ ସ୍ତ୍ରୀ ଏକାଠି ଧ୍ୟାନ କରିବା ଉଚିତ। ପ୍ରତିଦିନ ଧ୍ୟାନ କରିବା ଦ୍ୱାରା, ପରସ୍ପର ବୁଝାମଣା ବୃଦ୍ଧି ପାଇବ, ପ୍ରେମ ବୃଦ୍ଧି ପାଇବ, ତେବେ ହିଁ ଆପଣ ଏକ ସୁଖୀ ଜୀବନଯାପନ କରିପାରିବେ। ପିଲାମାନେ ମଧ୍ୟ ଆପଣଙ୍କଠାରୁ ପ୍ରେମର ଶିକ୍ଷା ଶିଖିବେ। ପିଲାମାନେ ବଡ଼ ହେବେ ଏବଂ ଚିଡ଼ଚିଡ଼ା ଏବଂ ଆକ୍ରମଣାତ୍ମକ ଜୀବନ ବଞ୍ଚିବେ ନାହିଁ, ବରଂ ଏକ ପ୍ରେମପୂର୍ଣ୍ଣ, ସୁଖୀ ଜୀବନ ବଞ୍ଚିବେ। ପିତାମାତାଙ୍କୁ କହିବାକୁ ପଡ଼ିବ ନାହିଁ ଯେ ଆମର ସେବା କରିବା ଆପଣଙ୍କର କର୍ତ୍ତବ୍ୟ। ସେମାନେ ଏହା କରିବେ। ଯେଉଁ ପିତାମାତା ଭାବନ୍ତି ଯେ ଏହା ପୁଅର କର୍ତ୍ତବ୍ୟ। ଏଥିରେ, ପ୍ରଥମେ ପିତାମାତା ନିଜେ ଚିନ୍ତା କରିବା ଉଚିତ ଯେ ସେମାନେ ପିଲାମାନଙ୍କୁ ପ୍ରେମର ସହିତ ପାଳନ କରିବାର କର୍ତ୍ତବ୍ୟ ପାଳନ କରିଛନ୍ତି କି?

କିପରି ଜଣେ ଆଦର୍ଶ ପିତାମାତା ହେବେ?

ମୋ ଦୃଷ୍ଟିରେ, ଆପଣ ପିଲାମାନଙ୍କ ସହିତ କେବଳ ଗୋଟିଏ କାମ କରିପାରିବେ: ସେମାନଙ୍କ ପାଇଁ ଆପଣଙ୍କ ଜୀବନ ଖୋଲି ଦିଅନ୍ତୁ। ସେମାନଙ୍କୁ କୁହନ୍ତୁ ଯେ ଆପଣ ଆପଣଙ୍କ ପିତାମାତାଙ୍କ ଦ୍ୱାରା ସଶକ୍ତ ହୋଇଛନ୍ତି, ଆପଣ ସୀମା ମଧ୍ୟରେ ରହିଛନ୍ତି, ଧାରଣା ଦ୍ୱାରା ଆବଦ୍ଧ, ଏବଂ ଏହି ସୀମା ଏବଂ ଧାରଣା ଯୋଗୁଁ ଆପଣ ବଞ୍ଚି ପାରିନାହାଁନ୍ତି। ଅଧିକନ୍ତୁ, ଆପଣ ବର୍ତ୍ତମାନ ପିଲାମାନଙ୍କର ଜୀବନକୁ ନଷ୍ଟ କରିବାକୁ ଚାହାଁନ୍ତି ନାହିଁ। ଆପଣ ଚାହାଁନ୍ତି ଯେ ସେମାନେ ସମ୍ପୂର୍ଣ୍ଣ ମୁକ୍ତ ହୁଅନ୍ତୁ କାରଣ ଆପଣ ଅତୀତକୁ ପ୍ରତିନିଧିତ୍ୱ କରନ୍ତି।

ପିତାମାତାମାନଙ୍କୁ ସେମାନଙ୍କର ପିଲାମାନଙ୍କୁ କହିବା ପାଇଁ ବହୁତ ସାହସ ଏବଂ ପ୍ରେମର ଆବଶ୍ୟକତା ଅଛି, 'ଆମଠାରୁ ମୁକ୍ତ ହୁଅ। ଆମକୁ ମାନିବ ନାହିଁ, ନିଜ ଜ୍ଞାନ ଉପରେ ନିର୍ଭର କର। ଯଦି ଆପଣ ଭ୍ରମଣ କରନ୍ତି ତେବେ ଦାସ ହୋଇ ଠିକ୍ ହେବା ଅପେକ୍ଷା ଭଲ। ଅନ୍ୟମାନଙ୍କୁ ଅନୁସରଣ କରି ଭୁଲ କରିବା ଅପେକ୍ଷା ସ୍ୱାଧୀନ ହୋଇ ଭୁଲ କରିବା ଏବଂ ସେହି ଭୁଲରୁ ଶିଖିବା ଭଲ। ନଚେତ୍ ଆପଣ ଅନୁସରଣ କରିବା ବ୍ୟତୀତ ଆଉ କିଛି ଶିଖିବେ ନାହିଁ। ଏବଂ ଅନୁସରଣ କରିବା ହେଉଛି ବିଷ, ଶୁଦ୍ଧ ବିଷ।' ଯଦି ଆପଣଙ୍କର ପ୍ରେମ ଅଛି, ତେବେ ଏହା ବହୁତ ସହଜ ହେବ। ପଚାରନ୍ତୁ ନାହିଁ, 'କିପରି?' 'କାରଣ କିପରି' ଅର୍ଥ ହେଉଛି ଆପଣ ଏକ ବିଧି, ଏକ ବ୍ୟବସ୍ଥା, ଏକ କୌଶଳ ମାଗୁଛନ୍ତି। ଏବଂ ପ୍ରେମ ଏକ କୌଶଳ ନୁହେଁ। ପିଲାମାନଙ୍କୁ ଭଲ ପାଆନ୍ତୁ, ସେମାନଙ୍କ ସ୍ୱାଧୀନତା ଉପଭୋଗ କରନ୍ତୁ। ସେମାନଙ୍କୁ ଭୁଲ କରିବାକୁ ଦିଅ। ଯେତେବେଳେ ସେମାନେ ଭୁଲ କରନ୍ତି, ସେମାନଙ୍କୁ ଦେଖିବାରେ ସାହାଯ୍ୟ କର। ସେମାନଙ୍କୁ କୁହ, 'ଭୁଲ୍ କରିବା ଖରାପ ନୁହେଁ, ଯଥାସମ୍ଭବ ଭୁଲ କର କାରଣ ଏହିପରି ତୁମେ ଶିଖିବ କିନ୍ତୁ ବାରମ୍ବାର ସମାନ ଭୁଲ କର ନାହିଁ କାରଣ ତାହା ମୂର୍ଖତା।'

ପିତାମାତାଙ୍କର ମୁଖ୍ୟ କାମ ହେଉଛି ପିଲାମାନଙ୍କୁ ଗର୍ତ୍ତରେ ପଡ଼ିବାରୁ ରୋକିବା। ଶୃଙ୍ଖଳାର ସେମାନଙ୍କର ଭୂମିକା ନକାରାତ୍ମକ। ଏହି କଥାକୁ ଧ୍ୟାନ ଦିଅ। ପିଲାମାନଙ୍କୁ କୌଣସି ସକାରାତ୍ମକ ତାଲିମ ଦିଆଯିବା ଉଚିତ୍ ନୁହେଁ, ବରଂ ନକାରାତ୍ମକ ଯତ୍ନ ନିଆଯିବ। କାରଣ ପିଲାମାନେ ସର୍ବୋପରି ପିଲା ଏବଂ ସେମାନେ ଏପରି କୌଣସି ବିପଦରେ ପଡ଼ିବା ଉଚିତ୍ ନୁହେଁ ଯାହା ସେମାନଙ୍କୁ କ୍ଷତି ପହଞ୍ଚାଇପାରେ, ସେମାନଙ୍କର ହାତ ଭାଙ୍ଗିପାରେ। ଏଥିରେ ମଧ୍ୟ ସେମାନଙ୍କୁ ଆଦେଶ ଦିଅ ନାହିଁ, ସେମାନଙ୍କୁ ଆଜ୍ଞା ମାନିବାକୁ ବାଧ୍ୟ କର ନାହିଁ, ସେମାନଙ୍କୁ ବାଛିବାକୁ ଦିଅ। ତୁମେ କେବଳ ସମଗ୍ର ପରିସ୍ଥିତି ବୁଝାଅ। ପିଲାମାନେ ବହୁତ ଗ୍ରହଣଶୀଳ ଏବଂ ଯଦି ତୁମେ ସେମାନଙ୍କୁ ସମ୍ମାନ

କର ତେବେ ସେମାନେ ଶୁଣିବେ, ସେମାନେ ବୁଝିବେ। ତା'ପରେ ସେମାନଙ୍କୁ ସେମାନଙ୍କର ବୁଝାମଣା ସହିତ ଛାଡିଦିଅ। ଏହା ପ୍ରଥମ କିଛି ବର୍ଷର ପ୍ରଶ୍ନ, ଶୀଘ୍ର ସେମାନେ ନିଜ ମନରେ ସ୍ଥିର ହୋଇଯିବେ। ତା'ପରେ ସେମାନଙ୍କୁ ତୁମର ଯତ୍ନର ଆବଶ୍ୟକତା ପଡ଼ିବ ନାହିଁ। ଶୀଘ୍ର ସେମାନେ ନିଜସ୍ୱ ଭାବରେ ବଞ୍ଚିବା ଆରମ୍ଭ କରିବେ।

ମୁଁ ପିତାମାତାଙ୍କ ଭୟ ବୁଝିପାରୁଛି। ଭୟ ହେଉଛି ଯେ ସେମାନଙ୍କ ପିଲାମାନେ ଏପରି ଦିଗରେ ଯିବେ ଯାହା ସେମାନେ ପସନ୍ଦ କରନ୍ତି ନାହିଁ। କିନ୍ତୁ ଏହା ଆପଣଙ୍କର ସମସ୍ୟା। ପିଲାମାନେ ଆପଣଙ୍କର ପସନ୍ଦ ଏବଂ ଅପସନ୍ଦ ପାଇଁ ଜନ୍ମ ହୁଅନ୍ତି ନାହିଁ। ସେମାନଙ୍କୁ ସେମାନଙ୍କର ଜୀବନ ବଞ୍ଚିବାକୁ ପଡିବ। ଏବଂ ଆପଣ ଖୁସି ହେବା ଉଚିତ ଯେ ସେମାନେ ସେମାନଙ୍କର ଜୀବନ ବଞ୍ଚୁଛନ୍ତି।

ପରିସ୍ଥିତିକୁ ସମ୍ପୂର୍ଣ୍ଣ ଗ୍ରହଣ କରିବାର ମନର ଅବସ୍ଥା କିପରି ସମ୍ଭବ? କିପରି ସଚେତନ ହେବେ, କିପରି ସାକ୍ଷୀ ହେବେ? ଓଶୋ କୁହନ୍ତି, "ଆଜିର ମଣିଷ ପୂର୍ବ ପରି ଅସ୍ଥିର, ସେଥିପାଇଁ ଆଜି ମଣିଷକୁ ଧ୍ୟାନର ଆବଶ୍ୟକତା ପୂର୍ବ ପରି କେବେ ନୁହେଁ।"

ମଣିଷ ଶରୀର ଏବଂ ମନର ସ୍ତରରେ ବଞ୍ଚେ। ମନର ସ୍ୱାସ୍ଥ୍ୟ ଅପେକ୍ଷା ଶରୀରର ସ୍ୱାସ୍ଥ୍ୟ ଅଧିକ ଗୁରୁତ୍ୱପୂର୍ଣ୍ଣ। କାଳିଦାସ *'କୁମାର ସମ୍ଭବମ୍'*ରେ ମଧ୍ୟ କହିଛନ୍ତି। 'ଶରୀର ମଦ୍ୟ ଖଲୁ ଧର୍ମ ସାଧନମ୍' ଅର୍ଥ ଶରୀର ଧର୍ମର ପ୍ରଥମ ସ୍ଥାନ। ପ୍ରଥମ ଖୁସି ହେଉଛି ସୁସ୍ଥ ଶରୀର। ଯତ୍ନ ନିଅନ୍ତୁ ଯେ ଶରୀର ସୁସ୍ଥ ରହିବ ଏବଂ ମନକୁ ସୁସ୍ଥ ରଖିବାର ଉପାୟ ହେଉଛି "ଧ୍ୟାନ"। ଓଶୋ କୁହନ୍ତି ଯେ ଧ୍ୟାନ ହେଉଛି ଏକମାତ୍ର ଉପାୟ। ଧ୍ୟାନ କ'ଣ?

ଏସବୁ ବିଷୟରେ କିପରି ସଚେତନ ହେବେ?

ଓଶୋ କୁହନ୍ତି, "ଚାପମୁକ୍ତ ହେବାର ଏକମାତ୍ର ଉପାୟ ହେଉଛି ନିଜକୁ ସମ୍ପୂର୍ଣ୍ଣ ଗ୍ରହଣ କରିବା, ପାରିପାର୍ଶ୍ୱିକ ପରିବେଶ, ପରିସ୍ଥିତିକୁ ସମ୍ପୂର୍ଣ୍ଣ ଗ୍ରହଣ କରିବା। ସମ୍ପୂର୍ଣ୍ଣ ଗ୍ରହଣ ସହିତ ଚମତ୍କାର ଘଟେ। ଏହା ହିଁ ଏକମାତ୍ର ଚମତ୍କାର। ଓଶୋ କୁହନ୍ତି, ଚିନ୍ତା ଅଛି, ସେଗୁଡ଼ିକୁ ଗ୍ରହଣ କରନ୍ତୁ ଏବଂ ଆପଣ କିଛି କରିପାରିବେ ନାହିଁ। କେବଳ ଗ୍ରହଣର ଭାବନା ଆପଣଙ୍କୁ ଚିନ୍ତାରୁ ଆଗକୁ ନେଇଯିବ। ଆମେ ଗ୍ରହଣ କରୁନାହୁଁ। ସେମାନଙ୍କଠାରୁ ଦୂରେଇ ଯିବାକୁ କିମ୍ବା ସେମାନଙ୍କଠାରୁ ଦୂରେଇ ରହିବାକୁ ଚେଷ୍ଟା କରିବା ଅଧିକ ଚାପ ଆଣିଥାଏ।" ଆପଣଙ୍କ ଜୀବନରେ ଦେଖନ୍ତୁ, ଚିନ୍ତା କରିବା ଦ୍ୱାରା କେବେ କୌଣସି ଚିନ୍ତା ଦୂର ହୋଇଛି କି? ଏହା ଦୂର ହୋଇପାରିବ ନାହିଁ। କୁହାଯାଏ ଯେ ଚିନ୍ତା ପୁରୁଷମାନଙ୍କୁ ଦୁର୍ବଳ ଏବଂ ମହିଳାମାନଙ୍କୁ ମୋଟା କରିଥାଏ, କିନ୍ତୁ ଚିନ୍ତା ଏବେ ବି ରହିଥାଏ। ଚିନ୍ତା ଦୂର କରିବାର ଉପାୟ ହେଉଛି ସଚେତନ ଭାବରେ ବଞ୍ଚିବା, ସାକ୍ଷୀ ଭାବରେ ବଞ୍ଚିବା ଏବଂ କେବେ ଚିନ୍ତା ନ ଦେଖିବା।

ଧ୍ୟାନର ଅର୍ଥ କ'ଣ?

ଆମେ ଧ୍ୟାନକୁ ବୁଝାଉଛୁ ଯେ କ'ଣ ଧ୍ୟାନ କରିବା? ଧ୍ୟାନ ଭାବରେ ବିଚାର କରାଯାଉଥିବା ଏକାଗ୍ରତା କରନ୍ତୁ କିମ୍ବା ମନ୍ତ୍ର ଜପ କରନ୍ତୁ, ନାମ ଜପ କରନ୍ତୁ କିମ୍ବା ଆତ୍ମନିରୀକ୍ଷଣ କରନ୍ତୁ। ଓଶୋ କୁହନ୍ତି, ଏହା ଧ୍ୟାନ ନୁହେଁ। ଏକାଗ୍ରତା ଚାପରୁ ମୁକ୍ତ ହୁଏ ନାହିଁ, ଏହା ଚାପ ଆଣିଥାଏ। କାହିଁକି? ଆପଣ କ'ଣ ଧ୍ୟାନ ଦେବେ, ମନ? ଓଶୋ କୁହନ୍ତି, "ମନ ଥିବାବେଳେ ଶାନ୍ତି କେଉଁଠି?" କାରଣ ପ୍ରକୃତରେ ମନ ନିଜେ ଅଶାନ୍ତି। ମନ୍ତ୍ର ଜପ, ନାମ ଜପ କିମ୍ବା ଦିବ୍ୟ ଧ୍ୟାନ,ଏହା ଧ୍ୟାନ ନୁହେଁ। ମନ୍ତ୍ର ଜପ, ନାମ ଜପ କିମ୍ବା ଦିବ୍ୟ ଧ୍ୟାନ ଏକାଗ୍ରତାର ଅଂଶ। ମନ୍ତ୍ର ଜପ କରିବା ଦ୍ୱାରା ଜଣେ ନିଦ୍ରା ପାଏ, କିନ୍ତୁ ଏହା କରୁଥିବା ବ୍ୟକ୍ତି ଭାବନ୍ତି ଯେ ସେ ଶୋଇପଡ଼ିଛନ୍ତି କାରଣ ଏସବୁ ମନର କାର୍ଯ୍ୟକଳାପ, ହଁ, ଜଣେ କିଛି ସମୟ ପାଇଁ ଏଗୁଡ଼ିକରୁ ବିରତି ପାଇପାରିବ, ଯାହା ଶାନ୍ତି ନୁହେଁ ବରଂ କେବଳ ଅଶାନ୍ତିର ଭୁଲିଯିବା। ଏହି ବିସ୍ମୃତିର ନିଶା ପ୍ରତି ସତର୍କ ରହିବାକୁ ପଡିବ। ଯଦି ତୁମେ ଶାନ୍ତି ଚାହୁଁଛ, ତେବେ ତୁମକୁ ମନକୁ ହରାଇବାକୁ ପଡିବ। ଓଶୋ କୁହନ୍ତି, "ମନର ଅନୁପସ୍ଥିତି ହେଉଛି ଶାନ୍ତି।"

ଧ୍ୟାନ କ'ଣ?

ଓଶୋ କହିଛନ୍ତି "ଧ୍ୟାନ ହେଉଛି ଚିନ୍ତାହୀନ ଚେତନାର ଏକ ଅବସ୍ଥା ଯେଉଁଠାରେ ଚିନ୍ତାର କୌଣସି ଲହରୀ ନାହିଁ। ଚେତନା ହେଉଛି ଏକ ଚେତନାର ଏକ ତରଙ୍ଗ ଯାହା କୌଣସି ଚିନ୍ତା ବିନା ଏବଂ କୌଣସି ତରଙ୍ଗ ମୁକ୍ତ ହୋଇ ନିଜ ଭିତରେ ସ୍ଥିର ରହିଥାଏ; ତେବେ ସେହି ଅବସ୍ଥାକୁ ମନ କୁହାଯାଏ, ଅସ୍ଥିର ଚେତନାକୁ ମନହୀନତା କୁହାଯାଏ। ଯେତେବେଳେ ହ୍ରଦ ଶାନ୍ତ ହୋଇଯାଏ, ତରଙ୍ଗଗୁଡ଼ିକ ଶୋଇଯାଏ, ଏବଂ ହ୍ରଦର ପୃଷ୍ଠରେ କୌଣସି କମ୍ପନ ନଥାଏ, ଅର୍ଥାତ୍ ଏହା ଗତିହୀନ ହୋଇଯାଏ, ଏହା ଏକ ନୀରବ ଦର୍ପଣରେ ପରିଣତ ହୁଏ, ସେତେବେଳେ ବୁଝିବା ଉଚିତ ଯେ ହ୍ରଦଟି ଜମାଟ ବାନ୍ଧି ଯାଇଛି, ଏହା ବରଫ ହୋଇଗଲାଣି, ବର୍ତ୍ତମାନ ଏହା ଉପରେ କୌଣସି ତରଙ୍ଗ ଉଠି ପାରିବ ନାହିଁ, ଏବଂ ବର୍ତ୍ତମାନ କୌଣସି ତରଙ୍ଗ ଉଠି ପାରିବ ନାହିଁ। ସେହିପରି, ଯେତେବେଳେ ଚେତନା ଚିନ୍ତାମୁକ୍ତ ଏବଂ ତରଙ୍ଗମୁକ୍ତ ହୋଇଥାଏ, ସେତେବେଳେ ଯେଉଁ ଅବସ୍ଥା ଅଛି ତାହାକୁ ଧ୍ୟାନ କୁହାଯାଏ।"

ପ୍ରଶ୍ନ ହେଉଛି, ଓଶୋ ଯାହାକୁ ଧ୍ୟାନ କହୁଛନ୍ତି ତାହା ମନର ଏକ ଅବସ୍ଥା। ଯେଉଁଠାରେ ଚେତନା ଚିନ୍ତାମୁକ୍ତ ଥାଏ ସେଠାରେ ଏପରି ଅବସ୍ଥା କିପରି ହାସଲ କରାଯାଇପାରିବ। ଭଗବାନ କୃଷ୍ଣ କହିଥିଲେ ଯେ ତୁମର କର୍ମ କର, ଫଳାଫଳ ପାଇଁ

ଆକାଂକ୍ଷା କର ନାହିଁ। ଯଦି ତୁମେ କେବେ ଏହା ବିଷୟରେ ଚିନ୍ତା କର, ତୁମେ ଜାଣିବ ଯେ ତୁମକୁ କାମ କରିବାକୁ ପଡିବ, ତୁମେ ଫଳ ପାଇବ, କିନ୍ତୁ ତୁମକୁ ଆକାଂକ୍ଷା କରିବା ଉଚିତ୍ ନୁହେଁ। ଅର୍ଥାତ୍, ତୁମର କାମ କର, ଯଦି କର୍ତ୍ତା ହେବାର ଭାବନା ନାହିଁ ତେବେ କର୍ତ୍ତା ରହିବ ନାହିଁ, ଯେତେବେଳେ କର୍ତ୍ତା ନାହିଁ ତେବେ ଫଳାଫଳ ପାଇଁ କିପରି ଇଚ୍ଛା ହେବ? ଓଶୋ କୁହନ୍ତି, ଏହା ସମ୍ଭବ, ଯଦି ଆମର କାର୍ଯ୍ୟ, ଆମେ ଯାହା କରୁ, ଆମେ ତାହା ସଚେତନ ଭାବରେ ଅର୍ଥାତ୍ ସାକ୍ଷୀ ହୋଇ କରିପାରିବା, ତେବେ ଏହା ସମ୍ଭବ ହୋଇପାରିବ।

ଏହା ଜଣେ ସାକ୍ଷୀର ଭାବନା ସହିତ ଘଟିବ। ଚିନ୍ତାଧାରା, କାର୍ଯ୍ୟ ଅର୍ଥାତ୍ ମନରେ ଉଠୁଥିବା ଚିନ୍ତାଧାରା ଏବଂ ସମସ୍ତ କାର୍ଯ୍ୟ (ଚାଲିବା, ଖାଇବା, ଶୁଣିବା) ର ସାକ୍ଷୀ ହୁଅ। କର୍ତ୍ତା ହୁଅ ନାହିଁ। ସାକ୍ଷୀ ହୁଅ, ପ୍ରତ୍ୟେକ ମୁହୂର୍ତ୍ତକୁ ସାକ୍ଷୀ ଭାବରେ ବଞ୍ଚ। ତୁମେ ଯାହା କରୁଛ ତାହାର ସାକ୍ଷୀ ହୁଅ, ଯେପରି ଅନ୍ୟ କେହି ତାହା କରୁଛି ଏବଂ ତୁମେ କେବଳ ଜଣେ ସାକ୍ଷୀ, ଦର୍ଶକ। ତା'ପରେ ଧୀରେ ଧୀରେ ଖାଦ୍ୟ ନ ପାଇବା ଯୋଗୁଁ ମନ ଦୁର୍ବଳ ହୋଇଯାଏ। କର୍ତ୍ତା ହେବାର ଭାବନା ଅର୍ଥାତ୍ "ମୁଁ" ମନର ଖାଦ୍ୟ। ଅହଂକାର ହେଉଛି ମନର ଇନ୍ଧନ। ଇନ୍ଧନ କମିବାକୁ ଲାଗିଲେ, ମନ ଦ୍ରବୀଭୂତ ହେବାକୁ ଲାଗେ। ଯେଉଁଦିନ କୌଣସି ଇନ୍ଧନ ନଥାଏ, ସେହିଦିନ ମନ ଏପରି ଅଦୃଶ୍ୟ ହୋଇଯାଏ ଯେପରି ତାହା କେବେ ଅସ୍ତିତ୍ୱରେ ଥାଏ।

ଧ୍ୟାନ ସହିତ କ'ଣ ହେବ?

ଏବେ ପ୍ରଶ୍ନ ହେଉଛି ଯେ ଯେତେବେଳେ ମନ ଧ୍ୟାନ ମାଧ୍ୟମରେ କିଛି ସମୟ ପାଇଁ ସାକ୍ଷୀ ହୋଇଯାଏ କିମ୍ବା ଯେତେବେଳେ ମନ କିଛି ସମୟ ପାଇଁ ଚିନ୍ତାହୀନ ଏବଂ ତରଙ୍ଗହୀନ ହୋଇଯାଏ, ସେତେବେଳେ କ'ଣ ହେବ? ଓଶୋ କହିଛନ୍ତି ଯେ ଯଦି ଧ୍ୟାନର ତରଙ୍ଗ ଥରେ ମଧ୍ୟ ଜୀବନରେ ପ୍ରବେଶ କରେ, ତେବେ ଧୀରେ ଧୀରେ "ରାସରି ଆବତ ଜାତ, ସିଲ ପର ପଦତ ନିଶାନ" ଉକ୍ତି ସତ୍ୟ ହୁଏ। ସେହିପରି, ଆମ ମସ୍ତିଷ୍କର ତନ୍ତୁ ଯାହା ନିଷ୍କ୍ରିୟ ପଡ଼ି ରହିଛି, ସକ୍ରିୟ ହେବା ଆରମ୍ଭ କରେ, ତା'ପରେ ମସ୍ତିଷ୍କର ଅଚେତନ ଅଂଶ ଚେତନ ଅଂଶ ଉପରେ କାମ କରିବା ଆରମ୍ଭ କରେ। ତା'ପରେ ସ୍ନାୟୁ ଚାପ ହ୍ରାସ ପାଏ, ମାନସିକ କାର୍ଯ୍ୟ କ୍ଷମତା ବୃଦ୍ଧି ପାଏ, ସହନଶୀଳତା ବିକଶିତ ହୁଏ ଏବଂ ମନୋଭାବ ଏବଂ ମାନସିକ ଆଚରଣରେ ପରିବର୍ତ୍ତନ ଆସେ, ଖୁସି ବୃଦ୍ଧି ପାଏ, ଅଭ୍ୟାସ ପରିବର୍ତ୍ତନ ହୁଏ, ଶାରୀରିକ ଚାପ ଜନିତ ରୋଗ ଶାନ୍ତ ହୁଏ। ବନ୍ଧୁତା ପରି ଗୁଣଗୁଡ଼ିକ ବିକଶିତ ହୁଏ ଇତ୍ୟାଦି।

ଧ୍ୟାନ ପାଇଁ କ'ଣ ଆବଶ୍ୟକ:

ଧୈର୍ଯ୍ୟ, ବିଶ୍ୱାସ ଏବଂ ନିରନ୍ତରତା। ଆପଣ ଯେଉଁ ପଦ୍ଧତିରେ ଧ୍ୟାନ କରନ୍ତି, ସେହି ପଦ୍ଧତି ବିଷୟରେ ସନ୍ଦେହ କରନ୍ତୁ ନାହିଁ, ସମ୍ପୂର୍ଣ୍ଣ ବିଶ୍ୱାସ ରଖନ୍ତୁ ଏବଂ ନିରନ୍ତର କରନ୍ତୁ।

ବିଶ୍ୱାସ ସହିତ ଧୈର୍ଯ୍ୟ ମଧ୍ୟ ଆବଶ୍ୟକ। ଧୈର୍ଯ୍ୟର ମହିମା ଅସୀମ। ଆମେ ସବୁବେଳେ ଶୀଘ୍ର ଥାଉ, ତାହା ଅଫିସ୍ କିମ୍ବା ଦୋକାନ ଯିବା ପାଇଁ ହେଉ, ଖାଦ୍ୟ ଖାଇବା ପାଇଁ, କିମ୍ବା ବୁଲିବାକୁ ଯିବା ପାଇଁ ଇତ୍ୟାଦି। ଉଦାହରଣ ସ୍ୱରୂପ, ଯେତେବେଳେ ଆମେ ଏକ ବିହନ ବୁଣୁ, ଆମେ ଏହାକୁ ଗଜା ହେବା ପାଇଁ କିଛି ସମୟ ଦେଉ, ଏବଂ ପ୍ରତିଦିନ ଏହାକୁ ଉପାଡ଼ି ଯାଞ୍ଚ କରୁନାହୁଁ। ଯେପରି ପ୍ରତିଦିନ ଉପାଡ଼ି ଯାଞ୍ଚ କଲେ ବିହନର ମୃତ୍ୟୁ ସମ୍ଭବ, ସେହିପରି, ଆପଣ ଧ୍ୟାନ ପାଇଁ ଯେକୌଣସି ପଦ୍ଧତି ବ୍ୟବହାର କରନ୍ତୁ, ଅତି କମରେ ତିନି ମାସ ପାଇଁ ବିଶ୍ୱାସ ଏବଂ ଧୈର୍ଯ୍ୟ ସହିତ ଏହାକୁ ନିରନ୍ତର କରନ୍ତୁ। ତେବେ ହିଁ ଆପଣ ଧ୍ୟାନର ଫଳାଫଳ ଅନୁଭବ କରିବେ।

ଧ୍ୟାନର ଅସୀମ ପଦ୍ଧତି ଅଛି। ଯେକୌଣସି ପଦ୍ଧତି ସହିତ ଧ୍ୟାନ ଆରମ୍ଭ କରନ୍ତୁ। ଯେପରି ଗୋଟିଏ ଔଷଧ ସମସ୍ତ ରୋଗକୁ ଭଲ କରିପାରିବ ନାହିଁ ଏବଂ ଗୋଟିଏ ଔଷଧ ସମାନ ରୋଗର ସମସ୍ତ ରୋଗୀଙ୍କୁ ଭଲ କରିପାରିବ ନାହିଁ, ସେହିପରି ଗୋଟିଏ ଧ୍ୟାନ ପଦ୍ଧତି ସମଗ୍ର ମାନବ ଜାତି ପାଇଁ ହୋଇପାରିବ ନାହିଁ। ଏହା ପ୍ରତ୍ୟେକ ବ୍ୟକ୍ତିଙ୍କ ଉପରେ ନିର୍ଭର କରେ ଯେ ତାଙ୍କ ପାଇଁ କ'ଣ ଉପଯୁକ୍ତ। ଓଶୋ କୁହନ୍ତି, "ଜଣେ ବ୍ୟକ୍ତିଙ୍କ ପାଇଁ ଯାହା ଠିକ୍, ତାହା ଅନ୍ୟ ଜଣଙ୍କ ପାଇଁ ସମ୍ପୂର୍ଣ୍ଣ ଭୁଲ ହୋଇପାରେ। ସେଥିପାଇଁ ମୁଁ ଅନ୍ୟମାନଙ୍କ ସହିତ ଧୈର୍ଯ୍ୟର ଆବଶ୍ୟକତା କିମ୍ବା ସ୍ୟାତବାଦରେ ଏହି ସତ୍ୟର ପ୍ରକାଶନ ଦେଖୁଛି। ଚିନ୍ତାଧାରା ଦ୍ୱାରା ପ୍ରଭାବିତ ବ୍ୟକ୍ତିଙ୍କ ପାଇଁ ପଥ କ'ଣ, ଭାବନା ଏବଂ ଧ୍ୟାନ ଦ୍ୱାରା ପ୍ରଭାବିତ ବ୍ୟକ୍ତିଙ୍କ ପାଇଁ ସମାନ ନୁହେଁ, ଏବଂ ବହିର୍ମୁଖୀଙ୍କ ପାଇଁ ଦ୍ୱାର କ'ଣ, ତାହା ଅନ୍ତର୍ମୁଖୀଙ୍କ ପାଇଁ ଏକ ପ୍ରାଚୀର।"

"ଜ୍ଞାନର ଯାତ୍ରୀ ଶେଷରେ ଧ୍ୟାନର ଡଙ୍ଗା ନିର୍ମାଣ କରନ୍ତି। ପ୍ରେମର ଯାତ୍ରୀ ପ୍ରାର୍ଥନାର ଡଙ୍ଗା ନିର୍ମାଣ କରନ୍ତି। ଧ୍ୟାନ ଏବଂ ପ୍ରାର୍ଥନା ସମାନ ଗନ୍ତବ୍ୟସ୍ଥଳରେ ପହଞ୍ଚନ୍ତି। କିନ୍ତୁ ସେମାନଙ୍କର ଯାତ୍ରାର ପଥ ସମ୍ପୂର୍ଣ୍ଣ ଭିନ୍ନ।"

ଓଶୋ କୁହନ୍ତି, "ତୁମର ଯାତ୍ରାର ପଥ ନିଜେ ବାଛ। ପଥ ଯାହା ହେଉନା କାହିଁକି, ସେଗୁଡ଼ିକ ସବୁ ଧ୍ୟାନର ରୂପ। ପ୍ରାର୍ଥନା ମଧ୍ୟ ଧ୍ୟାନ, ପୂଜା ମଧ୍ୟ, ଉପାସନା ମଧ୍ୟ। ଯୋଗ ମଧ୍ୟ ଧ୍ୟାନ, ସେହିପରି ସାଂଖ୍ୟ ମଧ୍ୟ। ଜ୍ଞାନ ମଧ୍ୟ ଧ୍ୟାନ, ଭକ୍ତି ମଧ୍ୟ। କର୍ମ ମଧ୍ୟ ଧ୍ୟାନ, ସନ୍ନ୍ୟାସ ମଧ୍ୟ। ଧ୍ୟାନ ଅର୍ଥ ହେଉଛି ଏକ ନୀରବ, ଚିନ୍ତାହୀନ ମନର ଅବସ୍ଥା। ତୁମେ ଏହି ଅବସ୍ଥା କିପରି ପାଇବ ତାହା ଗୁରୁତ୍ୱପୂର୍ଣ୍ଣ ନୁହେଁ। ଗୁରୁତ୍ୱପୂର୍ଣ୍ଣ ହେଉଛି ତୁମେ ଏହାକୁ

ପାଇବ। କେଉଁ ଚିକିତ୍ସା ପଦ୍ଧତି ଦ୍ୱାରା ତୁମେ ସୁସ୍ଥ ହୁଅ? କେବଳ ସୁସ୍ଥ ହୁଅ, ଏହା ଗୁରୁତ୍ୱପୂର୍ଣ୍ଣ।" ଆରମ୍ଭରେ, ଯେକୌଣସି ପଦ୍ଧତି ସହିତ, ବିଶ୍ୱାସ ଏବଂ ଧୈର୍ଯ୍ୟ ସହିତ ଆରମ୍ଭ କର। ଖୁବ୍ ଶୀଘ୍ର ଆମର ବିବେକ ଜାଗ୍ରତ ହେବ, ଏବଂ ଆମେ ଆମର ପଦ୍ଧତି ମଧ୍ୟ ପାଇବୁ। ଓଶୋ କୁହନ୍ତି ଯେ ବିବେକ ବିଶ୍ୱାସର ଦ୍ୱାର ଖୋଲିଥାଏ, ବିଶ୍ୱାସ କେବଳ ଆତ୍ମ-ପ୍ରତାରଣା। "ଧ୍ୟାନ ଦ୍ୱାରା ଜ୍ଞାନ ଜାଗ୍ରତ ହେବ, ଯେପରି ସୂର୍ଯ୍ୟଙ୍କ ଆଗମନ ସହିତ ବିଶ୍ୱ ଜାଗ୍ରତ ହୁଏ। ଧ୍ୟାନ ଉପରେ କଠିନ ପରିଶ୍ରମ କର, କାରଣ ଶେଷରେ ବିବେକର ଜାଗ୍ରତ ହେବା ଗୁରୁତ୍ୱପୂର୍ଣ୍ଣ। ସମୟର ମରୁଭୂମିରେ ବାକି ସମସ୍ତ ଶ୍ରମ କେଉଁଠି ହଜିଯାଏ ତାହା ଆମେ ଜାଣିନାହୁଁ। କେବଳ ଧ୍ୟାନର ଧନ ହାତରେ ରହିଥାଏ ଏବଂ ମୃତ୍ୟୁ ମଧ୍ୟ ଏହାକୁ ଛଡ଼ାଇ ନେଇ ପାରିବ ନାହିଁ।"

ଧ୍ୟାନ କରିବା ପାଇଁ, ସନ୍ତୁଳିତ ଖାଦ୍ୟ (ଖାଦ୍ୟ ଖାଇବା ପରେ ପେଟରେ ଆଳସ୍ୟ କିମ୍ବା ଭାରୀ ଅନୁଭବ କରିବା ଉଚିତ୍ ନୁହେଁ) ଏବଂ ଏକ ଶାନ୍ତ ଏବଂ ଏକାନ୍ତ ପରିବେଶ ଆବଶ୍ୟକ। ଯେକୌଣସି ବୟସର ପୁରୁଷ ଏବଂ ମହିଳା ଧ୍ୟାନ କରିପାରିବେ। ପ୍ରାୟତଃ ଲୋକମାନେ କହୁଥିବା ଶୁଣାଯାଏ ଯେ ସେମାନେ ଧ୍ୟାନ କରିବେ, ସେମାନଙ୍କର ବୟସ କେତେ, ସେମାନଙ୍କର ବହୁତ କାମ ଅଛି, ସେମାନଙ୍କୁ ସମୟ ମିଳୁନାହିଁ, କିନ୍ତୁ ମନେରଖନ୍ତୁ, କେହି ଜାଣନ୍ତି କି କାହାର ବୟସ କେତେ? ତେଣୁ, ଯେତେବେଳେ କେହି ଧ୍ୟାନର ଗୁରୁତ୍ୱ ଅନୁଭବ କରନ୍ତି, ସେତେବେଳେ ସେମାନେ ସମୟ ନଷ୍ଟ ନକରି ଧ୍ୟାନ କରିବା ଆରମ୍ଭ କରିବା ଉଚିତ। ଓଶୋ କୁହନ୍ତି, "ଧ୍ୟାନ ଆପଣଙ୍କୁ କାଳଜୟୀ ଆଡ଼କୁ ନେଇଯାଏ। ସମୟ ଏବଂ ସ୍ଥାନ ବାହାରେ। ଅର୍ଥାତ୍, ଅମୃତ (ଅମୃତ) ପାଖକୁ କାରଣ ଧ୍ୟାନ ହେଉଛି ଜୀବନ। ଧ୍ୟାନ ଉପରେ ପରିଶ୍ରମ ହେଉଛି ଜୀବନ ଉପରେ ପରିଶ୍ରମ। ଧ୍ୟାନର ସନ୍ଧାନ ହେଉଛି ଜୀବନର ସନ୍ଧାନ।"

ଚାପରୁ ମୁକ୍ତି ପାଇବାର ଅନ୍ୟାନ୍ୟ ସରଳ ସହାୟକ ଉପାୟ

- କଥା କୁହାଯାଏ ଯେ ଭଲ କାମ ଅନୁସାରେ ତୁମେ ସ୍ୱର୍ଗକୁ ଯିବ ଏବଂ ଖରାପ କାମ ଯୋଗୁଁ ତୁମେ ନର୍କକୁ ଯିବ। ଓଶୋ କୁହନ୍ତି ଯେ ସ୍ୱର୍ଗ କିମ୍ବା ନର୍କ ନାହିଁ। ଆମେ ଏଠାରେ ଆମର ସ୍ୱର୍ଗ କିମ୍ବା ନର୍କ ସୃଷ୍ଟି କରୁ। କିପରି? ଯଦି ଆମେ ଖୁସି ତେବେ ଆମେ ସ୍ୱର୍ଗକୁ ଯିବୁ ଏବଂ ଯଦି ଆମେ ଦୁଃଖୀ ତେବେ ଆମେ ନର୍କକୁ ଯିବୁ। ଯାହା କିଛି ଅସ୍ତିତ୍ୱ ଦେଇଛି, ତାହା ନିଃସର୍ତ୍ତ ଭାବରେ ଦିଆଯାଇଛି। ଯଦି ତୁମେ ଏହାକୁ ଧନ୍ୟବାଦ ଦିଅ, ଯଦି ତୁମର ଏହା ପ୍ରତି କୃତଜ୍ଞତାର ଭାବନା ଅଛି ତେବେ ତୁମେ ସ୍ୱର୍ଗକୁ ଯିବ, ଯଦି ତୁମେ ଅଭିଯୋଗ କରିଚାଲ ତେବେ ତୁମେ ନର୍କକୁ ଯିବ। ସୁଖ ଏବଂ ଦୁଃଖ ବସନ୍ତ ଏବଂ ଶରତ ପରି ଆସେ। ଯଦି

କୌଣସି ସୁଖ ନାହିଁ ତେବେ କୌଣସି ଦୁଃଖ ରହିବ ନାହିଁ। ସୁଖ ଏବଂ ଦୁଃଖ ଆସି ଚାଲିଯାଏ। ତୁମେ ସୁଖ ଏବଂ ଦୁଃଖ ଅତିକ୍ରମ କରିପାରିବ। କିପରି? ଯଦି ଦୁଃଖ ଆସେ, ସାକ୍ଷୀ ହେବାର ଭାବନା ସହିତ ବଞ୍ଚ, ଖୁସି ସହିତ ବଞ୍ଚ, ଅଭିଯୋଗ କର ନାହିଁ କିମ୍ବା ଧନ୍ୟବାଦ ଦିଅ ନାହିଁ, ସମତାରେ, ସାକ୍ଷୀ ଭାବରେ ବଞ୍ଚି କରି ତୁମେ ଉଭୟକୁ ଅତିକ୍ରମ କରିପାରିବ। ସାକ୍ଷୀ କିପରି ହେବ? ଓଶୋ କୁହନ୍ତି ଉପାୟ ହେଉଛି ଧ୍ୟାନ।

- ତୁମେ ପ୍ରାୟତଃ ଲୋକଙ୍କୁ କହୁଥିବା ଦେଖିବାକୁ ପାଇବ ଯେ ମୁଁ ରାଗିବାକୁ ଚାହୁଁନାହିଁ। ମୁଁ ଅନେକ ଥର ପ୍ରତିଜ୍ଞା କରିଛି, ସଂକଳ୍ପ ନେଇଛି, ତଥାପି ମୁଁ ଜାଣିନାହିଁ କାହିଁକି ମୁଁ ରାଗିଯାଏ? ମୁଁ ସବୁବେଳେ ଭଲ କାମ କରିବାକୁ ଚାହେଁ, କିନ୍ତୁ ଯେତେବେଳେ ସୁଯୋଗ ଆସେ, ମୁଁ ତାହା କରିପାରୁନାହିଁ। ପ୍ରତ୍ୟେକ ମଣିଷ ଏହି ଦ୍ୱନ୍ଦ୍ୱରେ ପଡ଼ିଥାଏ। ଏହା କାହିଁକି ଘଟେ? ଯେତେବେଳେ ଆମେ କୌଣସି ନିଷ୍ପତ୍ତି ନେଉ, ଆମେ ଏହାକୁ ଆମର ସଚେତନ ମନ ସହିତ ଗ୍ରହଣ କରୁ, ଆମର ଅଚେତନ ମନ ଏହା ବିଷୟରେ ସଚେତନ ନୁହେଁ। ଯେପର୍ଯ୍ୟନ୍ତ ସଚେତନ ମନର ନିଷ୍ପତ୍ତି, ସଂକଳ୍ପ ଅଚେତନ ମନରେ ପହଞ୍ଚି ନାହିଁ, ସେପର୍ଯ୍ୟନ୍ତ ଆମେ କାମନା, କ୍ରୋଧ, ଲୋଭ, ଆସକ୍ତି, ଈର୍ଷା ଇତ୍ୟାଦିରୁ ମୁକ୍ତ ହୋଇପାରିବୁ ନାହିଁ। ଆମର ସଚେତନ ମନର ସମସ୍ତ ନିଷ୍ପତ୍ତି ଅଚେତନ ମନରେ ପହଞ୍ଚାଇବାକୁ ପଡିବ। କିପରି? ଓଶୋ କୁହନ୍ତି ଧ୍ୟାନ ହେଉଛି ଏକ ଉପାୟ। ନିରନ୍ତର ଧ୍ୟାନ କରି, ସଚେତନ ମନର ନିଷ୍ପତ୍ତି ଅଚେତନ ମନରେ ପହଞ୍ଚାଇହେବ। ଏହା ସେତେବେଳେ ଉପଯୋଗୀ ହେବ ଯେତେବେଳେ ଏହା ଅଚେତନ ମନରେ ପହଞ୍ଚିବ।
- ଅଚେତନ ମନକୁ ପରିବର୍ତ୍ତନ କରି ହିଁ ଜୀବନର ଅର୍ଥ ବଦଳିବ। ଯଦି ଆମେ ଅଚେତନ ମନକୁ ନିଷ୍ପତ୍ତି ନ ପହଞ୍ଚାଇବୁ। ଯଦି ଆମେ ସମାନ କାମ କରି ଚାଲିବା, ସଂକଳ୍ପ ନେଇ, ପ୍ରତିଜ୍ଞା କରି, ବାରମ୍ବାର ଶପଥ ନେଇ ସମାନ କାମକୁ ଦୋହରାଇବା, ତେବେ ଧୀରେ ଧୀରେ ଗୋଟିଏ ଦିନ ଆମେ ଅନୁଭବ କରିବୁ ଯେ "ମୁଁ" କିଛି ନୁହେଁ, ମୁଁ ଜାଣିନାହିଁ ମୋ ସହିତ କ'ଣ ହୁଏ? ମୁଁ ଏତେ ଅସମର୍ଥ କାହିଁକି? ମୁଁ ଏହି ଛୋଟ କାମ ମଧ୍ୟ କରିପାରିବି ନାହିଁ। ତୁମେ ଆତ୍ମ-ନିନ୍ଦାରେ ପରିପୂର୍ଣ୍ଣ ହୋଇଯାଅ।
- ଆତ୍ମ-ନିନ୍ଦାରେ ପରିପୂର୍ଣ୍ଣ ବ୍ୟକ୍ତି ଏପରି ରୋଗରେ ଘେରି ରହିଥାଏ ଯେ କୌଣସି ପ୍ରକାରର ଔଷଧର କୌଣସି ପ୍ରଭାବ ପଡ଼ିନଥାଏ। ତା'ପରେ ଆମ ମନରେ ଖରାପ କାର୍ଯ୍ୟ ଏବଂ ଖରାପ ଚିନ୍ତାଧାରାର ଛାପ ଜମା ହେବା ଆରମ୍ଭ

ହୁଏ, ଏସବୁ ଅସ୍ଥିରତା, ଉତ୍ତେଜନା, କ୍ରୋଧ, ମନର ଅଶାନ୍ତି ରୂପରେ ଦେଖାଯାଏ। ଯେତେବେଳେ ଜଣେ ବ୍ୟକ୍ତି ଚାପରେ ପରିପୂର୍ଣ୍ଣ ହୋଇଯାଏ, ସେତେବେଳେ ସେ କୌଣସି କାମ ଠିକ୍ ଭାବରେ କରିପାରେ ନାହିଁ, ଆଚରଣରେ ସନ୍ତୁଳନ ରହେ ନାହିଁ ଏବଂ ଏହା ଯୋଗୁଁ ସେ ବିଫଳ ହୋଇ ବନ୍ଧୁମାନଙ୍କ ସହିତ ଝଗଡ଼ା କରି ରହେ।

- ଚେତନ ମନର ନିଷ୍ପତ୍ତିକୁ ଅଚେତନ ମନକୁ ପହଞ୍ଚାଇବା ପାଇଁ ଧ୍ୟାନ ଆବଶ୍ୟକ ଏବଂ ରାତିରେ ଶୋଇବା ସମୟରେ, ନିଷ୍ପତ୍ତିକୁ ପୁନରାବୃତ୍ତି କରି, ଅନୁଭବ କରି ଏବଂ ଅନୁଭବ କରି, ନିଦ୍ରାରେ ପ୍ରବେଶ କରି। କିଛି ଦିନ ମଧ୍ୟରେ ସେହି ନିଷ୍ପତ୍ତି ଅଚେତନ ମନରେ ପହଞ୍ଚିବ। ତୁମେ ମଧ୍ୟ ଏହା ଅନୁଭବ କରିବା ଆରମ୍ଭ କରିବ।
- ଯଦି କେହି ତୁମକୁ ଏପରି କିଛି କୁହନ୍ତି ଯାହା ତୁମକୁ ରାଗିବାକୁ ବାଧ୍ୟ କରେ, ତେବେ ରାଗିବା ପରିବର୍ତ୍ତେ ଭାବ ଯେ ହୁଏତ ସେ ଠିକ୍। ଯଦି ସେ ଠିକ୍, ତେବେ ତୁମେ କାହିଁକି ରାଗିବ? ଯଦି ସେ ଭୁଲ, ତେବେ ଏହା ତାଙ୍କର ସମସ୍ୟା, ତେବେ ତୁମେ କାହିଁକି ରାଗିବ? ଯଦି ତୁମେ ରାଗିବ ନାହିଁ, ତେବେ ଗାଳି କର ନାହିଁ, ତେବେ କ୍ରୋଧ ଏବଂ ଗାଳିର ଶକ୍ତି ଯାହା ସେ ଆମକୁ ଦେବାକୁ ଚାହୁଁଥିଲା, ଆମେ ତାହା ନେଇନାହୁଁ, ତେଣୁ ଏହା ତାଙ୍କ ପାଖକୁ ଫେରି ଆସିବ। ଯଦି ଆମେ ମଧ୍ୟ ଗାଳି କରୁ, ତେବେ ହିସାବ ସମାଧାନ ହୋଇଯାଏ। କିନ୍ତୁ ତୁମେ ତୁମର ନକାରାତ୍ମକ ଶକ୍ତି କାହାକୁ ନ ଦେଲେ ଭଲ, କାରଣ ସେମାନେ ଏକାଠି ଦୁଇଗୁଣ (-ve, -ve) ହୋଇଯାଆନ୍ତି, ନଚେତ୍ କେବଳ -ve ଶକ୍ତି ହଜିଯାଏ।
- ଜଣେ ସଚ୍ଚୋଟ ବ୍ୟକ୍ତି ତିକ୍ତ, ତାଙ୍କ କଥା ପ୍ରତି ଧ୍ୟାନ ଦେବା ଉଚିତ।
- ସନ୍ଦେହ ଏକ ମଧୁର ବିଷ, ଯେତେ ଶୀଘ୍ର ତୁମେ ତୁମର ସନ୍ଦେହ ଦୂର କରିବ, ସେତେ ଭଲ। ମନେରଖ, ଏକ ଦୁର୍ବଳ ମନ ସନ୍ଦେହଜନକ।
- ଯଦି ତୁମେ ଆଶାବାଦୀ, ତେବେ ଧ୍ୟାନରେ ତୁମେ ଯାହା କିଛି ପାଇବ, ଯାହା କିଛି ଛୋଟ ଅଭିଜ୍ଞତା ପାଇବ, ତାହା ସଂଗ୍ରହ ହୋଇଯାଏ। ନଚେତ୍ ତାହା ହଜିଯାଏ।
- ଅନ୍ୟମାନଙ୍କ ପାଖରେ କେତେ ଅଛି ସେ ବିଷୟରେ ଚିନ୍ତା କର ନାହିଁ। ଭଗବାନ ସବୁବେଳେ ତୁମର ଯୋଗ୍ୟତା ଏବଂ ଆବଶ୍ୟକତା ଅନୁସାରେ ଦିଅନ୍ତି। ଯିଏ ଏତେ ବଡ଼ ଦୁନିଆ ଚଳାନ୍ତି ସେ ଆମର ଆବଶ୍ୟକତାର ମଧ୍ୟ ଯତ୍ନ ନିଅନ୍ତି। ସବୁବେଳେ ଭଗବାନଙ୍କ ପ୍ରତି କୃତଜ୍ଞତା ଭାବନା ରଖନ୍ତୁ।

- ସମସ୍ତ କାମ ସମୟ ଅନୁସାରେ କରନ୍ତୁ, ଚାକର ଏବଂ ଅନ୍ୟମାନଙ୍କ ଉପରେ କମ୍ ନିର୍ଭରଶୀଳ ହୁଅନ୍ତୁ, ପରିବାର ସଦସ୍ୟ ଏବଂ ବନ୍ଧୁମାନଙ୍କ ସହିତ ସହଯୋଗ କରନ୍ତୁ, ଯେକୌଣସି ପରିସ୍ଥିତି ଆସେ ତାହାର ସାକ୍ଷୀ ହୁଅନ୍ତୁ।
- ମୋ ମୃତ୍ୟୁ ପରେ ପରିବାରର କ'ଣ ହେବ ସେ ବିଷୟରେ ଚିନ୍ତା କରନ୍ତୁ ନାହିଁ। ତୁମର ବାପା କିମ୍ବା ଜେଜେବାପାଙ୍କ ମୃତ୍ୟୁ ପରେ ଘରେ ଯାହା ଘଟିଥିଲା ତାହା ହିଁ ଘଟିବ।
- ଅଯଥା କଥା ହୁଅ ନାହିଁ, ଆବଶ୍ୟକତା ଅନୁସାରେ କୁହ, ଅଧିକ କହିବା ଶକ୍ତି ନଷ୍ଟ କରେ ଏବଂ ଭୁଲ କଥା କହିବାକୁ ମଧ୍ୟ ପ୍ରେରଣା ଦିଏ।
- ଏକ ଦମ୍ଭୋକ୍ତିପୂର୍ଣ୍ଣ ଜୀବନ ବଞ୍ଚିବାରୁ ଦୂରେଇ ରୁହନ୍ତୁ।
- ତୁମେ ଭୁଲ କରିପାରିବ, ତୁମର ଭୁଲରୁ ଶିଖ ଏବଂ ସେହି ଭୁଲଗୁଡ଼ିକୁ ବାରମ୍ବାର ଦୋହରାଇ ପାରିବ ନାହିଁ।
- ଜଣେ ସମାଲୋଚକଙ୍କୁ ତୁମର ଶତ୍ରୁ ବୋଲି ଭାବ ନାହିଁ।
- ଚାଟୁକାର, କପଟୀ ଏବଂ ଗୁଣ୍ଡାମାନଙ୍କୁ ଏଡ଼ାଇ ରୁହନ୍ତୁ।
- ଧନ ଏବଂ ପଦବୀ ଅର୍ଜନ କରିବାକୁ ଚେଷ୍ଟା କରିବାକୁ ନିଶ୍ଚିତ କରନ୍ତୁ। କିନ୍ତୁ ମନେରଖନ୍ତୁ, ଭୁଲ ମାଧ୍ୟମରେ ଅର୍ଜିତ ଟଙ୍କା ତୁମ ପାଇଁ ଭଲ ହେବ ନାହିଁ। ତୁମେ ନିଜେ ଅନୁଭବ କରିପାରିବ ଯେ 'ଯେପରି ତୁମେ ଖାଉଛ, ସେହିପରି ତୁମର ମନ ମଧ୍ୟ'। ଭୁଲ ଉପାୟରେ ରୋଜଗାର କରୁଥିବା ଧନୀ ବ୍ୟକ୍ତିଙ୍କ ଘରେ ରୋଗ ଏବଂ ସମସ୍ୟା ଲାଗି ରହିଥାଏ, ପିଲାମାନେ ନଷ୍ଟ ହୋଇଯାଆନ୍ତି।
- ତୁମେ ତୁମର କାନ ମାଧ୍ୟମରେ ଯାହା ଶୁଣୁଛ ଏବଂ ତୁମେ ତୁମ ଆଖିରେ ଯାହା ଦେଖୁଛ ତାହା ଅନେକ ଥର ଭୁଲ ହୋଇପାରେ। କ୍ରୋଧ ପ୍ରତି କିପରି ସଚେତନ ହେବ? ଏହାକୁ ବ୍ୟବହାର କର।
- ତୁମର ବିବେକକୁ ଜାଗ୍ରତ କର ଏବଂ ଏହାର ସ୍ୱର ପ୍ରତି ଧ୍ୟାନ ଦିଅ, ଚାପ ଏବଂ ଦୁଃଖ ତୁମ ପାଖକୁ ଆସିପାରିବ ନାହିଁ।
- ଯଦି ଆମେ ସତ୍ୟବାଦୀ କିନ୍ତୁ କଠୋର ନୁହେଁ, ତେବେ କାହାର ଅଭିଶାପର କୌଣସି ପ୍ରଭାବ ପଡ଼ିବ ନାହିଁ। କିନ୍ତୁ ମନେରଖ, ଯଦି ତୁମେ ତୁମର ପଦବୀ ଏବଂ ଅର୍ଥର ଅପବ୍ୟବହାର କରି ଅଯଥାରେ କାହାକୁ ହଇରାଣ କରୁଛ, ତେବେ ଅଭିଶାପ ସେମାନଙ୍କର ପୂର୍ଣ୍ଣ ପ୍ରଭାବ ଦେଖାଇବ।
- ସବୁବେଳେ କାନ୍ଦିବା, ନିଜ ଦୁଃଖ ବିଷୟରେ କାନ୍ଦିବା, ସବୁବେଳେ ଚିନ୍ତିତ ହେବା ଏବଂ ଛୋଟ ଛୋଟ କଥା ଉପରେ ଚିନ୍ତା କରିବା ଯେପରି ଏକ ଗୁରୁତର

ସମସ୍ୟା ଆସିଛି, ଦୁଃଖକୁ ଅତିରଞ୍ଜିତ କରିବା, ଏପରି ମାନସିକ ଅବସ୍ଥା ଥିବା ବ୍ୟକ୍ତି ଦୁଃଖ ଏବଂ ଚାପରୁ ମୁକ୍ତି ପାଇବାର ଉପାୟ ମଧ୍ୟ ଭାବନ୍ତି ନାହିଁ, କାହିଁକି? ସେ କେବଳ ଏହା କହିବାରେ ଆଗ୍ରହୀ।

- ଶରୀର ମସାଜ୍, ପହଁରିବା, ଆରାମଦାୟକ ଚେୟାର (ସ୍ୱିଙ୍ଗ୍ ଚେୟାର) ରେ ଶୋଇବା, ନୃତ୍ୟ, ଯୋଗ ଆସନ, ରେକି କିମ୍ବା ଶକ୍ତି ଆରୋଗ୍ୟ, ଏସବୁ ଚାପ ହ୍ରାସ କରିବାରେ ସାହାଯ୍ୟ କରିବ।
- ଓଶୋ କୁହନ୍ତି, ଯଦି ତୁମେ ତୁମର ଦୁଃଖକୁ ଉତ୍ସାହର ସହିତ ବର୍ଣ୍ଣନା କର, ଯଦି ତୁମେ ଏହାକୁ ଉପଭୋଗ କର, ତେବେ ତୁମେ ସେହି ଦୁଃଖରେ ରହିବ।

ଦୁଃଖ ଅଛି, ଚାପ ଅଛି

ଏହା ସତ୍ୟ। ଆମେ ଏହା କାହିଁକି ଅଛି, ଏହାର କାରଣ କ'ଣ ତାହା ଜାଣିବାକୁ ଚେଷ୍ଟା କରୁନାହୁଁ। ଆମେ କ'ଣ ଉପରସ୍ତରର ଚିକିତ୍ସା ଚେଷ୍ଟା କରୁ? ଆମେ ବିଡ଼ି ସିଗାରେଟ୍ ପିଇବା, ମଦ୍ୟପାନ କରିବା କିମ୍ବା ଅନ୍ୟାନ୍ୟ ନିଶାଦ୍ରବ୍ୟ ନେବା ଆରମ୍ଭ କରୁ, ସିନେମା ଦେଖିବାକୁ ଯାଉ, ବନ୍ଧୁମାନଙ୍କ ସହିତ ଗପସପ କରିବା, ଝଗଡା କରିବା, ମନ୍ଦିରକୁ ଯିବା ଏବଂ ଭଜନ ଗାଇବା ଆରମ୍ଭ କରୁ (ଯାହାର ଈଶ୍ୱରଙ୍କ ସହିତ କୌଣସି ସମ୍ପର୍କ ନାହିଁ), ଆମେ କେବଳ ଦୁଃଖ ଏବଂ ଜୀବନକୁ ଭୁଲିବା ପାଇଁ ଏକ ବୃଥା ପ୍ରୟାସ କରୁ। ଏହା କରିବା ଦ୍ୱାରା କ'ଣ ଦୁଃଖ ଏବଂ ଚାପ ହ୍ରାସ ପାଏ? ନା! ଆମର ଦୁଃଖ, ଚିନ୍ତା, ଚାପ ଇତ୍ୟାଦି ସେହିପରି ରହିଥାଏ। ତୁମେ କେତେ ସମୟ ପାଇଁ ଏହାକୁ ଭୁଲିପାରିବ? ଯେତେବେଳେ ତୁମେ ଫେରିବ, ତୁମେ ପୂର୍ବ ଅପେକ୍ଷା ଆପଣଙ୍କର ଅସ୍ଥିରତା, ଦୁଃଖ, ଚିନ୍ତାକୁ ଆହୁରି ଅଧିକ ପାଇବ। ଏହା କାହିଁକି ଘଟେ?

ମଣିଷ ପ୍ରାଣୀ ଏବଂ ଈଶ୍ୱରଙ୍କ ମଧ୍ୟରେ ଅଛି। ପ୍ରାଣୀ ଅର୍ଥ ବାସନା, କାମନା, କ୍ରୋଧ, ଅହଂକାର, ଲୋଭ, ଆସକ୍ତି, ଘୃଣା, ଈର୍ଷା ଇତ୍ୟାଦି। ଈଶ୍ୱର ଅର୍ଥ ବିବେକର ଜାଗ୍ରତ, ଅର୍ଥାତ୍ ଆତ୍ମ ଜାଗ୍ରତ (ଦେବୀ କିମ୍ବା ଅନ୍ୟ କାହାର ଜାଗ୍ରତ ନୁହେଁ)। ଗୋଟିଏ ପଟେ ତଳୁ ଡାକ ଆସୁଛି ଏବଂ ଅନ୍ୟ ପଟେ ଉପରୁ ଡାକ ଆସୁଛି। ଏହି ଦ୍ୱନ୍ଦ୍ୱ ଯୋଗୁଁ ମଣିଷ ଦୁଃଖରେ ଅଛି। ବିବେକକୁ ଜାଗ୍ରତ କରି ତଳକୁ ଯିବା ସହଜ, କିନ୍ତୁ ଚିନ୍ତା କର ତୁମେ କେତେ ସମୟ ଭଜନ-କୀର୍ତ୍ତନ, ସଙ୍ଗୀତ, କାମନା କିମ୍ବା ମଦ୍ୟପାନର ନିଶାରେ ରହିବ?

ସେମାନଙ୍କ ମଧ୍ୟରୁ ଅଧିକାଂଶ ତଳକୁ ଯାଆନ୍ତି, ପଶୁ ପାଖକୁ ଫେରିଯାଆନ୍ତି, କାରଣ ତଳକୁ ଯିବା ସହଜ, ଯେପରି ପାଣିର ପ୍ରବାହ ତଳକୁ ଯାଇଥାଏ, ଯଦି ପାଣିକୁ ଉପରକୁ ଉଠାଇବାକୁ ପଡ଼େ ତେବେ ଏକ ମୋଟର ଅର୍ଥାତ୍ ଶକ୍ତି ବ୍ୟବହାର କରିବାକୁ

ପଡ଼େ। ଏହି ପ୍ରୟାସକୁ ଏଡାଇବା ପାଇଁ, ତଳକୁ ଯିବା ସହଜ। ବିବେକକୁ ଜାଗ୍ରତ କରିବା ପାଇଁ, ପ୍ରାଣୀର ସ୍ତର ଉପରକୁ ଉଠିବାକୁ ପଡ଼େ, ଶକ୍ତି ଜାଗ୍ରତ କରିବାକୁ ପଡ଼େ। ବିବେକ ଜାଗ୍ରତ ହେବା ସହିତ, ବୁଝାମଣା ବୃଦ୍ଧି ପାଏ ଏବଂ ବୁଝାମଣା ସହିତ କେବଳ ଦୁଃଖ ଏବଂ ଚାପ ହ୍ରାସ ପାଏ। ବିବେକକୁ କିପରି ଜାଗ୍ରତ କରିବେ? ବୁଝାମଣା କିପରି ବୃଦ୍ଧି କରିବେ? ଓଶୋ କୁହନ୍ତି କେବଳ ଗୋଟିଏ ଉପାୟ ଅଛି - ଧ୍ୟାନ।

- ସକାଳେ ଉଠିବା ସମୟରେ, ବିଛଣାରେ ଶୋଇବା ସମୟରେ, ଶରୀରର ପ୍ରତ୍ୟେକ ଅଂଶକୁ ଚାପ ଦିଅନ୍ତୁ। କଠିନ କରନ୍ତୁ ଏବଂ ଆରାମ କରନ୍ତୁ। ଏହା ଦୁଇ-ତିନି ଥର କରନ୍ତୁ। ତା'ପରେ କାନ ତଳର ନରମ ଅଂଶକୁ ବୁଢ଼ା ଆଙ୍ଗୁଠି ଏବଂ ପ୍ରଥମ ଆଙ୍ଗୁଠିରେ ଦୁଇ-ତିନି ଥର ଘଷନ୍ତୁ।
- ତା'ପରେ ୩-୪ ଥର ହସ, ପ୍ରଥମେ ଏହା ଅଜବ ଲାଗିବ, ଧୀରେ ଧୀରେ ହସ ସ୍ୱାଭାବିକ ହୋଇଯିବ।
- ସଚେତନ ଭାବରେ ବିଛଣାରୁ ବାହାରକୁ ଆସନ୍ତୁ।
- ନିଜକୁ ଆରାମ ଦେବା ପରେ, ୨୦-୨୫ ମିନିଟ୍ ପାଇଁ ଆସନ, ବ୍ୟାୟାମ ଏବଂ ଶବାସନ କରନ୍ତୁ।
- ଦିନକୁ ୫-୭ ଥର ଜୋରରେ ନିଶ୍ୱାସ ଛାଡ଼ନ୍ତୁ ଯାହା ଦ୍ୱାରା ନାଭି ସମ୍ପୂର୍ଣ୍ଣ ଖାଲି ହେବ।
- ହାତ ଏବଂ ପାଦ ମାଲିସ କରିବା ପାଇଁ ବେସନ ବ୍ୟବହାର କରନ୍ତୁ।
- ଯଥାସମ୍ଭବ ଲୁଣ ଏବଂ ଧଳା ଚିନି ବ୍ୟବହାର କରନ୍ତୁ। ତମାଖୁ, ମଦ୍ୟପାନ ଇତ୍ୟାଦି ପରିହାର କରନ୍ତୁ। ଅଧିକ ଫଳ ରସ ସେବନ କରନ୍ତୁ।
- ଯେକୌଣସି ଜିନିଷ ଖାଆନ୍ତୁ, ଖାଇବା ପୂର୍ବରୁ ଭଲ ଭାବରେ ଚୋବାଇ ଖାଆନ୍ତୁ। ଯଥାସମ୍ଭବ ଆଲୋପାଥିକ ଔଷଧ ବ୍ୟବହାର କରନ୍ତୁ।
- ଯେଉଁଦିନ ଆପଣ କ୍ଳାନ୍ତ ଅନୁଭବ କରିବେ, ସନ୍ଧ୍ୟାରେ ଶୋଇବା ପୂର୍ବରୁ, କିଛି ସମୟ ପାଇଁ ଉଷୁମ ପାଣିରେ ପାଦ ରଖନ୍ତୁ ଏବଂ ଆପଣଙ୍କ ପାଦ ତଳକୁ ହାଲୁକା ଭାବରେ ମାଲିସ କରନ୍ତୁ। ଆପଣଙ୍କ ପାଦକୁ ଭଲ ଭାବରେ ପୋଛି ଶୋଇ ଯାଆନ୍ତୁ।

ପିଲାମାନଙ୍କ ସହିତ ଖେଳିବା, ଠିକ୍ ସମୟରେ ଶୋଇବା, ଠିକ୍ ସମୟରେ ଉଠିବା, ସୂର୍ଯ୍ୟାସ୍ତ ସମୟରେ ରାତ୍ରିଭୋଜନ କରିବା, ନିୟମିତ ଭାବରେ ହସିବା ଏବଂ ଅନ୍ୟମାନଙ୍କୁ ହସାଇବା, ପୁଷ୍ଟିକର ଖାଦ୍ୟ ଖାଇବା ଏବଂ କେତେବେଳେ ଉପବାସ ରଖିବା ଇତ୍ୟାଦି ନିଶ୍ଚିତ ଭାବରେ ଶାରୀରିକ ଏବଂ ମାନସିକ ଚାପ ହ୍ରାସ କରିବାରେ ସାହାଯ୍ୟ କରିବ।

ଆତ୍ମହତ୍ୟା କାହିଁକି?

ଆପଣଙ୍କୁ ପ୍ରାୟତଃ ଆତ୍ମହତ୍ୟାର ଚିନ୍ତା ଆସୁଛି କି? କାହିଁକି? ଆପଣ ଜୀବନରୁ ନିରାଶ ହେଉଛନ୍ତି କି? ଆପଣଙ୍କର ଚିନ୍ତା ବଢ଼ିଯାଇଛି କି? ଆପଣ ଆପଣଙ୍କର ସମସ୍ୟାର ଅନ୍ୟ କୌଣସି ଉପଯୁକ୍ତ ସମାଧାନ ପାଇପାରୁନାହାଁନ୍ତି କି? ଆପଣ ସମସ୍ତ ପ୍ରେମ ସମ୍ପର୍କରୁ ନିରାଶ ହେଉଛନ୍ତି କି? ଯଦି ହଁ, ତେବେ ବୁଝନ୍ତୁ ଯେ ଏହା ପ୍ରଥମ ଥର ନୁହେଁ ଯେ ଆପଣ ଏହି ଜୀବନରେ ଆତ୍ମହତ୍ୟାର ଚିନ୍ତା କରୁଛନ୍ତି। ଆପଣଙ୍କର ପୂର୍ବ ଜନ୍ମରେ ମଧ୍ୟ ଏହି ଚିନ୍ତାଧାରା ଆସିଛି। ସମ୍ଭବତଃ ଆପଣ ଆପଣଙ୍କର ପୂର୍ବ ଜନ୍ମରେ ସମାନ ପରିସ୍ଥିତି ଯୋଗୁଁ ଆତ୍ମହତ୍ୟା କରିଥିବେ।

ଆପଣ କାହିଁକି ଆତ୍ମହତ୍ୟା କରିବାକୁ ଚାହୁଁଛନ୍ତି? ଏହାର କାରଣ ଖୋଜନ୍ତୁ ଏବଂ ସମାଧାନ ଖୋଜିବା ପାଇଁ ସର୍ବୋତ୍ତମ ଚେଷ୍ଟା କରନ୍ତୁ। ଏକ ସଂକଳ୍ପ ନିଅନ୍ତୁ ଏବଂ ଏହି ଜୀବନରେ ସମସ୍ୟା ସହିତ ଲଢ଼ନ୍ତୁ, ସମସ୍ୟା ସହିତ ଲଢ଼ନ୍ତୁ ଯାହା ଦ୍ୱାରା ଏହି ଚିନ୍ତାଧାରା ଆଦୌ ନ ଆସେ। ଆପଣ କେତେ ଦିନ ଆତ୍ମହତ୍ୟା କରି ରହିବେ? ତା'ପରେ ଆପଣଙ୍କୁ ପ୍ରତ୍ୟେକ ଜୀବନରେ ଏହାକୁ ପୁନରାବୃତ୍ତି କରିବାକୁ ପଡ଼ିବ ନାହିଁ। ଏକ ସଂକଳ୍ପ ନିଅନ୍ତୁ, ଏଥର ନୁହେଁ।

ଓଶୋ ଏହି କାହାଣୀକୁ *"କହେ କବୀର ମୁଁ ସମ୍ପୂର୍ଣ୍ଣ ପାଇଗଲି"* ପ୍ରବଚନ ଧାରାବାହିକରେ ବର୍ଣ୍ଣନା କରିଛନ୍ତି। ଏହାକୁ ପଢ଼ନ୍ତୁ, ଏହା ନିଶ୍ଚିତ ଭାବରେ ଆପଣଙ୍କୁ ସମସ୍ୟା ସହିତ ଲଢ଼ିବା ପାଇଁ ସାହସ ଦେବ।

ଜଣେ ଯୁବକ ଜଣେ ଫକିରଙ୍କୁ କହୁଥିଲା, "ଏବେ ମୁଁ ଜୀବନରେ ବିରକ୍ତ ହୋଇଗଲିଣି। ମୋ ପାଖରେ କିଛି ନାହିଁ, ମୁଁ ମରିବାକୁ ଚାହୁଁଛି।"

ଫକିର କହିଲା- ମରିବା ପୂର୍ବରୁ ଗୋଟିଏ କାମ କର। ତୁମେ ଯେକୌଣସି ପ୍ରକାରେ ମରିବ, ମୁଁ କିଛି ଲାଭ ପାଇବି। ସେ ପଚାରିଲା କେଉଁ କାମ?

ଫକିର କହିଲା, ଏହା କର, ଏହି ଗାଁରେ ଜଣେ ସମ୍ରାଟ ଅଛନ୍ତି, ସେ ମୋର ବନ୍ଧୁ, ସେ ଜଣେ ବହୁତ ପାଗଳ ପ୍ରକାରର ଲୋକ। ତାଙ୍କର ଅଜବ ଜିନିଷ ସଂଗ୍ରହ କରିବାର ସଉକ ଅଛି। ମୁଁ ତୁମର ଆଖି ବିକିବି। ମୁଁ ତୁମକୁ ଅତି କମରେ ଏକ ଲକ୍ଷ ଟଙ୍କା ଦେବି। ତାପରେ ତୁମେ ମରିଯିବ। ତୁମେ ଯେକୌଣସି ପ୍ରକାରେ ମରୁଛ। ଏବଂ ଯଦି ସେ ମନସ୍ତାପ କରେ, ସେ ତୁମର କାନ, ତୁମର ଦାନ୍ତ ମଧ୍ୟ କିଣିବ, ସେ ଏକ ପାଗଳ ପ୍ରକାରର। ସେ ଏପରି କାମ କରେ। ମୋ ସହିତ ଆସ।

ଏବେ ସେହି ଲୋକଟି ଏହି ଫକିରକୁ କିଛି କହିପାରିଲା ନାହିଁ। ସେ କ'ଣ କହିପାରିବ? ସେ ପୂର୍ବରୁ କହିଥିଲା ଯେ ମୋର କିଛି ନାହିଁ ଏବଂ ମୁଁ ମରିବାକୁ ଯାଉଛି,

କିନ୍ତୁ ଯେତେବେଳେ ଚିନ୍ତା ଆସିଲା ଯେ ମୁଁ ମୋ ଆଖି ପାଇଁ ଏକ ଲକ୍ଷ ଟଙ୍କା ପାଇପାରିବି, ସେତେବେଳେ ମୁଁ ସମ୍ପୂର୍ଣ୍ଣ ଗରିବ ନୁହେଁ।

ସେ ସମ୍ରାଟଙ୍କ ଘରେ ପହଞ୍ଚିବା ମାତ୍ରେ ସେ ନିଷ୍ପତ୍ତି ନେଲେ ଯେ ମୋ ଆଖି ବିକ୍ରି କରିବା ଠିକ୍ ନୁହେଁ! ସେ ମରିବା କଥା ଭୁଲିଗଲେ। ଫକିର ଭିତରକୁ ଗଲେ। ସେ ସମ୍ରାଟଙ୍କୁ ବୁଝାଇଲେ। ସେ ଲୋକଟିକୁ ଡାକିଲେ। ସମ୍ରାଟ କହିଲେ, "ଠିକ୍ ଅଛି, ଆଖି କାଢ଼ିନେବା। ଗୋଟିଏ ଲକ୍ଷ ଟଙ୍କା ନିଅ।" ଲୋକଟି କହିଲା, "ତୁମେ ମୋ ବିଷୟରେ କ'ଣ ଭାବୁଛ? ମୁଁ ମୋ ଆଖି ବିକ୍ରି କରିବି।" ସମ୍ରାଟ କହିଲେ, "ଯଦି ତୁମେ ମୂଲ୍ୟ ଚାହୁଁଛ, ତେବେ କୁହ, ଦୁଇ ଲକ୍ଷ, ଦୁଇ ଲକ୍ଷ। ତୁମେ ଯେତେ ମାଗିବ ମୁଁ ତୁମକୁ ସେତିକି ଦେବି।" ଫକିର ତାଙ୍କୁ ବୁଝାଇଲେ ଯେ ସେ ଯାହା ମାଗିବ ତାହା ଦେବ। ଯଦି ତୁମେ ଦଶ ଲକ୍ଷ ଚାହୁଁଛ, ମୁଁ ତୁମକୁ ଦଶ ଲକ୍ଷ ଦେବି। ମୁଁ ତୁମର କାନ ମଧ୍ୟ କିଣିବି। ମୁଁ ତୁମର ହାତ ମଧ୍ୟ କିଣିବି। ମୁଁ ତୁମର ଗୋଡ଼ ମଧ୍ୟ କିଣିବି। ଏବଂ ତୁମେ ମରିଯିବ।" ଲୋକଟି କହିଲା, "ମୁଁ ସେଗୁଡ଼ିକୁ ବିକ୍ରୟ କରିବାକୁ ଚାହୁଁନାହିଁ। କ'ଣ କୌଣସି ଲୋକ ତା'ର ଆଖି ବିକ୍ରୟ କରିବ? ଲୋକଟି କହିଲା, "କିନ୍ତୁ ଭାଇ, ତୁମେ କହୁଥିଲ ଯେ ତୁମର କିଛି ନାହିଁ। ତୁମେ ମରିଯିବ।" ତୁମର ଆଖି, କାନ, ହାତ, ଗୋଡ, ସବୁକିଛି ମରିଯିବ।" ଏବଂ ତୁମେ କହୁଥିଲ, "ମୋର କିଛି ନାହିଁ" ଏବଂ ଯେତେବେଳେ ତୁମେ ଗୋଟିଏ ଆଖି ପାଇଁ ଦଶ ଲକ୍ଷ ପାଉଛ, କେବଳ ଗୋଟିଏ ଆଖି ପାଇଁ। ଏବେ ତୁମର ଜିନିଷ ଅଧିକ ବିକ୍ରୟ କର। ମୁଁ ତୁମକୁ କୋଟି କୋଟି ଟଙ୍କା ଦେବି।

ତା'ପରେ ଫକିର କହିଲା- ତେବେ ତୁମେ ମରିବା ବିଷୟରେ କ'ଣ ଭାବୁଛ? ସେ କହିଲା ଯେ ଏବେ ମୁଁ ମରିପାରିବି ନାହିଁ। ପ୍ରଥମ ଥର ପାଇଁ ମୁଁ ଅନୁଭବ କଲି ଯେ ମୋର ଆଖି ଅଛି, ଯାହା ଦଶ ଲକ୍ଷରେ ବିକ୍ରି ହୋଇପାରିବ ନାହିଁ। କିନ୍ତୁ ମୁଁ କେବେ ଏହି ଆଖି ପାଇଁ ଭଗବାନଙ୍କୁ ଧନ୍ୟବାଦ ଦେଇନାହିଁ। ମୁଁ କାନ୍ଦି ଚାଲିଲି ଯେ ମୋର ଏହା ନାହିଁ, ମୋର ତାହା ନାହିଁ। ମୁଁ ଅଭିଯୋଗ କରି ଚାଲିଲି। ମୋର ଜୀବନ ଅଭିଯୋଗର ଏକ ଲମ୍ବା କାହାଣୀ। ତୁମେ ମୋତେ ଠିକ୍ ଭାବରେ ସତର୍କ କରିଥିଲ।

ଫକିର କହିଲା- ସେଥିପାଇଁ ମୁଁ ତୁମକୁ ଏଠାକୁ ଆଣିଲି। ଏବେ ତୁମର ଇଚ୍ଛା, ତୁମେ ଯାହା କରିବାକୁ ଚାହୁଁଛ।

ସେହି ଦିନଠାରୁ ଲୋକଟିର ଜୀବନ ବଦଳିଗଲା। ଅଭିଯୋଗ ଶେଷ ହେଲା - ପ୍ରାର୍ଥନା ଆରମ୍ଭ ହେଲା। ସେହି ଦିନଠାରୁ ସେ ମନ୍ଦିରକୁ ଯାଇ ଧନ୍ୟବାଦ ଦେବା ଆରମ୍ଭ କଲା, ପ୍ରଭୁ! ତୁମର ଏତେ ଦୟା ଅଛି। ତୁମେ ମୋତେ ଦୁଇଟି ଆଖି ଦେଇଛ, ଯାହାକୁ ମୁଁ ଦଶ ଲକ୍ଷରେ ବିକ୍ରୟ କରିପାରିବି ନାହିଁ, ମୁଁ କୋଟି କୋଟି ଟଙ୍କାରେ ବିକ୍ରୟ

କରିପାରିବି ନାହିଁ। ତୁମେ ମୋତେ ଏତେ କିଛି ଦେଇଛ ଏବଂ କୌଣସି ଆଖି ନାହିଁ। ଯୋଗ୍ୟତା। ତୁମେ କାହିଁକି ଦେଇଛ ତାହା ମୁଁ ଜାଣିନାହିଁ। ତୁମେ ନିଶ୍ଚିତ ଭାବରେ ତୁମର ପ୍ରେମ ସହିତ ଦେଇଛ...

...ତୁମେ କ'ଣ ତାହା ଦେଖିବାକୁ ଆରମ୍ଭ କର। ତୁମର ବହୁତ କିଛି ଅଛି। ଏହି ଜୀବନ ମୂଲ୍ୟବାନ। ତୁମେ ଏହାକୁ କୌଣସି ମୂଲ୍ୟରେ ବିକ୍ରୟ କରିବାକୁ ରାଜି ହୋଇପାରିବ ନାହିଁ। ଯଦିଓ ତୁମେ କେବେ ଏହି ଜୀବନ ପାଇଁ ଧନ୍ୟବାଦ ଦେଇ ନାହଁ।

ଓଶୋ

"କହେ କବୀର ମୁଁ ସମ୍ପୂର୍ଣ୍ଣ ପାଇଗଲି"

୯

ମାନସିକ ଚାପ ଏବଂ ଆରାମ

ଆମେ ଶରୀରରେ ଅନୁଭବ କରୁଥିବା ଉତ୍ତେଜନାର ମୂଳ କାରଣ ହେଉଛି କିଛି ହେବାକୁ ଇଚ୍ଛା। ପ୍ରତ୍ୟେକ ବ୍ୟକ୍ତି କିଛି ହେବାକୁ ଚେଷ୍ଟା କରୁଛି। ସେ ଯାହା ଅଛି ସେଥିରେ ସେ ସନ୍ତୁଷ୍ଟ ନୁହେଁ। ଆମର ଅସ୍ତିତ୍ୱକୁ ଗ୍ରହଣ କରାଯାଏ ନାହିଁ, ଏହାକୁ ଅସ୍ୱୀକାର କରାଯାଇପାରେ ଏବଂ ଦୂରରେ କୌଣସି ସ୍ଥାନରେ ଏକ ଲକ୍ଷ୍ୟ ସୃଷ୍ଟି ହୁଏ। ତେଣୁ ମୌଳିକ ଉତ୍ତେଜନା ହେଉଛି ତୁମେ ଯାହା ଅଛ ଏବଂ ତୁମେ ଯାହା ହେବାକୁ ଚାହୁଁଛ ସେହି ମଧ୍ୟରେ ଦୂରତା।

ତୁମେ ଯାହା କରିବାକୁ ଇଚ୍ଛା କର ତାହା ଭବିଷ୍ୟତରେ ପୂରଣ ହେବ। ଆଜି ତୁମେ ଯାହା ଅଛ ତାହା ତୁମ ସହିତ କୌଣସି ସମ୍ପର୍କ ରଖିବ ନାହିଁ। ଲକ୍ଷ୍ୟ ଯେତେ ଅସମ୍ଭବ, ସେତେ ଅଧିକ ଉତ୍ତେଜନା। ତେଣୁ, ଜଣେ ଭୌତିକବାଦୀ ବ୍ୟକ୍ତି ଜଣେ ଆଧ୍ୟାତ୍ମିକ ପୁରୁଷ ପରି ଉତ୍ତେଜନାପୂର୍ଣ୍ଣ ହେବ ନାହିଁ, କାରଣ ତାଙ୍କର ଆଦର୍ଶ ଏବଂ ଲକ୍ଷ୍ୟ ବହୁତ ଉଚ୍ଚ।

ତୁମେ ଏବଂ ତୁମର ଲକ୍ଷ୍ୟ ମଧ୍ୟରେ ଯେତେ ଦୂରତା ହେବ, ସେତେ ଅଧିକ ଉତ୍ତେଜନା; ଦୂରତା ଯେତେ କମ୍, ସେତେ କମ୍ ଉତ୍ତେଜନା। ଯଦି ତୁମେ ନିଜ ସହିତ ସମ୍ପୂର୍ଣ୍ଣ ସନ୍ତୁଷ୍ଟ, ତେବେ କୌଣସି ଉତ୍ତେଜନା ନାହିଁ। ତୁମେ ମୁହୂର୍ତ୍ତରେ ବଞ୍ଚ। ମୋ ଦୃଷ୍ଟିରେ, ଯଦି ତୁମର ଅସ୍ତିତ୍ୱ ଏବଂ ତୁମର ହେବା ମଧ୍ୟରେ କୌଣସି ଦୂରତା ନାହିଁ, ତେବେ ତୁମେ ଧାର୍ମିକ।

ଏହି ଦୂରତାର ଅନେକ ସ୍ତର ହୋଇପାରେ। ଯଦି ତୁମେ ଯାହା ଚାହୁଁଛ ତାହା ଶାରୀରିକ, ତେବେ ତୁମର ଭୌତିକ ଶରୀରରେ ଚାପ ରହିବ। ଯେପରି ତୁମେ ସୁନ୍ଦର ଦେଖାଯିବାକୁ ଚାହୁଁଛ, ତେବେ ତୁମର ଭୌତିକ ଶରୀରରେ ଚାପ ଆରମ୍ଭ ହେବ। ଯଦି ଏହା ଜାରି ରହେ, ଶକ୍ତିଶାଳୀ ହୁଏ, ଏହା ଭିତରର ଗଭୀର ସ୍ତରକୁ ପହଞ୍ଚିବ।

ଯଦି ତୁମେ ମାନସିକ ଶକ୍ତି ପାଇଁ ଲୋଭ କରୁଛ, ତେବେ ମାନସିକ ସ୍ତରରେ ଚାପ ଆରମ୍ଭ ହେବ ଏବଂ ସେଠାରୁ ବ୍ୟାପିବ। ଏହାର ପ୍ରସାର ଏପରି ଯେ ଯେତେବେଳେ ତୁମେ ଏକ ପୋଖରୀରେ ପଥର ଫିଙ୍ଗିବ, ଏହା ଏକ ନିର୍ଦ୍ଦିଷ୍ଟ ସ୍ଥାନରେ ପଡ଼ିବ, କିନ୍ତୁ ଏହାର ତରଙ୍ଗ ବ୍ୟାପିବାକୁ ଲାଗିବ। ତେଣୁ ତୁମର ସାତ ଶରୀର ମଧ୍ୟରୁ ଯେକୌଣସି

ଶରୀରରେ ଚାପ ଆରମ୍ଭ ହୋଇପାରେ, କିନ୍ତୁ ଏହାର କାରଣ ସମାନ ରହିଥାଏ - ତୁମର ଅସ୍ତିତ୍ୱ ଏବଂ ହେବା ମଧ୍ୟରେ ଦୂରତା।

ଚାପରୁ ମୁକ୍ତ ହେବାର କେବଳ ଗୋଟିଏ ଉପାୟ ଅଛି - ନିଜକୁ ସମ୍ପୂର୍ଣ୍ଣ ଗ୍ରହଣ। ସମ୍ପୂର୍ଣ୍ଣ ଗ୍ରହଣ ଚମତ୍କାର ଆଡ଼କୁ ନେଇଯାଏ। ଏହା ଏକମାତ୍ର ଚମତ୍କାର। ନିଜକୁ ସମ୍ପୂର୍ଣ୍ଣ ଗ୍ରହଣ କରିଥିବା ବ୍ୟକ୍ତିଙ୍କୁ ଖୋଜିବା ଏକ ଆଶ୍ଚର୍ଯ୍ୟଜନକ ଘଟଣା।

ଅସ୍ତିତ୍ୱରେ କୌଣସି ଚାପ ନାହିଁ। ଅସ୍ତିତ୍ୱହୀନ, କାଳ୍ପନିକ ସମ୍ଭାବନାରୁ ଚାପ ଉତ୍ପନ୍ନ ହୁଏ। ବର୍ତ୍ତମାନର କୌଣସି ଚାପ ନାହିଁ। କଳ୍ପନା ଆପଣଙ୍କୁ ଭବିଷ୍ୟତ ଆଡ଼କୁ ଦୌଡ଼ିବାକୁ ବାଧ୍ୟ କରେ, ଏବଂ ଏହା ହିଁ ଚାପ ସୃଷ୍ଟି କରେ। ଜଣେ ବ୍ୟକ୍ତି ଯେତେ କଳ୍ପନାଶୀଳ, ସେ ସେତେ ଅଧିକ ଚାପଗ୍ରସ୍ତ ବଞ୍ଚେ। ତା'ପରେ କଳ୍ପନା ବିନାଶକାରୀ ହୋଇଯାଏ।

କଳ୍ପନାଶକ୍ତି ମଧ୍ୟ ସୃଜନଶୀଳ ହୋଇପାରେ। ଯଦି ଆପଣଙ୍କ କଳ୍ପନାଶକ୍ତିର ପୂର୍ଣ୍ଣ କ୍ଷମତା ଏହି ମୁହୂର୍ତ୍ତରେ କେନ୍ଦ୍ରିତ ହୁଏ, ଏବଂ ଆଗକୁ ଦୌଡୁନାହିଁ, ତେବେ ଆପଣ ଦେଖିପାରିବେ ଯେ ଆପଣଙ୍କ ଅସ୍ତିତ୍ୱ ଏକ କବିତା। ଆପଣଙ୍କ କଳ୍ପନାଶକ୍ତି ଯୋଜନା ତିଆରି କରିବାରେ ନୁହେଁ, ଜୀବନଯାପନ କରିବାରେ ବିତାଉଛି। ବର୍ତ୍ତମାନ ବଞ୍ଚିବା ହେଉଛି ଚାପମୁକ୍ତ ଜୀବନଯାପନ।

.....ଯଦି ଆପଣଙ୍କ ଶରୀର ଚାପମୁକ୍ତ ବର୍ତ୍ତମାନରେ ବଞ୍ଚିପାରେ, ତେବେ ପ୍ରକୃତ ଅର୍ଥରେ ସ୍ୱାସ୍ଥ୍ୟ ଜନ୍ମ ହୁଏ। ଶରୀର ଏପରି ଆରାମ ପାଏ, ଯାହା ଆପଣ କେବେ ଜାଣି ନାହାଁନ୍ତି। ତା' ପରେ ସେହି ମୁହୂର୍ତ୍ତ ନିଜେ ତା' ପାଇଁ ଅନନ୍ତ ହୋଇଯାଏ। ତା' ପରେ ଯେତେବେଳେ ଆପଣ ଖାଦ୍ୟ ଗ୍ରହଣ କରୁଛନ୍ତି, ସେତେବେଳେ ଖାଇବା ହିଁ ସବୁକିଛି ହେବ। ଏହା ପୂର୍ବରୁ କିଛି ନାହିଁ, ଏହା ପରେ କିଛି ନାହିଁ। ଖାଇବା ପାଇଁ କେହି ରହିବେ ନାହିଁ, ଖାଇବାର କାର୍ଯ୍ୟ ହିଁ ସବୁକିଛି ହେବ।

ଯଦି ଆପଣ ଦୌଡୁଛନ୍ତି ଏବଂ ଦୌଡ଼ିବା ତୁମର ସମ୍ପୂର୍ଣ୍ଣତା ପାଲଟିଯାଇଛି, ଦୌଡ଼ିବା ଦ୍ୱାରା ଯେଉଁ ସମ୍ବେଦନା ସୃଷ୍ଟି ହେଉଛି, ଯଦି ତୁମେ ସେଥିରେ ଏକ ହୋଇଯାଇଛ, ତା' ଠାରୁ ଅଲଗା ହୋଇ ନାହଁ, ଯଦି ଆପଣ ଦୌଡୁଛନ୍ତି, ତେବେ ଅନ୍ୟ କିଛି ହାସଲ କରିବାକୁ ଚାହାଁନ୍ତି ନାହିଁ, ଯଦି ଦୌଡ଼ିବା ଆପଣଙ୍କର ଲକ୍ଷ୍ୟ, ତେବେ ଆପଣଙ୍କ ଶରୀର ଏକ ସକାରାତ୍ମକ ସ୍ୱାସ୍ଥ୍ୟ ଅନୁଭବ କରେ। ଶାରୀରିକ ସ୍ତରରେ ଆପଣ ଏକ ଆରାମଦାୟକ ଅନ୍ତଃସତ୍ତ୍ୱା ଅନୁଭବ କରିଛନ୍ତି।

ଓଶୋ

'ଦି ସାଇକୋଲୋଜି ଅଫ ଦି ଇସୋଟେରିକ'

(ରହସ୍ୟମୟ ମନୋବିଜ୍ଞାନ)

୧୦

କର୍କଟ ରୋଗ ଏକ ମାନସିକ ରୋଗ

କର୍କଟ ରୋଗ ମୂଳତଃ ଏକ ମାନସିକ ରୋଗ। ଏହା ମନରେ ଉତ୍ପନ୍ନ ହୁଏ, ଶରୀରରେ ନୁହେଁ। ଯେତେବେଳେ ମନ ବହୁତ ଚାପରେ ପରିପୂର୍ଣ୍ଣ ହୋଇଯାଏ, ଏତେ ଯେ ଏହା ଆରୋଗ୍ୟ ହୁଏ, ସେତେବେଳେ ଏହା ଶରୀରର ତନ୍ତୁଗୁଡ଼ିକୁ ପ୍ରଭାବିତ କରିବା ଆରମ୍ଭ କରେ। ଆଦିବାସୀ ସମାଜରେ କୌଣସି କର୍କଟ ରୋଗ ହେବ ନାହିଁ। ବିକଶିତ ସଭ୍ୟତା ବହୁତ ଜଟିଳ।

କର୍କଟ ରୋଗର ବିନାଶ ଆବଶ୍ୟକ। କର୍କଟ ରୋଗ ମନର ଏକ ନିର୍ଦ୍ଦିଷ୍ଟ ସ୍ନାୟୁଗତ, ବିକୃତ ଅବସ୍ଥାରେ ବିକଶିତ ହୁଏ। ଯଦି ମନ ଶାନ୍ତ ଥାଏ, ତେବେ ଖୁବ୍ ଶୀଘ୍ର ଶରୀର ମଧ୍ୟ ଚାପମୁକ୍ତ ହୋଇଯାଏ। ବୈଜ୍ଞାନିକମାନେ ଏପର୍ଯ୍ୟନ୍ତ କର୍କଟ ରୋଗ ପାଇଁ ଏକ ଶକ୍ତିଶାଳୀ ଔଷଧ ଖୋଜି ପାରିନାହାଁନ୍ତି। ଏବଂ ଯଦି ସେମାନେ ଏପରି ଔଷଧ ଆବିଷ୍କାର କରନ୍ତି, ତେବେ ସେମାନେ ବିଶ୍ୱରେ ଆହୁରି ବିପଦପୂର୍ଣ୍ଣ ରୋଗ ସୃଷ୍ଟି କରିବେ କାରଣ ସେମାନଙ୍କର ଚିକିତ୍ସା ଦମନ ଉପରେ ଆଧାରିତ ହେବ। କର୍କଟ ରୋଗକୁ ମାରିବା ପାଇଁ, ସେମାନେ ଏପରି ବିଷାକ୍ତ ଔଷଧ ଉଦ୍ଭାବନ କରିବେ ଯେ ବିଷ ଶରୀରରେ ପ୍ରବାହିତ ହେବ ଏବଂ ଅନ୍ୟ କୌଣସି ଉପାୟରେ ବାହାରକୁ ଆସିବ।

ଏହା ଶତାବ୍ଦୀ ଧରି ଘଟିଆସୁଛି। ଛୋଟ ଛୋଟ ରୋଗ ଭଲ ହୁଏ, ବଡ଼ ବଡ଼ ରୋଗ ସୃଷ୍ଟି ହୁଏ। ଏହି ରୋଗଗୁଡ଼ିକ ପୂର୍ବ ଅପେକ୍ଷା ଅଧିକ ବିପଦପୂର୍ଣ୍ଣ, ଅଧିକ ଜଟିଳ କାରଣ ପ୍ରଥମ ରୋଗ ହେଉଛି ଶରୀରର ପ୍ରାକୃତିକ ପ୍ରତିକ୍ରିୟା, ଦ୍ୱିତୀୟ ରୋଗଟି କୃତ୍ରିମ ହେବ।

ଯଦି ତୁମେ ଏହାକୁ ଦମନ କର, ତେବେ ତୃତୀୟ ରୋଗ ସୃଷ୍ଟି ହେବ। ଏବେ କର୍କଟ ରୋଗ ସବୁଠାରୁ ସଂକ୍ରାମକ ରୋଗ ହୋଇଗଲାଣି। ଯଦି ଏହାକୁ ଦମନ କରାଯାଏ, ତେବେ ମାନବ ଶରୀର ଏବଂ ମନରେ ଆହୁରି ବିପଦପୂର୍ଣ୍ଣ ରୋଗ ସୃଷ୍ଟି ହେବ।

ଓଶୋ

ଦି ପିପଲ ଅଫ ଦି ପାଥ

(ସୁଫି: ଆଧ୍ୟାତ୍ମିକ ପଥର ଅନୁଗାମୀ)

୧୧

ମାନସିକ ରୋଗର ନିଜସ୍ୱ ସ୍ତର ଅଛି

ଯେତେବେଳେ ଜଣେ ଡାକ୍ତର ଜଣେ ରୋଗୀଙ୍କୁ କୁହନ୍ତି ଯେ ତାଙ୍କର ମାନସିକ ରୋଗ ଅଛି, ରୋଗୀ ଏହାକୁ ପସନ୍ଦ କରନ୍ତି ନାହିଁ କାରଣ ମାନସିକ ରୋଗରେ ଏପରି ଭାବନା ଥାଏ ଯେ ସେ ବିନା କାରଣରେ ତାଙ୍କର ରୋଗ ଦେଖାଉଛି। ଏହା କହିବା ଭୁଲ ଯେ ଜଣେ ବ୍ୟକ୍ତି ବିନା କାରଣରେ ତାଙ୍କର ରୋଗ ଦେଖାଉଛି। ଅସୁସ୍ଥତାର ମାନସିକ କାରଣ ଅଛି ଏବଂ ଅସୁସ୍ଥତାର ମାନସିକ କାରଣ ଶାରୀରିକ କାରଣ ପରି ଗୁରୁତ୍ୱପୂର୍ଣ୍ଣ। ପ୍ରକୃତରେ, ହୁଏତ ସେଗୁଡ଼ିକ ଅଧିକ ଗୁରୁତ୍ୱପୂର୍ଣ୍ଣ। ତେଣୁ, ଭୁଲରେ ମଧ୍ୟ ଜଣେ ରୋଗୀଙ୍କୁ କହିବା ଯେ ତାଙ୍କର ମାନସିକ ରୋଗ ଅଛି କିମ୍ବା ସେ ମାନସିକ ଅସୁସ୍ଥ, ଡାକ୍ତରଙ୍କ ଦ୍ୱାରା ଭୁଲ ଆଚରଣ। ଏହା ରୋଗୀକୁ ସୁସ୍ଥ କରେ ନାହିଁ, ଏହା ତାଙ୍କୁ ଡାକ୍ତରଙ୍କ ବିରୁଦ୍ଧରେ କରିଦେବ।

କାହିଁକି ଆମେ ଏପର୍ଯ୍ୟନ୍ତ ମାନସିକ ରୋଗ ସମ୍ପର୍କରେ ସଦ୍ଭାବନା ସୃଷ୍ଟି କରିପାରି ନାହୁଁ? ଯଦି ମୋ ଗୋଡରେ ଆଘାତ ଅଛି, ତେବେ ସମସ୍ତେ ସହାନୁଭୂତି ଦେଖାଇବେ। କିନ୍ତୁ ଯଦି ମୋ ଶରୀରରେ ଆଘାତ ଅଛି, ତେବେ ଲୋକମାନେ କହିବେ ଯେ ଏହା ଏକ ମାନସିକ ରୋଗ, ଯେପରି ମୁଁ କିଛି ଭୁଲ କରିଛି। ଯଦି ଗୋଡରେ ଆଘାତ ଥାଏ, ତେବେ ମୋତେ ସହାନୁଭୂତି ମିଳିଥାନ୍ତା, କିନ୍ତୁ ମାନସିକ ରୋଗ ଯେପରି ଏହା ମୋର ଭୁଲ। ନା, ଏହା କୌଣସି ଭୁଲ ନୁହେଁ।

ମାନସିକ ରୋଗର ନିଜସ୍ୱ ସ୍ତର ଅଛି। କିନ୍ତୁ ଡାକ୍ତର ଏହାକୁ ଗ୍ରହଣ କରନ୍ତି ନାହିଁ। କେବଳ କାରଣ ତାଙ୍କର କେବଳ ଶାରୀରିକ ଚିକିତ୍ସା ଅଛି ଏବଂ କୌଣସି କାରଣ ନାହିଁ। ସେ କୁହନ୍ତି ଯେ ଏହା ଏକ ରୋଗ ନୁହେଁ। ପ୍ରକୃତରେ ସେ କହିବା ଉଚିତ ଯେ ଏହା ମୋ ହାତରେ ନାହିଁ। ତୁମେ ଅନ୍ୟ ପ୍ରକାରର ଡାକ୍ତର ଖୋଜ ନଚେତ୍ ମୋତେ ଅନ୍ୟ ପ୍ରକାରର ଡାକ୍ତର ହେବାକୁ ପଡିବ।

ଏହି ବ୍ୟକ୍ତିଙ୍କୁ ଭିତରୁ ଚିକିତ୍ସା ଆବଶ୍ୟକ ଏବଂ ହୁଏତ ଏକ ବହୁତ ଛୋଟ ଜିନିଷ ତାଙ୍କ ଜୀବନକୁ ବଦଳାଇ ଦେବ। ମୋ ପାଇଁ ଧ୍ୟାନ ହେଉଛି ଭିତରୁ ଏବଂ ବାହାରର ଚିକିତ୍ସା।

ଓଶୋ

'ହସିବା ଖେଳିବା ଧରିବା ଧ୍ୟାନମ୍'

୧୨

ଚାପର ଅନ୍ୟାନ୍ୟ ମୌଳିକ କାରଣ

ଚାପର ଅସ୍ତିତ୍ୱ ହେଉଛି ଅସ୍ଥିରତା। କମ୍ ବା ଅଧିକ, କିନ୍ତୁ ଏପରି ଜଣେ ମଣିଷ ଖୋଜିବା କଷ୍ଟକର ଯିଏ ଅସ୍ଥିର ନୁହେଁ। ମଣିଷ ନିଶ୍ଚିତ ଭାବରେ ଅସ୍ଥିର ହେବ।

ନିତ୍ସେ କହିଛନ୍ତି ଯେ ମଣିଷ ଏକ ସେତୁ ପରି, ଦୁଇଟି କୂଳରେ ବିଶ୍ରାମ ନେଉଛି, ମଝିରେ ଝୁଲି ରହିଛି। ପଛରେ ପଶୁମାନଙ୍କର ଜଗତ ଅଛି ଏବଂ ଆଗରେ ଈଶ୍ୱରଙ୍କ ପରିମାଣ ଅଛି ଏବଂ ମନୁଷ୍ୟ ମଝିରେ ଝୁଲି ରହିଛି। ସେ ପଶୁ ନୁହେଁ କିମ୍ବା ସେ ଏପର୍ଯ୍ୟନ୍ତ ଈଶ୍ୱର ହୋଇନାହିଁ। ସେ ପଶୁ ହେବା ଠାରୁ ଟିକିଏ ଉପରକୁ ଉଠିଛି। କିନ୍ତୁ ତାଙ୍କର ଚେର ପଶୁତ୍ୱରେ ବିସ୍ତାରିତ। ଅଚେତନତାର ଯେକୌଣସି ମୁହୂର୍ତ୍ତରେ ସେ ପୁଣି ପଶୁ ହୋଇଯାଏ ଏବଂ ଆଗରେ ମହାନ ଈଶ୍ୱରଙ୍କ ସମ୍ଭାବନା ଅଛି। ଏଥିରୁ ଦିବ୍ୟତାର ଫୁଲ ଫୁଟିପାରେ।

ଏକ ଭବିଷ୍ୟତ ଅଛି; ଏହା ଭବିଷ୍ୟତକୁ ମଧ୍ୟ ଟାଣେ। ଏହା ଅତୀତକୁ ମଧ୍ୟ ଟାଣେ, କାରଣ ଆମର ଅଭିଜ୍ଞତା ଅତୀତରେ ଅଛି, ଆମର ମୂଳ ସେଠାରେ ଅଛି। ଏବଂ ଭବିଷ୍ୟତ ଏବଂ ଅତୀତ ମଧ୍ୟରେ ଏକ ଉତ୍ତେଜନା ଅଛି।

କୌଣସି ପ୍ରାଣୀ ମଣିଷ ପରି ଅସ୍ଥିର ନୁହେଁ। ପ୍ରାଣୀଙ୍କ ଆଖିକୁ ଦେଖ; କୌଣସି ଅସ୍ଥିରତା ନାହିଁ, କୌଣସି ଅଶାନ୍ତି ନାହିଁ। ପ୍ରାଣୀମାନେ ସେମାନଙ୍କର ଅସ୍ତିତ୍ୱରେ ସନ୍ତୁଷ୍ଟ। କୁକୁର ହେଉଛି କୁକୁର। ବିଲେଇ ହେଉଛି ବିଲେଇ। ସିଂହ ହେଉଛି ସିଂହ। ତୁମେ ସିଂହକୁ କହିପାରିବ ନାହିଁ ଯେ ସେ ସିଂହଠାରୁ କମ୍ କିମ୍ବା କୁକୁରକୁ ମଧ୍ୟ କହିପାରିବ ଯେ ସେ କୁକୁରଠାରୁ କମ୍। କିନ୍ତୁ ତୁମେ ଜଣେ ମଣିଷକୁ କହିପାରିବ ଯେ ସେ ମଣିଷଠାରୁ କମ୍। ସମସ୍ତ ମଣିଷ ମଣିଷ ସହିତ ସମାନ ନୁହଁନ୍ତି, କିନ୍ତୁ ସମସ୍ତେ କୁକୁର ସହିତ ସମାନ। କୁକୁର ଜନ୍ମରୁ କୁକୁର। ମଣିଷ ଜନ୍ମରୁ କେବଳ ଏକ ବୀଜ। ସେ ହୋଇପାରେ କିମ୍ବା ନ ହୋଇପାରେ।

ମଣିଷ ବ୍ୟତୀତ ସମସ୍ତ ପ୍ରାଣୀ ପୂର୍ଣ୍ଣ ଭାବରେ ଜନ୍ମଗ୍ରହଣ କରନ୍ତି; ମଣିଷ ଅସମ୍ପୂର୍ଣ୍ଣ। ସେହି ଅପୂର୍ଣ୍ଣତାରେ ଅସ୍ଥିରତା ଅଛି। ଏହାକୁ ସମ୍ପୂର୍ଣ୍ଣ ହେବାର ଦୁଇଟି ଉପାୟ ଅଛି; ହୁଏତ ମଣିଷ ପଛକୁ ପଡ଼ି ପଶୁ ହୋଇଯାଏ, ତା'ପରେ କିଛି ଆରାମ ମିଳେ। କ୍ରୋଧରେ ତୁମେ ଯେଉଁ ଆରାମ ପାଅ, ହିଂସାରେ ତୁମେ ଯେଉଁ ଆରାମ ପାଅ, ସମ୍ଭୋଗରେ ତୁମେ

ଯେଉଁ ଆରାମ ପାଅ, ମଦ୍ୟପାନରେ ତୁମେ ଯେଉଁ ଆରାମ ପାଅ, ତାହା ହେଉଛି ପଶୁ ହେବା ଭଳି ଆରାମ। ପଛକୁ ପଡ଼ିଯିବା ଦ୍ୱାରା, ତୁମେ ଏହି ଧାରଣା ତ୍ୟାଗ କର ଯେ କିଛି ଘଟିବ। ତଳେ ପଡ଼ିଯିବା ଦ୍ୱାରା ତୁମେ ସନ୍ତୁଷ୍ଟ ହୋଇଯାଅ।

କିନ୍ତୁ ସେହି ଆରାମ କେବଳ ବହୁତ କମ୍ ସମୟ ପାଇଁ ରହିପାରେ। ସେହି ଆଶ୍ୱସ୍ତି କେବଳ ଅଳ୍ପ ସମୟ ପାଇଁ ରହିପାରେ, କାରଣ ପଛକୁ ପଡ଼ିଯିବାର ପ୍ରକୃତି ବ୍ୟତୀତ ଅନ୍ୟ କୌଣସି ଉପାୟ ନାହିଁ। ଜଣେ ବୃଦ୍ଧ ବ୍ୟକ୍ତି ପୁଣି ପିଲା ହୋଇପାରିବେ ନାହିଁ। ସେ କିଛି ସମୟ ପାଇଁ ନିଜକୁ ଭୁଲିପାରିବେ। ସେ ପିଲାମାନଙ୍କ ଖେଳଣାରେ ମଧ୍ୟ ନିଜକୁ ବୁଡ଼ାଇ ଦେଇପାରିବେ। ସେ ଏକ ପୁତୁଳାର ବିବାହ ମଧ୍ୟ ବ୍ୟବସ୍ଥା କରିପାରିବେ। ଏହା ବ୍ୟତୀତ, ସେ କିଛି ସମୟ ପାଇଁ ଭୁଲିପାରନ୍ତି ଯେ ସେ ବୃଦ୍ଧ। କିନ୍ତୁ ଏହା ଭୁଲିଯାଉଛି। ଜଣେ ବୃଦ୍ଧ ବ୍ୟକ୍ତି ପୁଣି ପିଲା ହୋଇପାରିବେ ନାହିଁ।

ଏବଂ ଏହି ଭୁଲିଯିବା କେତେ ଦିନ ରହିବ? ଏହି ଭୁଲିଯିବା କେତେ ଦିନ ରହିବ? ଏହା କିଛି ସମୟ ପରେ ଭାଙ୍ଗିଯିବ। ବାସ୍ତବତାକୁ ଅଧିକ ଦିନ ପାଇଁ ଭୁଲି ହେବ ନାହିଁ। ଏବଂ ଏହା ଭାଙ୍ଗିବା ମାତ୍ରେ, ବୃଦ୍ଧ ବ୍ୟକ୍ତି ପୁଣି ବୃଦ୍ଧ ହୋଇଯିବ।

ମଣିଷ ପଶୁ ହୋଇପାରେ। ତୁମେ କିଛି ସମୟ ପାଇଁ କ୍ରୋଧ ଉପଭୋଗ କରିପାରିବ, କିନ୍ତୁ କେତେ ସମୟ ପାଇଁ? ଏବଂ କ୍ରୋଧରୁ ବାହାରି ଆସିବା ମାତ୍ରେ, ଅନୁତାପ ଆରମ୍ଭ ହେବ। ତୁମେ ମଦ୍ୟପାନ କରି କିଛି ସମୟ ପାଇଁ ଭୁଲିପାରିବ, କିନ୍ତୁ କେତେ ସମୟ ପାଇଁ? ତୁମେ ମଦ୍ୟପାନରୁ ବାହାରି ଆସିବ ଏବଂ ଅନୁତାପ ଆରମ୍ଭ ହେବ।

ଅଚେତନତାର ସମସ୍ତ ପଦ୍ଧତି ପଶୁ ହେବାର ଉପାୟ। ଯଦି ଜଣେ ମଣିଷ ଯେପରି ଅଛି ସେହିପରି ରହିଥାଏ, ତେବେ ସେ ଅସ୍ଥିର ଥାଏ। କିମ୍ବା ସେ ପଛକୁ ପଡ଼ିଯାଏ, ସେ ଶାନ୍ତି ପାଏ। କିନ୍ତୁ ଶାନ୍ତି କେବଳ ଏକ ମୁହୂର୍ତ୍ତ ପାଇଁ। ଆମେ ଯାହାକୁ ଖୁସି କହୁଛୁ ତାହା ପଶୁତ୍ୱର ଆନନ୍ଦ। ଏବଂ ସେଥିପାଇଁ ଖୁସି କ୍ଷଣିକ କାରଣ ଆମେ ସବୁଦିନ ପାଇଁ ପଶୁ ହୋଇପାରିବା ନାହିଁ। ପଛକୁ ଫେରିବାର କୌଣସି ଉପାୟ ନାହିଁ। ଏକମାତ୍ର ଉପାୟ ହେଉଛି ଆଗକୁ ଯିବା।

ଦ୍ୱିତୀୟ ଉପାୟ ହେଉଛି ମଣିଷ ଅସ୍ଥିରତାରୁ ମୁକ୍ତ ହେବା ଉଚିତ ଯାହା ଦ୍ୱାରା ସେ ନିଜକୁ ଈଶ୍ୱରଙ୍କ ସହିତ ଏକ ବୋଲି ଜାଣିପାରିବ। ତା' ଭିତରେ ଯାହା ଲୁଚି ରହିଛି ତାହା ସମ୍ପୂର୍ଣ୍ଣ ଭାବରେ ପ୍ରକାଶିତ ହେବା ଉଚିତ। ମଣିଷ ନିଜର ଭବିଷ୍ୟତ ହେବା ଉଚିତ। ସେ ଯାହା ହୋଇପାରିବ ତାହା ହେବା ଉଚିତ। ତା'ପରେ ସମାନ ଶାନ୍ତି ଆସିବ, ଯେପରି ଗାଈର ଆଖିରେ ଦେଖାଯାଏ। ସେଥିପାଇଁ ପ୍ରାୟତଃ ସାଧୁମାନଙ୍କ ଦୃଷ୍ଟିରେ ପ୍ରାଣୀଙ୍କ ସରଳତା ଫେରି ଆସେ। କିନ୍ତୁ ଏହା ପଶୁପରି, ପଶୁବାଦୀ ନୁହେଁ।

ପ୍ରାଣୀ ମଧ୍ୟ ଶାନ୍ତ। ଏହା ଶାନ୍ତ କାରଣ ସେ ଏପର୍ଯ୍ୟନ୍ତ ଅସ୍ଥିରତାକୁ ଅନୁଭବ କରିନାହିଁ। ବିକାଶର ଚିନ୍ତାଧାରା ଏପର୍ଯ୍ୟନ୍ତ ଉଠିନାହିଁ। ଆଗକୁ ବଢ଼ିବାର ଇଚ୍ଛା ଏପର୍ଯ୍ୟନ୍ତ ଉଠିନାହିଁ। ଆକାଶକୁ ଛୁଇଁ ସ୍ୱାଧୀନତା ଆଡ଼କୁ ଉଡ଼ିବା ପାଇଁ ଡେଣା ଏପର୍ଯ୍ୟନ୍ତ ବଢ଼ିନାହିଁ। ସତ୍ୟର ସ୍ୱପ୍ନ ଏପର୍ଯ୍ୟନ୍ତ ଉଠିନାହିଁ। ଯେପରି ଜଣେ ଶୋଇଥିବା ମଣିଷ ଶାନ୍ତ, ସେହିପରି ପ୍ରାଣୀ ମଧ୍ୟ ଶାନ୍ତ ହୁଏ।

ସାଧୁ ମଧ୍ୟ ଶାନ୍ତ ହୋଇଯାଏ। କିନ୍ତୁ ସ୍ୱପ୍ନ ପୂରଣ ହୋଇଛି, ତେଣୁ ସତ୍ୟ ପ୍ରାପ୍ତ ହୋଇଛି। ସନ୍ଥ ପୂର୍ଣ୍ଣ ହୋଇଛନ୍ତି। ଏବେ ସେ ଅସମ୍ପୂର୍ଣ୍ଣ ନୁହଁନ୍ତି। ଅଶାନ୍ତି ଅପୂର୍ଣ୍ଣରେ ରହିବ। ତେଣୁ ଏହା ନୁହେଁ ଯେ ତୁମେ ଏକା ଅଶାନ୍ତ। ମଣିଷ ଅଶାନ୍ତ। ଏବଂ ଏହି ଅସ୍ଥିରତାର କ'ଣ ଲାଭ, ତୁମେ ପଚାରିଛ? ଭବିଷ୍ୟତ ହାସଲ କରିବା ପାଇଁ ଏହି ଅସ୍ଥିରତାକୁ ବ୍ୟବହାର କର; ତୁମେ ଯାହା ହୋଇପାରୁଛ ତାହା ହେବା ପାଇଁ। ଏହି ଅସ୍ଥିରତାରେ ଫସି ରୁହ ନାହିଁ ଏବଂ ଏହି ଅସ୍ଥିରତାକୁ ବହନ କର ନାହିଁ। ଏହାକୁ ବ୍ୟବହାର କର।

ଆମେ ମଧ୍ୟ ଗୋଟିଏ ଉପାୟରେ ଅସ୍ଥିରତାକୁ ବ୍ୟବହାର କରୁ, କିନ୍ତୁ ଆମେ ଏହାକୁ ଦୁଇଟି ଉପାୟରେ ବ୍ୟବହାର କରୁ। ଉଭୟ ଉପାୟ ବିପଦପୂର୍ଣ୍ଣ। ଆମେ କ୍ରୋଧ, ହିଂସା, ଘୃଣା, ଈର୍ଷା, ପ୍ରତିଯୋଗିତା ଏବଂ ସଂଘର୍ଷରେ ଏହାକୁ ଦୂର କରିବା ପାଇଁ ଅସ୍ଥିରତାକୁ ବ୍ୟବହାର କରୁ। ଏହା ଅସ୍ଥିରତାର କାରଣ ନୁହେଁ।

ଯେପର୍ଯ୍ୟନ୍ତ ତୁମ ଭିତରେ ଥିବା ପ୍ରତିଛବି ପରିଷ୍କାର ନହୁଏ ଏବଂ ତୁମ ଭିତରେ ଥିବା ପ୍ରକୃତି ପ୍ରକାଶିତ ନହୁଏ ଏବଂ ଯେପର୍ଯ୍ୟନ୍ତ ତୁମ ଭିତରେ ଲୁଚି ରହିଥିବା ବୀଜ ଫୁଟି ନହୁଏ, ତୁମର ଅସ୍ଥିରତା ଦୂର ହେବ ନାହିଁ। ହଁ, ତୁମେ କିଛି ସମୟ ପାଇଁ କାହା ଉପରେ ତୁମର ଅସ୍ଥିରତା ଢାଳି ପାରିବ। ସେହି ଢାଳିବାରେ ତୁମେ ଆଶ୍ୱସ୍ତି ପାଇବ। କିନ୍ତୁ ତୁମେ ବ୍ୟର୍ଥରେ ତୁମର ଶକ୍ତି ନଷ୍ଟ କରୁଛ। ଯେଉଁ ଶକ୍ତିକୁ ଏକ ମହାନ ଯାତ୍ରା ପାଇଁ ବ୍ୟବହାର କରାଯାଇପାରିଥାନ୍ତା, ତୁମେ କେବଳ ଅନ୍ୟମାନଙ୍କ ଏବଂ ନିଜକୁ ଯନ୍ତ୍ରଣା ଦେଉଛ। ପ୍ରଥମତଃ, ଆମେ ଏହାକୁ ବ୍ୟବହାର କରୁ।

ଦ୍ୱିତୀୟତଃ, ଆମେ ଏହାକୁ ବ୍ୟବହାର କରୁ ଯେ ଯେତେବେଳେ ଆମେ ଅସ୍ଥିରତାକୁ ଦୂର କରିପାରୁନାହୁଁ ଏବଂ ଏହାକୁ ଫିଙ୍ଗି ଦେଇପାରୁନାହୁଁ, ସେତେବେଳେ ଆମେ ଅସ୍ଥିରତାକୁ ଭୁଲିଯିବାକୁ ଚେଷ୍ଟା କରୁ। ଏଥିପାଇଁ, କେହି ମଦ୍ୟପାନ କରନ୍ତି, କେହି ସିନେମା ହଲକୁ ଯାଆନ୍ତି ଏବଂ ସେଠାରେ ବସିଯାଆନ୍ତି। କେହି ସଙ୍ଗୀତ ଶୁଣିବା ଆରମ୍ଭ କରନ୍ତି। ଆମେ ଭିତରେ ଚାଲିଥିବା ଏହି ଝଡ଼କୁ ଭୁଲିବାକୁ ଚେଷ୍ଟା କରୁ, ଏହାକୁ ମନେ ରଖୁନାହୁଁ। ଏହା ମଧ୍ୟ ସମୟ ଏବଂ ଶକ୍ତିର ଅପଚୟ।

ତୃତୀୟ ଏବଂ ସଠିକ୍ ଉପାୟ ଅଛି। ଏହା ହେଉଛି, ଏହି ଅସ୍ଥିରତାକୁ ବୁଝ, ଏବଂ ଏହି ଅସ୍ଥିରତାକୁ ସାଧନାରେ ପରିଣତ କର। ଏହି ଅସ୍ଥିରତା ସାଧନାରେ ପରିଣତ ହୋଇପାରେ। ଏହାକୁ ଭୁଲିବାର କୌଣସି ଆବଶ୍ୟକତା ନାହିଁ। କିମ୍ବା ଏହାକୁ ରୋଗ ଏବଂ ହିଂସାର ପଥ ଆଡ଼କୁ ଠେଲିବାର କୌଣସି ଆବଶ୍ୟକତା ନାହିଁ। ଏହି ଅସ୍ଥିରତାକୁ ଆଧ୍ୟାତ୍ମିକ ଭାବରେ ବ୍ୟବହାର କରାଯାଇପାରିବ। **ଏହି ଅସ୍ଥିରତା ଏକ ସିଡ଼ି ହୋଇପାରେ। ଏହି ଅସ୍ଥିରତା ହେଉଛି ଶକ୍ତି; ଏହା ଶକ୍ତିର ଏକ ଫୁଟୁଥିବା ପ୍ରବାହ। ଆପଣ ଏହି ପ୍ରବାହକୁ ଉପରକୁ ନେଇପାରିବେ।**

କ୍ରୋଧରୁ ମୁକ୍ତି ପାଇବାର ଉପାୟ

ଏକ ଛୋଟ ପରୀକ୍ଷଣ କରନ୍ତୁ। ଆପଣ ଏହା ଜାଣିପାରିବେ ନାହିଁ। ଯଦି ଆପଣ ରାଗିଯାଆନ୍ତି, ତେବେ ଆପଣ ଭାବନ୍ତି ଯେ ଏକମାତ୍ର ଉପାୟ ହେଉଛି କ୍ରୋଧକୁ ପ୍ରକାଶ କରିବା। କିମ୍ବା ଏକମାତ୍ର ଉପାୟ ହେଉଛି କ୍ରୋଧକୁ ଦମନ କରି ଏହାକୁ ଗିଳିବା। କିନ୍ତୁ ଯେଉଁ କ୍ରୋଧ ଗିଳି ଦିଆଯାଇଛି ତାହା ଶୀଘ୍ର କିମ୍ବା ବିଳମ୍ବରେ ପ୍ରକାଶିତ ହେବ। ଯେଉଁ କ୍ରୋଧ ଗିଳି ଦିଆଯାଇଛି ତାହା ଗିଳିପାରିବ ନାହିଁ, ସେହି ବିଷ ଫୁଟି ଚାଲିବ ଏବଂ କେଉଁଠି ନା କେଉଁଠି ବାହାରକୁ ଆସିବ। ତେବେ ବିପଦ ଅଧିକ କାରଣ ଏହା ସେହି ଲୋକମାନଙ୍କ ଉପରେ ବାହାରିବ ଯେଉଁମାନଙ୍କ ସହିତ ଏହାର କୌଣସି ସମ୍ପର୍କ ନଥିଲା। ଏବଂ କେଉଁଠି ନା କେଉଁଠି ଏହାର ଛାଇ ପଡ଼ିବ ଏବଂ ଜୀବନ କ୍ଷତି କରିବ।

ମାଇକେଲ ଆଞ୍ଜେଲୋ ଲେଖିଛନ୍ତି ଯେ ଯେତେବେଳେ ମୋତେ କ୍ରୋଧ ଆକର୍ଷିତ କରେ, ମୁଁ ଏକ ଛେଣି ଉଠାଇ ମୋର ନିଜସ୍ୱ ମୂର୍ତ୍ତି ତିଆରି କରିବା ଆରମ୍ଭ କରେ; ମୁଁ ପଥର ଭାଙ୍ଗିବା ଆରମ୍ଭ କରେ। ମୁଁ ଆଶ୍ଚର୍ଯ୍ୟ ହୁଏ ଯେ ପାଞ୍ଚ-ସାତ ମିନିଟ୍ ପଥର ଭାଙ୍ଗିବା ପରେ, ମୁଁ ଦେଖିଥାଏ ଯେ ମୁଁ ହାଲୁକା ହୋଇଯାଇଛି; କ୍ରୋଧ ଅଦୃଶ୍ୟ ହୋଇଗଲା। କାହାକୁ ଭାଙ୍ଗିବାର ଆବଶ୍ୟକତା ନାହିଁ। ମନସ୍ତତ୍ତ୍ୱବିତମାନେ କୁହନ୍ତି ଯେ ଯେତେବେଳେ ତୁମେ କ୍ରୋଧ କର, ଏକ ଛୋଟ ପରୀକ୍ଷଣ କର। ତୁମେ ଆଶ୍ଚର୍ଯ୍ୟ ହେବ ଯେ କ୍ରୋଧ ଏକ ନୂତନ ଯାତ୍ରା ଆରମ୍ଭ କରିପାରିବ। ମାଇକେଲ ଆଞ୍ଜେଲୋ କ୍ରୋଧରୁ ଏକ ମୂର୍ତ୍ତି ତିଆରି କରେ ଏବଂ କ୍ରୋଧରୁ ସୃଜନଶୀଳ ହୋଇଯାଏ।

ମନସ୍ତତ୍ତ୍ୱବିତମାନେ କୁହନ୍ତି ଯେ ଯଦି ତୁମେ କ୍ରୋଧ କର, ତେବେ ତୁମକୁ କେବଳ ତୁମର ମୁଠାକୁ ଦୃଢ଼ ଭାବରେ ବନ୍ଦ କରିବାକୁ ପଡିବ ଏବଂ ଏହାକୁ ପାଞ୍ଚ ଥର ଖୋଲ ଏବଂ ତୁମର କ୍ରୋଧ ଅଦୃଶ୍ୟ ହୋଇଯିବ। ତୁମେ କହିବ ଯେ ଏହା ଏତେ ସହଜ ନୁହେଁ। କିନ୍ତୁ ଚେଷ୍ଟା କର। ଯଥାସମ୍ଭବ ତୁମର ମୁଠାକୁ ଦୃଢ଼ ଭାବରେ ବନ୍ଦ କର, ତୁମର ସମସ୍ତ ଶକ୍ତି ବ୍ୟବହାର କର, ଏବଂ ଏହାକୁ ଖୋଲ, ତାପରେ ଏହାକୁ ବନ୍ଦ କର ଏବଂ ଏହାକୁ

ଖୋଲ - ପାଞ୍ଚ ଥର। ତାପରେ ଫେରି ଯାଇ ନିଜ ଭିତରେ ଦେଖ ଯେ କ୍ରୋଧ କେଉଁଠି ଅଛି। ତୁମେ ଆଶ୍ଚର୍ଯ୍ୟ ହେବ ଯେ କ୍ରୋଧ ହାଲୁକା ହୋଇଛି କିମ୍ବା ଅଦୃଶ୍ୟ ହୋଇଯାଇଛି କିମ୍ବା ଶେଷ ହୋଇଯାଇଛି।

ଜାପାନରେ ସେମାନେ ପିଲାମାନଙ୍କୁ ଶିକ୍ଷା ଦିଅନ୍ତି ଯେ ଯେତେବେଳେ ତୁମେ କ୍ରୋଧ ଅନୁଭବ କର, ତୁମେ ଗଭୀର ଭାବରେ ନିଶ୍ୱାସ ନେବା ଏବଂ ନିଶ୍ୱାସ ଛାଡ଼ିବା ଉଚିତ୍। ତୁମେ ପନ୍ଦର-କୋଡ଼ିଏ ଥର ନିଶ୍ୱାସ ନେବ ଏବଂ ନିଶ୍ୱାସ ଛାଡ଼ିବ, ଏବଂ ତୁମେ ଦେଖିବ ଯେ କ୍ରୋଧ ଅଦୃଶ୍ୟ ହୋଇଗଲା। ତୁମକୁ ଏହାକୁ ଦମନ କରିବାକୁ ପଡ଼ିଲା ନାହିଁ, କିମ୍ବା କାହାକୁ ପ୍ରକାଶ କରିବାକୁ ପଡ଼ିଲା ନାହିଁ। ଏବଂ କୋଡ଼ିଏଟି ଗଭୀର ନିଶ୍ୱାସ ସ୍ୱାସ୍ଥ୍ୟ ପାଇଁ ଲାଭଦାୟକ। ଏହା ସୃଜନଶୀଳ ହୋଇଯାଏ।

ସ୍ଥିର ପଥ ଶେଷ ପଥ ନୁହେଁ। ଆଧ୍ୟାତ୍ମିକତା ଜୀବନର ସମସ୍ତ ଅସ୍ଥିରତାର ନୂତନ ବ୍ୟବହାର କରିବାକୁ ଶିଖାଏ। ଉଦାହରଣ ସ୍ୱରୂପ, ଯେତେବେଳେ ତୁମେ କ୍ରୋଧ ଅନୁଭବ କର, ତୁମର ଆଖି ବନ୍ଦ କର ଏବଂ କ୍ରୋଧ ଉପରେ ଧ୍ୟାନ କର। ତୁମର ମୁଠାକୁ ଦମନ କରି ମଧ୍ୟ ଶକ୍ତି ନଷ୍ଟ ହେବ। ଯଦି ତୁମେ ନିଶ୍ୱାସ ନିଅ, ତେବେ ତାହା ସ୍ୱାସ୍ଥ୍ୟ ପାଇଁ ବହୁତ କମ ଉପଯୋଗୀ ହେବ। ଯଦି ତୁମେ ଏକ ମୂର୍ତ୍ତି ତିଆରି କର, ତେବେ ତାହା ଟିକେ ସୃଜନଶୀଳ ହେବ।

କିନ୍ତୁ ଯେତେବେଳେ କ୍ରୋଧ ଆସେ, ତୁମର ଆଖି ବନ୍ଦ କର ଏବଂ କ୍ରୋଧ ଉପରେ ଧ୍ୟାନ କର। କିଛି କର, କେବଳ କ୍ରୋଧକୁ ପର୍ଯ୍ୟବେକ୍ଷଣ କର, କ୍ରୋଧ କ'ଣ? କ୍ରୋଧ ଦେଖନ୍ତୁ। ସାକ୍ଷୀ ଭାବରେ ବସି ରୁହ। ଯେପରି ଅନ୍ୟ କେହି ରାଗିଛନ୍ତି ଏବଂ ତୁମେ ଦେଖୁଛ। ତୁମର କ୍ରୋଧ ସହିତ ପ୍ରତିମାକୁ ସମ୍ପୂର୍ଣ୍ଣ ଭାବରେ ପର୍ଯ୍ୟବେକ୍ଷଣ କର।

ଟିକିଏ ପର୍ଯ୍ୟବେକ୍ଷଣ ସହିତ, ତୁମେ ଦେଖିବ ଯେ କ୍ରୋଧ ଶେଷ ହୋଇଯାଇଛି, କ୍ରୋଧ ଅଦୃଶ୍ୟ ହୋଇଗଲା। ଯେପରି ମୁଠାକୁ ଦମନ କରି, ପଥର ଭାଙ୍ଗି କ୍ରୋଧ କ୍ଷୟ ହୁଏ, ସେହିପରି ଏହା ପର୍ଯ୍ୟବେକ୍ଷଣ ଦ୍ୱାରା ମଧ୍ୟ ପର୍ଯ୍ୟବେକ୍ଷଣ ଦ୍ୱାରା କ୍ଷୟ ହୁଏ।

କିନ୍ତୁ ଯେତେବେଳେ କ୍ରୋଧ ପର୍ଯ୍ୟବେକ୍ଷଣ ଦ୍ୱାରା କ୍ଷୟ ହୁଏ, କ୍ରୋଧରେ ଲୁଚି ରହିଥିବା ଶକ୍ତି ତୁମର ଅନ୍ତର-ଆତ୍ମାର ଏକ ଅଂଶ ହୋଇଯାଏ। ଯେତେବେଳେ ତୁମେ ମୁଠା ସାହାଯ୍ୟରେ କ୍ରୋଧକୁ କ୍ଷୟ କର, ସେତେବେଳେ ଶକ୍ତି ବାହାରିଯାଏ। ଯେତେବେଳେ ତୁମେ ପଥର ଭାଙ୍ଗିଦିଅ, ତାହା ମଧ୍ୟ ବାହାରିଯାଏ। କିନ୍ତୁ ଯେତେବେଳେ ତୁମେ କେବଳ ନିଷ୍କପଟ ଭାବରେ ଅବଲୋକନ କର, କେବଳ ଭିତରେ ସାକ୍ଷୀ ରୁହ ଯେ କ୍ରୋଧ ଉତ୍ପନ୍ନ ହୋଇଛି, ମୁଁ ଏହାକୁ ଅବଲୋକନ କରିବି ଏବଂ କିଛି କରିବି ନାହିଁ; ମୁଁ ଏହି କ୍ରୋଧ ପାଇଁ କିମ୍ବା ବିପକ୍ଷରେ କିଛି କରିବି ନାହିଁ, ମୁଁ କେବଳ ଅବଲୋକନ

କରିବି। ମୁଁ ଏହା ମଧ୍ଵ କହିବି ନାହିଁ ଯେ କ୍ରୋଧ ଖରାପ। ମୁଁ ଏହା ମଧ୍ଵ କହିବି ନାହିଁ ଯେ କେହି ରାଗିବା ଉଚିତ୍ ନୁହେଁ। ମୁଁ ଏହା ମଧ୍ଵ କହିବି ନାହିଁ ଯେ ମୁଁ କାହିଁକି ରାଗିଥାଏ। ମୁଁ କେବଳ ଅବଲୋକନ କରିବି। ଯେପରି ଆକାଶରେ ମେଘ ଯାଉଛି, ମୁଁ ଭିତରେ କ୍ରୋଧର ମେଘକୁ ଅବଲୋକନ କରିବି। ଯେପରି କେହି ରାସ୍ତାରେ ଯାଉଛନ୍ତି, ମୁଁ ଭିତରେ କ୍ରୋଧକୁ ଅବଲୋକନ କରିବି। ମୁଁ କେବଳ ଅବଲୋକନ କରିବି। ମୁଁ କେବଳ ଅବଲୋକନ କରିବି, ମୁଁ କିଛି କରିବି ନାହିଁ।

ତୁମେ ଆଶ୍ଚର୍ଯ୍ୟ ହେବ। କିଛି ମୁହୂର୍ତ୍ତ ମଧ୍ୟରେ, କିଛି ସମୟ ମଧ୍ୟରେ, କ୍ରୋଧ ଶାନ୍ତ ହୋଇଗଲା। ଏବଂ କ୍ରୋଧର ସେହି ଶକ୍ତି ତୁମ ପାଇଁ ଉପଲବ୍ଧ ହୋଇଗଲା।

ଜ୍ଞାନୀ ବ୍ୟକ୍ତି ଜୀବନର ସମସ୍ତ ଅସ୍ଥିରତାକୁ ପର୍ଯ୍ୟବେକ୍ଷଣ ଏବଂ ସାକ୍ଷ୍ୟ ଦେଇ ଆଭ୍ୟନ୍ତରୀଣ ଯାତ୍ରା ପାଇଁ ବ୍ୟବହାର କରେ। ଏହା ଇନ୍ଧନ ହୋଇଯାଏ। ଏବଂ ସେଥିପାଇଁ ଅନେକ ଥର ଏପରି ଘଟିଛି ଯେ ଉଚ୍ଚ ସ୍ୱଭାବର ଲୋକମାନେ ଗୋଟିଏ ମୁହୂର୍ତ୍ତରେ ଆଧ୍ୟାତ୍ମିକ ହୋଇଯାଇଛନ୍ତି।

ଆମେ ବାଲ୍ମୀକିଙ୍କ କାହାଣୀ ଶୁଣିଛୁ। ଏପରି ଅନେକ କାହାଣୀ ଅଛି। ଆମେ ଆଶ୍ଚର୍ଯ୍ୟ ହେଉଛୁ ଯେ ଏତେ କ୍ରୋଧୀ, ହିଂସାତ୍ମକ, ହତ୍ୟାକାରୀ ଲୋକମାନେ ଗୋଟିଏ ମୁହୂର୍ତ୍ତରେ ଆଧ୍ୟାତ୍ମିକ ଜୀବନରେ କିପରି ପ୍ରବେଶ କଲେ? ରହସ୍ୟ ସତ୍ୟ।

ପ୍ରକୃତରେ, ଯଦି ତୁମ ପାଖରେ କ୍ରୋଧର ଶକ୍ତି ନାହିଁ, ତେବେ ତୁମ ପାଖରେ ଇନ୍ଧନ ମଧ୍ୟ ନାହିଁ, ତୁମେ କ'ଣ ବ୍ୟବହାର କରିବ? ସେଥିପାଇଁ ଜଣେ ସାଧାରଣ କ୍ରୋଧୀ ବ୍ୟକ୍ତି ଆଧ୍ୟାତ୍ମିକ ହୋଇପାରିବ ନାହିଁ। ଏହା ବିଷୟରେ ଚିନ୍ତା କର। କାମ ବାସନାରେ ପରିପୂର୍ଣ୍ଣ ଜଣେ ସାଧାରଣ ବ୍ୟକ୍ତି ଆଧ୍ୟାତ୍ମିକ ହୋଇପାରିବ ନାହିଁ। ସାଧାରଣ ଦୁଷ୍ଟତାରେ ପରିପୂର୍ଣ୍ଣ ଜଣେ ବ୍ୟକ୍ତି ଆଧ୍ୟାତ୍ମିକ ହୋଇପାରିବ ନାହିଁ। ତା'ର ଯାହା ଅଛି, ସେ କେବଳ ସେଥିରେ ଉଷ୍ମ ରହିପାରିବ, ସେ ଫୁଟିପାରିବ ନାହିଁ। ତା'ର ଶକ୍ତି ଦୁର୍ବଳ।

ସେଥିପାଇଁ ତୁମେ ଭୟଭୀତ ହେବା ଉଚିତ୍ ନୁହେଁ। ଯଦି ଅସ୍ଥିରତା ଅଧିକ ହୁଏ, ତେବେ ଏହା ସୌଭାଗ୍ୟ। ଯଦି କାମ ବାସନା ଇଚ୍ଛା ତୀବ୍ର ହୁଏ, ତେବେ ଏହା ସୌଭାଗ୍ୟ। ଯଦି କ୍ରୋଧ ଭୟଙ୍କର ହୁଏ, ତେବେ ଏହା ଈଶ୍ୱରଙ୍କ ମହାନ କୃପା। ଏହାର ଅର୍ଥ ହେଉଛି ତୁମ ପାଖରେ ଇନ୍ଧନ ଅଛି। ଏବେ ତୁମେ ଇନ୍ଧନ ସହିତ ଯାତ୍ରା କରିବ କି ଘର ପୋଡ଼ିବ ତାହା ଭିନ୍ନ କଥା। ତୁମେ ଏଥିରେ ପାଣି ଭର୍ତ୍ତି କରିବ ନା ଏହି ଶକ୍ତିକୁ ଯାତ୍ରାରେ ବ୍ୟବହାର କରିବ, ତାହା ତୁମ ହାତରେ।

ଈଶ୍ୱର ଯାହା ଦେଇଛନ୍ତି ତାହା ଉପଯୋଗୀ। ତାହା ଯେତେ ବିକୃତ ଦେଖାଯାଉ, ଯେତେ ବିପଦପୂର୍ଣ୍ଣ ଏବଂ ପାପପୂର୍ଣ୍ଣ ମନେ ହେଉ, ମଣିଷ ଯାହା ପାଇଛି ତାହା

ଉପଯୋଗୀ। ଯଦି ତୁମେ ଏହାକୁ ବ୍ୟବହାର କରିପାରିବ ନାହିଁ, ତେବେ ତୁମ ବ୍ୟତୀତ ଅନ୍ୟ କେହି ଦାୟୀ ନୁହେଁ।

କିଛି ଲୋକ ଅଛନ୍ତି ଯେଉଁମାନେ ଖତ ଦେଲେ, ସେମାନଙ୍କ ଘର ଅଳିଆ ଗଦାରେ ପୂର୍ଣ୍ଣ ହୋଇଯିବ। ସେମାନଙ୍କ ଘର ଦୁର୍ଗନ୍ଧରେ ପୂର୍ଣ୍ଣ ହୋଇଯିବ ଏବଂ କିଛି ଲୋକ ଅଛନ୍ତି ଯେଉଁମାନେ ବଗିଚାରେ ଖତ ପକାଇବେ। ତା'ପରେ ସେହି ଖତରୁ ଫୁଲ ବାହାରିବ ଏବଂ ସେମାନଙ୍କ ଘର ସୁଗନ୍ଧରେ ପୂର୍ଣ୍ଣ ହୋଇଯିବ। ଯେଉଁମାନେ ଖତ ନେଇ ବସିବେ ସେମାନେ ପରମେଶ୍ୱରଙ୍କୁ ଅଭିଶାପ ଦେବେ ଯେ ଏହା କି ପ୍ରକାର ଅଭିଶାପ ଯେ ସେ ଆମ ଉପରେ ଏହି ଖତ ପକାଇଛନ୍ତି। ଯେଉଁମାନେ ଜାଣନ୍ତି, ସେମାନେ ଖତରୁ ଫୁଲ ସୃଷ୍ଟି କରନ୍ତି।

ଫୁଲର ସୁଗନ୍ଧ ହେଉଛି ଖତ ର ହିଁ ଦୁର୍ଗନ୍ଧ। ଫୁଲରେ ରଙ୍ଗଗୁଡ଼ିକ ଖତ ର, ସବୁକିଛି ଖତ ରୁ ପରିବର୍ତ୍ତିତ ହୁଏ।

ମଣିଷରେ କ୍ରୋଧ, ଘୃଣା, ହିଂସା ଖତ ର ଭାବରେ ଅଛି; ଆଧ୍ୟାତ୍ମିକତାର ଫୁଲ ଫୁଟିପାରେ। ଯଦି ତୁମେ ତୁମର ଆତ୍ମାକୁ ଜାଗ୍ରତ କରିବାକୁ ଚେଷ୍ଟା କର।

ତେଣୁ ଅସ୍ଥିରତା ଏବଂ ଅଶାନ୍ତିରୁ ଭୟ କର ନାହିଁ। ଯଦି ଭିତରେ ପାଗଳାମି ଫୁଟୁଛି, ତେବେ ଭୟ କର ନାହିଁ। ଏହାକୁ ବ୍ୟବହାର କର। ଏହାକୁ ଦେଖିବା ଆରମ୍ଭ କର। ଯେତେବେଳେ ତୁମେ ଭିତରେ କିଛି ଧରିବ, ଏହାକୁ ଧ୍ୟାନ କରିବାର ସୁଯୋଗ ବୋଲି ଭାବ, ତାହା ଉପରେ ଧ୍ୟାନ କର।

କିନ୍ତୁ ଆମେ ଏହାର ବିପରୀତ କରୁ। ଯେତେବେଳେ କ୍ରୋଧ ଆସେ, ଆମେ ରାମ-ରାମ ଜପ କରୁ। ଆମେ ଭାବୁଛୁ ଯେ ଆମେ ଧ୍ୟାନ କରୁଛୁ। ରାମ-ରାମ ଜପ କରିବା କେବଳ ଏକ ବିଭ୍ରାନ୍ତି। ସେହି କ୍ରୋଧ ଫୁଟୁଛି, ତୁମେ ତୁମର ମନକୁ ଅନ୍ୟ କୌଣସି ସ୍ଥାନରେ ରଖୁଛ, ଯାହା ଦ୍ୱାରା ତୁମକୁ ଏହି କ୍ରୋଧରେ ଫସିବାକୁ ପଡ଼ିବ ନାହିଁ। ଏହିପରି ରାମ-ରାମ ଜପ କରି, ତୁମେ କେବଳ କିଛି ସମୟ ପାଇଁ ନିଜକୁ ବଞ୍ଚାଉଛ, ମନକୁ ଦୂର କରୁଛ।

କିନ୍ତୁ କ୍ରୋଧ ସେଠାରେ ପଡ଼ି ରହିଛି, ତାହା ପରିବର୍ତ୍ତନ ହେବ ନାହିଁ। ତୁମେ ଦୂରେଇ ଗଲେ ଏହା ପରିବର୍ତ୍ତନ ହେବ ନାହିଁ; ଯଦି ତୁମେ ଦୃଢ଼ ଭାବରେ ଠିଆ ହୋଇ ଏହାକୁ ଦେଖ, ତେବେ ଏହା ପରିବର୍ତ୍ତନ ହେବ। ଯଦି ତୁମେ ଏହାକୁ ତୁମର ପିଠିରେ ନେଉଛ, ତେବେ କ୍ରୋଧ ଅଧିକ କ୍ଷତ ସୃଷ୍ଟି କରିବ। ଏହା ଭିତରେ ଅଧିକ ମୂଳ ନେବ। ତୁମେ ତୁମର ଉଭୟ ଆଖି କ୍ରୋଧ ଉପରେ ସ୍ଥିର କରିବ। ଏବଂ ଏହି ମୁହୂର୍ତ୍ତ ଯେତେବେଳେ ତୁମେ ସଚେତନ ଭାବରେ କ୍ରୋଧକୁ ଦେଖ।

ଯଦି କାମନା ତୁମର ମନକୁ ଆକର୍ଷିତ କରେ, ତେବେ ପଳାଇଯାଅ ନାହିଁ। ଭୟ କର ନାହିଁ। ରାମ ରାମ ଜପ କର ନାହିଁ। କାମନାକୁ ସିଧାସଳଖ ଦେଖ। କାମନାର ପ୍ରତ୍ୟକ୍ଷ ଅଭିଜ୍ଞତା ଆବଶ୍ୟକ। କିନ୍ତୁ ମଣିଷକୁ ପଳାଇଯିବା ଶିଖାଯାଇଛି। ତାକୁ କୁହାଯାଇଛି ଯେ ଯେଉଁଠାରେ କିଛି ଖରାପ ଦେଖିବ ସେଠାରୁ ପଳାଇଯିବାକୁ।

କିନ୍ତୁ ତୁମେ କେଉଁଠାକୁ ଦୌଡ଼ିବ? ମନ୍ଦ ତୁମ ଭିତରେ ଅଛି, ଏହା ତୁମ ସହିତ ଯିବ। ନିଜଠାରୁ ଦୌଡ଼ି ପଳାଇବାର କୌଣସି ଉପାୟ ନାହିଁ। ଯଦି ମନ୍ଦ ବାହାରେ କୌଣସି ସ୍ଥାନରେ ଥାଆନ୍ତା, ତେବେ ଆମେ ଦୌଡ଼ି ପଳାଇ ଯାଇଥାଆନ୍ତୁ। ଏହା ଆମ ଭିତରେ ଠିଆ ହୋଇଛି, ଏହାକୁ ପରିବର୍ତ୍ତନ କରିବାକୁ ପଡିବ। ଏହି ସାର ବ୍ୟବହାର କରିବାକୁ ପଡିବ। ଏହାକୁ ବ୍ୟବହାର କରିବା ବହୁତ କଷ୍ଟକର ନୁହେଁ।

କେବଳ ଦୁଇଟି ଅସୁବିଧା ଅଛି। ଗୋଟିଏ ହେଉଛି ଆମେ ପୂର୍ବରୁ ଦୁଷ୍ଟ ଇଚ୍ଛାଶକ୍ତି ବିକଶିତ କରିସାରିଛୁ। ଯିଏ ମନ୍ଦକୁ ଶତ୍ରୁ କରିଛି ସେ ମନ୍ଦ ବ୍ୟବହାର କରିପାରିବ ନାହିଁ। ଆମେ ପୂର୍ବରୁ ବିଶ୍ୱାସ କରିସାରିଛୁ ଯେ କ୍ରୋଧ ଖରାପ, ଘୃଣା ଖରାପ, ସବୁକିଛି ଖରାପ। ଏବଂ ଆମେ ଏସବୁରେ ପରିପୂର୍ଣ୍ଣ। ମନ୍ଦର ଧାରଣା ଆମକୁ ଦେଖିବାକୁ ଦିଏ ନାହିଁ। ମନ୍ଦର ଧାରଣା ଆମକୁ ନିରପେକ୍ଷ ଭାବରେ ଚିନ୍ତା କରିବାକୁ ଦିଏ ନାହିଁ। ମନ୍ଦର ଧାରଣା ଆମକୁ ବୁଝିବା ପୂର୍ବରୁ ଦୌଡ଼ିବାକୁ ଏବଂ ଲଢ଼ିବାକୁ ବାଧ୍ୟ କରେ।

ତେଣୁ, ସର୍ବପ୍ରଥମେ, ତୁମର ବିଶ୍ୱାସ ତ୍ୟାଗ କର। ଦୃଢ଼ତାର ସହିତ ଦେଖିବା ଆରମ୍ଭ କର। ତଥ୍ୟ କେବଳ ସେମାନଙ୍କ ନିକଟରେ ପ୍ରକାଶିତ ହୁଏ ଯେଉଁମାନେ କୌଣସି ବିଶ୍ୱାସ ବିନା ସେଗୁଡ଼ିକୁ ଦେଖନ୍ତି। ଯେଉଁମାନେ ବିଶ୍ୱାସ ସହିତ ଦେଖନ୍ତି ସେମାନେ କେବଳ ସେମାନଙ୍କର ବିଶ୍ୱାସ ପୂରଣ କରନ୍ତି।

ଦ୍ୱିତୀୟତଃ, ଦୌଡ଼ି ପଳାଇବାର ଅଭ୍ୟାସ ତ୍ୟାଗ କର। ସାରା ବିଶ୍ୱରେ ଆମକୁ ପଳାୟନ କରିବା, ଦୌଡ଼ିବା, ନିଜକୁ ରକ୍ଷା କରିବା ଶିଖାଯାଇଛି। କେହି କେବେ ଦୌଡ଼ି ଯାଇ ବିଜୟ ହାସଲ କରିନାହାଁନ୍ତି। ଯଦି ତୁମେ ରାଗିଯାଅ, ତୁମେ ରେଡିଓ ଚାଲୁ କର। ଯଦି ତୁମ ମନରେ କାମନା ଉତ୍ପନ୍ନ ହୁଏ, ତୁମେ ରାମାୟଣ ପଢ଼ିବା ଆରମ୍ଭ କର। ଯଦି ତୁମ ମନରେ ଘୃଣା ଉତ୍ପନ୍ନ ହୁଏ, ଯଦି ତୁମେ ହିଂସା ଅନୁଭବ କର, ତୁମେ ମନ୍ଦିରକୁ ଯାଅ।

ଦୌଡ଼ି ଯାଅ ନାହିଁ। ଦୌଡ଼ି ଯିବା ଦ୍ୱାରା କିଛି ହେବ ନାହିଁ। ଭିତରେ ଯାହା ଲୁଚି ରହିଛି ତାହା ଆହୁରି ଶକ୍ତିଶାଳୀ ହେବ। ନା ମନ୍ଦିର ଏହାକୁ ଲିଭାଇପାରିବ, ନା ରାମାୟଣ। କେହି ଏହାକୁ ଲିଭାଇ ପାରିବେ ନାହିଁ। ତୁମର ଅନୁଭବ ବ୍ୟତୀତ କେହି ଏହାକୁ ଲିଭାଇ ପାରିବେ ନାହିଁ। ତୁମକୁ ଆଖି ଖୋଲା ରଖି ଦେଖିବାକୁ ପଡିବ। ତୁମ ଭିତରେ ଯାହା ଅଛି ତାହାର ନଗ୍ନତା ଦେଖିବା ଆବଶ୍ୟକ।

କିନ୍ତୁ ଯିଏ ଦୌଡ଼ିଯାଏ ସେ ତାହା ଦେଖି ପାରେ ନାହିଁ। ଏହା ବ୍ୟତୀତ, ଯିଏ ଦୌଡ଼ିଯାଏ ସେ ଧୀରେ ଧୀରେ ଦୁର୍ବଳ ହୋଇଯାଏ। ସେ ଯେତେ ଦୌଡ଼େ, ତା'ର ଶତ୍ରୁମାନେ ତାକୁ ସେତେ ଦୌଡ଼େ। କାରଣ ସେହି ଶତ୍ରୁମାନେ ବାହାରେ ନୁହଁନ୍ତି। ସେମାନେ ତୁମ ସହିତ, ତୁମ ଭିତରେ ଅଛନ୍ତି। ସେମାନେ ତୁମର ଏକ ଅଂଶ। ଦୁଇଟି ଜିନିଷ, ଗୋଟିଏ ହେଉଛି ପାର୍ଶ୍ୱ ଛାଡିବା। ପାର୍ଶ୍ୱ ଯୋଗୁଁ ଏକ ବଡ଼ ଅସୁବିଧା।

ତୁମେ ମନକୁ ଟିକେ ଉପଭୋଗ କରିବା ଶିଖିବା ଉଚିତ। କିନ୍ତୁ ତୁମେ ପୂର୍ବରୁ ବିଶ୍ୱାସ କରିଛ ଏବଂ ମନର ଶକ୍ତିଗୁଡ଼ିକୁ ଉପଭୋଗ କରିପାରୁନାହଁ। ତୁମେ ପୂର୍ବରୁ ବିଶ୍ୱାସ କରିଛ ଯେ କ୍ରୋଧ ଖରାପ, କାମନା ପାପ, ଲୋଭ ଖରାପ। ଏହା ଖରାପ, ତାହା ଖରାପ, ଏହା ଭଲ। ତୁମେ ସବୁକିଛି ବିଶ୍ୱାସ କରିଛ। ତୁମେ କିଛି ଜାଣିନାହଁ, କାରଣ ଯଦି ତୁମେ ଜାଣିଥାନ୍ତ କ'ଣ ଖରାପ, ତେବେ ଖରାପ ତୁରନ୍ତ ବନ୍ଦ ହୋଇଯିବ। ଯଦି ତୁମେ ଜାଣିଥାନ୍ତ କ'ଣ ଭଲ, ତେବେ ତୁମ ଜୀବନରେ ଭଲ ଆସିବ। ତୁମେ କିଛି ଜାଣିନାହଁ। ତୁମେ ଶୁଣିଛ; ଲୋକମାନେ କହିଛନ୍ତି; ଏଗୁଡ଼ିକ ହଜାର ହଜାର ବର୍ଷର ବାୟୁ ଏବଂ ସଂସ୍କାର। ତେଣୁ, ତୁମେ ସେମାନଙ୍କୁ ବିଶ୍ୱାସ କରିଛ। ଏବଂ ସେଥିପାଇଁ ତୁମେ ଏକ ବଡ଼ ଅସୁବିଧାରେ ଅଛ।

ତୁମେ ଜାଣ ଯେ କ୍ରୋଧ ଖରାପ, ତଥାପି ତୁମେ କ୍ରୋଧିତ ହୁଅ । ତେଣୁ ଅସୁବିଧା ଦ୍ୱିଗୁଣିତ ହୋଇଛି। ଜଣେ ବ୍ୟକ୍ତିକୁ କ୍ରୋଧର ଯନ୍ତ୍ରଣା ସହିବାକୁ ପଡ଼ିଥାଏ, ଏବଂ ତା' ପରେ ଜଣେ କ୍ରୋଧର ଯନ୍ତ୍ରଣା ସହିବାକୁ ପଡ଼ିଥାଏ। ଏହା ଦ୍ୱିଗୁଣିତ କଷ୍ଟ। କ୍ରୋଧ ଜଣେ ବ୍ୟକ୍ତିକୁ କଷ୍ଟ ଦେବା ପାଇଁ ଯଥେଷ୍ଟ ଥିଲା। ଏବେ ତୁମେ ଆଉ ଏକ ଶତ୍ରୁ ସୃଷ୍ଟି କରିଛ ଯେ କ୍ରୋଧ ଖରାପ। ତେଣୁ ପ୍ରଥମେ କ୍ରୋଧ କର, ଏହାର ଯନ୍ତ୍ରଣା ସହିଯାଅ; ଏବଂ ତା' ପରେ କ୍ରୋଧ କର, ଏହାର ଯନ୍ତ୍ରଣା ସହିଯାଅ। କାମନା ଖରାପ, ପ୍ରଥମେ କାମନାର ଯନ୍ତ୍ରଣା ସହ୍ୟ କର। ଏବଂ ତା' ପରେ କାମନାରୁ ମୁକ୍ତି ପାଅ, ଏହି ପାପ କରାଯାଇଛି, ଏହାର ଯନ୍ତ୍ରଣା ସହ୍ୟ କର। ଏହିପରି ଜୀବନ ଆହୁରି ଜଟିଳ ହୋଇଗଲାଣି।

କାମବାସନା କ'ଣ? କ୍ରୋଧ କ'ଣ? ମନର ସମସ୍ତ ଶକ୍ତି କ'ଣ? ଏଗୁଡ଼ିକ ବିଷୟରେ ଏକ ନିରପେକ୍ଷ ଦୃଷ୍ଟିକୋଣ ଶିଖ। ତୁମେ ବହୁତ ଖୁସି ହେବ। ସେହି ଖୁସି ସହିତ, ତୁମର ଜୀବନରେ ଅସ୍ଥିରତା ପରିବର୍ତ୍ତନ ହେବା ଆରମ୍ଭ ହେବ ଏବଂ ଶାନ୍ତି ସୃଷ୍ଟି ହେବା ଆରମ୍ଭ ହେବ।

ଦ୍ୱିତୀୟ କଥା, ଦୌଡ଼ିବା ବନ୍ଦ କର।

ବୈଜ୍ଞାନିକମାନେ କୁହନ୍ତି ଯେ କେବଳ ଦୁଇଟି ବିକଳ୍ପ ଅଛି, ଦୌଡ଼ କିମ୍ବା ଲଢ଼। ଜୀବନରେ ଏହା ସମାନ। ଯଦି ସିଂହ ତୁମକୁ ଆକ୍ରମଣ କରେ, ତେବେ କେବଳ ଦୁଇଟି

ବିକଳ୍ପ ଅଛି, ଦୌଡ଼ କିମ୍ବା ଲଢ଼। ଯଦି ତୁମେ ଲଢ଼ିପାରୁଛ, ତେବେ ଠିକ୍ ଅଛି। ନଚେତ୍, ଦୌଡ଼ି ପଳାଅ। କେବଳ ଦୁଇଟି ବିକଳ୍ପ ଅଛି।

ଯଦି ବାହ୍ୟ ଜୀବନରେ ସଂଘର୍ଷର ପରିସ୍ଥିତି ଉପୁଜେ, ତେବେ କେବଳ ଦୁଇଟି ବିକଳ୍ପ ଅଛି, ଲଢ଼ କିମ୍ବା ଦୌଡ଼ି ପଳାଅ। କିନ୍ତୁ ଆଭ୍ୟନ୍ତରୀଣ ଜୀବନରେ ତୃତୀୟ ବିକଳ୍ପ ଅଛି, ଜାଗ୍ରତ ହୁଅ। ଏହି ତୃତୀୟ ବିକଳ୍ପ ହେଉଛି ଧର୍ମ।

ଭିତରେ ଦୁଇଟି ବିକଳ୍ପ ବଦଳରେ ତିନୋଟି ବିକଳ୍ପ ଅଛି। ଲଢ଼, କିମ୍ବା ଦୌଡ଼, କିମ୍ବା ଜାଗ୍ରତ ହୁଅ। ନା ଲଢ଼ ନା ଦୌଡ଼। କେବଳ ଠିଆ ହୋଇ ଜାଗ୍ରତ ହୁଅ। ଯାହା ଘଟୁଛି, ତାହା ଦେଖ। ନିଦରୁ ଉଠିବା ମାତ୍ରେ ଶକ୍ତି ରୂପାନ୍ତରିତ ହୁଏ ଏବଂ ଅସ୍ଥିରତା ଆନନ୍ଦର ଯାତ୍ରାରେ ଚାଲିଯାଏ। ଏହା ଏକ ଡଙ୍ଗା ହୋଇଯାଏ।

ଦୁଃଖ

ମନୋବିଜ୍ଞାନୀମାନେ କୁହନ୍ତି ଯେ ପିଲାର କାନ୍ଦିବାର କଳା ତା'ର ଚାପରୁ ମୁକ୍ତି ପାଇବା ପାଇଁ ଏକ ବ୍ୟବସ୍ଥା। ପିଲା ଉପରେ ବହୁତ ଚାପ ଥାଏ। ପିଲା ଭୋକିଲା ଥାଏ ଏବଂ ମା' ବହୁତ ଦୂରରେ ଥାଏ କିମ୍ବା ମା' କାମରେ ବ୍ୟସ୍ତ ଥାଏ। ପିଲାଟି ମଧ୍ୟ ରାଗିଯାଏ। ଯଦି ପିଲା କାନ୍ଦେ, ତା'ର କ୍ରୋଧ ଧୋଇ ହୋଇଯାଏ ଏବଂ ପିଲାଟି ହାଲୁକା ଅନୁଭବ କରେ, କିନ୍ତୁ ମା' ତାକୁ କାନ୍ଦିବାକୁ ଦେବ ନାହିଁ।

ମନୋବିଜ୍ଞାନୀମାନେ କୁହନ୍ତି ଯେ ତାକୁ କାନ୍ଦିବାକୁ ଦିଅ; କିନ୍ତୁ ତାକୁ ପ୍ରେମ ଦିଅ। ତା'ର କାନ୍ଦ ବନ୍ଦ କରିବାକୁ ଚେଷ୍ଟା କର ନାହିଁ। ଆମେ କ'ଣ କରିବୁ? ଆମେ ପିଲାଟିକୁ ଏକ ଖେଳଣା ଦେବୁ ଏବଂ ତାକୁ କାନ୍ଦିବାକୁ କହିବୁ ନାହିଁ। ପିଲାଟିର ମନ ଅନ୍ୟତ୍ର ବିମୁଖ ହୋଇଯିବ। ସେ ଖେଳଣା ଧରିବ। କିନ୍ତୁ ଭିତରେ ଯେଉଁ କାନ୍ଦର ପ୍ରକ୍ରିୟା ଚାଲିଥିଲା, ତାହା ବନ୍ଦ ହୋଇଯାଏ। ଏହା ବ୍ୟତୀତ, ଯେଉଁ ଲୁହ ବହିବା ଉଚିତ ଥିଲା, ତାହା ଅଟକିଯାଏ। ଏବଂ ଯେଉଁ ହୃଦୟ ଭାରରୁ ହାଲୁକା ହୋଇଥାନ୍ତା, ତାହା ହାଲୁକା ହୋଇନଥାନ୍ତା। ସେ ଖେଳଣା ସହିତ ଖେଳିବ, କିନ୍ତୁ ଏହି କାନ୍ଦ ବନ୍ଦ ହୋଇଗଲା ତାହାର କ'ଣ ହେବ? ଏହି ବିଷ ଜମା ହେଉଛି।

ମନୋବିଜ୍ଞାନୀମାନେ କୁହନ୍ତି ଯେ ପିଲାଟି ଏତେ ବିଷ ଜମା କରେ, ତାହା ହିଁ ତା' ଜୀବନରେ ଦୁଃଖର କାରଣ। ପ୍ରାୟତଃ ସେ ଦୁଃଖୀ ରହିଥାଏ। ତୁମେ ଏତେ ଦୁଃଖୀ ଦେଖାଯାଉଛ, ତୁମେ ଜାଣିନାହଁ ଯେ ଏହି ଦୁଃଖ ସେଠାରେ ଥାଇପାରେ, ଏହା ସେଠାରେ ନଥାନ୍ତା, ଯଦି ତୁମେ ଜୀବନରେ ସମ୍ପୂର୍ଣ୍ଣ ହୃଦୟରେ କାନ୍ଦିଥାନ୍ତ, ତେବେ ଏହି ଲୁହ ତୁମର ସମଗ୍ର ଜୀବନକୁ ଆଚ୍ଛାଦିତ କରିନଥାନ୍ତା, ସେଗୁଡ଼ିକ ଚାଲିଯାଇଥାନ୍ତା। ଏହି

ପ୍ରକାରର କାନ୍ଦ ଚିକିତ୍ସାମୂଳକ। ହୃଦୟ ହାଲୁକା ହୋଇଯାଏ। କାନ୍ଦିବା ସମୟରେ କେବଳ ଲୁହ ପ୍ରବାହିତ ହୁଏ ନାହିଁ, ବରଂ ଭିତରର ଦୁଃଖ, ଭିତରର କ୍ରୋଧ, ଭିତରର ଆନନ୍ଦ, ଭିତରର ଭାବନା ମଧ୍ୟ ଲୁହ ସାହାଯ୍ୟରେ ବାହାରକୁ ଆସେ। ତୁମ ଭିତରେ କିଛି ସଂଗୃହିତ ହୁଏ ନାହିଁ। ସ୍କ୍ରାଇମ୍ ଥେରାପିର ଲୋକମାନେ କୁହନ୍ତି ଯେ ଯେତେବେଳେ ଜଣେ ବ୍ୟକ୍ତି ମାନସିକ ଭାବରେ ଅସୁସ୍ଥ ହୁଏ, ତାକୁ ଏତେ ଗଭୀର ଭାବରେ କାନ୍ଦିବାକୁ ପଡ଼ିଥାଏ ଯେ ତା'ର ପ୍ରତ୍ୟେକ ଛିଦ୍ର, ହୃଦୟର ପ୍ରତ୍ୟେକ କଣିକା, ନିଶ୍ୱାସ ଏବଂ ହୃଦସ୍ପନ୍ଦନ କାନ୍ଦଣାରେ ସାମିଲ ହୋଇଯାଏ, ଏକ ଚିତ୍କାର ଆବଶ୍ୟକ ହୁଏ ଯାହା ତା'ର ସମଗ୍ର ଅସ୍ତିତ୍ୱରୁ ବାହାରକୁ ଆସିଥାଏ, ଯେଉଁଥିରେ ସେ ନିଜେ ଚିତ୍କାର ହୋଇଯାଏ।

ହଜାର ହଜାର ମାନସିକ ରୋଗୀ ଚିତ୍କାର କରି ସୁସ୍ଥ ହୋଇଛନ୍ତି। ଗୋଟିଏ ଚିତ୍କାର ମଧ୍ୟ ସେମାନଙ୍କୁ ଏତେ ରୋଗରୁ ମୁକ୍ତ କରିଥାଏ। କିନ୍ତୁ ସେହି ଚିତ୍କାର ସୃଷ୍ଟି କରିବା ବହୁତ କଷ୍ଟକର କାରଣ ତୁମେ ଏହାକୁ ଏତେ ଦମନ କରିଛ ଯେ ତୁମେ କାନ୍ଦିଲେ ମଧ୍ୟ ତୁମର କାନ୍ଦଣା ମଧ୍ୟ ନକଲି। ତୁମର ସମଗ୍ର ଅସ୍ତିତ୍ୱ ଏଥିରେ ସାମିଲ ନୁହେଁ। ତୁମର କାନ୍ଦଣା ମଧ୍ୟ କୃତ୍ରିମ। ତୁମେ ଉପରସ୍ତରରେ କାନ୍ଦ। ଆଖିରୁ ଲୁହ ବହିଯାଏ, ତାହା ହୃଦୟରୁ ଆସେ ନାହିଁ। କିନ୍ତୁ ଚିତ୍କାର ଏପରି ହେବା ଉଚିତ ଯେ ତାହା ତୁମର ନାଭିରୁ ଉଠିବ ଏବଂ ତୁମର ସମଗ୍ର ଶରୀର ଏଥିରେ ସାମିଲ ହୋଇଯିବ। ତୁମେ ଭୁଲିଯାଅ ଯେ ତୁମେ ଚିତ୍କାରଠାରୁ ଭିନ୍ନ, ତୁମେ ଏକ ଚିତ୍କାର ହୋଇଯାଅ।

ମନସ୍ତତ୍ତ୍ୱବିତମାନେ ଆପଣଙ୍କୁ କନ୍ଦାଇବା ପାଇଁ ତିନି ମାସ ସମୟ ନିଅନ୍ତି। ତିନି ମାସ ଧରି ନିରନ୍ତର ପରୀକ୍ଷଣ ଦ୍ୱାରା ଆପଣ ଗଭୀର ହୋଇଯାଆନ୍ତି।

ଏହି ଚିକିତ୍ସା କରୁଥିବା ଲୋକମାନେ କ'ଣ କରନ୍ତି? ସେମାନେ ଆପଣଙ୍କୁ ଛାତିରେ ଭୂମିରେ ଶୁଆଇବାକୁ ବାଧ୍ୟ କରନ୍ତି। ଏହା ପରେ, ସେମାନେ ଆପଣଙ୍କୁ ଭୂମିରେ ଶୋଇବାକୁ କୁହନ୍ତି ଏବଂ ଆପଣଙ୍କ ମନରେ ଯାହା ଦୁଃଖ ଆସେ, ତାହାକୁ ବନ୍ଦ କରନ୍ତୁ ନାହିଁ, ବାହାରକୁ ଛାଡ଼ିଦିଅନ୍ତୁ। ଯଦି ଆପଣ କାନ୍ଦିବାକୁ ଇଚ୍ଛା କରନ୍ତି, କାନ୍ଦନ୍ତୁ; ଯଦି ଆପଣ ଚିତ୍କାର କରିବାକୁ ଇଚ୍ଛା କରନ୍ତି, ଚିତ୍କାର କରନ୍ତୁ।

ତିନି ମାସ ପର୍ଯ୍ୟନ୍ତ, ବ୍ୟକ୍ତିଟି ପ୍ରତିଦିନ ଗୋଟିଏ କିମ୍ବା ଦୁଇ ଘଣ୍ଟା ପାଇଁ ଭୂମିରେ ପିଲା ପରି ଶୋଇ ରହିଥାଏ। ଗୋଟିଏ ଦିନ, ସେହି ମୁହୂର୍ତ୍ତ ଆସେ ଯେତେବେଳେ ବିଦ୍ୟୁତ୍ ପ୍ରବାହ ଯୋଗୁଁ ତାଙ୍କ ହାତ ଏବଂ ଗୋଡ଼ ଥରିବାକୁ ଲାଗେ। ସେହି ବ୍ୟକ୍ତି ଆଖି ବନ୍ଦ କରିଦିଏ, ଏହା ଏପରି ଲାଗେ ଯେପରି ସେ ଆଉ ଚେତାଶୂନ୍ୟ ଏବଂ ଏକ ଭୟଙ୍କର ଚିତ୍କାର ଉଠିବାକୁ ଲାଗେ। କେତେକ ସମୟରେ ସେହି ଚିତ୍କାର ଘଣ୍ଟା ଘଣ୍ଟା

ଧରି ଚାଲିଥାଏ। ବ୍ୟକ୍ତିଟି ସମ୍ପୂର୍ଣ୍ଣ ପାଗଳ ପରି ମନେହୁଏ। କିନ୍ତୁ ସେହି ଚିତ୍କାର ପରେ, ତାଙ୍କର ସମସ୍ତ ମାନସିକ କଷ୍ଟ ଉଭାନ ହୋଇଯାଏ।

ମୁଁ ଆପଣଙ୍କୁ ଯେଉଁ ଧ୍ୟାନ ପରୀକ୍ଷଣ ବିଷୟରେ କହୁଛି ତାହା ସମ୍ଭବ ନୁହେଁ ଯେପର୍ଯ୍ୟନ୍ତ କାନ୍ଦିବା, ହସିବା, ନାଚିବା, ଚିତ୍କାର କରିବା, ପାଗଳ ହେବା ଭଳି ଭାବନା ସେଥିରେ ବୁଡ଼ି ନଯାଏ। ଏହା ବିନା ଆପଣ ଧ୍ୟାନରେ ଯାଇପାରିବେ ନାହିଁ। ଏଗୁଡ଼ିକ ହେଉଛି ବାଧା।

ତୁମେ ଶାନ୍ତ ହେବାକୁ ଚେଷ୍ଟା କରୁଛ ଏବଂ ତୁମ ଭିତରେ କିଛି ଭାବନା ଅଛି ଯାହା ବାହାରକୁ ଆସିବାକୁ ଚାହୁଁଛି। ତୁମର ଅବସ୍ଥା ଚା'ର କେଟଲି ପରି। ଢାଙ୍କୁଣୀ ବନ୍ଦ ଅଛି। ଢାଙ୍କୁଣୀ ଉପରେ ପଥର ରଖାଯାଇଛି। କେଟଲିର ମୁହଁ ମଧ୍ୟ ବନ୍ଦ ଅଛି ଏବଂ ତଳୁ ନିଆଁ ଜଳୁଛି। ଯେଉଁ ବାଷ୍ପ ସଂଗ୍ରହ ହେଉଛି ତାହା କେଟଲି ଫାଟିଯିବ। ବିସ୍ଫୋରଣ ହେବ। ଦଶ-ପାଞ୍ଚ ଜଣ ଲୋକ ମୃତ୍ୟୁବରଣ କରିପାରନ୍ତି।

ଏହି ବାଷ୍ପକୁ ବାହାର କର। ଏହି ବାଷ୍ପ ବାହାରିବା ମାତ୍ରେ ତୁମେ ନୂତନ ହୋଇଯିବ ଏବଂ ତା'ପରେ ଧ୍ୟାନ ପ୍ରତି ପରୀକ୍ଷଣ ଆରମ୍ଭ ହୋଇପାରିବ।

ପାଗଳାମି

ମାନବ ପାଗଳ। ଏହା ନୁହେଁ ଯେ କିଛି ଲୋକ ପାଗଳ, ବରଂ ସମଗ୍ର ମାନବତା ପାଗଳ। କେବଳ କିଛି ଲୋକଙ୍କୁ ଚିକିତ୍ସା କରିବାର ପ୍ରଶ୍ନ ନୁହେଁ, ସମଗ୍ର ମାନବତାକୁ ଚିକିତ୍ସା କରାଯିବା ଆବଶ୍ୟକ। ମଣିଷକୁ ଏତେ ଦମନ କରାଯାଇପାରିବ, ତାକୁ ଏତେ ସଂସ୍କାରିତ କରାଯାଇପାରିବ ଯେ ପାଗଳାମି ତା'ର ସାଧାରଣ ଅବସ୍ଥା ହୋଇଯାଏ। ତାକୁ ଯେପରି ଅଛି ସେହିପରି ରହିବାକୁ ଦିଆଯାଇ ନାହିଁ। ତାକୁ ସମାଜର ଢାଞ୍ଚାରେ ଗଢ଼ି ତୋଳିବାକୁ ଚେଷ୍ଟା କରାଯାଏ। ସେହି ଢାଞ୍ଚାରୁ ହିଁ ପାଗଳାମି ଉତ୍ପନ୍ନ ହୁଏ।

ସମାଜ ଆପଣଙ୍କୁ ଏକ ଢାଞ୍ଚା, ଏକ ଆକୃତି ଦିଏ। ଆପଣଙ୍କୁ ଯାହା ନୁହଁ ତାହା ହେବାକୁ ପଡିବ। କେବଳ ଆପଣଙ୍କ ବ୍ୟକ୍ତିତ୍ୱର ଏକ ଅଂଶ ନିଜକୁ ପ୍ରକାଶ କରିବାକୁ ଅନୁମତି ଦିଆଯାଇଛି, ଯେତେବେଳେ ବାକି ସବୁ ଦମନ କରାଯାଇଛି। ଏହା ଯୋଗୁଁ, ଜିନିଷଗୁଡ଼ିକ ଆପଣଙ୍କ ଭିତରେ ବିଘ୍ନ ଏବଂ ଭାଙ୍ଗିବାକୁ ଆରମ୍ଭ କରେ। ଏବଂ ଆପଣ ଯାହାକୁ ଦମନ କରନ୍ତି, ନିଜକୁ ପ୍ରକାଶ କରିବାକୁ ସଂଘର୍ଷ କରନ୍ତି।

ତେଣୁ ପ୍ରତ୍ୟେକ ମଣିଷ ଖଣ୍ଡ ଖଣ୍ଡ ହୋଇ ଭାଙ୍ଗିଯାଏ, ଭାଙ୍ଗିଯାଏ, ନିଜ ବିରୁଦ୍ଧରେ ଲଢ଼େ। ମଣିଷର ଅସ୍ତିତ୍ୱକୁ ପାଗଳାମି ବୋଲି ବିବେଚନା କରାଯାଏ। ସେ ଆରାମ କରିପାରିବ ନାହିଁ, ସେ ଶାନ୍ତିପୂର୍ଣ୍ଣ ହୋଇପାରେ ନାହିଁ, ସେ ଆନନ୍ଦମୟ ହୋଇପାରେ

ନାହିଁ। ମଣିଷ ସର୍ବଦା ନର୍କରେ ଅଛି, ଏବଂ ଯେପର୍ଯ୍ୟନ୍ତ ତା'ର ସମସ୍ତ ଖଣ୍ଡ ଏକୀକୃତ ନହୁଏ, ସେ ଏହି ନର୍କରୁ ବାହାରି ପାରିବ ନାହିଁ।

ତୁମର ପାଗଳାମିକୁ ବାହାର କରିବା ପାଇଁ, ତୁମର ବିକ୍ଷିପ୍ତ ଖଣ୍ଡଗୁଡ଼ିକୁ ପୁଣି ଏକ କରିବା ପାଇଁ କିଛି କରିବାକୁ ପଡିବ। ଯାହା ପ୍ରକାଶିତ ହୋଇନାହିଁ ତାହା ପ୍ରକାଶିତ ହେବାକୁ ପଡିବ, ଏବଂ ଚେତନ ମନ ଦ୍ୱାରା ଅଚେତନ ଉପରେ ନିରନ୍ତର ଦମନ ବନ୍ଦ କରିବାକୁ ପଡିବ।

ଧ୍ୟାନର ପୁରୁଣା ପଦ୍ଧତିଗୁଡ଼ିକ ଏହାର ଯତ୍ନ ନେଉନାହିଁ, ତେଣୁ ସେମାନେ ସଫଳ ହୋଇନାହାଁନ୍ତି। ସେମାନଙ୍କର ବିଫଳତାର କାରଣ କ'ଣ ହୋଇପାରେ?

ସେହି ପଦ୍ଧତିଗୁଡ଼ିକ ମଣିଷକୁ ଧ୍ୟାନରେ ନେବାକୁ ଚାହାଁନ୍ତି ଯେପରି ସେ ଅଛି। ଏହି ପଦ୍ଧତିଗୁଡ଼ିକ କେବଳ ଏକ ନିର୍ଦ୍ଦିଷ୍ଟ ପରିମାଣରେ ଉପଯୋଗୀ ହୋଇପାରେ। ସେମାନଙ୍କର କେବଳ ପରିଧି ଉପରେ ପ୍ରଭାବ ପଡ଼ିବ। କିନ୍ତୁ ଭିତରେ ଯେଉଁ ବିଭାଜନ ଅଛି ତାହା ରହିବ କାରଣ ତୁମେ ଏହାକୁ ଲିଭାଇବା ପାଇଁ କିଛି କରିନାହଁ।

ଯେପରି ଜେନ୍ ପଦ୍ଧତି, ମହେଶ ଯୋଗୀଙ୍କ ଅତିକ୍ରମଣୀୟ ଧ୍ୟାନ, ଏବଂ ଅନ୍ୟାନ୍ୟ ଅନେକ ପଦ୍ଧତି ଅଛି, ଯାହା ତୁମକୁ ଏକ ନିର୍ଦ୍ଦିଷ୍ଟ ସୀମାକୁ ନେଇପାରିବ। ସେମାନେ ତୁମକୁ କିଛି ଶାନ୍ତି ଦେଇପାରିବେ; ତୁମେ ବାହାରୁ ଶାନ୍ତ ହୋଇଯିବ। କିନ୍ତୁ ତୁମ ଭିତରେ କିଛି ହେବ ନାହିଁ ଏବଂ ଏହା ଘଟିପାରିବ ନାହିଁ। ଯଦି ତୁମେ ଏହାକୁ ଏହିପରି ଦେଖ, ତେବେ ବାହ୍ୟ ଶାନ୍ତି ବିପଦପୂର୍ଣ୍ଣ କାରଣ ତା'ପରେ ଭିତରେ ଅଶାନ୍ତି ସୃଷ୍ଟି ହେବ ଏବଂ ଗୋଟିଏ ଦିନ ଏହା ଫୁଟି ଉଠିବ। ମୂଳତଃ କିଛି ହୋଇନାହିଁ। ତୁମେ ତୁମର ଚେତନ ମନକୁ ସ୍ଥିର କରିବାର କଳାରେ କେବଳ ଆୟତ୍ତ କରିଛ।

ମନକୁ ବହୁତ ସହଜରେ ସ୍ଥିର କରାଯାଇପାରିବ; ମନ୍ତ୍ର ପଢିବା ଆରମ୍ଭ କରନ୍ତୁ, ଜପ କରିବା ଆରମ୍ଭ କରନ୍ତୁ। ଯାହା ଭିତରେ ବିରକ୍ତି ସୃଷ୍ଟି କରେ ତାହା ଆପଣଙ୍କୁ କିଛି ଆଶ୍ୱସ୍ତି ଦେବ। ଉଦାହରଣ ସ୍ୱରୂପ, ଯଦି ଆପଣ ରାମ-ରାମ-ରାମ ଜପ କରିଚାଲନ୍ତି, ତେବେ ଏହାର ନିରନ୍ତର ପୁନରାବୃତ୍ତି ଦ୍ୱାରା ଏକ ବିରକ୍ତି, ଏକ ନିଦ୍ରା ବିକଶିତ ହେବା ଆରମ୍ଭ ହୁଏ ଏବଂ ଆପଣଙ୍କ ମନ ଶୋଇପଡ଼େ। ଆପଣ ସେହି ନିଦ୍ରାକୁ ଶାନ୍ତି ବୋଲି ବିଚାର କରିପାରିବେ, ଆପଣ ସେହି ସ୍ଥିରତାକୁ ବିଚାର କରିପାରିବେ। ପ୍ରକୃତରେ ଏହା ଏକ ପ୍ରକାର ବିରକ୍ତି। କିନ୍ତୁ ସେଥିପାଇଁ ଏବେ ଆପଣ କୌଣସି ପ୍ରକାରେ ଆପଣଙ୍କ ଜୀବନକୁ ସହ୍ୟ କରନ୍ତି ଏବଂ ପାଗଳାମି ଭିତରେ ଫୁଟି ରହିବ। ଗୋଟିଏ ଦିନ ଯେତେବେଳେ ପାଗଳାମି ତାର ସୀମା ଅତିକ୍ରମ କରିବ, ତାହା ଫାଟି ପଡ଼ିବ।

ସେଥିପାଇଁ ମୁଁ ଜିଦ୍ ଧରିଛି ଯେ ଆପଣ ପ୍ରଥମେ ଆପଣଙ୍କ ଭିତରେ ଥିବା ବିଭାଜନକୁ ଦୂର କରନ୍ତୁ, ଭିତରରୁ ସମ୍ପୂର୍ଣ୍ଣ ହୁଅନ୍ତୁ। ଯେପର୍ଯ୍ୟନ୍ତ ଆପଣ ସମ୍ପୂର୍ଣ୍ଣ ହୋଇନଥାନ୍ତି, କିଛି କରାଯାଇପାରିବ ନାହିଁ। ତେଣୁ ପ୍ରଥମ କଥା ହେଉଛି ଆପଣଙ୍କର ପାଗଳାମିକୁ ଦୂର କରନ୍ତୁ।

ମୋର ଗତିଶୀଳ ଧ୍ୟାନ ପଦ୍ଧତି ଆପଣଙ୍କ ପାଗଳାମିକୁ ଗ୍ରହଣ କରେ ଏବଂ ଏହାକୁ ମୁକ୍ତି ଦିଏ। ଏହି ପଦ୍ଧତି ମୂଳତଃ ପ୍ରତିକ୍ରିୟା ଏବଂ କ୍ୟାଥାର୍ସିସ୍ ସହିତ ଆରମ୍ଭ ହୁଏ। ଭିତରେ ଯାହା ଲୁଚି ରହିଛି, ତାହାକୁ ବାହାରକୁ ଆଣିବାକୁ ପଡିବ। ଆପଣଙ୍କୁ ଜିନିଷଗୁଡ଼ିକୁ ଦମନ କରିବା ବନ୍ଦ କରିବାକୁ ପଡିବ। ଆପଣଙ୍କର ଭାବନା ପ୍ରକାଶ କରିବା ଆରମ୍ଭ କରନ୍ତୁ। ନିଜକୁ ନିନ୍ଦା କରନ୍ତୁ ନାହିଁ। ଆପଣ ଯେପରି ଅଛନ୍ତି ସେହିପରି ନିଜକୁ ଗ୍ରହଣ କରନ୍ତୁ, କାରଣ ନିନ୍ଦା ବିଭାଜନ ସୃଷ୍ଟି କରେ। ଯେତେବେଳେ ତୁମେ ନିଜକୁ ଗ୍ରହଣ କର, ତୁମେ ଖଣ୍ଡ ଖଣ୍ଡ ହୋଇଯାଅ ନାହିଁ, ତୁମେ ସମ୍ପୂର୍ଣ୍ଣ ହେବାକୁ ଆରମ୍ଭ କର।

ଯେତେବେଳେ ତୁମେ ଭାଙ୍ଗିପଡ଼ ଏବଂ ଭିତରରୁ ବିଚ୍ଛିନ୍ନ ହୋଇଯାଅ, ତୁମର ଶକ୍ତି ନିଜ ସହିତ ଲଢ଼ିବାକୁ ଲାଗିଥାଏ। ତା'ପରେ ତୁମର ଶକ୍ତି କୌଣସି ପରିବର୍ତ୍ତନ ପାଇଁ ବ୍ୟବହାର କରାଯାଇପାରିବ ନାହିଁ। ତେଣୁ ତୁମେ ଯାହା ଅଛ ତାହା ଗ୍ରହଣ କର। ତୁମେ ଏପର୍ଯ୍ୟନ୍ତ ଯାହା ଦମନ କରିଛ, ତାକୁ ମୁକ୍ତ କର। ଏହା ବ୍ୟତୀତ, ଯଦି ତୁମେ ସଚେତନ ଭାବରେ ତୁମର ପାଗଳାମିକୁ ବାହାରକୁ ଛାଡ଼ିଦିଅ, ତେବେ ଗୋଟିଏ ଦିନ ତୁମେ ଏପରି ଏକ ସ୍ଥାନରେ ପହଞ୍ଚିବ ଯେଉଁଠାରେ ଭିତରେ କୌଣସି ପାଗଳାମି ରହିବ ନାହିଁ।

ଯେଉଁମାନେ ସେମାନଙ୍କର ପାଗଳାମିକୁ ଦମନ କରନ୍ତି, ସେମାନେ ଅଧିକରୁ ଅଧିକ ପାଗଳ ହୋଇ ଚାଲିଥାନ୍ତି, ଏବଂ ଯେଉଁମାନେ ଏହାକୁ ପ୍ରକାଶ କରନ୍ତି, ସେମାନେ ଏଥିରୁ ମୁକ୍ତ ହୋଇଯାଆନ୍ତି। ତେଣୁ ଯେପର୍ଯ୍ୟନ୍ତ ତୁମେ ସଚେତନ ଭାବରେ ପାଗଳ ନହୁଅ, ତୁମେ ପାଗଳାମିରୁ ମୁକ୍ତ ହୋଇପାରିବ ନାହିଁ। ଆର.ଡି. ଲାଇଙ୍ଗ କହିଛନ୍ତି, "ନିଜକୁ ପାଗଳ ହେବାର ସୁଯୋଗ ଦିଅ।"

ଯଦି ତୁମେ ପାଗଳ, ତେବେ ଏହା ବିଷୟରେ କିଛି କରିବାକୁ ପଡିବ। ପୁରୁଣା ପରମ୍ପରା କହୁଛି ତୁମର ପାଗଳାମିକୁ ଦମନ କର, ଏହାକୁ ବାହାରକୁ ଆସିବାକୁ ଦିଅ ନାହିଁ, ନଚେତ୍ ପାଗଳାମି ତୁମର ପ୍ରତ୍ୟେକ କାର୍ଯ୍ୟରେ ପ୍ରତିଫଳିତ ହେବା ଆରମ୍ଭ କରିବ। କିନ୍ତୁ ମୁଁ କହୁଛି ତୁମର ପାଗଳାମିକୁ ବାହାରକୁ ଆସିବାକୁ ପୂର୍ଣ୍ଣ ସୁଯୋଗ ଦିଅ, ଏହା ବିଷୟରେ ସଚେତନ ହୁଅ। ଏହା ହେଉଛି ପାଗଳାମିଠାରୁ ଆଗକୁ ଯିବାର ଉପାୟ।

ତୁମର ପାଗଳାମିକୁ ମୁକ୍ତ କର। ଭିତରେ ଏହା ବିଷାକ୍ତ ହୋଇଯିବ। ଏହାକୁ ତୁମର ସିଷ୍ଟମରୁ ସମ୍ପୂର୍ଣ୍ଣ ଭାବରେ ବାହାର କରିଦିଅ। କିନ୍ତୁ ଏହି ପାଗଳାମିକୁ ଦୂର କରିବା, ଏହାକୁ ବାହାର କରିଦେବାର କାମ ଅତ୍ୟନ୍ତ ସଚେତନ ଭାବରେ କରିବାକୁ ପଡିବ, କେବଳ ସେତେବେଳେ ଏହାର କୌଣସି ଫଳାଫଳ ମିଳିବ।

ଆପଣଙ୍କୁ ଦୁଇଟି କାମ କରିବାକୁ ପଡିବ: ଆପଣ ଯାହା କରୁଛନ୍ତି ସେ ବିଷୟରେ ସଚେତନ ରୁହନ୍ତୁ ଏବଂ କିଛି ଦମନ କରନ୍ତୁ ନାହିଁ। ଆମ ମନରେ ସଚେତନ ରହିବାର ଅର୍ଥ ସାଧାରଣତଃ ଦମନ କରିବା। ଏହା ହେଉଛି ସମସ୍ୟା। ଯେଉଁ ମୁହୂର୍ତ୍ତରେ ଆପଣ ଆପଣଙ୍କ ଭିତରେ ଥିବା କିଛି ବିଷୟରେ ସଚେତନ ହୁଅନ୍ତି, ସେହି ମୁହୂର୍ତ୍ତରେ ଆପଣ ଏହାକୁ ଦମନ କରିବା ଆରମ୍ଭ କରନ୍ତି। ତେଣୁ ଆପଣଙ୍କୁ ଏହା ଶିଖିବାକୁ ପଡିବ, ସଚେତନ ରୁହନ୍ତୁ ଏବଂ ଆପଣଙ୍କର ଭାବନାକୁ ଦମନ କରନ୍ତୁ ନାହିଁ।

ଗତିଶୀଳ ଧ୍ୟାନର ପଦ୍ଧତି ଏହାର ଏକ ପ୍ରୟାସ।

ଓଶୋ

ଧ୍ୟାନ: ଆନନ୍ଦର କଳା

୧୩

ବିରକ୍ତି ଦୂର କରିବେ କିପରି?

ତୁମେ ପୂର୍ବରୁ ବହୁତ କିଛି କରିଛ। ତୁମେ ଜୀବନକୁ ବିରକ୍ତିକର କରିଛ - ତୁମର ସଫଳତା କ'ଣ? ଜୀବନ ହେଉଛି ଆନନ୍ଦର ଏକ ନୃତ୍ୟ ଏବଂ ତୁମେ ଏହାକୁ ବିରକ୍ତିକର କରିଛ? ତୁମେ ଏକ ଚମତ୍କାର କରିଛ। ତୁମେ ଆଉ କ'ଣ କରିବାକୁ ଚାହୁଁଛ? ତୁମେ ଏହାଠାରୁ ବଡ଼ କିଛି କରିପାରିବ ନାହିଁ।

ଜୀବନକୁ ଅଣଦେଖା କରିବାର ତୁମର କ୍ଷମତା ଆଶ୍ଚର୍ଯ୍ୟଜନକ। ତୁମେ ନିଶ୍ଚିତ ଭାବରେ ପକ୍ଷୀ, ଗଛ, ଫୁଲ, ଲୋକଙ୍କୁ ଅଣଦେଖା କରୁଛ। ନଚେତ୍ ଜୀବନ ବହୁତ ସୁନ୍ଦର, ଏତେ ସୁନ୍ଦର ଯେ ଯଦି ତୁମେ ଏହାକୁ ଯେପରି ଅଛି ସେହିପରି ଦେଖିବା ଆରମ୍ଭ କର, ତୁମେ କେବେ ହସିବ ନାହିଁ। ଅତି କମରେ ଭିତରୁ ଭିତରୁ ତୁମେ ଖୁସିରେ ଆତ୍ମହରା ହେଉଥିବ।

ଜୀବନ ବିରକ୍ତିକର ନୁହେଁ, କିନ୍ତୁ ମନ ବିରକ୍ତିକର। ଏବଂ ଆମେ ଏତେ ଦୃଢ଼ ମନ ସୃଷ୍ଟି କରିଛୁ, ଆମେ ଆମ ଚାରିପାଖରେ ଚୀନର ଏକ ପ୍ରାଚୀର ନିର୍ମାଣ କରିଛୁ, ଯେ ଏହା ଜୀବନକୁ ଆମ ପାଖକୁ ଆସିବାକୁ ଦିଏ ନାହିଁ। ଏହା ଆମକୁ ଜୀବନରୁ ଭାଙ୍ଗି ଦିଏ।

ଅଧିକାଂଶ ଲୋକ କୌଣସି ପ୍ରକାରର ଆଶ୍ଚର୍ଯ୍ୟକୁ କୌଣସି ସ୍ଥାନରେ ଦେଖିପାରିବେ ନାହିଁ। ଯେତେବେଳେ ପ୍ରତ୍ୟେକ ମୁହୂର୍ତ୍ତରେ ଏଠାରେ ଆଶ୍ଚର୍ଯ୍ୟ ଅଛି, କାରଣ ଜୀବନ କେବେ ସମାନ ନୁହେଁ। ଏହା ନିରନ୍ତର ପରିବର୍ତ୍ତନ ହେଉଛି ଏବଂ ଏତେ ମୋଡ଼ ନେଉଛି ଯେ କେହି ପୂର୍ବାନୁମାନ କରିପାରିବେ ନାହିଁ। ଏତେ ଆଶ୍ଚର୍ଯ୍ୟ ଦ୍ୱାରା ତୁମେ କିପରି ପ୍ରଭାବିତ ହୋଇ ରହିପାରିବ?

ଆମେ ଏକାକୀ, ବନ୍ଦୀ ହୋଇଯାଉ, ଝରକା ବିନା। ଜେଲ କାନ୍ଥ ପଛରେ ରହି ତୁମେ ସକାଳର ସୂର୍ଯ୍ୟ ଦେଖିପାରିବ ନାହିଁ, ତୁମେ ପକ୍ଷୀମାନଙ୍କୁ ଡେଣା ବିସ୍ତାର କରୁଥିବା ଦେଖିପାରିବ ନାହିଁ, ତୁମେ ତାରାମୟ ରାତି ଦେଖିପାରିବ ନାହିଁ।

ଜୀବନକୁ ବିରକ୍ତ କରିବା ପାଇଁ ତୁମକୁ ଧାର୍ମିକ ହେବାକୁ ପଡିବ, ତୁମକୁ ବହୁତ ଶିକ୍ଷିତ ହେବାକୁ ପଡିବ। ତୁମକୁ ଖ୍ରୀଷ୍ଟିଆନିଟି, ହିନ୍ଦୁ ଧର୍ମ, ଇସଲାମ ଜାଣିବାକୁ ପଡିବ। ତୁମକୁ ବେଦ, କୋରାନ, ବାଇବଲରୁ ବହୁତ କିଛି ଶିଖିବାକୁ ପଡିବ। ତୁମକୁ ଜଣେ

ବହୁତ ଜ୍ଞାନୀ ବିଦ୍ୱାନ ହେବାକୁ ପଡିବ। ଜଣେ ବ୍ୟକ୍ତି ଯିଏ ବହୁତ ଜ୍ଞାନୀ, ଜଣେ ବିଦ୍ୱାନ, ନିଜ ଚାରିପାଖରେ ଶବ୍ଦର ଏତେ ଘନ କାନ୍ଥ ନିର୍ମାଣ କରେ - ଅଦରକାରୀ ଶବ୍ଦ, ଖାଲି ଶବ୍ଦ - ଯେ ସେ ଜୀବନକୁ ଦେଖିପାରିବ ନାହିଁ। ବୁଦ୍ଧି ଜୀବନ ପାଇଁ ଏକ ପ୍ରତିବନ୍ଧକ। ଦୁନିଆର ସବୁଠାରୁ ଗରିବ ବ୍ୟକ୍ତି ହେଉଛି ଯିଏ ଅଜ୍ଞତାର ପରଦା ପଛରେ ବାସ କରେ।

ପ୍ରଭାବିତ ନ ହେବାର ଏକମାତ୍ର ଉପାୟ ହେଉଛି ଅତୀତରେ, ତୁମର ଅଭିଜ୍ଞତାରେ, ତୁମର ବୁଦ୍ଧିରେ, ତୁମର ସ୍ମୃତିରେ, ତୁମର ମନ ସହିତ ଲାଗି ରହିବା। ତା'ପରେ ତୁମେ ତାହା ଦେଖିପାରିବ ନାହିଁ; ତୁମେ ବର୍ତ୍ତମାନକୁ ହଜାଇ ଚାଲିବ। ବର୍ତ୍ତମାନକୁ ହଜାଇ ଦିଅ ନାହିଁ, ନଚେତ୍ ତୁମର ମନ ବିରକ୍ତ ଅନୁଭବ କରିବ। ବର୍ତ୍ତମାନରେ ରୁହ ଏବଂ ତୁମେ ଆଶ୍ଚର୍ଯ୍ୟ ହେବ, ତା'ପରେ କୌଣସି ବିରକ୍ତି ରହିବ ନାହିଁ।

ପିଲା ପରି ଚାରିପାଖକୁ ଚାହିଁବା ଆରମ୍ଭ କର। ପୁଣି ଥରେ ପିଲା ହୁଅ। ଧ୍ୟାନ ଅର୍ଥ ହେଉଛି ପୁଣି ଥରେ ପିଲା ହେବା, ନୂଆ ଜନ୍ମ, ପୁଣି ନିର୍ଦ୍ଦୋଷ, ନଜାଣି। ସମୁଦ୍ର କୂଳକୁ ଯାଅ ଏବଂ ଶଙ୍ଖ ଧର। ପୁଣି ପ୍ରଜାପତିଙ୍କ ପଛରେ ଦୌଡ଼, ବାଲି ଦୁର୍ଗ ତିଆରି କର।

ତୁମେ ଜାଣିଥିବା ପରି ବଞ୍ଚିବ ନାହିଁ, ବରଂ ଭାବ ଯେ ତୁମେ କିଛି ଜାଣିନାହଁ। ଯେଉଁ ମୁହୂର୍ତ୍ତରେ ତୁମେ କିଛି ଜାଣିବ, ବିରକ୍ତି ଦୂର ହୋଇଯାଏ। ଜାଣିବା ଏକ ଆଶ୍ଚର୍ଯ୍ୟଜନକ ଅଭିଜ୍ଞତା ଯେ ଆଉ ବିରକ୍ତି ରହିପାରିବ ନାହିଁ... ଚାରିପାଖକୁ ଟିକିଏ ସ୍ପଷ୍ଟ ଭାବରେ ଦେଖ, ଅଧିକ ସ୍ୱଚ୍ଛ ଭାବରେ ଦେଖ... ଏବଂ ଜୀବନ ହାସ୍ୟରେ ପରିପୂର୍ଣ୍ଣ।

ଓଶୋ

ଆହା, ଏହା!

ବିରକ୍ତି ପୁନରାବୃତ୍ତିର ଭାବନାରୁ ଆସେ। କାରଣ ପ୍ରାଣୀମାନେ ଅତୀତକୁ ମନେ ରଖିପାରନ୍ତି ନାହିଁ, ସେମାନେ ବିରକ୍ତ ହୁଅନ୍ତି ନାହିଁ। ସେମାନେ ଅତୀତକୁ ମନେ ରଖିପାରନ୍ତି ନାହିଁ, ତେଣୁ ସେମାନେ ପୁନରାବୃତ୍ତି ଅନୁଭବ କରିପାରିବେ ନାହିଁ। ମହିଷୀ ସମାନ ଆନନ୍ଦରେ ଦିନ ପରେ ଦିନ ସମାନ ଘାସ ଖାଉଛନ୍ତି। ତୁମେ ପାରିବ ନାହିଁ। ତୁମେ ସମାନ ଆନନ୍ଦରେ ସମାନ ଘାସ କିପରି ଖାଇପାରିବ? ତୁମେ କ୍ଲାନ୍ତ ହୋଇଯିବ।

ତେଣୁ ଲୋକମାନେ ପରିବର୍ତ୍ତନ କରିବାକୁ ଚେଷ୍ଟା କରନ୍ତି। ସେମାନେ ନୂଆ ଘରକୁ ଯାଆନ୍ତି, ନୂଆ ଗାଡ଼ି ଆଣନ୍ତି, ପୁରୁଣା ସ୍ୱାମୀକୁ ଛାଡପତ୍ର ଦିଅନ୍ତି, ନୂଆ ପ୍ରେମ ସମ୍ପର୍କ ଖୋଜନ୍ତି, କିନ୍ତୁ ଶୀଘ୍ର କିମ୍ବା ବିଳମ୍ବରେ ତାହା ମଧ୍ୟ ପୁନରାବୃତ୍ତି ହୋଇଯାଏ। ସ୍ଥାନ ପରିବର୍ତ୍ତନ କରିବା, ଲୋକ ବଦଳାଇବା, ସାଥୀ ବଦଳାଇବା, ଘର ବଦଳାଇବା କିଛି

କରିବ ନାହିଁ। ଏହା ସହିତ, ଯେତେବେଳେ ଏକ ସମାଜ ବହୁତ ବିରକ୍ତ ହୁଏ, ଲୋକମାନେ ଗୋଟିଏ ସହରରୁ ଅନ୍ୟ ସହରକୁ, ଗୋଟିଏ ଚାକିରିରୁ ଅନ୍ୟ ଏକ ଚାକିରିକୁ, ଗୋଟିଏ ସ୍ତ୍ରୀରୁ ଅନ୍ୟ ଏକ ସ୍ତ୍ରୀକୁ ଯିବା ଆରମ୍ଭ କରନ୍ତି। କିନ୍ତୁ ଶୀଘ୍ର କିମ୍ବା ବିଳମ୍ବରେ ସେମାନେ ଜାଣିପାରନ୍ତି ଯେ ଏହା ସବୁ ଅର୍ଥହୀନ କାରଣ ସମାନ ଜିନିଷ ବାରମ୍ବାର ଘଟିବ, ପ୍ରତ୍ୟେକ ମହିଳାଙ୍କ ସହିତ, ପ୍ରତ୍ୟେକ ପୁରୁଷ ସହିତ, ପ୍ରତ୍ୟେକ ଘର ସହିତ, ପ୍ରତ୍ୟେକ ଗାଡ଼ି ସହିତ।

ତା'ପରେ କ'ଣ କରିବେ? ଅଧିକ ସଚେତନ ହୁଅ। ଏହା ପରିସ୍ଥିତି ପରିବର୍ତ୍ତନ କରିବାର ବିଷୟ ନୁହେଁ; ନିଜ ଜୀବନକୁ ପରିବର୍ତ୍ତନ କର, ଅଧିକ ସଚେତନ ହୁଅ। ଯଦି ତୁମେ ଅଧିକ ସଚେତନ ହୋଇପାରିବ ତେବେ ତୁମେ ଦେଖିବ ଯେ ପ୍ରତ୍ୟେକ ମୁହୂର୍ତ୍ତ ନୂଆ; କିନ୍ତୁ ଏଥିପାଇଁ ଚେତନାର ଏକ ଦୃଢ଼ ଶକ୍ତି ଆବଶ୍ୟକ।

ତୁମ ସ୍ତ୍ରୀ ସମାନ ନୁହେଁ। ତୁମେ ଭ୍ରମରେ ଅଛ। ଘରକୁ ଫେରି ଯାଅ ଏବଂ ପୁଣି ଥରେ ତୁମ ସ୍ତ୍ରୀକୁ ଦେଖ, ସେ ସମାନ ନୁହେଁ। କେହି ସମାନ ହୋଇପାରିବେ ନାହିଁ। ଏହି ଗଛଗୁଡ଼ିକ ଗତକାଲି ପରି ନୁହେଁ। ସେମାନେ କିପରି ହୋଇପାରିବେ? ସେମାନେ ବଢ଼ିଛନ୍ତି। ଅନେକ ପତ୍ର ଝଡ଼ି ଯାଇଛି, ନୂଆ ପତ୍ର ଆସିଛି। ବାଦାମ ଗଛକୁ ଦେଖ, ଏତେ ନୂଆ ପତ୍ର ଆସିଛି। ପ୍ରତିଦିନ ପୁରୁଣା ପତ୍ର ଝଡ଼ିଯାଏ ଏବଂ ନୂଆ ପତ୍ର ଆସେ। କିନ୍ତୁ ତୁମେ ସମ୍ପୂର୍ଣ୍ଣ ସଚେତନ ନୁହଁ।

ତୁମେ ସଚେତନ ନୁହଁ, ତେବେ ତୁମେ ପୁନରାବୃତ୍ତି କରିପାରିବ ନାହିଁ, କିମ୍ବା ତୁମେ ଏତେ ସଚେତନ ଯେ ପ୍ରତ୍ୟେକ ପୁନରାବୃତ୍ତିରେ ତୁମେ କିଛି ନୂଆ ଦେଖିପାରିବ। ବିରକ୍ତିରୁ ବାହାରିବାର ଏହି ଦୁଇଟି ଉପାୟ।

ଓଶୋ

୧୪

ଚାପ କାହିଁକି? କ୍ଳାନ୍ତି କାହିଁକି?

ଜଣେ ପୁରୁଷ ଯେକୌଣସି କାମ କରିବା ସମୟରେ କ୍ଳାନ୍ତ ଅନୁଭବ କରେ। ସେ ଯାହା ବି କରେ, ସେଥିରେ ସେ କ୍ଳାନ୍ତ ହୋଇଯାଏ। କିନ୍ତୁ ଆପଣ କେବେ ଭାବିଛନ୍ତି କି ଜଣେ କାହିଁକି କ୍ଳାନ୍ତ ଅନୁଭବ କରେ? ଯେକୌଣସି କାମ କରିବା ସମୟରେ ଆପଣ କ୍ଳାନ୍ତ ଅନୁଭବ କରନ୍ତି। କିନ୍ତୁ ହଠାତ୍ ଏପରି ଏକ ଘଟଣା ଘଟେ ଯେ ସମସ୍ତ କ୍ଳାନ୍ତି ଉଭେଇଯାଏ।

ଗତ ୧୫୦ ବର୍ଷ ମଧ୍ୟରେ, କିଛି ମୂଲ୍ୟବାନ ପୁରୁଷଙ୍କ ମଧ୍ୟରୁ ଜଣେ ଥିଲେ ଭିନସେଣ୍ଟ ଭାନ୍ ଗଗ୍, ଜଣେ ଡଚ୍ ଚିତ୍ରକର। ସେ ବହୁତ କୁତ୍ସିତ ଥିଲେ, ତେଣୁ କୌଣସି ମହିଳା ତାଙ୍କ ପ୍ରେମରେ ପଡ଼ିନଥିଲେ। ତାଙ୍କ ଜୀବନ ଏକ କ୍ଳାନ୍ତ, ଏକ ଦୀର୍ଘ ବିରକ୍ତି ଥିଲା। ଭାନ୍ ଗଗ୍ ଲେଖିଛନ୍ତି ଯେ ମୁଁ ସକାଳେ ଉଠିବାର କୌଣସି କାରଣ ଖୋଜି ପାଏ ନାହିଁ, ମୁଁ କାହିଁକି ଉଠିବି? ମୋତେ ଉଠିବାକୁ ପଡିବ, ଏହା ଏକ ବାଧ୍ୟବାଧକତା, ତେଣୁ ମୁଁ ଉଠିପଡ଼େ। ମୁଁ ସନ୍ଧ୍ୟାରେ ଶୋଇବାର କୌଣସି କାରଣ ଖୋଜି ପାଏ ନାହିଁ; କାରଣ କୌଣସି ଭବିଷ୍ୟତ ନାହିଁ। ଭାନ୍ ଗଗ୍ ଚାଲିଲେ ମଧ୍ୟ ତାଙ୍କ ଗୋଡ଼ ଝୁଲିଯିବ। ଯଦି ସେ କାମ କରନ୍ତି, ତେବେ ତାଙ୍କ କାମରେ ଏକ ଦୁଃଖ ରହିବ। ସେ ଯେଉଁ ଦୋକାନରେ କାମ କରନ୍ତି, ଏକ ରଙ୍ଗ ଦୋକାନ, ତାହାର ମାଲିକ ତାଙ୍କୁ କେବେ କୌଣସି ଗ୍ରାହକଙ୍କ ପ୍ରତି ଆଗ୍ରହ ଦେଖାଇବାର ଦେଖିନାହାଁନ୍ତି। ଯେତେବେଳେ ସେ ଜଣେ ଗ୍ରାହକଙ୍କୁ ଆସୁଥିବାର ଦେଖନ୍ତି, ସେ ଅନୁଭବ କରନ୍ତି ଯେ କିଛି ଅସୁବିଧା ଆସୁଛି। ସେ ଉଠିପଡ଼ନ୍ତି, ଚିତ୍ର ମଧ୍ୟ ଦେଖାନ୍ତି, କିନ୍ତୁ ଯେପରି କିଛି ସ୍ୱୟଂଚାଳିତ, କୌଣସି ମେସିନ୍ ସବୁକିଛି କରୁଛି।

କିନ୍ତୁ ଗୋଟିଏ ଦିନ ତାଙ୍କ ମାଲିକ ଦେଖିଲେ ଯେ ଭାନ୍ ଗଗ୍ ସିଡ଼ି ଚଢ଼ି ଗୀତ ଗୁଣୁଗୁଣୁ ହେଉଛନ୍ତି। ଏହା ପ୍ରଥମ ଥର ଥିଲା ଯେତେବେଳେ କେହି ତାଙ୍କୁ ଗୀତ ଗୁଣୁଗୁଣୁ କରୁଥିବାର ଦେଖିଲେ। ଯେତେବେଳେ ସେ ପାଖକୁ ଆସିଲେ, ମାଲିକ ଦେଖିଲେ ଯେ ସେ କେବଳ ଗୀତ ଗୁଣୁଗୁଣୁ କରୁନଥିଲେ, ଆଜି ଏହା ପ୍ରକାଶ ପାଇଲା

ଯେ ସେ ମଧ୍ୟ ଗାଧୋଇଛନ୍ତି। ସେ ପ୍ରତିଦିନ ଗାଧୋଉଥିଲେ, କିନ୍ତୁ ସେ କେବଳ ପାଣି ଢାଳି ଦେଉଥିଲେ। ପାଣି ଢାଳିବା ଏବଂ ଗାଧୋଇବା ମଧ୍ୟରେ ଏକ ବଡ଼ ପାର୍ଥକ୍ୟ ଅଛି। ଯେତେବେଳେ କେହି ନିଜ ପାଇଁ ପାଣି ଢାଳିଥାଏ, ସେତେବେଳେ ପାଣି ଢାଳିବାକୁ ପଡ଼ିଥାଏ। ଏବଂ ଯେତେବେଳେ ସେ ଅନ୍ୟ କାହା ପାଇଁ ଢାଳିଥାଏ, ସେତେବେଳେ ଏହା ଏକ ସ୍ନାନ ଏବଂ ଉଭୟ ମଧ୍ୟରେ ଏକ ମୌଳିକ ପାର୍ଥକ୍ୟ ଅଛି। ତାଙ୍କ ପୋଷାକ ସମାନ ଥିଲା, କିନ୍ତୁ ଆଜି ସେମାନଙ୍କର ଶୈଳୀ ବଦଳି ଯାଇଥିଲା। ପୁରୁଷ ସମାନ ଥିଲା, କିନ୍ତୁ ତାଙ୍କର ଚାଲିଚଳଣ ବଦଳି ଯାଇଥିଲା। ତାଙ୍କ ମାଲିକ ପଚାରିଲେ, ଭାନ୍ ଗଗ୍, କଣ ହୋଇଛି? ଭାନ୍ ଗଗ୍ କହିଥିଲେ ଯେ ଆଜି ମୋ ଜୀବନରେ ଜଣେ ମହିଳା ଆସିଛନ୍ତି - ପ୍ରେମର ଏକ ଘଟଣା।

ସେଦିନ ସେ ଗ୍ରାହକମାନଙ୍କ ପ୍ରତି ଅଧିକ ଆଗ୍ରହୀ। ସେଦିନ ସେ ଗ୍ରାହକମାନଙ୍କୁ ଆସୁଥିବାର ଦେଖି ଖୁସି ହୁଅନ୍ତି। ସେହିଦିନ ତାଙ୍କ କାମରେ ଏକ ପାର୍ଥକ୍ୟ ଦେଖାଯାଏ। ଯେପରି ଜୀବନର କିଛି ଅର୍ଥ ଆସିଯାଇଛି।

ଭାନ୍ ଗଗ୍ ସେହିଦିନ ତାଙ୍କ ଡାଏରୀରେ ଲେଖିଛନ୍ତି ଯେ ପ୍ରଥମ ଥର ପାଇଁ ଏପରି ଏକ ଦିନ ବିତିଗଲା ଯେଉଁଥିରେ ମୁଁ କ୍ଳାନ୍ତ ନଥିଲି, ନଚେତ୍ ମୁଁ ସକାଳେ କ୍ଳାନ୍ତ ହୋଇ ଉଠିଥାଏ ଏବଂ ସନ୍ଧ୍ୟାରେ କ୍ଳାନ୍ତ ହୋଇ ଶୋଇଥାଏ। ସେଦିନ ମୁଁ ସନ୍ଧ୍ୟାରେ ମଧ୍ୟ ସତେଜ ଥିଲି, ମୁଁ କ୍ଳାନ୍ତ ନଥିଲି। ଏବଂ ଅନ୍ୟ ଦିନଗୁଡ଼ିକ ଅପେକ୍ଷା ମୋର ଅଧିକ କାମ ଥିଲା।

ଏହା କ'ଣ ପାର୍ଥକ୍ୟ ସୃଷ୍ଟି କଲା? ଗତକାଲି ପର୍ଯ୍ୟନ୍ତ ଯେଉଁ ଚାପ ଥିଲା, ଆଜି ତାହା ନାହିଁ। ଯେଉଁ କାମ ଚାପପୂର୍ଣ୍ଣ, ତାହା ଆପଣଙ୍କୁ କ୍ଳାନ୍ତ କରିବ ଏବଂ ଯେଉଁ କାମ ଚାପମୁକ୍ତ, ଯାହା ସହଜ, ତାହା ଆପଣଙ୍କୁ ଆହୁରି ସତେଜ କରିବ। କାମ ଆପଣଙ୍କୁ କ୍ଳାନ୍ତ କରେ ନାହିଁ କିମ୍ବା ସତେଜ କରେ ନାହିଁ। ଏହା ସବୁ ବ୍ୟକ୍ତି ଉପରେ ନିର୍ଭର କରେ।

ଆମେ ଆମର ସମଗ୍ର ଜୀବନକୁ ଏକ ଚାକିରି କରିଦେଉ

ଆମେ ଆମର ସମଗ୍ର ଜୀବନକୁ ଏକ ଚାକିରି, ଏକ ଚାପ କରିଦେଉ। ମୁଁ ଶୁଣିଛି ଲୋକମାନେ ମୋ ପାଖକୁ ଆସି କୁହନ୍ତି ଯେ ତାଙ୍କ ବାପା ଅସୁସ୍ଥ ଅଛନ୍ତି, ସେମାନେ ତାଙ୍କର ସେବା କରୁଛନ୍ତି, ଏହା ଏକ କର୍ତ୍ତବ୍ୟ, ଏହା ଏକ କର୍ତ୍ତବ୍ୟ। ଏହା ଜଣେ ପୋଲିସର କର୍ତ୍ତବ୍ୟ, ଏହା ଏକ ଚାକରର କର୍ତ୍ତବ୍ୟ। ଏହା ଏକ ପୁଅର କର୍ତ୍ତବ୍ୟ ନୁହେଁ। କର୍ତ୍ତବ୍ୟର ଅର୍ଥ ହେଉଛି ଯେ ଜଣେ ଏହା କରିବା ଉଚିତ, ସେଥିପାଇଁ ଜଣେ ଏହା

କରୁଛି। କିନ୍ତୁ ଯଦି ଜଣେ ନିଜ ପିତାଙ୍କ ସେବା କରିବା ଏକ କର୍ତ୍ତବ୍ୟ, ତେବେ ସେବା ପଥର ପରି ଛାତିରେ ପଡ଼ିବ। ଏବଂ ଯଦି ଏହି ଭାବନା ମନର କୌଣସି କୋଣରେ ଆସିବାକୁ ଆରମ୍ଭ କରେ, ତେବେ ବୁଝି ପାରିବେ ନାହିଁ ଯେ ଏହି ଭାବନା କେଉଁଠାରୁ ଆସୁଛି ଯେ ଏହି ପିତାଙ୍କ ମୃତ୍ୟୁ ହେବା ଭଲ ହେବ। ଯଦିଓ ଆପଣ କହିବେ ଯେ ଏହି ଖରାପ ଚିନ୍ତାଧାରା କେଉଁଠାରୁ ଆସୁଛି, ଏହା ଆସିବା ଉଚିତ୍ ନୁହେଁ। ଆପଣ ଏହାକୁ ପ୍ରକାଶ ମଧ୍ୟ କରିବେ ନାହିଁ। କିନ୍ତୁ ଯେଉଁଦିନ ଆପଣ ସେବାକୁ ଏକ କର୍ତ୍ତବ୍ୟ ବୋଲି ବିଚାର କରିଛନ୍ତି, ସେହିଦିନ ଆପଣ ଏହି ଚିନ୍ତାଧାରାର ବୀଜ ବୁଣି ଦେଇଛନ୍ତି, ଅନ୍ୟ କେହି ଏହାକୁ ଆପଣଙ୍କ ଭିତରେ ଆଣୁଛନ୍ତି ନାହିଁ କାରଣ ଯେଉଁଠାରେ କର୍ତ୍ତବ୍ୟ ଅଛି, ସେଠାରେ ଏହାକୁ ଦୂର କରିବାର ଇଚ୍ଛା ରହିବ।

ଯଦି ତୁମ ବାପାଙ୍କ ସେବା କରିବା କର୍ତ୍ତବ୍ୟ ନୁହେଁ, ତେବେ ଏହା ଏକ ବୋଝ ହେବ ନାହିଁ ଏବଂ ସତ୍ୟ ହେଉଛି ଯେ ତୁମ ବାପାଙ୍କ ସେବା କରିବା ସମୟରେ, ପ୍ରଥମ ଥର ପାଇଁ ସେହି ଫୁଲ ତୁମ ଜୀବନରେ ଫୁଟିବ, ଯାହାର ଅର୍ଥ ହେଉଛି ପୁଅ ହେବା। ନଚେତ୍ ସେହି ଫୁଲ କେବେ ଫୁଟିବ ନାହିଁ। ତୁମର ବାପା ତୁମକୁ ଜନ୍ମ ଦେଇ ତୁମର ପିତା ହୁଅନ୍ତି ନାହିଁ ଏବଂ ତୁମେ ଅନ୍ୟ କାହାଠାରୁ ଜନ୍ମ ନେଇ ପୁଅ ହୁଅ ନାହିଁ। ତୁମେ ସେହି ଦିନ ପୁଅ ହୁଅ ଯେଉଁଦିନ ତୁମର ପିତାଙ୍କ ସେବା ତୁମକୁ ଆନନ୍ଦ ଦିଏ। ବିପରୀତରେ, ତୁମେ ସେହି ଦିନ ବାପା ହୁଅ ଯେଉଁଦିନ ତୁମର ପୁଅ ପ୍ରତି ତୁମର ପ୍ରେମ ତୁମକୁ ଆନନ୍ଦ ଦିଏ, କାମ ଏବଂ କର୍ତ୍ତବ୍ୟ ନୁହେଁ।

ଜୀବନରେ ଯାହା ସର୍ବୋତ୍ତମ, ତାହା ସ୍ୱାଭାବିକ ଭାବରେ ଫୁଟିଥାଏ। ଏବଂ ଜୀବନର ସମସ୍ତ ଅଳିଆ ଚାପରୁ ଜନ୍ମ ହୁଏ। ଆମର ସମଗ୍ର ଜୀବନ ଏକ ଲମ୍ବା ଯାତ୍ରା, ଗୋଟିଏ ଚାପରୁ ଅନ୍ୟ ଚାପକୁ। ଆମେ ସମସ୍ତେ ଆମ ପାଦର ଆଙ୍ଗୁଠିରେ ଠିଆ ହୋଇଥାଉ।

ତୁମେ କେବେ କେବେ ନିଜ ପାଦର ଆଙ୍ଗୁଠିରେ ଠିଆ ହେବାକୁ ଚେଷ୍ଟା କରିବା ଉଚିତ। ଯଦିଓ ଜୀବନରେ ସମସ୍ତେ ନିଜ ପାଦର ଆଙ୍ଗୁଠିରେ ଠିଆ ହୁଅନ୍ତି, କିନ୍ତୁ କେବେ କେବେ ଏହିପରି ଛିଡ଼ା ହେବାକୁ ଚେଷ୍ଟା କର। ତୁମେ ଶୀଘ୍ର କ୍ଲାନ୍ତ ହୋଇଯିବ। ତୁମେ ଯେତେ ଦୃଢ଼ ଭାବରେ ନିଜ ପାଦର ଆଙ୍ଗୁଠିରେ ଠିଆ ହୁଅ, ତୁମେ ଭିତରେ ଥରି ଉଠିବ, ଏବଂ ପ୍ରତି ମୁହୂର୍ତ୍ତରେ ଠିଆ ହେବା ଏକ ପ୍ରୟାସ ହେବ।

କିନ୍ତୁ ଆମେ ସମସ୍ତେ ନିଜ ପାଦର ଆଙ୍ଗୁଠି ଉପରେ ଠିଆ ହେଉ। ଆମର ଛିଡ଼ା ସ୍ୱାଭାବିକ ନୁହେଁ। ଜଣେ ପୁରୁଷ କାହିଁକି ନିଜ ପାଦର ଆଙ୍ଗୁଠି ଉପରେ ଠିଆ ହୁଏ? ସେ

ଉଚ୍ଚ ଦେଖାଯିବାକୁ ଚାହେଁ, ସେ ବଡ଼ ଦେଖାଯିବାକୁ ଚାହେଁ; ସେ ଅନ୍ୟମାନଙ୍କ ଦୃଷ୍ଟିରେ ଦେଖାଯିବାକୁ ଚାହେଁ। ଅନ୍ୟମାନଙ୍କ ଆଖି ବହୁତ ମୂଲ୍ୟବାନ; ତାଙ୍କର ସ୍ୱାଭାବିକତା ଗ୍ରହଣ କରାଯାଏ ନାହିଁ। ସେ ଉଚ୍ଚ ହେବାକୁ ଚାହେଁ।

ପଶ୍ଚିମ ଦେଶରେ, ମହିଳାମାନେ ପୁରୁଷମାନଙ୍କ ସହିତ ପ୍ରତିଯୋଗିତା କରିବା ପାଇଁ ଉଚ୍ଚ ହିଲ୍ ଜୋତା ଉଦ୍ଭାବନ କରିଛନ୍ତି। ପୁରୁଷମାନେ ଟିକେ ଉଚ୍ଚ। ସେହି ଉଚ୍ଚ ହିଲ୍ ଜୋତାରେ ଚାଲିବା ସୁଖଦ ନୁହେଁ; କାରଣ ଏହା ପ୍ରକୃତି ବିରୁଦ୍ଧରେ ସମ୍ପୂର୍ଣ୍ଣ। ପ୍ରକୃତରେ, ଉଚ୍ଚ ହିଲ୍ ଜୋତା ପିନ୍ଧିବା ଅର୍ଥ ହେଉଛି ଯେ ଆପଣ ଆପଣଙ୍କ ପାଦର ଆଙ୍ଗୁଠି ଉପରେ ଠିଆ ହେବାକୁ ଚାହାଁନ୍ତି, ଆପଣଙ୍କୁ ସମର୍ଥନ ଆବଶ୍ୟକ, ତେଣୁ ଆପଣ ଉଚ୍ଚ ହିଲ୍ ର ସମର୍ଥନ ପାଆନ୍ତି। ଜଣେ ମହିଳାଙ୍କର ପୁରୁଷ ପରି ଉଚ୍ଚ ହେବାକୁ ଇଚ୍ଛା ଥାଏ; କୌଣସି ଗ୍ରହଣୀୟତା ନାହିଁ। ଅନ୍ୟମାନଙ୍କ ସହିତ କିଛି ତୁଳନା ଅଛି, ଏବଂ ଅନ୍ୟମାନଙ୍କ ସହିତ ତୁଳନା କରିବାର ଭାବନା ଅଛି। ତା' ପରେ ଏହା ତାଙ୍କ ଜୀବନ ସାରା ବ୍ୟାପିଯିବ। ଏହା ଦୃଷ୍ଟିର ଆଉ ଏକ ଅଧା। ପ୍ରାୟ ତିନିଶହ ବର୍ଷ ପୂର୍ବେ ପାଶ୍ଚାତ୍ୟର ମହିଳାମାନେ ଉଚ୍ଚ ହିଲ୍ ଜୋତା ଆବିଷ୍କାର କରିଥିବା ଦିନ, ଏହା କୁହାଯାଇପାରିଥାନ୍ତା ଯେ ଆଜି ନୁହେଁ, କାଲି, ଆଜି ପାଶ୍ଚାତ୍ୟର ମହିଳାମାନେ ଯାହା କରୁଛନ୍ତି, ତାହା ସେହି ଉଚ୍ଚ ହିଲ୍ ଜୋତା ଦ୍ୱାରା ନିର୍ଣ୍ଣୟ କରାଯାଇଥିଲା। ଭିତରେ ଏକ ଭାବନା ଅଛି। କିନ୍ତୁ ଉଚ୍ଚ ହିଲ୍ ଜୋତାରେ ଠିଆ ହେବା ସୁଖଦ ହୋଇପାରିବ ନାହିଁ। ଠିଆ ହେବା ମଧ୍ୟ ଯନ୍ତ୍ରଣାରେ ପରିଣତ ହେବ। ଚାଲିବା ଏକ ଆନନ୍ଦଦାୟକ ହୋଇପାରେ। ଚାଲିବା ଆନନ୍ଦଦାୟକ। କିନ୍ତୁ ଯେଉଁମାନେ ନିଜ ଆଙ୍ଗୁଠିରେ ଠିଆ ହେବାର ଅଭ୍ୟାସ କରିସାରିଛନ୍ତି, ସେମାନେ ପୁଣି ଚାଲିପାରିବେ ନାହିଁ। ସମଗ୍ର ଶରୀରକୁ ଟାଣିବାକୁ ପଡିବ। ଲାଓ ତ୍ସୁ କୁହନ୍ତି ଯେ ଯିଏ ନିଜ ଆଙ୍ଗୁଠିରେ ଠିଆ ହୁଏ ସେ ଦୃଢ଼ ଭାବରେ ଠିଆ ହୋଇପାରିବ ନାହିଁ। ସେ ଥରି ରହିବେ କାରଣ ସେ ନେଇଥିବା ସମସ୍ତ ସମର୍ଥନ ସବୁ ମିଥ୍ୟା ଏବଂ କୃତ୍ରିମ। ତାଙ୍କ ପାଦ ଲମ୍ବା ନୁହେଁ, ଏହା ଜୋତାର ଗୋଇଠି। ସେ ଯେଉଁ ସମର୍ଥନ ଉପରେ ଉଚ୍ଚ ହୋଇଛନ୍ତି ତାହା ସବୁ ମିଥ୍ୟା।

ଜଣେ ରାଜନେତା ତାଙ୍କ ଚେୟାରରେ ଉଚ୍ଚ ହୋଇଛନ୍ତି, ସେହି ଚେୟାର ମଧ୍ୟ ସମାନ ମିଥ୍ୟା। ସେଥିପାଇଁ ଜଣେ ରାଜନେତା କେବେବି ତାଙ୍କ ଚେୟାରରେ ଶାନ୍ତିରେ ବସିପାରିବେ ନାହିଁ। ଚେୟାରରେ ରହିବା ଏବଂ ଶାନ୍ତିରେ ରହିବା ବହୁତ କଷ୍ଟକର। ଅନ୍ୟମାନଙ୍କଠାରୁ ଉପରକୁ ଦେଖାଯିବାର ଏହି ପ୍ରୟାସ, ଏହି ପ୍ରୟାସ ଜଣଙ୍କୁ ଶାନ୍ତିରେ ଚୌକିରେ ବସିବାକୁ ଦିଏ ନାହିଁ। ସେଥିପାଇଁ ଯଦି ସମ୍ରାଟମାନଙ୍କ ରାତି ଯନ୍ତ୍ରଣାଦାୟକ

ହୋଇଥାଏ, ଏବଂ ଯଦି ସମ୍ରାଟମାନେ ସେମାନଙ୍କ ମନରେ କେତେବେଳେ ଭିକାରୀମାନଙ୍କୁ ଈର୍ଷା କରିଥାଆନ୍ତି, ତେବେ ଏହାର ଏକ କାରଣ ଅଛି।

ଯଦି ଜଣେ ବ୍ୟକ୍ତି ଧନ ଜମା କରି ରଖିଛନ୍ତି ଏବଂ ତା' ଉପରେ ରହିବାକୁ ଚେଷ୍ଟା କରୁଛନ୍ତି, ତେବେ ଏହି ଗଦା, ସେ ଯେତେ ଭାବନ୍ତି ଯେ ସେ ଗଦା ଉପରେ ଠିଆ ହୋଇଛି, ସେ ବୁଝିପାରନ୍ତି କି ନାହିଁ, ସେ ଜାଣନ୍ତି ନାହିଁ ଯେ ବାସ୍ତବରେ ଏହି ଗଦା ତାଙ୍କ ମୁଣ୍ଡ ଉପରେ ବସିବ। ସେ ଚୂର୍ଣ୍ଣ ହୋଇଯିବେ। ସେ ଏହି ଗଦା ଉପରେ ଉଠିବେ ନାହିଁ।

ଲାଓ ଜୁ କୁହନ୍ତି, ଯଦି ଆପଣ ଦୃଢ଼ ଭାବରେ ଠିଆ ହେବାକୁ ଚାହାଁନ୍ତି, ତେବେ ଆପଣଙ୍କୁ ଏପରି ଭାବରେ ଠିଆ ହେବା ଉଚିତ ଯେ ଠିଆ ହେବାରେ କୌଣସି ଚାପ ନପଡ଼େ। ଆପଣ ଆପଣଙ୍କ ପାଦର ଆଙ୍ଗୁଠି ଉପରେ ଠିଆ ହୋଇପାରିବେ ନାହିଁ। ଏବଂ ଯେତେବେଳେ ଆପଣ ଆପଣଙ୍କ ପାଦର ଆଙ୍ଗୁଠି ଉପରେ ଠିଆ ହୁଅନ୍ତି, ସେତେବେଳେ ଆପଣ ଅନୁଭବ କରନ୍ତି ଯେ ଆପଣ ଠିଆ ହୋଇଛନ୍ତି। ଯେତେବେଳେ ଆପଣ ଆପଣଙ୍କ ସମ୍ପୂର୍ଣ୍ଣ ପାଦରେ ଠିଆ ହୁଅନ୍ତି, ଆପଣ ଜାଣିପାରନ୍ତି ନାହିଁ ଯେ ଆପଣ ଠିଆ ହୋଇଛନ୍ତି, କିନ୍ତୁ ଆମେ ସନ୍ତୁଳନ ରଖିବାର ଅଭ୍ୟାସରେ ନାହୁଁ।

ସନ୍ତୁଳିତ ହେବା ପାଇଁ ଏକ ଧ୍ୟାନ ଅଭ୍ୟାସ

ସେଥିପାଇଁ ଲାଓ ଜୁଙ୍କ ପରମ୍ପରାରେ ଏକ ପ୍ରକ୍ରିୟା ଅଛି। ଲାଓ ଜୁ ତାଙ୍କ ଶିଷ୍ୟମାନଙ୍କୁ ଠିଆ ହେବାକୁ କହୁଥିଲେ, ତା'ପରେ ସେମାନଙ୍କର ଆଖି ବନ୍ଦ କରନ୍ତୁ, ତା'ପରେ ସେମାନେ ଗୋଡର କୌଣସି ଅଂଶ ଉପରେ ଚାପ ଦେଉଛନ୍ତି କି ନାହିଁ ତାହା ଉପରେ ଧ୍ୟାନ ଦିଅନ୍ତୁ। ଉଭୟ ଗୋଡରେ ସମାନ ଭାବରେ ସନ୍ତୁଳନ ବଣ୍ଟନ କରନ୍ତୁ। କିନ୍ତୁ ଆମେ ଜାଣିପାରିବୁ ନାହିଁ। ତେଣୁ ଜାଣିବା ପାଇଁ, ଲାଓ ଜୁ କହୁଥିଲେ, ଠିଆ ହୁଅନ୍ତୁ, ତା'ପରେ ଗୋଟିଏ ଗୋଡରେ ଚାପ ଦିଅନ୍ତୁ; ବାମ ଗୋଡରେ ପୂର୍ଣ୍ଣ ଚାପ ଦିଅନ୍ତୁ; କେବଳ ବାମ ପାର୍ଶ୍ୱରେ ଠିଆ ହୁଅନ୍ତୁ, ଏହାକୁ ଭିତରକୁ ଘୁଞ୍ଚାନ୍ତୁ। ତା'ପରେ ଆପଣ ଜାଣିପାରିବେ ଯେ ଡାହାଣ ଗୋଡ ଅକ୍ଷମ ହୋଇଯାଇଛି, ଏଥିରେ କୌଣସି ଜୀବନ ନାହିଁ। ତା'ପରେ ଡାହାଣ ଗୋଡରୁ ସମସ୍ତ ଚାପ ହଟାନ୍ତୁ, ତା'ପରେ ଆପଣ ଦେଖିବେ ଯେ ବାମ ଗୋଡ ରିକ୍ତ ଏବଂ ଖାଲି ହୋଇଯାଇଛି। ତା'ପରେ ଉଭୟ ଉପରେ ଚାପ ସମାନ ଭାବରେ ବାଣ୍ଟନ୍ତୁ।

ଲାଓ ଜୁ କହୁଥିଲେ, ଯେଉଁଦିନ ଆପଣଙ୍କର ସନ୍ତୁଳନ ସମ୍ପୂର୍ଣ୍ଣ ସମାନ ହୋଇଯିବ, ଆପଣ ଜାଣିପାରିବେ ନାହିଁ ଯେ କେଉଁ ଗୋଡ ବାମ ଏବଂ କେଉଁଟି ଡାହାଣ, ଏବଂ

ଯେଉଁଦିନ ସନ୍ତୁଳନ ସମାନ ହୋଇଯିବ, ସେହିଦିନ ଆପଣ କେତେ ସମୟ ଠିଆ ହେଲେ ମଧ୍ୟ, ଆପଣ କ୍ଳାନ୍ତ ହେବେ ନାହିଁ। ଏହା କେବଳ ପାଦ ପାଇଁ ସତ୍ୟ ନୁହେଁ, ଏହା ସମଗ୍ର ଶରୀର ପାଇଁ ସତ୍ୟ। ଯଦି ଆମର ଜୀବନଶକ୍ତି ସମଗ୍ର ଶରୀରରେ ସମାନ ଭାବରେ ବଣ୍ଟନ କରାଯାଏ, ତେବେ ଆମେ ଯେପରି କ୍ଳାନ୍ତ ଏବଂ ଅଶାନ୍ତ ହେବା ପାଇଁ କୌଣସି କାରଣ ରହିବ ନାହିଁ। କେତେକ ସମୟରେ ଲୋକଙ୍କୁ ଦେଖନ୍ତୁ। ନିଜକୁ ଦେଖିବା କଷ୍ଟକର, କିନ୍ତୁ ଅନ୍ୟମାନଙ୍କୁ ଦେଖିଲେ ଏହା ସହଜ ହେବ। ପରୀକ୍ଷା ହଲ୍ କୁ ଯାଆନ୍ତୁ ଏବଂ ଛାତ୍ରମାନଙ୍କୁ ଲେଖା ଦେଖ। ଆପଣ ଆଶ୍ଚର୍ଯ୍ୟ ହେବେ ଯେ ସେମାନେ ହାତରେ ଲେଖନ୍ତି, କିନ୍ତୁ ସେମାନଙ୍କ ପାଦ ମଧ୍ୟ ଟାଣ ଅଛି, ପାଦ ଏବଂ ଲେଖା ମଧ୍ୟରେ କୌଣସି ସମ୍ପର୍କ ନାହିଁ। ଯଦି ଜଣେ ଦକ୍ଷ ଲେଖକ, ତେବେ ହାତରେ ଯେତିକି ବଳ ପ୍ରୟୋଗ କରିବାକୁ ପଡିବ ତାହା ଆଙ୍ଗୁଠିଗୁଡ଼ିକ କଲମ ଧରିଥିବା ବଳ ସହିତ ସମାନ, ତା'ଠାରୁ ଅଧିକ ଆବଶ୍ୟକ ନୁହେଁ। କିନ୍ତୁ ସମଗ୍ର ଶରୀର ଟାଣ ହୋଇଯାଏ, ମୁଣ୍ଡରୁ ପାଦ ପର୍ଯ୍ୟନ୍ତ ପ୍ରତ୍ୟେକ ସ୍ନାୟୁ ଟାଣ ହୋଇଯାଏ।

ସାଇକେଲ ଚଲାଉଥିବା ଜଣେ ବ୍ୟକ୍ତିଙ୍କୁ ଦେଖନ୍ତୁ। କେବଳ ତାଙ୍କ ପାଦର ଆଙ୍ଗୁଠିଗୁଡ଼ିକ ସାଇକେଲ ଚଲାଇବା ପାଇଁ ଯଥେଷ୍ଟ, କିନ୍ତୁ ତାଙ୍କର ସମଗ୍ର ଶରୀର ନିୟୋଜିତ, ସମଗ୍ର ଶରୀରର ଏହି ନିୟୋଜିତତା ଅନାବଶ୍ୟକ କ୍ଳାନ୍ତି ଏବଂ ଯଦି ଏହା ଏକ ଅଭ୍ୟାସରେ ପରିଣତ ହୁଏ, ତେବେ ଆମର ସମଗ୍ର ଜୀବନ ଅନାବଶ୍ୟକ ଚାପ ମଧ୍ୟରେ ଭାଙ୍ଗିଯାଏ।

ମାଥ୍ୟୁ ଆଲେକଜାଣ୍ଡରଙ୍କ ଆଚରଣ ଚିକିତ୍ସା

ଇଂଲଣ୍ଡରେ ମାଥ୍ୟୁ ଆଲେକଜାଣ୍ଡର ନାମକ ଜଣେ ମହାନ ଶିକ୍ଷକ ଥିଲେ। ସେହି ଶିକ୍ଷକ କେବଳ ଲୋକଙ୍କୁ ଚାଲିବା ଶିଖାଇବାରେ ଆଗ୍ରହୀ ଥିଲେ ଏବଂ ଆପଣ ଜାଣି ଆଶ୍ଚର୍ଯ୍ୟ ହେବେ ଯେ ଆଲେକଜାଣ୍ଡର ହଜାର ହଜାର ଲୋକଙ୍କୁ କେବଳ ଠିକ୍ ଭାବରେ ଠିଆ ହେବା, ଠିକ୍ ଭାବରେ ଶୋଇବା, ଠିକ୍ ଭାବରେ ବସିବା ଶିଖାଇ ସେମାନଙ୍କର ହଜାର ହଜାର ରୋଗ ସୁସ୍ଥ କରିଥିଲେ। ସେ କେବଳ ମାନବ କାର୍ଯ୍ୟକଳାପର ଶିକ୍ଷକ ଥିଲେ କିନ୍ତୁ ସେ ଜଣେ ଡାକ୍ତର ବୋଲି ପ୍ରମାଣିତ ହୋଇଥିଲେ। ଆଲେକଜାଣ୍ଡର ତାଙ୍କ ସ୍ମୃତିରେ ଲେଖିଛନ୍ତି ଯେ ଏପର୍ଯ୍ୟନ୍ତ ମୁଁ ତାଙ୍କ ଶରୀରର ଭଲ ଭାବରେ ଚିକିତ୍ସା କରୁଥିବା ଜଣେ ବି ବ୍ୟକ୍ତି ପାଇନାହିଁ। କିନ୍ତୁ ତାଙ୍କୁ ଏହା ବିଷୟରେ କୌଣସି ଧାରଣା ନାହିଁ।

ଆଲେକଜାଣ୍ଡର ଲାଓ ଜୁଙ୍କୁ ମନେ ପକାଇଛନ୍ତି ଏବଂ ସେ କହିଛନ୍ତି ଯେ ଏହି ବ୍ୟକ୍ତି ଗୁପ୍ତ କଥା ଜାଣିଥିଲେ। ସେ କୁହନ୍ତି ଯେ ଯଦି କେହି ନିଜ ପାଦର ଆଙ୍ଗୁଠିରେ ଠିଆ ହୁଏ

ତେବେ ସେ ଦୃଢ଼ ଭାବରେ ଠିଆ ହୋଇପାରିବେ ନାହିଁ। ତାଙ୍କର ସମଗ୍ର ଜୀବନ ଏକ ଦୁର୍ବଳତାରେ ପରିଣତ ହୋଇଯିବ। ଭୟର ଏକ କମ୍ପନ ତାଙ୍କ ସମଗ୍ର ଜୀବନରେ ପ୍ରବେଶ କରିବ। ସେ ଯାହା ବି କରନ୍ତୁ, ସେ ଥରିବେ, ଭୟଭୀତ ହେବେ, ନର୍ଭସ ହେବେ। ଏବଂ ଏହାର କାରଣ କ'ଣ? ଏହାର କାରଣ ଏହା ନୁହେଁ ଯେ ସେ ଦୁର୍ବଳ। ଏହାର କାରଣ ହେଉଛି ସେ ଅନ୍ୟମାନଙ୍କ ସମ୍ମୁଖରେ ଶକ୍ତିଶାଳୀ ଦେଖାଯିବା ପାଇଁ ଏକ ନିରର୍ଥକ ପ୍ରୟାସ କରୁଛନ୍ତି। ଯେତେବେଳେ ଆପଣ ଅନୁଭବ କରନ୍ତି ଯେ ଆପଣଙ୍କ ଭିତରେ ଭୟ ସୃଷ୍ଟି ହେଉଛି ଯେ ମୁଁ ବୁଦ୍ଧିହୀନ କି ନାହିଁ, ତେବେ ଆପଣ ବୁଝିବା ଉଚିତ ଯେ ଆପଣ ଆପଣଙ୍କ ପାଦର ଆଙ୍ଗୁଠିରେ ଠିଆ ହେଉଛନ୍ତି ଏବଂ ଲୋକମାନଙ୍କୁ ଦେଖାଉଛନ୍ତି ଯେ ଆପଣ ବୁଦ୍ଧିମାନ। ଜୀବନ ବହୁତ ବିପରୀତ।

ପ୍ରୟାସରେ ଚାପ ଅଛି

ଆମେରିକାର ଜଣେ ମନସ୍ତତ୍ତ୍ୱବିତ୍ ଆବ୍ରାହମ୍ ମାସଲୋ ଅଛନ୍ତି। ତାଙ୍କ ପାଖକୁ ଜଣେ ରୋଗୀ ଆସିଛନ୍ତି। ସେ ଏକ ବହୁତ ବଡ଼ ବ୍ୟାଙ୍କର ନିର୍ଦ୍ଦେଶକ ଏବଂ ତାଙ୍କର ସମ୍ପୂର୍ଣ୍ଣ କାମ ତାଙ୍କ ଲେଖା ଉପରେ ନିର୍ଭର କରେ। ଆଜି ପର୍ଯ୍ୟନ୍ତ ତାଙ୍କର ଖ୍ୟାତି ଏବଂ ପ୍ରଶଂସା ତାଙ୍କର ଅତି ସୁନ୍ଦର ଏବଂ ସୁଗଠିତ ହସ୍ତାକ୍ଷର ପାଇଁ ହୋଇଛି। କିନ୍ତୁ ଗତ କିଛି ଦିନ ଧରି ତାଙ୍କ ହାତ ଥରିବାକୁ ଲାଗିଛି ଏବଂ ତାଙ୍କ ହସ୍ତାକ୍ଷର ଖରାପ ହେବା ଆରମ୍ଭ ହୋଇଛି। ସେ ଯେତେ ତାଙ୍କ ହସ୍ତାକ୍ଷରକୁ ବଞ୍ଚାଇବାକୁ ଚେଷ୍ଟା କରନ୍ତି, ତାଙ୍କ ହସ୍ତାକ୍ଷର ସେତେ ଖରାପ ହେଉଛି। ଏବଂ ବର୍ତ୍ତମାନ ତାଙ୍କର ଏକ ଭୟ ସୃଷ୍ଟି ହୋଇଛି ଯେ ସେ ଚାକିରି ଛାଡିଦେବା ଉଚିତ୍ କାରଣ ତାଙ୍କର ଜୀବନବ୍ୟାପୀ ପ୍ରତିଷ୍ଠା ନଷ୍ଟ ହେଉଛି। ସେ ଭଗବାନ ଜାଣନ୍ତି କେତେ ଲୋକଙ୍କଠାରୁ ପରାମର୍ଶ ନେଇଛନ୍ତି। ସମସ୍ତ ପରାମର୍ଶ ବିପଜ୍ଜନକ ପ୍ରମାଣିତ ହୋଇଥିଲା ଏବଂ ସମସ୍ତ ପରାମର୍ଶର ପରିଣାମ ସ୍ୱରୂପ ତାଙ୍କ ହାତ ଆହୁରି କ୍ଷତିଗ୍ରସ୍ତ ହୋଇଥିଲା। ସେ ମାସଲୋଙ୍କୁ ପଚାରନ୍ତି।

ତେଣୁ ମାସଲୋ ତାଙ୍କୁ ଗୋଟିଏ କାମ କରିବାକୁ କୁହନ୍ତି, ଯେତେବେଳେ ତୁମର ହସ୍ତାକ୍ଷର ଭଲ ଥିଲା, ତୁମେ କେବେ ତୁମର ହସ୍ତାକ୍ଷରକୁ ଉନ୍ନତ କରିବାକୁ ଚେଷ୍ଟା କରିଥିଲ? ସେ କହିଲେ ମୁଁ ଚିନ୍ତା କରେ ନାହିଁ। ତେଣୁ ମାସଲୋ କହିଲେ, ଗୋଟିଏ କାମ କର, ପ୍ରୟାସ ଦ୍ୱାରା ଜାଣିଶୁଣି ଯେତେ ଖରାପ ଲେଖ। ଯଥାସମ୍ଭବ ତୁମର ହସ୍ତାକ୍ଷରକୁ ନଷ୍ଟ କର। ଏବଂ ତୁମେ ଆଶ୍ଚର୍ଯ୍ୟ ହେବ ଯେ ତାଙ୍କର ବର୍ଷ ବର୍ଷ ଧରି ଥିବା ଚିନ୍ତା ଉଭାନ ହୋଇଗଲା। ସେ ଯେତେ ଏହାକୁ ନଷ୍ଟ କରିବାକୁ ଚେଷ୍ଟା କଲେ, ସେ

ସେତେ ଅଧିକ ଦେଖିଲେ ଯେ ଏହା ଖରାପ ହୋଇନାହିଁ, ବରଂ ଭଲ ହୋଇଗଲା। ଆମେ ପ୍ରୟାସ ଦ୍ୱାରା ଯାହା କରୁ, ତାହା ନଷ୍ଟ ହୋଇଯାଏ। ଯଦି ତୁମେ ପ୍ରୟାସ ଦ୍ୱାରା ତୁମର ହସ୍ତଲେଖାକୁ ନଷ୍ଟ କରିବାକୁ ଚେଷ୍ଟା କର, ତେବେ ଏହି ପ୍ରୟାସ ମଧ୍ୟ ନଷ୍ଟ ହୋଇଯିବ, ତୁମର ହସ୍ତଲେଖା ଉନ୍ନତ ହେବ। ଯଦି ତୁମେ ପ୍ରୟାସ ଦ୍ୱାରା ଏହାକୁ ଉନ୍ନତ କରିବାକୁ ଚେଷ୍ଟା କର, ତେବେ ଏହି ପ୍ରୟାସ ମଧ୍ୟ ନଷ୍ଟ ହୋଇଯିବ, ହସ୍ତଲେଖା ନଷ୍ଟ ହୋଇଯିବ।

ଫ୍ରାଙ୍କଲଙ୍କ ବିପରୀତ ପ୍ରଭାବର ନିୟମ

ଜର୍ମାନ ମନସ୍ତତ୍ତ୍ୱବିତ୍ ଫ୍ରାଙ୍କଲ ଏହାକୁ *'ଲ ଅଫ୍ ରିଭର୍ସ ଇଫେକ୍ଟ',* ବିପରୀତ ପ୍ରଭାବର ନିୟମ ବୋଲି କହିଛନ୍ତି। ଆମେ ଯାହା କରିବାକୁ ଚେଷ୍ଟା କରୁ, ଏହା ବିପରୀତ ଫଳାଫଳ ଆଣିଥାଏ। ଜଣେ ବ୍ୟକ୍ତି ସମସ୍ତଙ୍କ ସହିତ ଭଲ ହେବାକୁ ଚେଷ୍ଟା କରେ ଏବଂ ତା'ପରେ ଗୋଟିଏ ଦିନ ସେ ଛାତି ବାଡ଼େଇ କହେ ଯେ ମୁଁ ସମସ୍ତଙ୍କ ସହିତ ଭଲ ହେବାକୁ ଚେଷ୍ଟା କରୁଛି ଏବଂ ସମସ୍ତେ ମୋ ସହିତ ଖରାପ ହୋଇଗଲେ। ଲୋକମାନେ ନିରନ୍ତର ଏହା କହୁଛନ୍ତି ଯେ ଆମେ ଭଲ କରୁ ଏବଂ ଲୋକମାନେ ଆମ ସହିତ ଖରାପ କରନ୍ତି; ମୁଁ ସେହି ବ୍ୟକ୍ତିଙ୍କୁ ବହୁତ ସାହାଯ୍ୟ କରିଥିଲି ଏବଂ ଠିକ୍ ସମୟରେ ସେହି ବ୍ୟକ୍ତି ମୋଠାରୁ ମୁହଁ ଫେରାଇ ନେଇଥିଲା।

ଏହା ତୁମର ପ୍ରୟାସର ଫଳାଫଳ; ଏହା ନିୟମ ଅନୁସାରେ ଘଟୁଛି। କେହି ତୁମ ସହିତ ଖରାପ କରୁନାହିଁ। ଯେତେବେଳେ କେହି ଭଲ କରିବାକୁ ଚେଷ୍ଟା କରନ୍ତି, କାହା ସହିତ ଖରାପ ଘଟେ। ପ୍ରୟାସରେ ହିଁ ଖରାପ ଆସେ। କାହା ପ୍ରତି ଦୟା କରିବାକୁ ଚେଷ୍ଟା କର, ସେହି ବ୍ୟକ୍ତି କେବେ ତୁମକୁ କ୍ଷମା କରିପାରିବ ନାହିଁ। ସେ କେବେ ନା କେବେ ତୁମର ଦୟା ପାଇଁ ପ୍ରତିଶୋଧ ନେବ କାରଣ ଦୟା କରିବା ପ୍ରୟାସରେ, ଦୟା ନିଷ୍ଠୁରତାରେ ପରିଣତ ହୁଏ, ସେହି ଦୟା ହିଂସାରେ ପରିଣତ ହୁଏ। ଯେତେବେଳେ ତୁମେ କାହା ପ୍ରତି ଭଲ ହେବାକୁ ଚେଷ୍ଟା କର, ତୁମେ ଦେଖାଉଛ ଯେ ତୁମେ ଭଲ। ସେହି ପ୍ରଦର୍ଶନ ହିଁ ବିଷର ବୀଜ ପାଲଟିଯାଏ।

ସେଥିପାଇଁ କେହି କେବେ ତଥାକଥିତ ଭଲ ଲୋକଙ୍କୁ କ୍ଷମା କରିପାରିବେ ନାହିଁ। ନିଜ ପିତାମାତାଙ୍କୁ ମଧ୍ୟ କ୍ଷମା କରିବା କଷ୍ଟକର କାରଣ ପିତାମାତା ଭଲ ହେବାକୁ ଏତେ ଚେଷ୍ଟା କରନ୍ତି ଯେ ସେମାନେ ଶତ୍ରୁ ପରି ଦେଖାଯିବା ଆରମ୍ଭ କରନ୍ତି।

ମା'ଙ୍କ ଚୁମ୍ବନ: ଦୁଷ୍ଟାମିର ଆରମ୍ଭ

ଜଣେ ଇଂରାଜୀ ଚିନ୍ତାନାୟକ ଆର.ଡି. ଲାଙ୍ଗ ଏହି ବାକ୍ୟ ସହିତ ତାଙ୍କର ପୁସ୍ତକ ଆରମ୍ଭ କରିଛନ୍ତି ଯେ ଜଣେ ମାଆଙ୍କ ତାଙ୍କ ସନ୍ତାନକୁ ପ୍ରଥମ ଚୁମ୍ବନ ଏହି ଦୁନିଆରେ ଦୁଷ୍ଟାମିର ଆରମ୍ଭ। ଚୁମ୍ବନ! ଜଣେ ମାଆଙ୍କ ପ୍ରଥମ ଚୁମ୍ବନ ଏହି ଦୁନିଆରେ ଦୁଷ୍ଟାମିର ଆରମ୍ଭ। ପିଲା ସହିତ ହିଂସା ଆରମ୍ଭ ହୁଏ। ଲାଙ୍ଗ ଲେଖିଛନ୍ତି ଯେ ପିଲା ସହିତ ହିଂସା ଆରମ୍ଭ ହୁଏ। ଏହା କିଛି ପରିମାଣରେ ସତ୍ୟ। କିନ୍ତୁ କେବଳ ସେହି ପରିମାଣରେ ସତ୍ୟ ଯେଉଁଠାରେ ଏହି ଚୁମ୍ବନ ଏକ ପ୍ରୟାସ। ଯଦି ଏହା ଏକ ପ୍ରୟାସ ନୁହେଁ, ତେବେ ଚୁମ୍ବନକୁ ମନେ ରଖାଯାଏ ନାହିଁ। କିନ୍ତୁ ମା'ମାନେ ବହୁତ ପରେ ମନେ ରଖନ୍ତି। ସେଥିପାଇଁ ମନେହୁଏ ଯେ ଏଗୁଡ଼ିକ ପ୍ରୟାସରୁ ଆସିଛି। ମା' ପରେ କୁହନ୍ତି ଯେ ମୁଁ ତୁମ ପାଇଁ କ'ଣ କଲି। ତୁମ ଅସୁସ୍ଥତା ସମୟରେ ମୁଁ ସାରା ରାତି ଜାଗ୍ରତ ରହିଥିଲି। ମା'ମାନେ ତୁମକୁ ସହ୍ୟ କରିବାକୁ ପଡ଼ିଥିବା ସମସ୍ତ କଷ୍ଟର ସମ୍ପୂର୍ଣ୍ଣ ହିସାବ ରଖନ୍ତି। ଏହି ହିସାବ ରଖିବା ମା'ମାନଙ୍କ ପରି ନୁହେଁ, ଏହା ଏକ ସଂଗଠନର ସଚିବଙ୍କୁ ସୁହାଏ।

ଯଦି ଏହା ପ୍ରୟାସରୁ ବାହାରିଛି ତେବେ ଏହାର ସ୍ମୃତି ଗଠନ ହୋଇଛି, ଯଦି ଏହା ସ୍ୱାଭାବିକ ଭାବରେ ବାହାରିଛି ତେବେ ଏହାର ସ୍ମୃତି ଗଠନ ହୋଇନାହିଁ। ଯଦି ଏହା ସ୍ୱାଭାବିକ ଭାବରେ ବାହାରିଛି ତେବେ ଏହାର ଫଳ ସେହି ମୁହୂର୍ତ୍ତରେ ପ୍ରାପ୍ତ ହୁଏ, ଅନ୍ୟ କୌଣସି ଫଳର କୌଣସି ଆଶା ନାହିଁ। ଯଦି ଏହା ପ୍ରୟାସରୁ ବାହାରିଛି ତେବେ ଏହା ଏକ ନିବେଶ। ଭବିଷ୍ୟତରେ ଏହାର ଫଳ ପାଇବାର ଇଚ୍ଛା ରହିବ। ତା' ପରେ ବୃଦ୍ଧା ମାଆ ତାଙ୍କ ପୁଅକୁ କହିବେ ଯେ ମୁଁ ତୁମ ପାଇଁ କ'ଣ କଲି ଏବଂ ତୁମେ ମୋ ପାଇଁ କ'ଣ କରୁଛ? ଏହାର ଅର୍ଥ ହେଉଛି ଯେ ମାଆ ଯାହା କରିଥିଲେ ତାହା ଉପଭୋଗ କରିପାରିଲେ ନାହିଁ। ଆନନ୍ଦ ବାକି ଅଛି। କାମ ସରିଗଲା, ଫଳ ବାକି ଅଛି। କିନ୍ତୁ ଯଦି ମାଆର ଚୁମ୍ବନ ଆନନ୍ଦ ଥିଲା ତେବେ ସେ ଆନନ୍ଦ ପାଇଲା, ଏବେ ପ୍ରତିବଦଳରେ ଆଉ କିଛି ପାଇବାର ପ୍ରଶ୍ନ କେଉଁଠି? ଏବଂ ଯଦି ସେ ମନେ ପକାଏ ତେବେ ସେ କୁହନ୍ତି ଯେ ସେ ଭବିଷ୍ୟତ ଲାଭର ଆଶାରେ ପୁଞ୍ଜି ନିବେଶ କରିଥିଲେ। ଲାଭ ତୁରନ୍ତ ମିଳିଲା ନାହିଁ, ଭବିଷ୍ୟତରେ ମିଳିବ, ଏହାର ହିସାବ ରଖିବାକୁ ପଡିବ। ଏହାର ସ୍ମୃତି ଅସ୍ତିତ୍ୱରେ ରହିଛି।

ଲାଓ ତ୍ସୁ କୁହନ୍ତି ଯେ ଆମେ ଚାପ ସହିତ ଯାହା ବି କରୁ, ତାହା ଆମ ଜୀବନକୁ ଭିତରୁ ବିକୃତ କରିଦିଏ ଏବଂ ଏହାକୁ ପଙ୍ଗୁ କରିଦିଏ, କଠିନ କରିଦିଏ, ପକ୍ଷାଘାତ କରେ। ଠିଆ ହୁଅ ଏବଂ ଦେଖ, ଠିଆ ହେବା ଯନ୍ତ୍ରଣା ଦେବ।

ଯଦି ତୁମେ ଚାଲିବାକୁ ଚାହୁଁଛ, ତୁମର ପାଦ ଢିଲା ହେବା ଉଚିତ

ଲାଓ ତ୍ଜୁ କୁହନ୍ତି, ଯିଏ ତାଙ୍କ ପାଦ ବିସ୍ତାର କରେ ସେ ଠିକ୍ ଭାବରେ ଚାଲିପାରେ ନାହିଁ। ଆମେ ଜୀବନରେ ଆମ ଚାରିପାଖରେ ଏପରି ଘଟଣା ଅନୁଭବ କରୁ। ଆମେ ସମସ୍ତେ କଥା ହେଉ, ଶହେ ଜଣଙ୍କ ମଧ୍ୟରୁ ଅନେଶତ ଲୋକ ଭଲ କଥା କୁହନ୍ତି, କଥାବାର୍ତ୍ତାରେ ଦକ୍ଷ, ଯଦି ସେମାନଙ୍କୁ ଏଠାରେ ମଞ୍ଚ ଉପରେ ଅଣାଯାଏ ଏବଂ ଠିଆ କରାଯାଏ, ତେବେ ସେମାନଙ୍କ ପାଇଁ କହିବା କଷ୍ଟକର ହୋଇଯାଏ। କ'ଣ ହେଲା? କ'ଣ ହେଲା? ସେମାନଙ୍କ ଜିଭରେ କୌଣସି ସମସ୍ୟା ନାହିଁ, ସେମାନଙ୍କ ଗଳା ଠିକ୍ ଅଛି, ସବୁକିଛି ଠିକ୍ ଅଛି, ସେମାନେ ପ୍ରତିଦିନ କଥା ହୁଅନ୍ତି। ସେମାନେ ସାରା ଦିନ କଥା ହୁଅନ୍ତି, ସେମାନେ ଆଉ କ'ଣ କରନ୍ତି? ଏହି ମାଇକ୍ ସାମ୍ନାରେ ଠିଆ ହେବା ପରେ ହଠାତ୍ କାହିଁକି ସେମାନଙ୍କ ଗଳା ବନ୍ଦ ହୋଇଯାଏ? ସେମାନଙ୍କ ହାତ ଗୋଡ କାହିଁକି ଥରିବାକୁ ଲାଗେ? ଏହି ଲୋକମାନେ କହିବାରେ ଏତେ ଦକ୍ଷ! ଚୁପ୍ ରହିବା ସେମାନଙ୍କ ପାଇଁ କଷ୍ଟକର, ନୀରବତା କଷ୍ଟକର ମନେହୁଏ, ସେମାନେ ହଠାତ୍ ନୀରବତାରେ କାହିଁକି ସଫଳ ହୁଅନ୍ତି? ମଞ୍ଚ ଉପରେ ଠିଆ ହେବା ସମୟରେ ଆପଣ ସେମାନଙ୍କ ସହିତ କାହିଁକି କଥା ହୋଇପାରିବେ ନାହିଁ? ଏବେ ଏହା ତୁମର ପାଦ ଉପରେ ଠିଆ ହେବା ପରି ହୋଇଗଲାଣି। ଏବେ କହିବାକୁ ଚେଷ୍ଟା କରାଯାଉଛି। ତୁମେ ସାରା ଦିନ ଯେଉଁ ଭାଷଣ କହୁଥିଲ ତାହା ସହଜ ଥିଲା। ଏଥିରେ କୌଣସି ପ୍ରୟାସ ନଥିଲା, ତୁମେ କହୁଛ ବୋଲି କୌଣସି ଚିନ୍ତା ନଥିଲା। ଏହା ହେଉଥିଲା। ଏବେ ତୁମେ ଜାଣିଛ ଯେ ତୁମେ କହୁଛ ଏବଂ ତୁମେ ଏହା ବିଷୟରେ କାହିଁକି ଭାବୁଛ? ଚିନ୍ତା ହେଉଛି ତୁମେ ଏପରି କିଛି କହିବା ଉଚିତ୍ ନୁହେଁ ଯାହା ଲୋକଙ୍କ ସମ୍ମୁଖରେ ତୁମର ପ୍ରତିଷ୍ଠାକୁ ହ୍ରାସ କରିବ; ତୁମେ ଏପରି କିଛି କହିବା ଉଚିତ୍ ଯାହା ତୁମର ପ୍ରତିଷ୍ଠା ବୃଦ୍ଧି କରିବ। ତୁମର ଲୋକଙ୍କ ଉପରେ ନଜର ଅଛି।

ବିଚାର କର ଯେ ଏହି ସମସ୍ତ ଲୋକ କିଛି ନୁହଁନ୍ତି, ତୁମେ ଏଠାରେ ମାଇକ୍ ଆଗରେ ଏକା ଠିଆ ହୋଇଛ, ତା'ପରେ ତୁମେ ସହଜରେ କଥା ହୋଇପାର। ତୁମେ ବହୁତ ଆନନ୍ଦରେ କଥା ହୋଇପାର, ନିଜ ସ୍ୱର ଶୁଣିବା ବହୁତ ଆନନ୍ଦଦାୟକ। କିନ୍ତୁ ଯେତେବେଳେ ଲୋକମାନେ ବସିଥାନ୍ତି, ସେତେବେଳେ ଏକ ସମସ୍ୟା ହୁଏ। ତୁମେ ଟେନସନରେ ପରିପୂର୍ଣ୍ଣ ହୋଇଯାଅ।

ମନସ୍ତତ୍ତ୍ୱବିତମାନେ କୁହନ୍ତି - ତୁମେ ନିଶ୍ଚିତ ଭାବରେ ଅନୁଭବ କରିଥିବ - ଏକ ବଟିକା ଗିଳିବା କଷ୍ଟକର। ତୁମେ ପ୍ରତିଦିନ ତୁମର ଖାଦ୍ୟ ଗିଳିଦିଅ। ତୁମେ କେବେ ଜାଣିନାହଁ ଯେ ଖାଦ୍ୟର ଏକ ଖଣ୍ଡ ଫସି ଯାଇଛି ଏବଂ ତୁମକୁ ଚେଷ୍ଟା କରି ଏହାକୁ ଗିଳିବାକୁ ପଡ଼ିଛି। କିନ୍ତୁ ଯଦି ତୁମେ ତୁମର ଜିଭରେ ଏକ ବଟିକା ଲଗାଅ, ତେବେ ପାଣି ଭିତରକୁ ଯାଏ ଏବଂ ବଟିକା ଜିଭରେ ରହିଥାଏ। ଏହି ବଟିକା ବିଷୟରେ କ'ଣ ବିଶେଷ? ଯେତେବେଳେ ତୁମେ ଖାଦ୍ୟ ନେଉଛ, କୌଣସି ପ୍ରୟାସ ନାହିଁ। ତୁମକୁ ବଟିକା ଗିଳିବାକୁ ପଡିବ। ଏହା ଏକ ପ୍ରୟାସ। ସେହି ପ୍ରୟାସ ନିଜେ ଏକ ବାଧା ସୃଷ୍ଟି କରେ।

ଜୀବନର ସମସ୍ତ ସ୍ତରରେ ବିପରୀତ ନିୟମ କାମ କରେ। ତୁମେ ଯେତେ ଚେଷ୍ଟା କରିବ, ସେତେ ଅଧିକ ବିଫଳ ହେବ। ସଫଳତାର କେବଳ ଗୋଟିଏ ସୂତ୍ର ଅଛି: ଚେଷ୍ଟା କର ନାହିଁ। ଏହାର ଅର୍ଥ ନୁହେଁ ଯେ ତୁମେ କିଛି କରିବା ଉଚିତ୍ ନୁହେଁ। ଏହାର ଅର୍ଥ ହେଉଛି ତୁମେ ଏହାକୁ ଏପରି ଭାବରେ କରିବା ଉଚିତ୍ ଯେ ତାହା ତୁମ ପାଖକୁ ଆସିବ। ଏଥିରେ କୌଣସି ବୋଝ ରହିବା ଉଚିତ୍ ନୁହେଁ, ଏଥିରେ କୌଣସି ଭାର ରହିବା ଉଚିତ୍ ନୁହେଁ, ଏଥିରେ କୌଣସି ବାଧ୍ୟବାଧକତା ରହିବା ଉଚିତ୍ ନୁହେଁ, ତୁମକୁ ନିଜକୁ ଟାଣିବାକୁ ପଡ଼ିବ ନାହିଁ। ତୁମେ ନଦୀ ପରି ପ୍ରବାହିତ ହେବା ଉଚିତ୍, ଏକ ଅଙ୍କୁର ପରି ଫୁଟିବା ଉଚିତ୍, ତୁମେ ଏକ ପକ୍ଷୀ ହେବା ଉଚିତ୍, ତୁମେ ଏକ ପକ୍ଷୀ ପରି ଗୀତ ଗାଇବା ଜାଣିବା ଉଚିତ୍।

୧୫

ଚାପର କାରଣ ତୁମ ଭିତରେ ଅଛି

ପ୍ରଶ୍ନ: ଅତ୍ୟଧିକ ଯାନ୍ତ୍ରିକୀକରଣ ଏବଂ ଦ୍ରୁତଗତିରେ ପରିପୂର୍ଣ୍ଣ ଆଧୁନିକ ସହରୀ ଜୀବନ ଶାରୀରିକ ଏବଂ ମାନସିକ ସ୍ତରରେ ନିରନ୍ତର ଚାପ ଏବଂ ଥକ୍କାପଣ ସୃଷ୍ଟି କରେ। ଏ ବିଷୟରେ ତନ୍ତ୍ରର ଦୃଷ୍ଟିକୋଣ କ'ଣ? ଅଯଥା ଦ୍ରୁତଗତିକୁ ଏଡାଇବା କ'ଣ ଭଲ ନୁହେଁ?

ଉତ୍ତର: ଜୀବନ ସର୍ବଦା ଏପରି ରହିଆସିଛି - ଆଧୁନିକ କି ଆଦିମ। ଚାପ ଅଛି, ଚିନ୍ତା ଅଛି। ବିଷୟ ପରିବର୍ତ୍ତନ ହୁଏ, କିନ୍ତୁ ମଣିଷ ସମାନ ରହିଥାଏ। ଦୁଇ ହଜାର ବର୍ଷ ପୂର୍ବେ ତୁମେ ଏକ ବଳଦ ଗାଡ଼ି ଚଲାଉଥିଲ, ଏବେ ତୁମେ ଏକ ଗାଡ଼ି ଚଲାଉଛ, କିନ୍ତୁ ଡ୍ରାଇଭର ସମାନ ଅଛି, ବଳଦ ଗାଡ଼ି ବଦଳି ଯାଇଛି, ଜିନିଷଗୁଡ଼ିକ ସମାନ ଅଛି; ତୁମେ ଏକ ଗାଡ଼ି ଚଲାଉଛ। କିନ୍ତୁ ଡ୍ରାଇଭର ପରିବର୍ତ୍ତନ ହୋଇନାହିଁ, ସେ ସମାନ। ସେ ତାଙ୍କ ବଳଦ ଗାଡ଼ି ବିଷୟରେ ଚିନ୍ତିତ ଥିଲେ, ଚାପଗ୍ରସ୍ତ ଥିଲେ। ଏବେ ତୁମେ ତୁମର ଗାଡ଼ି ବିଷୟରେ ଚିନ୍ତିତ, ଚାପଗ୍ରସ୍ତ। ବିଷୟ ପରିବର୍ତ୍ତନ ହୁଏ, କିନ୍ତୁ ମନ ସମାନ ରହିଥାଏ।

ତେଣୁ ଭାବନ୍ତୁ ନାହିଁ ଯେ ଆଧୁନିକ ଜୀବନ ଯୋଗୁଁ ତୁମେ ଏତେ ଚିନ୍ତିତ। ଏହାର କାରଣ ତୁମେ, ଆଧୁନିକ ଜୀବନ ନୁହେଁ। ଏବଂ ତୁମେ ଯେକୌଣସି ସଭ୍ୟତାରେ, ଯେକୌଣସି ସ୍ଥାନରେ ଚିନ୍ତିତ ରହିବ। କିଛି ଦିନ ପାଇଁ; ଦୁଇ-ତିନି ଦିନ ପାଇଁ ତୁମେ ଗାଁକୁ ଯାଅ। ସେଠାରେ ତୁମେ କିଛି ସମୟ ପାଇଁ ଭଲ ଅନୁଭବ କରିବ, କାରଣ ରୋଗକୁ ମଧ୍ୟ ଖାପ ଖୁଆଇବାକୁ ପଡ଼ିଥାଏ। ତିନି ଦିନ ମଧ୍ୟରେ ତୁମେ ଗାଁ ସହିତ ଖାପ ଖୁଆଇ ରହିବ, ଏବଂ ତା' ପରେ ଚିନ୍ତା ପୁଣି ମୁଣ୍ଡ ଟେକିବ, ପୁଣି ସମସ୍ୟା ଉଠିବ। ଏବେ କାରଣଗୁଡ଼ିକ ସମାନ ନୁହେଁ, କିନ୍ତୁ ତୁମେ ସମାନ।

କେତେବେଳେ ଏପରି ହୁଏ ଯେ ସହରର ଟ୍ରାଫିକ୍ ଯୋଗୁଁ, ଶବ୍ଦ ଯୋଗୁଁ ତୁମେ ବିଚଳିତ ହୋଇଯାଅ ଏବଂ ତୁମେ କୁହ ଯେ ଏତେ ଭିଡ଼ ଏବଂ ଶବ୍ଦ ଯୋଗୁଁ ମୁଁ ରାତିରେ ଶୋଇପାରୁନାହିଁ। ଗାଁକୁ ଯାଅ ଏବଂ ତୁମେ ସେଠାରେ ମଧ୍ୟ ଶୋଇପାରିବ ନାହିଁ, କାରଣ ସେଠାରେ କୌଣସି ଭିଡ଼ ନାହିଁ। ତୁମକୁ ସହରକୁ ଫେରିବାକୁ ପଡ଼ିବ କାରଣ ଗାଁଟି ମୃତ ଦେଖାଯାଉଛି, ସେଥିରେ କୌଣସି ଜୀବନ ନାହିଁ।

ଲୋକମାନେ ପ୍ରାୟତଃ ମୋତେ ସେମାନଙ୍କର ଅଭିଜ୍ଞତା ବିଷୟରେ ଏହିପରି କୁହନ୍ତି। ମୁଁ ଜଣେ ବନ୍ଧୁଙ୍କୁ କାଶ୍ମୀରର ପହଲଗାମ ଯିବାକୁ କହିଥିଲି। ଫେରିବା ସମୟରେ ସେ ମୋତେ କହିଲେ ଯେ ସେଠାକାର ଜୀବନ ବହୁତ ନୀରସ। ତୁମେ ଗୋଟିଏ କିମ୍ବା ଦୁଇ ଦିନ ପାଇଁ ସେଠାକାର ପାହାଡ ଏବଂ ଉପତ୍ୟକା ଉପଭୋଗ କରିବ ଏବଂ ତା' ପରେ ତୁମେ ବିରକ୍ତ ହୋଇଯିବ। ସେହି ବ୍ୟକ୍ତି ମୋତେ କହୁଥିଲେ ଯେ ସହର ଜୀବନରେ ମୁଁ ବିରକ୍ତିକର ଅନୁଭବ କରୁଛି, ଏବଂ ଏବେ ସେ କହୁଛନ୍ତି ଯେ ସେହି ପର୍ବତଗୁଡ଼ିକ ବିରକ୍ତିକର ହୋଇଗଲାଣି ଏବଂ ମୁଁ ଘରକୁ ଫେରିବାକୁ ଆଗ୍ରହୀ।

ତୁମେ ସମସ୍ୟା, କାଶ୍ମୀର ତୁମକୁ ସାହାଯ୍ୟ କରିପାରିବ ନାହିଁ। ମୁମ୍ବାଇ, ଲଣ୍ଡନ କିମ୍ବା ନ୍ୟୁୟର୍କ ତୁମକୁ ଅସ୍ଥିର କରେ, ତୁମେ ତୁମର ଅସ୍ଥିରତାର କାରଣ। ଲଣ୍ଡନ ତୁମକୁ ତିଆରି କରିନାହିଁ, ତୁମେ ଲଣ୍ଡନ ତିଆରି କରିଛ। ଏହି ଟ୍ରାଫିକ୍, ଏହି ଶବ୍ଦ, ଏହି ପାଗଳ ଦୌଡ଼ାଦୌଡ଼ି, ସବୁ ତୁମର ସୃଷ୍ଟି, ସେଗୁଡ଼ିକ ତୁମ ପରି ଲୋକଙ୍କ ସୃଷ୍ଟି, କାରଣ ତୁମ ଭିତରେ ଅଛି। ଏହା ନୁହେଁ ଯେ ତୁମେ ଶବ୍ଦ ଯୋଗୁଁ ଚାପଗ୍ରସ୍ତ, ଶବ୍ଦ ସେଠାରେ ଅଛି କାରଣ ତୁମେ ଚାପଗ୍ରସ୍ତ, ତୁମେ ଏହା ବିନା ବଞ୍ଚିପାରିବ ନାହିଁ। ତୁମକୁ ଏହାର ଆବଶ୍ୟକତା ଅଛି, ତୁମେ ଏହା ବିନା ବଞ୍ଚିପାରିବ ନାହିଁ।

ଗାଁର ଲୋକମାନେ ଅସନ୍ତୁଷ୍ଟ, ସେମାନେ ମୁମ୍ବାଇ, ନ୍ୟୁୟର୍କ କିମ୍ବା ଲଣ୍ଡନକୁ ପଳାଇବାକୁ ଆଗ୍ରହୀ। ସୁଯୋଗ ପାଇବା ମାତ୍ରେ ସେମାନେ ପଳାଇ ଯାଆନ୍ତି ଏବଂ ମୁଁ ସେହି ଲୋକମାନଙ୍କୁ ମଧ୍ୟ ଶୁଣୁଛି ଯେଉଁମାନେ ଗାଁର ସୁନ୍ଦର ଜୀବନ ବିଷୟରେ କଥାବାର୍ତ୍ତା କରି ଚାଲିଥାନ୍ତି। ସେମାନେ କେବେ ସେଠାରେ ଯାଇ ରହିବାକୁ ଇଚ୍ଛୁକ ନୁହଁନ୍ତି କିନ୍ତୁ ସେମାନେ ଗାଁ ବିଷୟରେ ବହୁତ କଥାବାର୍ତ୍ତା କରି ଚାଲିଥାନ୍ତି। ତୁମକୁ କିଏ ରୋକୁଛି? ତୁମେ ଜଙ୍ଗଲକୁ କାହିଁକି ଯାଉନାହଁ, କିଏ ରୋକୁଛି?

ତୁମେ ଏହାକୁ ପସନ୍ଦ କରିବ ନାହିଁ, ତୁମେ ଏହାକୁ ପସନ୍ଦ କରିପାରିବ ନାହିଁ। ପରିବର୍ତ୍ତନ ଯୋଗୁଁ କିଛି ଦିନ ପାଇଁ ତୁମେ ଏହାକୁ ପସନ୍ଦ କରିବ। ଏବଂ ତାପରେ? ତାପରେ ତୁମେ ବିରକ୍ତ ହୋଇଯିବ। ସବୁକିଛି ତୁମକୁ ନୀରସ ଲାଗିବ, ତୁମେ ସେଠାରୁ ପଳାଇବାକୁ ଚାହିଁବ।

ଏକ ବିକୃତ ମନ ଦ୍ୱାରା ନଗର ଜୀବନ ତୁମ ପାଇଁ ସୃଷ୍ଟି ହୋଇଛି। ତୁମେ ଏହି ସହରଗୁଡ଼ିକ ଯୋଗୁଁ ପାଗଳ ହେଉନାହଁ, ଏହି ସହରଗୁଡ଼ିକ ତୁମର ବିକୃତ ମନ ଯୋଗୁଁ ସୃଷ୍ଟି ହୋଇଛି। ସେଗୁଡ଼ିକ ତୁମ ପାଇଁ ସୃଷ୍ଟି ହୋଇଛି। ତୁମେ ସେଗୁଡ଼ିକୁ ସୃଷ୍ଟି କରିଛ ଏବଂ ସେଗୁଡ଼ିକ ତୁମ ପାଇଁ। ଏହି ସହରଗୁଡ଼ିକ ଅଦୃଶ୍ୟ ହେବ ନାହିଁ। ସେମାନେ ରହିବେ, ସେମାନେ ତୁମର ଉପ-ଉତ୍ପାଦ।

ଗୋଟିଏ କଥା ମନେରଖ: ଯେତେବେଳେ ତୁମେ ଅନୁଭବ କରିବ ଯେ କିଛି ଭୁଲ ଅଛି, ପ୍ରଥମେ ନିଜ ଭିତରେ ଏହାର କାରଣ ଖୋଜ ଏବଂ ଅନ୍ୟ କୌଣସି ସ୍ଥାନକୁ ଯାଅ ନାହିଁ। ଶହେରୁ ଅନେଶତ ଥର ତୁମେ ନିଜ ଭିତରେ କାରଣ ପାଇବ। ଏବଂ ଯେତେବେଳେ ଶହେ କାରଣ ମଧ୍ୟରୁ ଅନେଶତ ଥର ତୁମ ଭିତରେ ଥାଏ, ଶହେ କାରଣ ନିଜେ ଅଦୃଶ୍ୟ ହୋଇଯିବ। ତୁମ ସହିତ ଯାହା ଘଟେ, ତୁମେ ହିଁ କାରଣ। ତୁମେ ହିଁ କାରଣ; ଦୁନିଆ କେବଳ ଏକ ଦର୍ପଣ।

କିନ୍ତୁ ଅନ୍ୟତ୍ର କାରଣ ଖୋଜିବା ଦ୍ୱାରା ସାନ୍ତ୍ୱନା ମିଳିଥାଏ, ତା'ପରେ ତୁମେ ଦୋଷୀ ଅନୁଭବ କର ନାହିଁ, ତା'ପରେ ତୁମେ ନିଜକୁ ନିନ୍ଦା ଅନୁଭବ କର ନାହିଁ। ତୁମେ ସବୁବେଳେ କହିପାରିବ ଏହା ହିଁ କାରଣ ଏବଂ ଯଦି କାରଣ ପରିବର୍ତ୍ତନ ହୁଏ ନାହିଁ ତେବେ ମୁଁ କିପରି ପରିବର୍ତ୍ତନ କରିପାରିବି। ତୁମେ ନିଜକୁ କାରଣ ପଛରେ ଲୁଚାଇ ରଖିବ। ଏହା ଚତୁରତା। ସେଥିପାଇଁ ତୁମର ମନ ଅନ୍ୟ କୌଣସି ସ୍ଥାନରେ କାରଣକୁ ପ୍ରଦର୍ଶିତ କରିଚାଲିଥାଏ। ସ୍ତ୍ରୀ ସ୍ୱାମୀ ଯୋଗୁଁ ଅସ୍ଥିର, ମା ପିଲାମାନଙ୍କ ଯୋଗୁଁ ଅସ୍ଥିର, ପିଲାମାନେ ପିତାଙ୍କ ଯୋଗୁଁ ଅସ୍ଥିର। ପ୍ରତ୍ୟେକ ବ୍ୟକ୍ତି ଅନ୍ୟ କୌଣସି ବ୍ୟକ୍ତିଙ୍କ ଯୋଗୁଁ ଅସ୍ଥିର ଏବଂ ପ୍ରତ୍ୟେକ ବ୍ୟକ୍ତି ସର୍ବଦା ଭାବନ୍ତି ଯେ କାରଣ ବାହାରେ ଅଛି।

ମୁଲ୍ଲା ନସରୁଦ୍ଦିନ୍ ଗୋଟିଏ ରାସ୍ତା ଦେଇ ଯାଉଥିଲେ, ସନ୍ଧ୍ୟା ସମୟ ଥିଲା ଏବଂ ଅନ୍ଧାର ହେଉଥିଲା। ହଠାତ୍ ସେ ଅନୁଭବ କଲେ ଯେ ରାସ୍ତାଟି ବହୁତ ନିର୍ଜନ ଥିଲା। କୌଣସି ସ୍ଥାନରେ କେହି ନଥିଲେ ଏବଂ ସେ ଭୟଭୀତ ହୋଇଗଲେ। ତା ' ପରେ ସେ ସାମ୍ନାରୁ ଲୋକଙ୍କ ଭିଡ଼ ଆସୁଥିବାର ଦେଖିଲେ। ସେ ଚୋର ଏବଂ ଡକାୟତଙ୍କ ବିଷୟରେ ପଢିଥିଲେ। ସେ କେବଳ ଭୟ ସୃଷ୍ଟି କଲେ ଏବଂ ଭୟରେ ଥରିବାକୁ ଲାଗିଲେ। ସେ ଭାବିଲେ ଯେ ଏହି ଡକାୟତ ଏବଂ ହତ୍ୟାକାରୀମାନେ ଆସୁଛନ୍ତି ଏବଂ ସେମାନେ ତାଙ୍କୁ ହତ୍ୟା କରିବେ। ତେଣୁ ସେ ସେମାନଙ୍କଠାରୁ କିପରି ତାଙ୍କ ଜୀବନ ରକ୍ଷା କରିବେ? ସେ ସବୁଠି ଚାହିଁଲେ।

ପାଖରେ ଏକ କବରସ୍ଥାନ ଥିଲା, ମୁଲ୍ଲା ଏହାର କାନ୍ଥ ପାର କରି ଭିତରକୁ ଗଲେ। ସେଠାରେ ସେ ଏକ ସଦ୍ୟ ଖୋଳାଯାଇଥିବା କବର ପାଇଲେ, ଯାହା ସେହି ଦିନ କାହା ପାଇଁ ଖୋଳାଯାଇଥିଲା। ସେ ଭାବିଲେ ଯେ ଏହି କବରରେ ମୃତ ଅବସ୍ଥାରେ ଶୋଇବା ଭଲ ହେବ, ସେମାନେ ଅନୁଭବ କରିବେ ଯେ କେହି ମୃତ ଅବସ୍ଥାରେ ପଡ଼ିଛନ୍ତି, ତାଙ୍କୁ ହତ୍ୟା କରିବାର କୌଣସି ଆବଶ୍ୟକତା ନାହିଁ। ମୁଲ୍ଲା କବରରେ ଶୋଇପଡ଼ିଲେ।

ସେହି ଭିଡ଼ ଏକ ବିବାହ ଶୋଭାଯାତ୍ରା ଥିଲା, ଡକାୟତଙ୍କ ଦଳ ନୁହେଁ। ବିବାହ ଶୋଭାଯାତ୍ରାର ଲୋକମାନେ ମଧ୍ୟ ମୁଲ୍ଲାଙ୍କୁ ଥରୁଥିବା ଏବଂ ଡେଇଁପଡୁଥିବାର

ଦେଖିଥିଲେ। ସେମାନେ ମଧ୍ୟ ଭୟଭୀତ ହୋଇ ଭାବିବାକୁ ଲାଗିଲେ ଯେ ଘଟଣା କ'ଣ ଏବଂ ଏହି ବ୍ୟକ୍ତି କିଏ? ସେମାନେ ଭାବିଲେ ଯେ ସେ କିଛି ଅସୁବିଧା ସୃଷ୍ଟି କରିପାରନ୍ତି ଏବଂ ସେ ଏହି ଉଦ୍ଦେଶ୍ୟ ନେଇ ସେଠାରେ ଲୁଚି ରହିଛନ୍ତି। ସମଗ୍ର ଶୋଭାଯାତ୍ରା ସେଠାରେ ଅଟକିଗଲା ଏବଂ ତାଙ୍କ ଲୋକମାନେ ମଧ୍ୟ କାନ୍ଥ ପାର ହୋଇ ଭିତରକୁ ଆସିଲେ।

ମୁଲ୍ଲା ବହୁତ ଭୟଭୀତ ହୋଇଗଲେ। ଶୋଭାଯାତ୍ରାର ଲୋକମାନେ ତାଙ୍କ ଚାରିପାଖରେ ଏକାଠି ହେଲେ ଏବଂ ପଚାରିଲେ ଯେ ତୁମେ ଏଠାରେ କଣ କରୁଛ? ତୁମେ ଏହି କବରରେ କାହିଁକି ପଡ଼ିଛ? ମୁଲ୍ଲା କହିଲେ ଯେ ତୁମେ ବହୁତ କଷ୍ଟକର ପ୍ରଶ୍ନ ପଚାରୁଛନ୍ତି। ମୁଁ ତୁମ ଯୋଗୁଁ ଏଠାରେ ଅଛି ଏବଂ ତୁମେ ମୋ ଯୋଗୁଁ ଏଠାରେ ଅଛ।

ଏହା ସବୁଠି ଘଟୁଛି। ତୁମେ ଅନ୍ୟ କାହା ଯୋଗୁଁ ଅସ୍ତବ୍ୟସ୍ତ, ଅନ୍ୟ ଜଣକ ତୁମ ଯୋଗୁଁ ଅସ୍ତବ୍ୟସ୍ତ ଏବଂ ତୁମେ ନିଜେ ନିଜ ଚାରିପାଖରେ କିଛି ସୃଷ୍ଟି କର ଏବଂ ନିଜକୁ ସୁରକ୍ଷା ଦେବା ପାଇଁ ପଦକ୍ଷେପ ନିଅ। ତା'ପରେ ଦୁଃଖ ଏବଂ ହତାଶା ହୁଏ, ସଂଘର୍ଷ ଏବଂ ଦୁଃଖ କବଜା କରେ, ସଂଘର୍ଷ ହୁଏ। ସମ୍ପୂର୍ଣ୍ଣ କଥାଟି ମୂର୍ଖତା। ଏହି ଚକ୍ର ଚାଲିବ ଯେପର୍ଯ୍ୟନ୍ତ ତୁମର ଦୃଷ୍ଟିକୋଣ ପରିବର୍ତ୍ତନ ନହୁଏ।

ସର୍ବଦା ପ୍ରଥମେ ନିଜ ଭିତରେ କାରଣ ଖୋଜ। ଟ୍ରାଫିକର ଶବ୍ଦ ତୁମକୁ କିପରି ଅସୁବିଧା ଦେଇପାରେ? ଯଦି ତୁମେ ଏହାର ବିରୁଦ୍ଧରେ ଅଛ, ତେବେ ଏହା ତୁମକୁ ଅସୁବିଧାରେ ପକାଇବ। ଯଦି ତୁମର ଧାରଣା ହେଉଛି ଯେ ଏହା ତୁମକୁ ବିଚଳିତ କରିବ, ତେବେ ଏହା ତୁମକୁ ବିଚଳିତ କରିବ। କିନ୍ତୁ ଯଦି ତୁମେ ଏହାକୁ ଗ୍ରହଣ କର, ଯଦି ତୁମେ ପ୍ରତିକ୍ରିୟା ନକରି ଏହାକୁ ହେବାକୁ ଦିଅ, ତେବେ ତୁମେ ଏହାକୁ ଉପଭୋଗ କରିପାରିବ। ଏହାର ନିଜସ୍ୱ ସ୍ୱର ଅଛି, ନିଜର ସଙ୍ଗୀତ ଅଛି। ତୁମେ ଏହାକୁ ଶୁଣି ନାହଁ। ଏହାର ଅର୍ଥ ନୁହେଁ ଯେ ଏହାର ନିଜସ୍ୱ ସଙ୍ଗୀତ ନାହିଁ। କୌଣସି ଦିନ ନିଜକୁ ଭୁଲି ଯାତାୟାତର ଶବ୍ଦ ଶୁଣ। କେବଳ ଶୁଣ। ଏହା ତୁମକୁ ବିରକ୍ତ କରୁଥିବା, ଭଲ ନୁହେଁ ବୋଲି ତୁମର ଧାରଣାକୁ ଭିତରକୁ ଆଣ ନାହିଁ। ତୁମର ପସନ୍ଦ ଏବଂ ଅପସନ୍ଦକୁ ଆଣ ନାହିଁ, କେବଳ ଶୁଣ। ଆରମ୍ଭରେ ଏହା ଅରାଜକ ମନେ ହେବ। ତାହା ମଧ୍ୟ ମନ ହେତୁ। ଯଦି ତୁମେ ସମ୍ପୂର୍ଣ୍ଣ ଆରାମ କରିପାରିବ, ଶୀଘ୍ର କିମ୍ବା ବିଳମ୍ବରେ ସବୁକିଛି ଲୟଯୁକ୍ତ ହୋଇଯିବ ଏବଂ ରାସ୍ତାର ଶବ୍ଦ ମଧ୍ୟ ସଙ୍ଗୀତରେ ପରିଣତ ହେବ। ତା'ପରେ ତୁମେ ଏହାକୁ ଉପଭୋଗ କରିପାରିବ, ତୁମେ ଏହାର ସ୍ୱରରେ ନାଚି ମଧ୍ୟ ପାରିବ।

ତେଣୁ ଏହା ତୁମ ଉପରେ ନିର୍ଭର କରେ। ଯଦି ତୁମେ ଭାବୁନାହଁ ଯେ ଏହା ତୁମକୁ ବିରକ୍ତ କରୁଛି, ତେବେ କିଛି ବି ତୁମକୁ ବିରକ୍ତ କରେ ନାହିଁ। ଯଦି ତୁମେ ଭାବୁଛ ଯେ

ରାସ୍ତାର ଏହି ଶବ୍ଦ ତୁମକୁ ବିରକ୍ତ କରେ, ତେବେ ଏହା ନିଶ୍ଚିତ ଭାବରେ ତୁମକୁ ବିରକ୍ତ କରିବ କାରଣ ତୁମେ ପୂର୍ବରୁ ବିରକ୍ତ ହେବାକୁ ପ୍ରସ୍ତୁତ। ଯଦି ତୁମେ ଭାବୁଛ ଯେ ପାରିବାରିକ ଜୀବନ ଏକ ବନ୍ଧନ, ତେବେ ଏହା ତୁମ ପାଇଁ ଏକ ବନ୍ଧନ ହୋଇଯିବ, ତୁମେ ଏଥିପାଇଁ ପ୍ରସ୍ତୁତ। ଯଦି ତୁମେ ଭାବୁଛ ଯେ ଦାରିଦ୍ର୍ୟ ତୁମକୁ ମୁକ୍ତ ହେବାକୁ ସାହାଯ୍ୟ କରିବ, ତେବେ ଏହା ସାହାଯ୍ୟ କରିବ। ଶେଷରେ ତୁମେ ନିଜେ ତୁମ ଚାରିପାଖର ଦୁନିଆ ସୃଷ୍ଟି କର। ତୁମେ ଯାହା ଭାବୁଛ ତାହା ତୁମର ପରିବେଶ ହୋଇଯାଏ ଏବଂ ତୁମେ ସେଥିରେ ପ୍ରବେଶ କର।

ତନ୍ତ୍ର କହେ, ସର୍ବଦା ଏହି କାରଣକୁ ମନେରଖ, କାରଣ ସର୍ବଦା ତୁମ ଭିତରେ ଅଛି। ଯଦି ତୁମେ ଏହା ଜାଣ, ତେବେ ତୁମେ କାରଣ ହେବ ନାହିଁ। ତା'ହେଲେ ତୁମେ ନିଜ ପାଇଁ କୌଣସି ନୂତନ ବନ୍ଧନ ସୃଷ୍ଟି କରିବ ନାହିଁ। ଏହା ବ୍ୟତୀତ, ଯିଏ କାରଣ ସୃଷ୍ଟି କରିବା ବନ୍ଦ କରେ ସେ ମୁକ୍ତ। ତା'ପରେ ସେ ଦୁଃଖରେ ନାହିଁ କି ସୁଖରେ ନାହିଁ। ସୁଖ ହେଉଛି ତୁମର ସୃଷ୍ଟି ଏବଂ ଦୁଃଖ ମଧ୍ୟ ତୁମର ସୃଷ୍ଟି। ତୁମେ ତୁମର ଦୁଃଖକୁ ସୁଖରେ ପରିଣତ କରିପାରିବ, କାରଣ ଏହା ତୁମର ସୃଷ୍ଟି।

୧୬

ଚାପରୁ ବିଶ୍ରାମ ଆଡ଼କୁ

ତୁମେ ଟେନସନ ବୁଝିପାରିବ, କିନ୍ତୁ ତୁମେ ବିଶ୍ରାମ ବୁଝିପାରିବ ନାହିଁ। ତେଣୁ ଟେନସନର ସମସ୍ତ ଦିଗକୁ ଦେଖନ୍ତୁ: ଏହା କ'ଣ, ଏହା କିପରି, ଏହା କେଉଁଠାରୁ ଆସେ, ଏହା କିପରି ସୃଷ୍ଟି ହୁଏ, ଏହାର ଉପାୟ କ'ଣ? ଟେନସନକୁ ସମ୍ପୂର୍ଣ୍ଣ ଭାବରେ ବୁଝ, ଏବଂ ଯେତେବେଳେ ତୁମେ ଏହାକୁ ବୁଝିବ, ସେହି ଶୂନ୍ୟ ମୁହୂର୍ତ୍ତ ସୃଷ୍ଟି ହୁଏ ଯେଉଁଥିରେ କୌଣସି ଟେନସନ ନାହିଁ। ତା'ପରେ କେବଳ ଶରୀର ଆରାମଦାୟକ ନୁହେଁ, ସମଗ୍ର ପ୍ରାଣୀ ଆରାମଦାୟକ।

ହଠଯୋଗରେ ଏକ ପ୍ରକ୍ରିୟା ଅଛି ଯେଉଁଥିରେ ଶରୀରର ପ୍ରତ୍ୟେକ ମାଂସପେଶୀ ବିସ୍ତାରିତ ହୁଏ ଏବଂ ତା'ପରେ ସମସ୍ତ ଟେନସନକୁ ଢିଲା କରି ବିଶ୍ରାମ କରାଯାଏ। ଗତିଶୀଳ ଧ୍ୟାନରେ କ'ଣ ସମାନ ଘଟଣା ଘଟେ?

ବିଶ୍ରାମ ମୂଳତଃ ଅସ୍ତିତ୍ୱବାଦୀ। ଯଦି ଜୀବନ ପ୍ରତି ତୁମର ମନୋଭାବ ଉତ୍ତେଜନାପୂର୍ଣ୍ଣ, ତେବେ ତୁମେ ଆରାମ କରିପାରିବ ନାହିଁ। ତୁମେ ଚେଷ୍ଟା କଲେ ମଧ୍ୟ ଆରାମ କରିପାରିବ ନାହିଁ। ପ୍ରକୃତରେ, ବିଶ୍ରାମ କରିବାକୁ ଚେଷ୍ଟା କରିବା ବ୍ୟର୍ଥ। ଏହା ବିଶ୍ରାମର ବିପରୀତ। ତୁମେ ଆରାମ କରିପାରିବ, କିନ୍ତୁ ତୁମେ ନିଜକୁ ଆରାମ କରିପାରିବ ନାହିଁ।

ତୁମର ଉପସ୍ଥିତି ବିଶ୍ରାମ ବିରୁଦ୍ଧରେ। ବିଶ୍ରାମ ଅର୍ଥ ହେଉଛି ତୁମେ ନୁହଁ। ଏବଂ ଚେଷ୍ଟା କରି ତୁମେ ଅସ୍ତିତ୍ୱହୀନ ହୋଇପାରିବ ନାହିଁ। ପ୍ରତ୍ୟେକ ପ୍ରୟାସ ତୁମର ଉପସ୍ଥିତିକୁ ସୁଦୃଢ଼ କରିବ। ତୁମେ ଯାହା କର ତାହା ତୁମର କାର୍ଯ୍ୟ ହେବ, ଏହା ତୁମକୁ ଶକ୍ତିଶାଳୀ କରିବ। ଏହା ତୁମକୁ ଅଧିକ ଶକ୍ତିଶାଳୀ, ଅଧିକ ସଂକୁଚିତ କରିବ।

ଏହି ଅର୍ଥରେ ତୁମେ 'ଆରାମ' କରିପାରିବ ନାହିଁ। ତୁମର ବିଶ୍ରାମ କେବଳ ସେତେବେଳେ ହୁଏ ଯେତେବେଳେ ତୁମେ ନାହିଁ। ତୁମର କାମ ଅହଂକାରର ଅଂଶ ହୋଇଯିବ। ତୁମର ପ୍ରୟାସ ତୁମର ନିରନ୍ତର ହୋଇଯିବ।

ତୁମେ ସେହି ମୁହୂର୍ତ୍ତରେ ଆରାମ ଅନୁଭବ କର। ତୁମର ଅସ୍ତିତ୍ୱ ନିଜେ ଏକ ଉତ୍ତେଜନା। ତୁମେ ଉତ୍ତେଜନା ବିନା ରହିପାରିବ ନାହିଁ କାରଣ ତୁମେ ଉତ୍ତେଜନା।

ଯେତେବେଳେ ତୁମେ ଏପରି କିଛି ଇଚ୍ଛା କର ଯାହା ନୁହେଁ, ସେତେବେଳେ ଉତ୍ତେଜନା ଆରମ୍ଭ ହୁଏ। ଏହା ଅତୀତ ଏବଂ ଭବିଷ୍ୟତର ଟାଣ, ତୁମେ ଦୁଇଟି ଜିନିଷ ମଧ୍ୟରେ ସେତୁ, ଏବଂ ଯେତେବେଳେ ଦୁଇଟି ଜିନିଷ ସମ୍ପର୍କିତ ହୁଏ, ସେତେବେଳେ ଉତ୍ତେଜନା ରହିବ। ମଣିଷ ଏକ ସେତୁ, ଇନ୍ଦ୍ରଧନୁରେ ତିଆରି ଇଚ୍ଛାର ସେତୁ, ଏହା ବାଷ୍ପୀଭୂତ ହୋଇପାରେ।

ଯେତେବେଳେ ମୁଁ କହେ, ବିଶ୍ରାମ ଅସ୍ତିତ୍ୱବାଦୀ, ମୋର ଅର୍ଥ ହେଉଛି ଉତ୍ତେଜନାକୁ ବୁଝ, ଏହା ସହିତ କିଛି କର ନାହିଁ, କେବଳ ବୁଝ। ତୁମେ ଉତ୍ତେଜନାକୁ ବୁଝିପାରିବ। କିନ୍ତୁ ତୁମେ ଆରାମ କରିପାରିବ ନାହିଁ। ତେଣୁ ଉତ୍ତେଜନାର ସମସ୍ତ ଦିଗକୁ ଦେଖ। ଏହା କ'ଣ, ଏହା କିପରି ଅଛି, ଏହା କେଉଁଠାରୁ ଆସେ, ଏହା କିପରି ରହିଥାଏ, ଏହା କିପରି ରହିଥାଏ, ଏହାର ଉପାୟ କ'ଣ? ସମ୍ପୂର୍ଣ୍ଣ ଭାବରେ ଉତ୍ତେଜନାକୁ ବୁଝ ଏବଂ ଯେତେବେଳେ ତୁମେ ଏହାକୁ ବୁଝିବ, ସେତେବେଳେ ଏକ ଶୂନ୍ୟ ମୁହୂର୍ତ୍ତ ସୃଷ୍ଟି ହୁଏ ଯେଉଁଥିରେ କୌଣସି ଉତ୍ତେଜନା ନ ଥାଏ। ତା'ପରେ କେବଳ ଶରୀର ଆରାମଦାୟକ ନୁହେଁ, ସମଗ୍ର ପ୍ରାଣୀ ଆରାମଦାୟକ ହୋଇଯାଏ।

ଶରୀରକୁ ଉତ୍ତେଜନାମୁକ୍ତ ରଖିବାର ଚେଷ୍ଟା

ଶରୀରକୁ ଉତ୍ତେଜନାମୁକ୍ତ କରିବା ବହୁତ କଷ୍ଟକର ନୁହେଁ। କିନ୍ତୁ ସଭ୍ୟତାର ବିକାଶ ସହିତ ଏହା କଷ୍ଟକର ହୋଇଗଲା। ଶରୀର ସହିତ ଆମର ସମ୍ପର୍କ ଭାଙ୍ଗିଗଲା। ଆମେ ଶରୀରରେ ରହୁନାହୁଁ। ଆମର ଜୀବନ ବୌଦ୍ଧିକ, ମାନସିକ ହୋଇଗଲାଣି।

ଯେତେବେଳେ ତୁମେ ପ୍ରେମ କର, ତୁମେ ଶରୀର ସହିତ ପ୍ରେମ କର ନାହିଁ, ତୁମେ ମନ ସହିତ ପ୍ରେମ କର। ଶରୀର ଏକ ମୃତ ବୋଝ ପରି ତୁମର ଆଜ୍ଞା ପାଳନ କରେ। ଯେତେବେଳେ ତୁମେ କାହାକୁ ସ୍ପର୍ଶ କର, ତୁମେ ତାଙ୍କ ଶରୀରକୁ ସ୍ପର୍ଶ କର ନାହିଁ, ସେଠାରେ କୌଣସି ସମ୍ବେଦନଶୀଳତା ନାହିଁ। ମନ ପଚାରେ, ଯେହେତୁ ମନ ସ୍ପର୍ଶ କରିପାରିବ ନାହିଁ, ତେଣୁ ଆମେ ଶରୀରକୁ କାହିଁକି ସ୍ପର୍ଶ କରୁ। ତଥାପି ସେମାନଙ୍କ ମଧ୍ୟରେ କୌଣସି ଯୋଗାଯୋଗ ନାହିଁ। ଶରୀର ମୃତ। ତୁମେ ଆଲିଙ୍ଗନ କରିପାରିବ, କିନ୍ତୁ ଏହା ଦୁଇଟି ମୃତ ଶରୀରର ଆଲିଙ୍ଗନ। ସେମାନେ କେବଳ ନିକଟତର ହୁଅନ୍ତି, କିନ୍ତୁ ପ୍ରକୃତରେ ନିକଟତର ନୁହଁନ୍ତି। ନିକଟତା କେବଳ ସେତେବେଳେ ହୋଇପାରେ ଯେତେବେଳେ ତୁମେ ଶରୀରରେ ବାସ କର। ଆମେ ଆମ ଶରୀର ବାହାରେ ରହୁ।

ଆମେ ଭୂତ ପରି ଶରୀର ଚାରିପାଖରେ ଘୂରି ବୁଲୁ କିନ୍ତୁ ଶରୀର ଭିତରେ ରୁହନ୍ତି ନାହିଁ। ମଣିଷ ଯେତେ ସଭ୍ୟ ହୋଇଛି, ଶରୀର ସହିତ ତାର ସମ୍ପର୍କ ସେତେ ଭାଙ୍ଗି ଯାଇଛି। ସେହି ବିଚ୍ଛିନ୍ନତା ଶରୀରରେ ଏତେ ଉତ୍ତେଜନା ସୃଷ୍ଟି କରୁଛି।

ଶରୀରର ଆରାମ କରିବାର ନିଜସ୍ୱ ଉପାୟ ଅଛି। ଶରୀର କ୍ଳାନ୍ତ ହୋଇ ବିଛଣାରେ ପଡ଼ିଛି। କିନ୍ତୁ ତୁମେ ଉପସ୍ଥିତ ନାହଁ, ତେଣୁ ଏହାକୁ ଆରାମ କରାଯାଇପାରିବ ନାହିଁ। ତୁମର ଉପସ୍ଥିତି ଆବଶ୍ୟକ, ନଚେତ୍ ଶରୀରର ସ୍ୱୟଂଚାଳିତ ଯନ୍ତ୍ର କାମ କରିପାରିବ ନାହିଁ। ତୁମ ବିନା ଏହା ଶୋଇପାରିବ ନାହିଁ। ନିଦ ହଜିଯାଏ, ବିଶ୍ରାମ ହଜିଯାଏ, କାରଣ ଶରୀର ସହିତ ସମ୍ପର୍କ ଭାଙ୍ଗି ଯାଏ।

ତୁମେ ଶରୀରରେ ରହିପାରିବ ନାହିଁ, ତେଣୁ ଶରୀର ଠିକ୍ ଭାବରେ କାର୍ଯ୍ୟ କରିପାରିବ ନାହିଁ। ଏହାର ନିଜସ୍ୱ ଜ୍ଞାନ ନାହିଁ। ଏହାର ଏକ ଜୈବିକ ସହଜାତ ବୁଝାମଣା ଅଛି, ଯାହା ଶତାବ୍ଦୀ ପୁରୁଣା। କିନ୍ତୁ ତୁମେ ଉପସ୍ଥିତ ନାହଁ, ତେଣୁ ଉତ୍ତେଜନା ରହିଥାଏ। ନଚେତ୍ ଭୌତିକ ଶରୀର ମୂଳତଃ ସ୍ୱୟଂଚାଳିତ। ଏହାକୁ କେବଳ ତୁମର ଉପସ୍ଥିତି ଆବଶ୍ୟକ ଏବଂ ଏହା କାମ କରିବା ଆରମ୍ଭ କରେ।

ଆମର ମନ ମଧ୍ୟ ଉତ୍ତେଜନାରେ ପରିପୂର୍ଣ୍ଣ। ଏହାର କୌଣସି ଆବଶ୍ୟକତା ନାହିଁ। ମନ ଉତ୍ତେଜନାପୂର୍ଣ୍ଣ କାରଣ ତୁମେ ସବୁବେଳେ ବିଶୃଙ୍ଖଳା ସୃଷ୍ଟି କରୁଛ। ଉଦାହରଣ ସ୍ୱରୂପ, ଯିଏ ସମ୍ଭୋଗ ବିଷୟରେ ଚିନ୍ତା କରୁଛି ସେ ବିଶୃଙ୍ଖଳା ସୃଷ୍ଟି କରୁଛି କାରଣ ସମ୍ଭୋଗ ଏପରି କିଛି ନୁହେଁ ଯାହା ବିଷୟରେ ଚିନ୍ତା କରିବା ଆବଶ୍ୟକ। ମସ୍ତିଷ୍କ କେନ୍ଦ୍ର ଏଥିପାଇଁ ତିଆରି ହୋଇନାହିଁ, ସମ୍ଭୋଗର ନିଜସ୍ୱ କେନ୍ଦ୍ର ଅଛି। କିନ୍ତୁ ତୁମେ ମସ୍ତିଷ୍କ ମାଧ୍ୟମରେ ସମ୍ଭୋଗ କେନ୍ଦ୍ରର କାର୍ଯ୍ୟ ଗ୍ରହଣ କରୁଛ। ଯେତେବେଳେ ତୁମେ ପ୍ରେମରେ ଥାଅ, ତୁମେ ଏହାକୁ ଏକ ବସ୍ତୁ ଭାବରେ ଭାବୁଛ। ତୁମେ ଏହାକୁ ଅନୁଭବ କରୁନାହଁ। ତୁମର ଭାବପ୍ରବଣ କେନ୍ଦ୍ର ନିଷ୍କ୍ରିୟ ପଡ଼ି ରହିଛି।

ଜଣେ ବ୍ୟକ୍ତି ଯେତେ ସଭ୍ୟ, ତାଙ୍କର ବୌଦ୍ଧିକ କେନ୍ଦ୍ର ସେତେ ଅଧିକ ଭାରାକ୍ରାନ୍ତ। ଅନ୍ୟ କେନ୍ଦ୍ରଗୁଡ଼ିକ କାମ କରନ୍ତି ନାହିଁ। ଏହା ମଧ୍ୟ ଉତ୍ତେଜନା ସୃଷ୍ଟି କରେ କାରଣ ଯେଉଁ କେନ୍ଦ୍ର ସକ୍ରିୟ ହେବା ଉଚିତ ଏବଂ ଯାହା ଭିତରେ ଏକ ପ୍ରକାରର ଶକ୍ତି ଅଛି, ତାହାର କୌଣସି କାମ ନାହିଁ। ଏହା ନିଜ ଭିତରେ ଉତ୍ତେଜନା ସୃଷ୍ଟି କରେ। ଏହା ନିଜ ସଞ୍ଚିତ ଶକ୍ତି ସହିତ ଘଟେ।

ମସ୍ତିଷ୍କ କେନ୍ଦ୍ର ଅତ୍ୟଧିକ ବୋଝଗ୍ରସ୍ତ

ମସ୍ତିଷ୍କ କେନ୍ଦ୍ର ଅତ୍ୟଧିକ ବୋଝଗ୍ରସ୍ତ। ଏହାକୁ ଭାବନା ଅନୁଭବ କରିବାର ଦାୟିତ୍ୱ ଦିଆଯାଇଛି, ଯାହା ଏହାର କାମ ନୁହେଁ। ମସ୍ତିଷ୍କ ଚିନ୍ତା କରିପାରିବ, କିନ୍ତୁ ଅନୁଭବ କରିପାରିବ ନାହିଁ। ଚିନ୍ତା କରିବାର ଉପାଦାନଗୁଡ଼ିକ ଅନୁଭବର ଉପାଦାନଗୁଡ଼ିକଠାରୁ ସମ୍ପୂର୍ଣ୍ଣ ଭିନ୍ନ। କେବଳ ଭିନ୍ନ ନୁହେଁ, ସେମାନେ ସମ୍ପୂର୍ଣ୍ଣ ବିପରୀତ। ହୃଦୟର ଯୁକ୍ତି ମସ୍ତିଷ୍କର ଯୁକ୍ତି ସହିତ ସମାନ ନୁହେଁ।

ପ୍ରେମ ବିଷୟରେ ଚିନ୍ତା କରିବାର ଉପାୟ ଅଛି, କିନ୍ତୁ ସେଗୁଡ଼ିକ ବୌଦ୍ଧିକ ନୁହେଁ। ତେଣୁ ମସ୍ତିଷ୍କକୁ ଏପରି କାମ କରିବାକୁ ପଡ଼ିଥାଏ ଯାହା କରିବା ପାଇଁ ନୁହେଁ, ଏବଂ ଏହା ଉତ୍ତେଜନା ସୃଷ୍ଟି କରେ। ପରିସ୍ଥିତି ଏହିପରି: ପିତା ପୁଅର କାମ କରୁଛନ୍ତି ଏବଂ ପୁଅ ବାପାର କାମ କରୁଛି। ବୌଦ୍ଧିକ ସ୍ତରରେ ବଞ୍ଚିବା ଦ୍ୱାରା ଏହି ପ୍ରକାରର ଦ୍ୱନ୍ଦ୍ୱ ସୃଷ୍ଟି ହୁଏ। ଯଦି ପ୍ରତ୍ୟେକ କେନ୍ଦ୍ର ନିଜସ୍ୱ କାମ କରେ, ତେବେ କୌଣସି ଉତ୍ତେଜନା ରହିବ ନାହିଁ।

ମସ୍ତିଷ୍କ ଏକମାତ୍ର କେନ୍ଦ୍ର ନୁହେଁ। ଆମେ ଏପରି ବଞ୍ଚୁଛୁ ଯେପରି ଏହା ସବୁକିଛି। ଆମେ ସମସ୍ତ ଶାନ୍ତି, ସମସ୍ତ ଆରାମଦାୟକ ମନୋଭାବ, ପ୍ରକୃତି ସହିତ ମଣିଷର ସମ୍ପୂର୍ଣ୍ଣ ସମନ୍ୱୟକୁ ନଷ୍ଟ କରିଦେଇଛୁ। ମସ୍ତିଷ୍କର ଏକ ନିର୍ଦ୍ଦିଷ୍ଟ କାର୍ଯ୍ୟ ଅଛି, କିନ୍ତୁ ବହୁତ ସୀମିତ। ଆମେ ଏହା ଉପରେ ଏତେ ବୋଝ ଲଦି ଦେଇଛୁ। ଆମର ସମଗ୍ର ଶିକ୍ଷା ଗୋଟିଏ କେନ୍ଦ୍ରରେ କାମ କରେ। ତୁମେ ଏପରି ଶିକ୍ଷିତ ଯେପରି ତୁମର କେବଳ ଗଣିତ ଏବଂ ତର୍କର ଏକ କେନ୍ଦ୍ର ଅଛି। ଜୀବନ କେବଳ ତର୍କ ନୁହେଁ। ସତ୍ୟ ହେଉଛି ଜୀବନର ଏକ ବଡ଼ ଅଂଶ ଅଯୌକ୍ତିକ। ତର୍କ ହେଉଛି ଅଯୌକ୍ତିକତାର ବିଶାଳ, ଅନ୍ଧକାର, ରହସ୍ୟମୟ ସମୁଦ୍ରରେ ଏକ ଛୋଟ ଆଲୋକିତ ଦ୍ୱୀପ ଏବଂ ଏହି ଦ୍ୱୀପର ମୂଳ ରହସ୍ୟମୟ ସମୁଦ୍ରରେ ରହିଛି। ଆଲୋକିତ ଅଂଶ ହେଉଛି ଏକ ଛୋଟ ଅଂଶ। ଏହା ସମ୍ପୂର୍ଣ୍ଣ ନୁହେଁ ଏବଂ ଏହାକୁ ସମ୍ପୂର୍ଣ୍ଣ ବୋଲି ବିବେଚନା କରାଯିବା ଉଚିତ୍ ନୁହେଁ, ନଚେତ୍ ଫଳାଫଳ ଉତ୍ତେଜନା ହେବ। ରହସ୍ୟ ଏହାର ପ୍ରତିଶୋଧ ନେବ, ଅଯୌକ୍ତିକତା ତାହାର ପ୍ରତିଶୋଧ ନେବ। ତୁମେ ଏହାର ଫଳାଫଳ ପଶ୍ଚିମରେ ଦେଖିପାରିବ। ପଶ୍ଚିମ ଗୋଟିଏ କେନ୍ଦ୍ର, ତାର୍କିକ କେନ୍ଦ୍ର ଉପରେ ଅତ୍ୟଧିକ ବୋଝ ପକାଇଛି, ଏବଂ ବର୍ତ୍ତମାନ ଅଯୌକ୍ତିକତା ତାହାର ପ୍ରତିଶୋଧ ନେଉଛି। ଏହା ସମଗ୍ର ବ୍ୟବସ୍ଥାକୁ ଅବ୍ୟବସ୍ଥିତ କରୁଛି। ଅରାଜକତା, ଅନୁଶାସନ, ବିଦ୍ରୋହ, ଅଯୌକ୍ତିକତା ସବୁକିଛି ପ୍ରତିଶୋଧ ନେଉଛି।

ବୌଦ୍ଧିକତା ସବୁକିଛି ନୁହେଁ

ଯେତେବେଳେ ଏହାକୁ ଏପରି କରାଯାଏ, ସେତେବେଳେ ସମଗ୍ର ସଂସ୍କୃତି ଉତ୍ତେଜନାପୂର୍ଣ୍ଣ ହୋଇଯାଏ କାରଣ ତୁମେ ଏହା ଉପରେ ଅତ୍ୟଧିକ ବୋଝ ପକାଇଛ। କିନ୍ତୁ ତୁମର ଆଧ୍ୟାତ୍ମିକ କେନ୍ଦ୍ର କେବେ ବି ଉତ୍ତେଜନାପୂର୍ଣ୍ଣ ନୁହେଁ। ସୁବିଧା ପାଇଁ ମୁଁ ତୁମକୁ ତିନୋଟି ଭାଗରେ ବିଭକ୍ତ କରେ - ଶରୀର, ମନ ଏବଂ ଆତ୍ମା। ତୁମେ ପୁଅ ନୁହଁ। ବାସ୍ତବରେ ଏହି ସୀମା ନାହିଁ। କିନ୍ତୁ ଏହି ସୀମାଗୁଡ଼ିକ ଜିନିଷଗୁଡ଼ିକୁ ବୁଝିବା ପାଇଁ ଉପଯୋଗୀ ହେବ।

ଆଧ୍ୟାତ୍ମିକ ସ୍ତରରେ କେବେ ବି ଉତ୍ତେଜନା ନାହିଁ, କିନ୍ତୁ ଆପଣଙ୍କର ଏହା ସହିତ କୌଣସି ସମ୍ପର୍କ ନାହିଁ। ଯେଉଁ ବ୍ୟକ୍ତି ସମ୍ପର୍କରେ ନାହିଁ ସେ କେବେବି ଆତ୍ମା ସହିତ ଯୋଡ଼ି ହୋଇପାରିବ ନାହିଁ କାରଣ ତାହା ଏକ ଗଭୀର ସ୍ତରରେ। ଯଦି ଆପଣ ଆପଣଙ୍କର ବାହ୍ୟ ସୀମା ସହିତ ଯୋଡ଼ି ନୁହଁନ୍ତି, ତେବେ ଆପଣ ଭିତର ସୀମା ସହିତ ଯୋଡ଼ି ହୋଇପାରିବେ ନାହିଁ।

ଆଧ୍ୟାତ୍ମିକ ସ୍ତରରେ ସର୍ବଦା ବିଶ୍ରାମ ଅଛି।

ଏହି ମୁହୂର୍ତ୍ତରେ ମଧ୍ୟ ଏହା ବିଶ୍ରାମରେ ଅଛି। ପ୍ରକୃତରେ ଏହା କହିବା ଅଧିକ ଉପଯୁକ୍ତ ହେବ ଯେ ଆଧ୍ୟାତ୍ମିକ ସ୍ତରରେ ବିଶ୍ରାମ ଅଛି। କୌଣସି ବିଶ୍ରାମ ନାହିଁ କାରଣ ସେହି ସ୍ତରରେ ଉତ୍ତେଜନାର କାରଣ ନାହିଁ। ତୃତୀୟ ସ୍ତରରେ ଆପଣ ବଞ୍ଚିପାରିବେ ନାହିଁ। ଆପଣ ଏହାକୁ ଭୁଲିପାରିବେ କିନ୍ତୁ ଆପଣ ଏହା ବିନା ବଞ୍ଚିପାରିବେ ନାହିଁ କାରଣ ଆପଣ ତାହା। ତାହା ହେଉଛି ଆପଣଙ୍କର ପବିତ୍ରତମ ସ୍ୱରୂପ।

ଆପଣ ଆଧ୍ୟାତ୍ମିକ କ୍ଷେତ୍ରରେ ସଚେତନ ନୁହଁନ୍ତି କାରଣ ଆପଣଙ୍କ ଶରୀରରେ ଏତେ ଉତ୍ତେଜନା ଅଛି, ମନରେ ଏତେ ପ୍ରଭାବ ଅଛି, ଯଦି ଆପଣ ଶାରୀରିକ ଏବଂ ମାନସିକ ସ୍ତରରେ ଉତ୍ତେଜନାରେ ପଡ଼ି ନାହାଁନ୍ତି ତେବେ ଆପଣ ସ୍ୱୟଂଚାଳିତ ଭାବରେ ଆଧ୍ୟାତ୍ମିକ ଆନନ୍ଦ ପ୍ରାପ୍ତ କରିବେ। ଏହା ଆପଣଙ୍କ ଉପରେ ଅବତରଣ କରେ, ଏହା ଆପଣଙ୍କ ପାଇଁ ଅପେକ୍ଷା କରୁଛି।

ତୁମର ସମ୍ପୂର୍ଣ୍ଣ ଧ୍ୟାନ ଶାରୀରିକ ଏବଂ ମାନସିକ ସ୍ତରରେ ଅଛି, ତେଣୁ ତୁମେ ଆତ୍ମା ଆଡ଼କୁ ଫେରିପାରିବ ନାହିଁ। ଯଦି ଶରୀର ଏବଂ ମନରେ କୌଣସି ଉତ୍ତେଜନା ନ ଥାଏ, ତେବେ ହିଁ ତୁମେ ଆଧ୍ୟାତ୍ମିକ ସ୍ତରରେ ଡେଇଁପାରିବ, ଏହାର ଆନନ୍ଦକୁ ଜାଣ।

ଆଧ୍ୟାତ୍ମିକ ଉତ୍ତେଜନା ବୋଲି କିଛି ନାହିଁ। ଧର୍ମ ନାମରେ ଶରୀର ବିରୋଧୀ ମନୋଭାବ ଶିକ୍ଷା ଦେଉଥିବା ଲୋକଙ୍କ ଦ୍ୱାରା ଶାରୀରିକ ଉତ୍ତେଜନା ସୃଷ୍ଟି ହୁଏ। ପାଶ୍ଚାତ୍ୟରେ, ଖ୍ରୀଷ୍ଟିଆନ ଧର୍ମ ଜିଦ୍ ଧରି ଶରୀର ପ୍ରତି ଶତ୍ରୁତା ଶିକ୍ଷା ଦେଇ ଆସୁଛି। ଏହା ତୁମ ଏବଂ ଶରୀର ମଧ୍ୟରେ ଏକ ମିଥ୍ୟା ବିଭାଜନ ସୃଷ୍ଟି କରେ। ତା' ପରେ ତୁମର ସମ୍ପୂର୍ଣ୍ଣ ମନୋଭାବ ଏକ ଉତ୍ତେଜନା ସୃଷ୍ଟିକାରୀ ହୋଇଯାଏ। ତୁମେ ଉତ୍ତେଜନା ବିନା ବଞ୍ଚିପାରିବ ନାହିଁ।

ପ୍ରତ୍ୟେକ ଶାରୀରିକ କାର୍ଯ୍ୟ ଉତ୍ତେଜନାରେ ପରିଣତ ହୁଏ। ଶରୀର ଶତ୍ରୁ ହୋଇଯାଏ। କିନ୍ତୁ ତୁମେ ଏହା ବିନା ରହିପାରିବ ନାହିଁ। ତୁମକୁ ଏହା ସହିତ ବଞ୍ଚିବାକୁ ପଡିବ, ତୁମକୁ ଶତ୍ରୁ ସହିତ ବଞ୍ଚିବାକୁ ପଡିବ, ତେଣୁ ଅସ୍ତିତ୍ୱ ରହିବ।

ଶରୀର ତୁମର ଶତ୍ରୁ ନୁହେଁ। ଏହା ତୁମ ପାଇଁ କ୍ଷତିକାରକ କିମ୍ବା ନିରପେକ୍ଷ। ଯଦି ତୁମେ ଶରୀରକୁ ଏକ ଉପହାର - ଈଶ୍ୱରଙ୍କ ଉପହାର - ଭାବରେ ବିବେଚନା କର, ତେବେ ତୁମେ ଶରୀରକୁ ଫେରି ଆସିବ। ତୁମେ ଏହାକୁ ଭଲ ପାଇବ, ତୁମେ ଏହାକୁ ଅନୁଭବ କରିବ, ଏବଂ ଏହାକୁ ଅନୁଭବ କରିବାର ଉପାୟଗୁଡ଼ିକ ବହୁତ ସୂକ୍ଷ୍ମ।

ଯଦି ତୁମେ ନିଜ ଶରୀରକୁ ଅନୁଭବ କରିନାହଁ, ତେବେ ତୁମେ ଅନ୍ୟର ଶରୀରକୁ ଅନୁଭବ କରିପାରିବ ନାହିଁ। ଯଦି ତୁମେ ନିଜ ଶରୀରକୁ ଭଲ ପାଇନାହଁ, ତେବେ ତୁମେ ଅନ୍ୟର ଶରୀରକୁ ଭଲ ପାଇପାରିବ ନାହିଁ। ଏହା ଅସମ୍ଭବ।

ଯଦି ତୁମେ ନିଜ ଶରୀରର ଯତ୍ନ ନେଇନାହଁ, ତେବେ ତୁମେ ଅନ୍ୟର ଯତ୍ନ ନେଇପାରିବ ନାହିଁ। ଏବଂ କେହି ଚିନ୍ତା କରନ୍ତି ନାହିଁ। ତୁମେ ଅନ୍ୟ କୌଣସି କାରଣରୁ ଏହା କହିବ - ଅନ୍ୟମାନଙ୍କ ମତରେ, ଅନ୍ୟମାନଙ୍କ ଦୃଷ୍ଟିରେ ଭଲ ଦେଖାଯିବା ପାଇଁ। ନିଜକୁ ଭଲ ଦେଖାଯିବା ପାଇଁ। ତୁମେ ନିଜ ପାଇଁ ଶରୀରର ଯତ୍ନ ନେଉନାହଁ।

ତୁମେ ତୁମର ଶରୀରକୁ ଭଲ ପାଅ ନାହିଁ, ଏବଂ ଯଦି ତୁମେ ଭଲ ପାଉନାହଁ, ତେବେ ତୁମେ ଏଥିରେ ରହିପାରିବ ନାହିଁ।

ତୁମର ଶରୀରକୁ ଭଲ ପାଅ, ତୁମେ ଏପରି ଶାନ୍ତି ପାଇବ, ଯାହା ତୁମେ ପୂର୍ବରୁ କେବେ ଜାଣିନାହଁ। ପ୍ରେମ ବିଶ୍ରାମକୁ ନେଇଯାଏ। ଯଦି ତୁମେ କାହାକୁ ଭଲ ପାଅ, ତେବେ ବିଶ୍ରାମର ସଙ୍ଗୀତ ଦୁଇ ପ୍ରେମିକଙ୍କ ମଧ୍ୟରେ ସ୍ୱୟଂଚାଳିତ ଭାବରେ ବାଜେ। ଯଦି ତୁମେ କାହା ସହିତ ଟେନସନ୍ ଅନୁଭବ କର, ତେବେ ଏହା ପ୍ରେମର ଲକ୍ଷଣ ନୁହେଁ। ଯଦି ତୁମେ କାହା ସହିତ ଟେନସନ୍ ଅନୁଭବ କର, ତେବେ ଜାଣ ଯେ ସେଠାରେ କୌଣସି ପ୍ରେମ ନାହିଁ। ଅନ୍ୟ ଜଣକ ଶତ୍ରୁ। ସେଥିପାଇଁ ସାର୍ତ୍ର କୁହନ୍ତି: ଅନ୍ୟ ଜଣକ ନର୍କ। ସାର୍ତ୍ରଙ୍କ ପାଇଁ ଏହା ନର୍କ ହେବ। କିନ୍ତୁ ଯଦି ଦୁହିଁଙ୍କ ମଧ୍ୟରେ ପ୍ରେମ ପ୍ରବାହିତ ନହୁଏ, ତେବେ ଅନ୍ୟଟି ସ୍ୱର୍ଗ କି ନର୍କ ତାହା ଦୁହିଁଙ୍କ ମଧ୍ୟରେ ପ୍ରବାହିତ ପ୍ରେମ ଉପରେ ନିର୍ଭର କରିବ।

ଯେତେବେଳେ ତୁମେ ପ୍ରେମରେ ପଡ଼, ଏକ ନୀରବତା ଅବନତ ହୁଏ। ଭାଷା ହଜିଯାଏ, ଶବ୍ଦ ଅର୍ଥହୀନ ହୋଇଯାଏ। ତୁମର କହିବାକୁ ବହୁତ କିଛି ଅଛି ଏବଂ ତୁମେ କିଛି କହିପାରିବ ନାହିଁ। ନୀରବତାରେ ପ୍ରେମ ପ୍ରସ୍ଫୁଟିତ ହୁଏ। ତୁମେ ଆରାମ କର।

ପ୍ରେମର କୌଣସି ଭବିଷ୍ୟତ ନାହିଁ ଏବଂ ଅତୀତ ନାହିଁ

ପ୍ରେମର କୌଣସି ଭବିଷ୍ୟତ ନାହିଁ ଏବଂ ଅତୀତ ନାହିଁ। ଯେତେବେଳେ ପ୍ରେମ ମରିଯାଏ, ସବୁକିଛି ଅତୀତ ହୋଇଯାଏ। ତୁମେ କେବଳ ମୃତ ପ୍ରେମକୁ ମନେ

ରଖିପାରିବ, ଜୀବିତ ପ୍ରେମକୁ ମନେ ରଖିପାରିବ ନାହିଁ। ଏହା ଜୀବନ୍ତ। ଏହାକୁ ମନେ ରଖିବା ପାଇଁ କୌଣସି ବ୍ୟବଧାନ ନାହିଁ। ପ୍ରେମ ବର୍ତ୍ତମାନରେ ଅଛି, ଏହାର କୌଣସି ଅତୀତ ନାହିଁ ଏବଂ ଭବିଷ୍ୟତ ନାହିଁ।

ଯଦି ତୁମେ କାହାକୁ ଭଲ ପାଅ ତେବେ ତୁମକୁ ଅଭିନୟ କରିବାକୁ ପଡିବ ନାହିଁ। ତା'ହେଲେ ତୁମେ ଯାହା ଅଛ ତାହା ହୋଇପାରିବ। ତୁମେ ତୁମର ମୁଖା ଖୋଲି ଶାନ୍ତିରେ ରହିପାରିବ। ଯେତେବେଳେ ତୁମେ ପ୍ରେମରେ ନାହଁ, ତୁମକୁ ଏକ ମୁଖା ପିନ୍ଧିବାକୁ ପଡିବ। ପ୍ରତ୍ୟେକ ମୁହୂର୍ତ୍ତରେ ତୁମେ ଉତ୍ତେଜନାରେ ଥାଅ କାରଣ ଅନ୍ୟ ଜଣକ ସେଠାରେ ଅଛି, ତୁମକୁ ଅଭିନୟ କରିବାକୁ ପଡିବ, ତୁମକୁ ସତର୍କ ରହିବାକୁ ପଡିବ। ତୁମକୁ ଆକ୍ରମଣାତ୍ମକ କିମ୍ବା ପ୍ରତିରକ୍ଷାତ୍ମକ ହେବାକୁ ପଡିବ। ଏହା ଏକ ଲଢ଼େଇ, ଏକ ସଂଘର୍ଷ। ତୁମେ ଶାନ୍ତିରେ ରହିପାରିବ ନାହିଁ।

ପ୍ରେମର ଆନନ୍ଦ ସମସ୍ତ ଆରାମର ଆନନ୍ଦ ବିଷୟରେ। ତୁମର ଟେନସନ୍ ଉଭାନ ହୋଇଯାଏ। ତୁମେ ଯାହା ଅଛ ତାହା ହୋଇପାର। ତୁମେ କୌଣସି ପ୍ରକାରେ ନଗ୍ନ ହୋଇପାର। ତୁମକୁ ନିଜ ବିଷୟରେ ଚିନ୍ତା କରିବାକୁ ପଡ଼ିବ ନାହିଁ, ତୁମକୁ ଅଭିନୟ କରିବାକୁ ପଡ଼ିବ ନାହିଁ। ତୁମେ ଖୋଲା, ନରମ ହୋଇପାର। ସେହି ଖୋଲା ସ୍ଥାନରେ ତୁମେ ଆରାମ ଅନୁଭବ କର।

ଯେତେବେଳେ ତୁମେ ତୁମର ଶରୀରକୁ ଭଲ ପାଅ, ତୁମେ ଆରାମରେ ରୁହ, ତୁମେ ଏହାର ଯତ୍ନ ନିଅ। ଏଥିରେ କିଛି ଭୁଲ ନାହିଁ। ତୁମର ଶରୀରକୁ ଭଲ ପାଇବା ନାର୍ସିସସ୍ ପରି ନୁହେଁ। ପ୍ରକୃତରେ, ଏହା ଆଧ୍ୟାତ୍ମିକତାର ପ୍ରଥମ ପାହାଚ।

ସେଥିପାଇଁ ଗତିଶୀଳ ଧ୍ୟାନ ଶରୀର ସହିତ ଆରମ୍ଭ ହୁଏ। ଦ୍ରୁତ ନିଶ୍ୱାସ ନେବା ସହିତ ମନ ବିସ୍ତାରିତ ହୁଏ, ଚେତନା ବିସ୍ତାର ହୁଏ। ସମଗ୍ର ଶରୀର ଏକ ଗତିଶୀଳ, ଜୀବନ୍ତ ପ୍ରାଣୀ ହୋଇଯାଏ। ଏବେ ଡେଇଁବା ସହଜ ହେବ। ମନ ଏକ ପ୍ରତିବନ୍ଧକ ହେବ ନାହିଁ। ତୁମେ ଏକ ପିଲା ହୋଇଛ - ଡେଇଁବା, ଡ଼ିଆଁମାରିବା, ଜୀବନ୍ତ। ଆଉ କୌଣସି ମାନସିକ ବନ୍ଧନ ନାହିଁ।

ତୁମର ଶରୀର ତୁମ ମନ ପରି ଏତେ ବନ୍ଧା ନୁହେଁ। ତୁମର ମନ ସଂସ୍କାର ଦ୍ୱାରା ଆବଦ୍ଧ ହୋଇଗଲାଣି, କିନ୍ତୁ ଶରୀର ଏବେ ବି ପ୍ରକୃତିର ଅଂଶ। ସମସ୍ତ ଧର୍ମ ଏବଂ ଧାର୍ମିକ ଚିନ୍ତାନାୟକ, ଯେଉଁମାନେ ମୂଳତଃ ବୁଦ୍ଧିଜୀବୀ, ଶରୀର ବିରୁଦ୍ଧରେ ଅଛନ୍ତି କାରଣ ଶରୀର ସହିତ, ଇନ୍ଦ୍ରିୟ ଏବଂ ସେମାନଙ୍କର ସଂସ୍କାର ହଜିଯାଇଛି। ସେଥିପାଇଁ ଏହି ସମସ୍ତ ଲୋକ ସମ୍ଭୋଗ କୁ ଏତେ ଭୟ କରିଛନ୍ତି। ସମ୍ଭୋଗ ସହିତ ସଂସ୍କାରିତ ମନ ହଜିଯାଏ। ତୁମେ ଏକ ବୃହତ ଜୈବିକ ଜଗତର ଅଂଶ ହୋଇଯାଅ।

ମନ ସର୍ବଦା ସମ୍ଭୋଗ ବିରୁଦ୍ଧରେ

ମନ ସର୍ବଦା ସମ୍ଭୋଗ ବିରୁଦ୍ଧରେ ଥାଏ କାରଣ ସାଧାରଣ ଜୀବନରେ ସମ୍ଭୋଗ ହେଉଛି ଏକମାତ୍ର ଜିନିଷ ଯାହା ମନ ବିରୁଦ୍ଧରେ ବିଦ୍ରୋହ କରେ। ତୁମେ ସବୁକିଛି ନିୟନ୍ତ୍ରଣ କରିଛ, କେବଳ ଗୋଟିଏ ଜିନିଷ ଅନିୟନ୍ତ୍ରିତ ରହିଛି, ମନ ସମ୍ଭୋଗ ବିରୁଦ୍ଧରେ, କାରଣ ଏହା ଶରୀର ଏବଂ ତୁମ ମଧ୍ୟରେ ଏକମାତ୍ର ସେତୁ। ଯଦି ତାହା ସମ୍ପୂର୍ଣ୍ଣ ଭାବରେ ପ୍ରତ୍ୟାଖ୍ୟାନ କରାଯାଏ ତେବେ ତୁମେ ସମ୍ପୂର୍ଣ୍ଣ ବୁଦ୍ଧିଜୀବୀ ହୋଇଯିବ।

ସମ୍ଭୋଗ ଭୟ, ଶରୀର ପ୍ରତି ଭୟ

ସମ୍ଭୋଗ ଭୟ ମୂଳତଃ ଶରୀର ପ୍ରତି ଭୟ କାରଣ ସମ୍ଭୋଗ ସହିତ ସମଗ୍ର ଶରୀର ଜୀବନ୍ତ ହୋଇଯାଏ, ଶକ୍ତିରେ ନାଚିଥାଏ, ଜୀବନରେ ପରିପୂର୍ଣ୍ଣ। ସମ୍ଭୋଗ ଆପଣଙ୍କୁ କବଜା କରିବା ମାତ୍ରେ, ସମଗ୍ର ମନ ପଛକୁ ଠେଲି ଦିଆଯାଏ। ନିଶ୍ୱାସ ପ୍ରାଧାନ୍ୟ ବିସ୍ତାର କରେ। ନିଶ୍ୱାସ ଶକ୍ତିଶାଳୀ, ଦୃଢ଼ ହୋଇଯାଏ।

ସେଥିପାଇଁ ମୁଁ ନିଶ୍ୱାସ ସହିତ ମୋର ଧ୍ୟାନ ଆରମ୍ଭ କରେ। ସମ୍ପୂର୍ଣ୍ଣ ଶରୀର ସହିତ ତୁମେ ଯେଉଁ ନିଶ୍ୱାସ ଅନୁଭବ କର। ଏହାର ପ୍ରତ୍ୟେକ କୋଣ ଶକ୍ତିରେ ପରିପୂର୍ଣ୍ଣ। ଏବେ ତୁମେ ଲମ୍ଫ ନେଇପାରିବ।

ସମ୍ଭୋଗରେ ଯେଉଁ ଲମ୍ଫ ନିଆଯାଏ ତାହା ବହୁତ ଛୋଟ। ଧ୍ୟାନରେ ଯେଉଁ ଲମ୍ଫ ନିଆଯାଏ ତାହା ବହୁତ ବଡ଼। ସମ୍ଭୋଗରେ ତୁମେ ଅନ୍ୟ ଜଣେ ବ୍ୟକ୍ତି ସହିତ ଡେଇଁପଡ଼ିଥାଅ। ଡେଇଁବା ପୂର୍ବରୁ ତୁମକୁ ଶରୀର ସହିତ ଏକ ହେବାକୁ ପଡିବ ଏବଂ ସେହି ଡେଇଁବାରେ ତୁମକୁ ଆହୁରି ବିସ୍ତାର କରିବାକୁ ପଡିବ। ଅନ୍ୟର ଶରୀର ଆଡ଼କୁ ତୁମର ଚେତନା ତୁମର ଶରୀର ବାହାରେ ବିସ୍ତାରିତ ହୁଏ। ଧ୍ୟାନ ସହିତ ତୁମେ ତୁମର ଶରୀରରୁ ବ୍ରହ୍ମାଣ୍ଡର ଶରୀରକୁ ଡେଇଁ ପକାଅ।

କାର୍ଯ୍ୟ ଜାରି ରଖ। ତୁମେ ଆରମ୍ଭ କରିବ, କିନ୍ତୁ ଏକ ମୁହୂର୍ତ୍ତ ଆସିବ ଯେତେବେଳେ ତୁମେ ନିୟନ୍ତ୍ରଣ ହରାଇବ। ଶକ୍ତି ନିୟନ୍ତ୍ରଣ କରିବ। ତୁମେ କୂଳରେ ଆସିଛ। ଏବେ ତୁମେ ଡେଇଁ ପାରିବ। ଏବେ ତୁମେ ପୁଣି ଏକ ଶିଶୁ ହୋଇଗଲ। ଅନ୍ୟମାନେ କ'ଣ ଭାବିବେ ତାହା ତୁମେ ଚିନ୍ତା କର ନାହିଁ। ଏବେ ସମାଜ ତୁମ ଭିତରେ ଯାହା ରଖିଛି ତାହା ସ୍ଥିର ହୋଇଗଲାଣି। ତୁମେ ବ୍ରହ୍ମାଣ୍ଡର ଏକ ନୃତ୍ୟ କଣିକା ହୋଇଗଲ।

ଯେତେବେଳେ ତୁମେ ସକ୍ରିୟ ଧ୍ୟାନର ଦ୍ୱିତୀୟ ପର୍ଯ୍ୟାୟରେ ସବୁକିଛି ଫିଙ୍ଗି ଦେବ, ସେତେବେଳେ ହିଁ ତୃତୀୟ ପର୍ଯ୍ୟାୟ ସମ୍ଭବ ହେବ। ତୁମର ପରିଚୟ ହଜିଯିବ, ତୁମର

ପ୍ରତିଛବି ଭାଙ୍ଗିଯିବ। ତୁମେ ନିଜ ବିଷୟରେ ଯାହା ଜାଣ ତାହା ତୁମ ବିଷୟରେ ନୁହେଁ। ଏହା କେବଳ ଏକ ଲେବଲ୍। ତୁମକୁ କୁହାଯାଇଛି ଯେ ତୁମେ ଏହା, ତୁମେ ସେହି ଏବଂ ତୁମେ ଏହା ସହିତ ଚିହ୍ନଟ କରିଛ, କିନ୍ତୁ ଏକ ଶକ୍ତିଶାଳୀ କାର୍ଯ୍ୟ ମାଧ୍ୟମରେ, ଏକ ସାର୍ବଭୌମ କାର୍ଯ୍ୟ ମାଧ୍ୟମରେ, ସମସ୍ତ ପରିଚୟ ଭାଙ୍ଗି ଯାଇଛି। ପ୍ରଥମ ଥର ପାଇଁ ତୁମେ ଯେପରି ଜନ୍ମ ସମୟରେ ଥିଲ ସେହିପରି ଅଛ। ଏହି ନୂତନ ଜନ୍ମ ସହିତ ତୁମେ ଜଣେ ନୂତନ ବ୍ୟକ୍ତି ହେବ।

୧୭

ଚାପପୂର୍ଣ୍ଣ ଯୁଗରେ ଏକ ଉପକାର: ସକ୍ରିୟ ଧ୍ୟାନ

ଓଶୋଙ୍କ ଦ୍ୱାରା ସୃଷ୍ଟି ହୋଇଥିବା ସକ୍ରିୟ ଧ୍ୟାନ ଆଶ୍ଚର୍ଯ୍ୟଜନକ, ଶକ୍ତିଶାଳୀ, ଶୀଘ୍ର ଫଳାଫଳ ପ୍ରଦାନ କରେ ଏବଂ ସମ୍ପୂର୍ଣ୍ଣ ବୈଜ୍ଞାନିକ ଏବଂ ସବୁଠାରୁ ଗୁରୁତ୍ୱପୂର୍ଣ୍ଣ। ଆପଣ ଏହା ଅନୁମାନ କରିପାରିବେ ଯେ ଏହି ଧ୍ୟାନ ୧୯୭୪ ମସିହାରୁ ପୁନେ ଆଶ୍ରମର ବୁଦ୍ଧ ହଲରେ ସକାଳେ ନିୟମିତ ଭାବରେ କରାଯାଉଛି ଏବଂ ଏହା ଓଶୋଙ୍କ ପରାମର୍ଶ ଅନୁଯାୟୀ ବିଶ୍ୱବ୍ୟାପୀ ବିସ୍ତାରିତ ଓଶୋ ଧ୍ୟାନ କେନ୍ଦ୍ର ଏବଂ ଧ୍ୟାନ ଶିବିରରେ ବାଧ୍ୟତାମୂଳକ ଭାବରେ କରିବାକୁ। ଏହି ଧ୍ୟାନ ଅଭ୍ୟାସ ଆଜିର ଚାପଗ୍ରସ୍ତ ଏବଂ ଅସ୍ଥିର ଲୋକଙ୍କ ପାଇଁ ବିଶେଷ ଲାଭଦାୟକ। ଏହା ଶରୀର ଏବଂ ମନକୁ ଦମନ ଏବଂ ଦମନିତ ଇଚ୍ଛା ଯୋଗୁଁ ସଞ୍ଚିତ ଚାପରୁ ମୁକ୍ତ କରେ। ଏହା ଶରୀର ଏବଂ ମନର ଗଣ୍ଠିକୁ ବିସର୍ଜିତ କରି ଏବଂ ସହଜରେ ଧ୍ୟାନ ଆଡକୁ ନେଇଯାଏ। ଏହି ଧ୍ୟାନ ସକାଳେ ମଳତ୍ୟାଗ ଇତ୍ୟାଦି ପରେ ଖାଲି ପେଟରେ କରାଯିବା ଉଚିତ। ଆପଣ ଅଧ ଘଣ୍ଟା ପୂର୍ବରୁ ଏକ କପ୍ ଚା କିମ୍ବା ପାଣି ପିଇପାରିବେ।

ଧ୍ୟାନର ସମ୍ପୂର୍ଣ୍ଣ ଘଣ୍ଟା ପାଇଁ ଆଖି ବନ୍ଦ ରଖିବାକୁ ପଡିବ, ଆଖିରେ ପଟି ବାନ୍ଧିବା ଭଲ। ଶରୀରରେ ଢିଲା ପୋଷାକ ରହିବା ଉଚିତ। ମେରୁନ୍ ପୋଷାକ କିମ୍ବା ଚୋଗା ପିନ୍ଧି ଧ୍ୟାନ କରିବା ସୁବିଧାଜନକ। ଯଦି ସମ୍ଭବ ହୁଏ, ଧ୍ୟାନ ସମୟରେ କେବଳ ଧ୍ୟାନ କକ୍ଷରେ ଏହି ପୋଷାକ ପିନ୍ଧନ୍ତୁ। ଯଦି ଆପଣ ସ୍ନାନ କରନ୍ତି ତେବେ ଏହା ଭଲ, ନଚେତ୍ ଆପଣ ସ୍ନାନ ନକରି ଏହା କରିପାରିବେ।

ଧ୍ୟାନର ପଦ୍ଧତି:

ଏହି ଧ୍ୟାନ ଅଭ୍ୟାସ ଆଖିରେ ଆଖି ପଟି ବାନ୍ଧି, ଢିଲା ପୋଷାକ ପିନ୍ଧି, ଶରୀର, ବିଶେଷକରି କାନ୍ଧ ଏବଂ ହାତକୁ ଆରାମ ଦେବା ଉଚିତ, ଶରୀରର କୌଣସି ଅଂଶରେ ଏବଂ ଠିଆ ହେବା ସମୟରେ ଚାପ ଆଣନ୍ତୁ ନାହିଁ।

ଏହି ଧ୍ୟାନ ଅଭ୍ୟାସରେ ପାଞ୍ଚଟି ପର୍ଯ୍ୟାୟ ଅଛି। ପ୍ରଥମ ତିନୋଟି ପର୍ଯ୍ୟାୟ ଦଶ ମିନିଟ୍ ଏବଂ ଚତୁର୍ଥ ଏବଂ ପଞ୍ଚମ ପର୍ଯ୍ୟାୟ ପନ୍ଦର ମିନିଟ୍ ପାଇଁ।

ଏହି ଧ୍ୟାନ ଅଭ୍ୟାସ ହେଉଛି ସଂକଳ୍ପର ଏକ ପରୀକ୍ଷଣ। ତେଣୁ, ଧ୍ୟାନ ପୂର୍ବରୁ, ଆପଣଙ୍କ ମନରେ ପୁନରାବୃତ୍ତି କରନ୍ତୁ, "ମୁଁ ସଂକଳ୍ପ କରୁଛି, ମୁଁ ଏହି ଧ୍ୟାନ ଅଭ୍ୟାସରେ ମୋର ସମସ୍ତ ଶକ୍ତି ଲଗାଇବି।" ତିନିଥର।

ପ୍ରଥମ ପର୍ଯ୍ୟାୟ: (ଦଶ ମିନିଟ୍) ଶରୀରକୁ ଢିଲା ରଖି, ଶ୍ୱାସ ଛାଡ଼ିବା ଏବଂ ଦ୍ରୁତ, ଗଭୀର ଏବଂ ବିଶୃଙ୍ଖଳିତ ଭାବରେ ନିଶ୍ୱାସ ନିଅନ୍ତୁ (ବିନା ଅଟକି ଏବଂ ଦୁଇଟି ନିଶ୍ୱାସ ମଧ୍ୟରେ କୌଣସି ବ୍ୟବଧାନ ବିନା)। ନିଶ୍ୱାସ ଛାଡ଼ିବା ଉପରେ ଗୁରୁତ୍ୱ ଦିଆଯିବ, ଏହା ଥକାପଣ ସୃଷ୍ଟି କରିବ ନାହିଁ।

ଦ୍ୱିତୀୟ ପଦକ୍ଷେପ: (୧୦ ମିନିଟ୍) ଆପଣଙ୍କୁ କ୍ୟାଥାର୍ସିସ୍ କରିବାକୁ ପଡିବ। ତୁମେ ଯାହା ଚାପି ଦେଇଛ, ଯେପରିକି କାନ୍ଦିବା, ହସିବା, ଚିତ୍କାର କରିବା, ଡେଇଁବା, ଯାହା ହେଉ, ତାହାର ଅର୍ଥ ହେଉଛି ତୁମକୁ ଶରୀର ଏବଂ ମନକୁ ସ୍ୱାଧୀନତା ଦେବାକୁ ପଡିବ। ତୁମେ ଅନ୍ୟମାନଙ୍କୁ ବିଚଳିତ କରିବ ନାହିଁ। ପବନରେ ମୁଠା ଏବଂ ଲାତ ମାରିବା। ଏହାର ଅର୍ଥ ହେଉଛି ତୁମକୁ ସଚେତନ ଭାବରେ ପାଗଳ ହେବାକୁ ପଡିବ।

ତୃତୀୟ ପଦକ୍ଷେପ: (୧୦ ମିନିଟ୍) ଉଭୟ ହାତ ଉପରକୁ ଉଠାଇ ଗୋଟିଏ ସ୍ଥାନରେ ଠିଆ ହୁଅ ଏବଂ ତୁମର ଆଙ୍ଗୁଠି ଉପରେ ଡେଇଁ ପଡ଼ିବା ଏବଂ ବିନା ଅଟକି ନାଭି କେନ୍ଦ୍ରରେ ମହାମନ୍ତ୍ର 'ହୁ' ଜପ କର। ଦୁଇଟି 'ହୁ' ମଧ୍ୟରେ କୌଣସି ବ୍ୟବଧାନ ରହିବା ଉଚିତ୍ ନୁହେଁ।

ଚତୁର୍ଥ ପଦକ୍ଷେପ: (୧୫ ମିନିଟ୍) ଯଦି ତୁମେ ଆଶ୍ରମ ଦ୍ୱାରା ପ୍ରସ୍ତୁତ ସଙ୍ଗୀତ ସହିତ ଏହା କରୁଛ, ତେବେ ବନ୍ଦ ଶବ୍ଦ ସହିତ, ଶରୀରକୁ ଯେଉଁଠାରେ ଅଛି ସେଠାରେ ସମାନ ସ୍ଥିତିରେ ରହିବାକୁ ଦିଅ, କୌଣସି ପରିବର୍ତ୍ତନ କର ନାହିଁ। ମନେରଖ ଯେ ତୁମେ ପୂର୍ବରୁ ଏକ ସଂକଳ୍ପ ନେଇଛ।

ପଞ୍ଚମ ପଦକ୍ଷେପ: (୧୫ ମିନିଟ୍) ଚତୁର୍ଥ ପଦକ୍ଷେପ ଶେଷରେ, ସଙ୍ଗୀତର ତାଳ ସହିତ ନୃତ୍ୟ କରି ଉତ୍ସବ ପାଳନ କର ଏବଂ ଚତୁର୍ଥ ପଦକ୍ଷେପରେ ତୁମେ ଯେଉଁ ନୀରବତା ଏବଂ ଶାନ୍ତି ଅନୁଭବ କରିଥିଲ ସେଥିପାଇଁ ପରମେଶ୍ୱରଙ୍କୁ ଧନ୍ୟବାଦ ଦିଅ।

ଗଭୀର ନିଶ୍ୱାସ ଆକ୍ରମଣର ଗୁପ୍ତ କଥା

ନିଶ୍ୱାସ ହେଉଛି ମାନବ ଜୀବନର ସବୁଠାରୁ ଗୁରୁତ୍ୱପୂର୍ଣ୍ଣ ଉପାଦାନ। ନିଶ୍ୱାସ ମାଧ୍ୟମରେ ହିଁ ଆତ୍ମା ଏବଂ ଶରୀର ଏକ ସେତୁ ଦ୍ୱାରା ଜଡିତ। ତେଣୁ, ଯେପର୍ଯ୍ୟନ୍ତ ନିଶ୍ୱାସ ଜାରି ରହେ, ଆମେ କହିପାରିବା ଯେ ବ୍ୟକ୍ତି ଜୀବିତ। ଯଦି ନିଶ୍ୱାସ ଚାଲିଯାଏ,

ତେବେ ବ୍ୟକ୍ତି ଚାଲିଯାଏ। ଯଦି କୌଣସି କାରଣରୁ ଜଣେ ବ୍ୟକ୍ତି ଚେତାଶୂନ୍ୟ ହୋଇଯାଏ, କୋମାକୁ ଯାଏ ଏବଂ ନିଶ୍ୱାସ ନେଉଥାଏ, ତେବେ ତାଙ୍କର ପୁନରାଗମନର ସମସ୍ତ ସମ୍ଭାବନା ଅଛି। ତେଣୁ, କୁହାଯାଏ, ଯେପର୍ଯ୍ୟନ୍ତ ନିଶ୍ୱାସ ଅଛି, ସେପର୍ଯ୍ୟନ୍ତ ଆଶା ଅଛି। ଗଭୀର ନିଶ୍ୱାସ ଆକ୍ରମଣର କୁଣ୍ଡଳିନୀ ଉପରେ ବହୁତ ପ୍ରଭାବ ପଡ଼ିଥାଏ। କୌଣସି କାରଣ ବିନା ପ୍ରାଣାୟମ ଆବିଷ୍କୃତ ହୋଇନଥିଲା। ବହୁତ ଦୀର୍ଘ ପରୀକ୍ଷା ଏବଂ ଅଭିଜ୍ଞତା ପରେ, ଏହା ଜଣାପଡିବାକୁ ଲାଗିଲା ଯେ ନିଶ୍ୱାସ ଆକ୍ରମଣ ସହିତ ବହୁତ କିଛି କରାଯାଇପାରିବ। ନିଶ୍ୱାସ ଆକ୍ରମଣ ବହୁତ କିଛି କରିପାରିବ ଏବଂ ଏହି ଆକ୍ରମଣ ଯେତେ ଦ୍ରୁତ ହେବ, ତାହାର ଗତି ସେତେ ଦ୍ରୁତ ହେବ। ଶୋଇଥିବା କୁଣ୍ଡଳିନୀକୁ ସକ୍ରିୟ କରିବା ପାଇଁ, ନିଶ୍ୱାସକୁ ଜାଗ୍ରତ କରିବା ପାଇଁ, ଏକ ଗଭୀର ଆଘାତ ଆବଶ୍ୟକ। ସମସ୍ତ ଶକ୍ତି ଏବଂ ଶକ୍ତି ସଂଗ୍ରହ କରି ତାହାକୁ ଆଘାତ କରିବା ଆବଶ୍ୟକ।

ଆତ୍ମା ଏବଂ ଶରୀର ଯେଉଁଠାରେ ମିଶିଥାନ୍ତି ତାହା ହେଉଛି କୁଣ୍ଡଳିନୀ, ସେହି ସ୍ଥାନରେ ସମାନ ଶକ୍ତି ଅଛି ଯାହାକୁ କୁଣ୍ଡଳିନୀ କୁହାଯାଏ। ସକ୍ରିୟ ଧ୍ୟାନର ପ୍ରଥମ ପଦକ୍ଷେପ ହେଉଛି ଦଶ ମିନିଟ୍ ପାଇଁ ଦ୍ରୁତ, ଗଭୀର ଏବଂ ବିଶୃଙ୍ଖଳିତ ଭାବରେ ନିଶ୍ୱାସ ନେବା। ଦୁଇଟି ନିଶ୍ୱାସ ମଧ୍ୟରେ କୌଣସି ବ୍ୟବଧାନ ରହିବା ଉଚିତ୍ ନୁହେଁ। ଶକ୍ତି ଜାଗ୍ରତ କରିବାର ପ୍ରୟାସରେ ଏହା ଏକ ଗୁରୁତ୍ୱପୂର୍ଣ୍ଣ ପଦକ୍ଷେପ। ଯଦି ଏହି ପଦକ୍ଷେପ ସଠିକ୍ ଭାବରେ କରାଯାଏ, ତେବେ ଅନେକ ଫଳାଫଳ ଅନୁଭୂତ ହୋଇପାରିବ।

ଦ୍ୱିତୀୟ ପଦକ୍ଷେପରେ ଗୁରୁତ୍ୱ

ଦଶ ମିନିଟ୍ ପରେ ସଙ୍ଗୀତ ପରିବର୍ତ୍ତନ ହେବ, ଦ୍ୱିତୀୟ ପଦକ୍ଷେପ ଦଶ ମିନିଟ୍ କ୍ୟାଥାର୍ସିସ୍ ପଦକ୍ଷେପ ହେବ। ପ୍ରଥମ ପଦକ୍ଷେପରେ ଜାଗ୍ରତ କୁଣ୍ଡଳିନୀ କ୍ୟାଥାର୍ସିସ୍ ରେ ସାହାଯ୍ୟ କରିବ। ଆରମ୍ଭରେ, ଯେତେବେଳେ ଏତେ ଶକ୍ତି ଜାଗ୍ରତ ହୁଏ ନାହିଁ, ଆମେ ଶରୀର ଏବଂ ମନକୁ କ୍ୟାଥାର୍ସିସ୍ କରିବାକୁ ସାହାଯ୍ୟ କରିବୁ। କ୍ୟାଥାର୍ସିସ୍ ଅର୍ଥ ହେଉଛି ଶରୀର ଏବଂ ମନ ଯାହା କରିବାକୁ ଚାହୁଁଛି, ହସିବା, ଚିତ୍କାର କରିବା, ଡେଇଁବା, କ୍ରୋଧ କରିବା, ଗାଳି କରିବା, ଯାହା କରିବାକୁ ଚାହୁଁଛି, ତାହା କର। ଆରମ୍ଭରେ ଆମେ କିଛି ନା କିଛି କରିବୁ, ଯଦିଓ କିଛି ନହୁଏ, ସ୍ଥିର ରୁହନ୍ତୁ ନାହିଁ, ଆପଣଙ୍କ ହାତ ଏବଂ ଗୋଡକୁ ହଲାଇ ଚାଲିବା ଜାରି ରଖନ୍ତୁ, ଅନ୍ୟମାନଙ୍କୁ ହସ୍ତକ୍ଷେପ କରିବାକୁ ଦିଅନ୍ତୁ ନାହିଁ। ଆପଣଙ୍କ କଳ୍ପନାରେ ସବୁକିଛି କରନ୍ତୁ। ଆମେ ଅଚେତନରେ ଯାହା ଚାପି ରଖିଛୁ, କାନ୍ଦିବା, ହସିବା, କ୍ରୋଧ, ଗାଳି ଦେବା, ଇତ୍ୟାଦି, ସେଗୁଡ଼ିକୁ ଢାଳି ଦିଅନ୍ତୁ। ପୂର୍ଣ୍ଣ ସଚେତନତା ସହିତ ପାଗଳ ହୁଅନ୍ତୁ। ଆରମ୍ଭରେ ଆମେ ସଂକୋଚ ଅନୁଭବ କରିବୁ

ଏବଂ ଏହାକୁ ସମ୍ପୂର୍ଣ୍ଣ ଭାବରେ କରିପାରିବୁ ନାହିଁ। ଚିନ୍ତା କରନ୍ତୁ ନାହିଁ, ଯଦି ଆମେ ଏହାକୁ ଏକ ଗୋଷ୍ଠୀରେ କରିବା ତେବେ ଏହା ସହଜ ହେବ। କିଛି ଦିନ ପାଇଁ ଏକ ଗୋଷ୍ଠୀରେ କରିବା ପରେ, ଆପଣ ଏହାକୁ ସହଜରେ ଏକା କରିପାରିବେ। ଆପଣଙ୍କୁ ଆପଣଙ୍କ ଶରୀର ଏବଂ ମନକୁ ସମ୍ପୂର୍ଣ୍ଣ ସ୍ୱାଧୀନତା ଦେବାକୁ ପଡିବ, ସେମାନଙ୍କୁ ଦଶ ମିନିଟ୍ ପାଇଁ ଅଟକାନ୍ତୁ ନାହିଁ।

ଦ୍ୱିତୀୟ ପର୍ଯ୍ୟାୟରେ ଜଟିଳତାର ବିଲୋପ

ଦ୍ୱିତୀୟ ପର୍ଯ୍ୟାୟରେ, ମୁଁ ଶରୀର ଛାଡିବାକୁ କହୁଛି। ନିଶ୍ୱାସ ଗଭୀର ରହିବ। ମୁଁ ଶରୀର ଛାଡିବାକୁ କହୁଛି କାରଣ ଏହାର ଅନେକ ପ୍ରଭାବ ଅଛି, ମୁଁ ତୁମ ସହିତ ଦୁଇ କିମ୍ବା ତିନୋଟି ବିଷୟରେ କଥା ହେବି।

ପ୍ରଥମ କଥା ହେଉଛି ତୁମେ ଶରୀରରେ ହଜାର ହଜାର ଉତ୍ତେଜନା ସଂଗ୍ରହ କରିଛ, ଯାହା ବିଷୟରେ ତୁମେ ଜାଣି ନାହଁ। ସଭ୍ୟତା ଆମକୁ ଏତେ ଅସ୍ୱସ୍ତିକର କରିଦେଇଛି ଯେ ଯେତେବେଳେ ତୁମେ କାହା ଉପରେ ରାଗିବ, ତୁମେ ଏବେ ବି ହସୁଛ। ଶରୀର କିଛି ଜାଣିନାହିଁ, ଶରୀର କୁହେ ତାକୁ ଗଳା କାଟିବାକୁ, ତୁମର ମୁଠା ଦବାଇବାକୁ। କିନ୍ତୁ ତୁମେ ହସୁଛ, ତୁମର ମୁଠା ଦବାଇବ ନାହିଁ। ତେଣୁ ଶରୀରର ଯେଉଁ ସ୍ନାୟୁ ତୁମର ମୁଠା ଦବାଇବାକୁ ପ୍ରସ୍ତୁତ ଥିଲା, ସେମାନେ ବହୁତ କଷ୍ଟରେ ପଡ଼ିଯାଆନ୍ତି, ସେମାନେ ଜାଣି ମଧ୍ୟ ନାହାଁନ୍ତି କ'ଣ ଘଟୁଛି? ଶରୀରରେ ଏକ ଅତ୍ୟନ୍ତ ଅସ୍ଥିର ପରିସ୍ଥିତି ସୃଷ୍ଟି ହୁଏ। ମୁଠା ଦବାଇ ଦିଆଯିବା ଉଚିତ୍ ଥିଲା। ଏବେ ଯେଉଁମାନେ କ୍ରୋଧର ସମ୍ପର୍କକୁ ବହୁତ ଗଭୀର ଭାବରେ ବୁଝନ୍ତି, ସେମାନେ କହିବେ, ମୁଁ ତୁମକୁ କହିବି, ଯଦି ତୁମେ ରାଗିଯାଅ, ତେବେ ମିଛରେ ହସିବା ପରିବର୍ତ୍ତେ, ଟେବୁଲ ତଳେ ପାଞ୍ଚ ମିନିଟ୍ ପାଇଁ ଜୋରରେ ମୁଠା ଦବାଇ ଛାଡ଼ି ଦିଅ। ଏହା ପରେ ତୁମେ ଯେଉଁ ହସ ଅନୁଭବ କରିବ ତାହା ଏକ ଭିନ୍ନ ପ୍ରକାରର ହେବ।

ଶରୀର ଜାଣିନାହିଁ ଯେ ମଣିଷ ସଭ୍ୟ ହୋଇଗଲାଣି। ଶରୀରର କାର୍ଯ୍ୟ ସମ୍ପୂର୍ଣ୍ଣ ଯାନ୍ତ୍ରିକ କିନ୍ତୁ ମଣିଷ ସବୁକିଛି ବନ୍ଦ କରିଦେଇଛି। ସେହି ବନ୍ଦ ଯୋଗୁଁ ଶରୀରରେ ହଜାର ହଜାର ଉତ୍ତେଜନା ଜମା ହୋଇଛି ଏବଂ ଯେତେବେଳେ ଉତ୍ତେଜନା ଜମା ହୁଏ, ଜଟିଳତା ସୃଷ୍ଟି ହୁଏ। ଗ୍ରନ୍ଥି ସୃଷ୍ଟି ହୁଏ। ତେଣୁ ଯେତେବେଳେ ମୁଁ ତୁମକୁ ଶରୀରକୁ ସମ୍ପୂର୍ଣ୍ଣ ଭାବରେ ଛାଡ଼ି ଦେବାକୁ କହୁଛି, ସେତେବେଳେ ତୁମେ ପିଲାଦିନରୁ ଜମା କରିଥିବା ହଜାର ହଜାର ଗ୍ରନ୍ଥିଗୁଡ଼ିକ ସବୁ ଭାଙ୍ଗି ପଡ଼ିବା ଆରମ୍ଭ କରେ, ତରଳିବା ଆରମ୍ଭ କରେ। ସେଗୁଡ଼ିକ ତରଳିବା ଆବଶ୍ୟକ। ନଚେତ୍ ତୁମେ କେବେବି ଶରୀରହୀନତା, ଦେହାତୀତ

ପ୍ରାପ୍ତ କରିବ ନାହିଁ। ଯେତେବେଳେ ଶରୀର ଫୁଲ ପରି ହାଲୁକା ହୋଇଯାଏ, ସମସ୍ତ ଗ୍ରନ୍ଥିରୁ ମୁକ୍ତ ହୋଇଯାଏ...

ତୁମେ ମହାବୀରଙ୍କ ନାମ ଶୁଣିଥିବ। ମହାବୀରଙ୍କର ଏକ ନାମ ଅଛି, ନିର୍ଗ୍ରହ। ନାମଟି ବହୁତ ଆଶ୍ଚର୍ଯ୍ୟଜନକ। ଏହାର ଅର୍ଥ, ଜଟିଳ-ହୀନ। ନିର୍ଗ୍ରହ ଅର୍ଥ, ଯାହାଙ୍କ ସମସ୍ତ ଗ୍ରନ୍ଥି ଏବଂ ଗଣ୍ଠି ଅଦୃଶ୍ୟ ହୋଇଯାଇଛି, ଯାହାଙ୍କ ଭିତରେ କୌଣସି ଗଣ୍ଠି ନାହିଁ; ଯିଏ ସମ୍ପୂର୍ଣ୍ଣ ସରଳ, ନିର୍ଦ୍ଦୋଷ ହୋଇଯାଇଛନ୍ତି।

ଆମ ଶରୀରରେ ଥିବା ଗ୍ରନ୍ଥିଗୁଡ଼ିକର ଜାଲ, ଯଦି ଏହା ମୁକ୍ତ ହେବାକୁ ଚାହେଁ, ତୁମେ ଏହାକୁ ଛାଡ଼ି ଦିଅ ନାହିଁ। ତୁମର ସଭ୍ୟତା, ସୌଜନ୍ୟତା, ସଂସ୍କୃତି, ଲଜ୍ଜା, କେହି ଜଣେ ମହିଳା ହେବା, କେହି ଜଣେ ପଦବୀରେ ରହିବା, କେହି ଜଣେ କିଛି ହେବା, ସେମାନେ ମୋତେ ଏପରି ଭାବରେ ଫସାଇ ଦେଇଛନ୍ତି ଯେ ସେମାନେ ଛାଡି ଦେଉ ନାହାନ୍ତି।

ଆଜି ଜଣେ ମହିଳା ମୋ ପାଖକୁ ଆସିଲେ ଏବଂ କହିଲେ ଯେ ସେ ସବୁବେଳେ ଭୟ କରନ୍ତି ଯେ କେହି ତାଙ୍କୁ ଛୁଇଁପାରେ। ତେଣୁ ଆଜି ସେ ନିଶ୍ଚୟ ବହୁତ ଦୂରକୁ ଯାଇ ବସିଥିବେ। କିନ୍ତୁ କିଛି ଥର ବୁଲିବା ପରେ କେହି ଜଣେ ତାଙ୍କ ପାଖରେ ପହଞ୍ଚିଲେ ଏବଂ ପୁଣି ଏକ ଗଣ୍ଡଗୋଳ ହେଲା। ସେ ମୋତେ ପଚାରିବାକୁ ଆସିଲେ ଯେ ସେ ଆହୁରି ଦୂରକୁ ଯାଇ ବସିବା ଉଚିତ୍ କି?

ମୁଁ କହିଲି, ଯିଏ କାହାକୁ ପଠାଏ ସେ କାହାକୁ ସେଠାକୁ ମଧ୍ୟ ପଠାଇପାରେ। ଭଲ କଥା ଯେ କେହି ଜଣେ ସବୁବେଳେ ଆସିବେ। କେହି ଜଣେ ସେଠାରେ ଆସିବେ। ତୁମେ ଯେଉଁଠାରେ ବସିବ ସେଠାରେ ବସିବ। ଯଦି କେହି ତୁମକୁ ଛୁଇଁବ ତେବେ କ'ଣ ହେବ?

ମହିଳାମାନଙ୍କର ଅବସ୍ଥା ଏପରି ଯେ ଯଦି ସେମାନେ ଈଶ୍ୱରଙ୍କୁ ଭେଟିବେ, ତେବେ ସେମାନେ ନିଜ ଶାଢ଼ିକୁ ରକ୍ଷା କରି ଚାଲିଯିବେ। ସେ ସେମାନଙ୍କୁ ଛୁଇଁବା ମଧ୍ୟ ଉଚିତ୍ ନୁହେଁ। ସେମାନଙ୍କର ସମଗ୍ର ଶରୀର, ମହିଳାଙ୍କ ସମଗ୍ର ଶରୀର ଗ୍ରନ୍ଥିରେ ପରିପୂର୍ଣ୍ଣ। ପିଲାଦିନରୁ, ସେମାନଙ୍କର ସମ୍ପୂର୍ଣ୍ଣ ତାଲିମ ଏପରି ଯେ ସେମାନଙ୍କ ଶରୀର ଏକ ରୋଗ। ମହିଳାମାନେ ଶରୀରକୁ ବହନ କରୁଛନ୍ତି, ସେମାନେ ଶରୀରରେ ରହୁନାହାଁନ୍ତି। ଏହା ଏକ କଞ୍ଚା ଯାହା ସେମାନେ ସବୁବେଳେ ସୁରକ୍ଷିତ ରଖନ୍ତି ଏବଂ ବହନ କରନ୍ତି। ଏବଂ ଏଥିରେ ସଞ୍ଚୟ କରିବାର କିଛି ନାହିଁ। ତେଣୁ ଏହି ଛୋଟ ଛୋଟ ଜିଦ୍ ଆମକୁ ଅନେକ କାମ କରିବାରୁ ବାଧା ଦିଏ...

ଏବେ ଯଦି କିଛି ବହୁତ ଶିକ୍ଷିତ, ସେମାନେ ଏପରି ଅନୁଭବ କରନ୍ତି... ଆଜି ଜଣେ ଭଦ୍ରଲୋକ ମୋତେ କହୁଥିଲେ ଯେ ଏହା କେବଳ ଭାବପ୍ରବଣ ଲୋକଙ୍କ ସହିତ ହେବା ଉଚିତ, ଭାବପ୍ରବଣ ଲୋକମାନେ ବୁଦ୍ଧିଜୀବୀ ହୋଇଯାଇଛନ୍ତି। ଯଦି ତାଙ୍କ ମାଆ ମରିଯାଆନ୍ତି, ତେବେ ସେ କାନ୍ଦିବେ କି ନାହିଁ? ସେ କାହାକୁ ଭଲ ପାଇବେ କି ନାହିଁ? ସେ ବୁଦ୍ଧିଜୀବୀ ହୋଇଯାଇଛନ୍ତି! ସେ ଚାରୋଟି ଶ୍ରେଣୀ ପଢ଼ିଛନ୍ତି, ସେ ବିଶ୍ୱବିଦ୍ୟାଳୟରୁ ଏକ ପ୍ରମାଣପତ୍ର ପାଇଛନ୍ତି। ତେଣୁ ଏବେ ଯଦି ସେ ଭଲ ପାଆନ୍ତି, ତେବେ ସେ ଭାବିବେ କି ଚୁମ୍ବନ କରିବେ କି ନାହିଁ, କେତେ ଜୀବାଣୁ ସ୍ଥାନାନ୍ତରିତ ହୁଅନ୍ତି। ସେ ଏକ ପୁସ୍ତକ ପଢ଼ିବେ, ସେ ଯାଇ ହିସାବ କରିବେ କି ଭାବପ୍ରବଣ ହେବେ କି ନାହିଁ।

ବୁଦ୍ଧି ମଧ୍ୟ ଏକ ରୋଗ ପରି ହୋଇଯାଇଛି। ବୁଦ୍ଧି ଆମର ସୁଗନ୍ଧ ହୋଇନାହିଁ। ବୁଦ୍ଧି ଆମର ଗରିମା ନୁହେଁ, ଏହା ଏକ ରୋଗ ପାଲଟିଛି। କିଛି ଲୋକ ଭାବନ୍ତି ଯେ ଆମେ ବୁଦ୍ଧିଜୀବୀ, ଆମେ ଯୁକ୍ତିବାଦୀ; ଏହା ଆମ ସହିତ ଘଟିପାରିବ ନାହିଁ। ଯେଉଁମାନେ ଟିକିଏ ଭାବପ୍ରବଣ।

୧୮

ଦୁଃଖ ବିଷୟରେ ସଚେତନ ରୁହନ୍ତୁ

ଏହା ନିଶ୍ଚିତ ଯେ ଆମେ ଦୁଃଖୀ। ଆମେ ଭାବୁଛୁ ଯେ ଆମର ଦୁଃଖର କାରଣ ଅନ୍ୟ କେହି। ଯେପରି ଶାଶୁ ବୋହୂଙ୍କ ଯୋଗୁଁ ଦୁଃଖୀ, ବୋହୂ ଶାଶୁଙ୍କ ଯୋଗୁଁ ଦୁଃଖୀ। ଝିଅ ମାଆଙ୍କ ଯୋଗୁଁ ଦୁଃଖୀ, ବାପା ପୁଅ ଯୋଗୁଁ ଦୁଃଖୀ। ଅର୍ଥାତ୍, ସମସ୍ତେ ଭାବନ୍ତି ଯେ ମୋର ଦୁଃଖର କାରଣ ଅନ୍ୟ କେହି। ଆମେ କେବେ ଦୁଃଖର କାରଣ ପାଇଁ ନିଜ ଆଡ଼କୁ ଆଙ୍ଗୁଠି ଦେଖାଉନାହୁଁ। ଯଦି ଆମେ ନିଜ ଭିତରେ ଦେଖିବା, ତେବେ ଆମେ ଦେଖିବୁ ଯେ ମୁଁ ଅନ୍ୟ କାହା ପାଇଁ ନୁହେଁ ବରଂ ନିଜ କାରଣ ପାଇଁ ଦୁଃଖୀ। ଆମର ଅନ୍ୟମାନଙ୍କଠାରୁ ବହୁତ ଆଶା ଥିଲା। ଅନ୍ୟମାନେ ଆମର ଆଶା ପୂରଣ କରିନଥିଲେ, ତେଣୁ ଦୁଃଖର କାରଣ ଅନ୍ୟ କେହି।

ଧ୍ୟାନସୂତ୍ରରେ ଓଶୋ କହିଛନ୍ତି: "ଯଦି ତୁମେ ଦୁଃଖୀ, ତୁମେ ଅନୁଭବ କରୁଛ ଯେ ଦୁଃଖ ଅଛି, ତେବେ ତାକୁ ସହ୍ୟ କର ନାହିଁ, ସେହି ଦୁଃଖକୁ ସହ୍ୟ କର ନାହିଁ। ସେହି ଦୁଃଖ ବିରୁଦ୍ଧରେ ଠିଆ ହୁଅ, ସେହି ଦୁଃଖକୁ ଲୁଚାଇବା ପାଇଁ ପଦକ୍ଷେପ ନିଅ। ଜଣେ ସାଧାରଣ ଲୋକ ଦୁଃଖର ସମ୍ମୁଖୀନ ହେବା ପରେ କ'ଣ କରେ ଏବଂ ଜଣେ ସାଧକ କ'ଣ କରେ, ତା ମଧ୍ୟରେ ବହୁତ କମ୍ ପାର୍ଥକ୍ୟ ଅଛି। ଯେତେବେଳେ ଜଣେ ସାଧାରଣ ଲୋକ ସାମ୍ନାରେ ଦୁଃଖ ଠିଆ ହୁଏ, ସେ ଦୁଃଖକୁ ଭୁଲିବା ପାଇଁ ପଦକ୍ଷେପ ନିଏ। ଯେତେବେଳେ ଜଣେ ସାଧକ ସାମ୍ନାରେ ଦୁଃଖ ଠିଆ ହୁଏ, ସେ ତାହାକୁ ଦୂର କରିବା ପାଇଁ ପଦକ୍ଷେପ ନିଏ।

ସଂସାରରେ ଦୁଇ ପ୍ରକାରର ଲୋକ ଅଛନ୍ତି। ଜଣେ ହେଉଛନ୍ତି ଯେଉଁମାନେ ଦୁଃଖକୁ ଭୁଲିବାକୁ ଚେଷ୍ଟା କରୁଛନ୍ତି ଏବଂ ଅନ୍ୟ ଜଣେ ହେଉଛନ୍ତି ଯେଉଁମାନେ ଦୁଃଖକୁ ଦୂର କରିବାକୁ ଚେଷ୍ଟା କରୁଛନ୍ତି।

ଭଗବାନ ଦାନ କରନ୍ତୁ ଯେ ତୁମେ ପ୍ରଥମ ଧାଡିରେ ରହି ଦ୍ୱିତୀୟ ଧାଡିରେ ନଆସ। ତୁମେ ଭୁଲିବାକୁ ଚେଷ୍ଟା କରୁଛ, ତୁମେ ତାସ୍ ଖେଳୁଛ, ଜୁଆ ଖେଳୁଛ କିମ୍ବା ଅନ୍ୟ କୌଣସି ଦୁଷ୍କର୍ମରେ ଲିପ୍ତ ଅଛ ଯେଉଁଠାରେ ତୁମେ ନିଜକୁ ଭୁଲିଯାଉଛ, ଯାହା ଦ୍ୱାରା ତୁମେ ମନେ ରଖିବ ନାହିଁ ଯେ ଭିତରେ ବହୁତ ଦୁଃଖ ଅଛି।" "ଦୁଃଖ ଭୁଲିଯିବା ଦ୍ୱାରା

ଅଦୃଶ୍ୟ ହୁଏ ନାହିଁ - କୌଣସି କ୍ଷତ ଲୁଚାଇ ରଖିବା ଦ୍ୱାରା ଅଦୃଶ୍ୟ ହୁଏ ନାହିଁ।" "କ୍ଷତକୁ ଲୁଚାଇ ରଖ ନାହିଁ। ସେଗୁଡ଼ିକୁ ପ୍ରକାଶ କର ଏବଂ ତୁମର ଦୁଃଖର ସମ୍ମୁଖୀନ ହୁଅ। ଏହାକୁ ଭୁଲି ଯାଅ ନାହିଁ, ଏହାକୁ ପ୍ରକାଶ କର ଏବଂ ଜାଣିବା ଏବଂ ଲିଭାଇ ଦେବାକୁ ଚେଷ୍ଟା କର।"

ଓଶୋଙ୍କ ନିର୍ଦ୍ଦେଶ ଅନୁଯାୟୀ, ଆମେ ଦୁଃଖର ସମ୍ମୁଖୀନ ହେଉନାହୁଁ, ଆମେ ଦୁଃଖ ଏବଂ ନିଜକୁ ଭୁଲି ଯିବା ପାଇଁ ମଦ୍ୟପାନ କରୁ, ଔଷଧ ଖାଉ। କିନ୍ତୁ ଦୁଃଖରୁ ମୁକ୍ତି ପାଇବାର ଏହା ସଠିକ୍ ଉପାୟ ନୁହେଁ। ମନର ଅବସ୍ଥା ଏବଂ ଦୁଃଖ ପ୍ରତି ଚିନ୍ତାଧାରାରେ ଏକ ସକାରାତ୍ମକ ପରିବର୍ତ୍ତନ ଆଣିବାର ମୂଳ ମନ୍ତ୍ର ହେଉଛି: ଦୁଃଖ ପାଇଁ ଜାଗ୍ରତ ହୁଅ। ଦୁଃଖ ପାଇଁ ଜାଗ୍ରତ ହେବାର ଉପାୟ ହେଉଛି "ଧ୍ୟାନ"। ସକ୍ରିୟ ଧ୍ୟାନ ଦ୍ରୁତ ଫଳାଫଳ ଦିଏ। ପ୍ରତିଦିନ ସକାଳେ ଗୋଟିଏ ଘଣ୍ଟା ପାଇଁ ସକ୍ରିୟ ଧ୍ୟାନ ଗୋଷ୍ଠୀକୁ ଆସ। ସୂର୍ଯ୍ୟ ଉଦୟ ହେବା ମାତ୍ରେ ଦୁଃଖ, ଯନ୍ତ୍ରଣା, ଚାପ, କ୍ରୋଧ, ଈର୍ଷା, ଯନ୍ତ୍ରଣା ଶିଶିର ଟୋପା ପରି ଅଦୃଶ୍ୟ ହୋଇଯାଏ। ଚାପ ଏବଂ ସ୍ଥୂଳତାରୁ ମୁକ୍ତି ପାଇବା ମାତ୍ରେ, ସାରା ଦିନ ଆନନ୍ଦମୟ ହୋଇଯାଏ, ଏବଂ ତୁମେ ଜୀବନ ବଞ୍ଚିବାର ବୀଜ ମଧ୍ୟ ବୁଣୁଛ। ଆମେ ଆଶା କରୁଛୁ ଯେ ଦୁଃଖକୁ ଭୁଲିବା ପରିବର୍ତ୍ତେ, ତୁମେ ଦୁଃଖ ପ୍ରତି ଜାଗ୍ରତ ହେବାକୁ ଚେଷ୍ଟା କରିବ, ଯାହା ଦେବୀଙ୍କୁ ଜାଗ୍ରତ କରିବା ଅପେକ୍ଷା ଅଧିକ ଗୁରୁତ୍ୱପୂର୍ଣ୍ଣ।

୧୯

ଚାପମୁକ୍ତ ଜୀବନର ସାତଟି ଚାବି

- କିଛି ଜିନିଷ ଉତ୍ତେଜନା ସୃଷ୍ଟି କରେ। କିଛି ଜିନିଷ ସମନ୍ୱୟ ଆଣେ।
- ତୁମେ ସମଗ୍ର ସହିତ ସମନ୍ୱୟରେ ରହିପାରିବ, କିମ୍ବା ତୁମେ ସମଗ୍ର ସହିତ ସଂଘର୍ଷରେ ରହିପାରିବ। ସମନ୍ୱୟ ସ୍ୱାଭାବିକ ଭାବରେ ଗଭୀର ନୀରବତା, ଆନନ୍ଦ ଏବଂ ପ୍ରଫୁଲ୍ଲତା ପ୍ରଦାନ କରେ। ସଂଘର୍ଷ ଦୁଃଖ, ବିଷାଦ, ଉତ୍ତେଜନା, ଅସ୍ୱସ୍ତି ଆଣିଥାଏ।
- ଯେତେବେଳେ ମୁଁ କହେ କେବଳ ରହିବା, ମୋର ଅର୍ଥ ସବୁକିଛି ପାଇଁ ଖୋଲା ରହିବା। ମୋର ଅର୍ଥ ହେଉଛି କିଛି ହେବାକୁ ଚେଷ୍ଟା କର ନାହିଁ କାରଣ ଅନ୍ୟ କିଛି ହେବାକୁ ଚେଷ୍ଟା କରିବା କାର୍ଯ୍ୟ ତୁମକୁ ବିଚଳିତ କରିବ, ତୁମେ ଉତ୍ତେଜନାଗ୍ରସ୍ତ ହେବ, ତୁମେ ଭାରାକ୍ରାନ୍ତ ହୋଇଯିବ, ଏବଂ ତୁମେ ବନ୍ଦ ରହିବ। ତୁମେ କେବଳ ସେତେବେଳେ ଖୋଲ ଯେତେବେଳେ ତୁମେ ଯାହା ଅଛ ତାହା ଗ୍ରହଣ କର। ତୁମେ ଯାହା ଅଛ ତାହା ବ୍ୟତୀତ ଅନ୍ୟ କିଛି ହେବାକୁ ଚେଷ୍ଟା କର ନାହିଁ।
- ବର୍ତ୍ତମାନ ମୁହୂର୍ତ୍ତ ହେଉଛି ସମସ୍ତ ଅତୀତର ସମଷ୍ଟି ଏବଂ ସମସ୍ତ ଭବିଷ୍ୟତର ଆରମ୍ଭ। ପ୍ରତ୍ୟେକ ମୁହୂର୍ତ୍ତ ହେଉଛି ଅତୀତ ଏବଂ ଭବିଷ୍ୟତର ମିଳନ ବିନ୍ଦୁ। ଯଦି ତୁମେ କୌଣସି ଉତ୍ତେଜନା ବିନା ଏକକାଳୀନ ଉଭୟ ବିଷୟରେ ସଚେତନ ହୋଇପାରିବ, ତେବେ ତୁମେ ସ୍ୱତଃସ୍ଫୂର୍ତ୍ତ ହେବ। ତୁମେ ବହୁତ ସଚେତନ ଏବଂ ସ୍ୱତଃସ୍ଫୂର୍ତ୍ତ ହେବ।
- ଧ୍ୟାନ ହେଉଛି ଏକ ଗୁଣ ଯାହା ସ୍ୱାଭାବିକ ଭାବରେ ଉତ୍ପନ୍ନ ହୁଏ ଯେତେବେଳେ ତୁମେ ଖୁସି, ଅ-ଗମ୍ଭୀର। ତାସ୍ ଖେଳ, ଜୁଆ, କାମ, ଯେକୌଣସି ଜିନିଷ ଧ୍ୟାନ ହୋଇପାରେ। ଯୋଡିବାକୁ ଥିବା କେବଳ ଅ-ଗମ୍ଭୀରତା, ଖେଳ। ତା' ପରେ ଏହା ତୁମ ଭିତରେ କୌଣସି ଚାପ ସୃଷ୍ଟି କରେ ନାହିଁ, କୌଣସି କ୍ଳାନ୍ତି ସୃଷ୍ଟି କରେ ନାହିଁ। ତୁମେ ଆରାମ ଅନୁଭବ କର।

- ନିଜ ଭିତରେ ବିଶ୍ରାମ ନିଅ, ନିଜ ଭିତରେ ଆରାମ କର। ନିଜକୁ ଉପଭୋଗ କର, ନିଜକୁ ପାଳନ କର। ଅନ୍ୟ କିଛି ହେବାକୁ ଚେଷ୍ଟା କରି ସମୟ ନଷ୍ଟ କରିବା ପରିବର୍ତ୍ତେ, କିଛି କର ନାହିଁ। ତା' ପରେ ସମସ୍ତ କ୍ଳାନ୍ତି ଦୂର ହୋଇଯାଏ। ତା' ପରେ ଚାପ ସମ୍ଭବ ନୁହେଁ। ଚିନ୍ତା ଆସିପାରିବ ନାହିଁ କାରଣ ତୁମେ ଦୁଃଖର ମୂଳ କାଟି ଦେଇଛ। ତା'ପରେ ଜୀବନ ଗୋଲାପ ପରି ସୁନ୍ଦର ଏବଂ ତାରା ପରି ଉଜ୍ଜ୍ୱଳ।
- ଚାପକୁ ଏକ ସିଡ଼ି ଭାବରେ ବ୍ୟବହାର କରାଯାଇପାରିବ। ଏହା ଏକ ସୃଜନଶୀଳ ଶକ୍ତି, ଏକ ସୃଜନଶୀଳ ଶକ୍ତି ହୋଇପାରେ। ପ୍ରଥମେ ଏହାକୁ ଗ୍ରହଣ କର, ଏହା ସହିତ ଲଢ଼ିବାର କୌଣସି ଆବଶ୍ୟକତା ନାହିଁ। ଏହାକୁ ଗ୍ରହଣ କର, ଏହା ସମ୍ପୂର୍ଣ୍ଣ ଠିକ୍ ଅଛି।
- ସମୟ ହୁଏତ ଆମ ଜୀବନର ସବୁଠାରୁ ବଡ଼ ଚାପ ଏବଂ ସମସ୍ୟା। ସମୟ ହେଉଛି ମଣିଷର ଦ୍ୱନ୍ଦ୍ୱ, ଚିନ୍ତା ଏବଂ ଯନ୍ତ୍ରଣା। ସମୟରେ ବଞ୍ଚିବା ହେଉଛି ଦୁଇଟି ମେରୁ ମଧ୍ୟରେ ଟାଣି ହେବା - ଅତୀତ ଏବଂ ଭବିଷ୍ୟତ। ସମୟ ଆମ ଭିତରେ ଆମର ଅଚେତନତା କିମ୍ବା ଆମର ମାନସିକ ନିଦ୍ରା ପରି ସମାନ ଅନୁପାତରେ ବିଦ୍ୟମାନ। ତା' ପରେ ଯେତେବେଳେ ଆମେ ବୋଧପୂର୍ଣ୍ଣ, ସମ୍ପୂର୍ଣ୍ଣ ସଚେତନ ହୋଇଯାଉ, ସମୟ ଶେଷ ହୁଏ। ଜାଗରର ନିଆଁ ସମୟକୁ ଜାଳି ଦିଏ।